黎巴嫩内战研究
1975—1990

熊 亮◎著

世界知识出版社

图书在版编目（CIP）数据

黎巴嫩内战研究：1975—1990 / 熊亮著. —北京：世界知识出版社，2024.11
ISBN 978-7-5012-6722-4

Ⅰ.①黎… Ⅱ.①熊… Ⅲ.①黎巴嫩问题—研究—1975—1990 Ⅳ.①D815.4

中国国家版本馆CIP数据核字（2024）第013796号

书　　名	黎巴嫩内战研究：1975—1990 Libanen Neizhan Yanjiu: 1975–1990
作　　者	熊　亮
责任编辑	薛　乾
责任出版	李　斌
出版发行	世界知识出版社
地址邮编	北京市东城区干面胡同51号（100010）
网　　址	www.ishizhi.cn
电　　话	010-65265919
经　　销	新华书店
印　　刷	北京虎彩文化传播有限公司
开本印张	710mm×1000mm　1/16　17印张
字　　数	270千字
版次印次	2024年11月第一版　2024年11月第一次印刷
标准书号	ISBN 978-7-5012-6722-4
定　　价	68.00元

版权所有　侵权必究

"北京大学卡塔尔国中东研究讲席"资助项目

تم طباعة هذا الكتاب بدعم من كرسي دولة قطر لدراسات الشرق الأوسط في جامعة بكين

序

卡勒伯河（Nahr el-Kalb）位于黎巴嫩中西部地区，全长约30公里，由东向西注入地中海。在靠近河口的南北两侧河谷地带，矗立着20多座纪念碑，碑文由古埃及文、亚述文、巴比伦文、希腊文、拉丁文、英文、法文和阿拉伯文写成。最早的碑文可以追溯到公元前13世纪，记录的是埃及法老拉美西斯二世同赫梯帝国的战争。这是一座名副其实的露天博物馆，黎巴嫩源远流长、错综复杂、绚烂多彩的历史从中可见一斑。

黎巴嫩位于亚洲西南部地中海东岸，东、北邻叙利亚，南界巴勒斯坦、以色列，西濒地中海，国土面积约1万平方公里。历史上，黎巴嫩所处位置称得上是文明摇篮，也是世界十字路口的中心，串联起古代两大文明——美索不达米亚文明和古埃及文明。黎巴嫩的南部紧邻巴勒斯坦，是犹太教和基督教的发源地，也与伊斯兰教有着密切关系。到了近现代，这里还是中东地区现代高等教育和新闻出版业最先发展起来的地方，也是阿拉伯民族主义最早萌发的地方。

除了各大文明的交汇，塑造黎巴嫩历史的当属其得天独厚的自然条件。黎巴嫩最为显著的自然条件是境内多山、濒临地中海。由西向东，四条狭长地带纵贯黎巴嫩，依次为：沿海平原、西黎巴嫩山脉、中央高原和东黎巴嫩山脉。其中，东黎巴嫩山脉的赫尔蒙山（阿拉伯人称其为谢赫山）最高峰海拔约2800米，峰顶几乎终年被积雪覆盖，从数十公里外的地方就很容易辨认出来。赫尔蒙山据信是耶稣登山显神迹的发生地，耶稣受洗的约旦河三大支流中的两条从这里发源。黎巴嫩国家的命名就因此而来——其闪米特语词根意为"白色"，指的正是赫尔蒙山白雪皑皑的山峰。当然，除了蜿蜒的山脉，黎巴嫩还拥有蔚蓝的地中海海岸、绵延的沙滩、深邃的峡谷、美丽的湖泊。在天气适宜的日子里，人们甚至可以在一天之内登山滑雪、下海游泳。

山岳之于黎巴嫩犹如沙漠之于阿拉伯半岛，尼罗河之于埃及，两河之于美索不达米亚，塑造了当地人民的性格，培育了他们自由和自信的气质。与此同时，山地山谷众多在客观上让黎巴嫩的居民分散聚居。时至今日，马龙派、德鲁兹派、什叶派，以及后来移民而来的亚美尼亚人都在这里占据一隅。黎巴嫩历史上不断遭受入侵和压迫，但在山岳的庇护下，顽强的黎巴嫩山民总能享有一定程度的自治。7世纪，黎巴嫩和周边的伊拉克、叙利亚、巴勒斯坦和埃及都被纳入伊斯兰世界的版图，但不同于周边地区居民大批改宗伊斯兰教，黎巴嫩的基督徒仍然保持了自己的信仰，基督教人口仍占多数。16世纪，奥斯曼土耳其人征服这一地区，他们同样选择让当地维持自治。曼家族和谢哈布家族甚至敢于同奥斯曼土耳其当局分庭抗礼，在一段时间内取得了事实上的独立地位，也奠定了当代黎巴嫩的版图。

　　山岳还影响了黎巴嫩的气候，使其成为广大中东地区唯一没有沙漠和游牧人口的区域，使其实现了动植物的多样化。历史上，以黎巴嫩雪松为代表的硬木树资源特别丰富。黎巴嫩雪松是埃及法老建造宫殿、庙宇、船舶和家具的重要材料。如今，橄榄树和果树构成了黎巴嫩重要的收入来源。事实上有学者认为，橄榄树正是源于黎巴嫩所在的沙姆地区，腓尼基人将橄榄树的种植技术带到了埃及和亚平宁半岛，后来阿拉伯人又将这项技术带到了西班牙。

　　根据历史记载，最早生活在黎巴嫩的居民是迦南人。他们当中与希腊人开展贸易的那一部分人被称作腓尼基人，正是他们发明并把22个拼音字母传播开来，在人类文明发展史上占据了一席之地。黎巴嫩海滨小镇比布鲁斯（Byblos）在希腊语中的意思是纸、书，《圣经》（Bible）即因此得名。

　　去过黎巴嫩的人都会对其品种丰富、果味浓郁的各色水果印象深刻。有些时候，一顿讲究的黎巴嫩餐正餐结束后，餐厅会重新布置一张餐桌专门用来享用美味的水果。此外，沿海地区和巴尔贝克平原出产的蔗糖，历史上长期供应欧洲消费。苏尔和赛达的海水中盛产一种软体动物——紫螺。腓尼基人通过一套复杂的工艺从中提取紫色染料，是当时亚欧非达官显贵服饰的必备元素——无论是巴勒斯坦的犹太教祭司，还是天主教红衣主教、东正教大主教，在当时乃至当下都穿着紫袍以示威严。腓尼基这一闪米特语词汇的意思正是紫色。

丰富多样的自然环境和资源让黎巴嫩人在烹饪方面有了远多于周边其他国家的操作空间。黎巴嫩的美食在阿拉伯世界首屈一指，甚至在一些人眼中，其在世界美食地图上的存在不亚于中餐。黎巴嫩朋友曾多次自豪地说，我们知道中餐厅遍布全球，可我们敢说，只要有中餐厅的城市，就一定有黎巴嫩餐厅，甚至没有中餐厅的地方，黎巴嫩餐厅也一定存在。这当然有夸张的成分。事实上，很多人一提到好吃的阿拉伯美食，首先想到的就是兼具法餐的精致和阿拉伯餐灵魂的黎巴嫩菜。世界各大城市的阿拉伯餐馆里，最贵最高档的那个大多是黎巴嫩餐馆。鲜为国人所知的是，黎巴嫩还是世界上历史悠久的红酒产区之一。其中，卡芙拉亚和卡萨拉两大酒庄较为出名，而一众各具风味的小酒庄星罗棋布在贝卡谷地。据说，每年到访卡萨拉酒庄的访客比前往贝鲁特国家博物馆的人还要多。除此之外，与其他地中海国家一样，茴香酒（Arak）在这里也颇受欢迎。

黎巴嫩美食名扬天下靠的是遍布世界的黎巴嫩人。在内忧外患的裹挟推动下，黎巴嫩人为了觅得生机，不断离开地中海东岸，走向世界。现如今，海外黎巴嫩社群规模已经三倍于黎巴嫩本国人口，他们中的大部分集中在北美的美国、加拿大、墨西哥，加勒比海岛国；南美的巴西、阿根廷、哥伦比亚等国；非洲的尼日利亚、加纳、塞内加尔等国；海湾地区的沙特、科威特、阿联酋等国。此外，在澳洲也有黎巴嫩人的身影。在这当中，黎巴嫩裔人口最多的国家当属巴西，2016年出任巴西过渡时期总统的米歇尔·特梅尔便是黎巴嫩移民二代。

海外黎巴嫩裔社群不乏大名鼎鼎的人物，厄瓜多尔、哥伦比亚、巴拉圭等国的前任和现任国家元首都曾由黎巴嫩后裔出任。在西非国家还流传着这样一个说法：每一个总统身边都有一个黎巴嫩顾问。其在当地的影响力可见一斑。而诸如瑞士的全球最大钟表制造商斯沃琪集团创始人尼古拉·海耶克，前世界首富、墨西哥电信大亨卡洛斯·斯利姆·埃卢，享誉世界的哥伦比亚拉丁天后夏奇拉·伊萨贝尔·穆巴拉克，高端定制服饰设计师祖海尔·穆拉德和乔治斯·胡拜卡等均是黎巴嫩裔，在各自领域大放异彩。在中国，最为知名的海外黎巴嫩人当属纪伯伦。众多翻译名家对其作品的诠释让这一海外游子的作品在中国家喻户晓，而乡愁正是他创作的重要元素和灵感来源之一。

令人遗憾的是，海外的黎巴嫩人有多么出色，母国就有多么千疮百孔。

正是黎巴嫩重叠的文明、厚重的历史，才为奢侈品业、文化业界的黎巴嫩人提供了文化积淀和审美灵感。它的复杂多元、剧烈冲突磨炼着它的人民，成为其文化和精神财富的根源，不幸的是，也成为外部势力介入黎巴嫩事务的切口，为现代黎巴嫩的悲剧埋下了祸根。1975年爆发的黎巴嫩内战就是当代黎巴嫩经历的最为惨烈的灾祸。

关于黎巴嫩内战的学术作品在国外并不鲜见，但在国内，类似熊亮博士的较为系统的研究尚属首次。本文采取以意识形态和宗教社群相结合的方式对黎巴嫩内战的敌对双方进行了划分，其中一方为黎巴嫩右翼马龙派阵营，主要力量包括杰马耶勒家族和长枪党、夏蒙和自由国民党、弗朗吉亚集团及其所属的民兵武装，此外还包括妥协派马龙派领袖埃利亚斯·萨尔基斯和雷蒙德·埃代及其领导的民族联盟、马龙派宗教建制派、马龙派军官及其他马龙派组织和民兵武装。另一方为黎巴嫩左翼及其穆斯林盟友阵营，由琼布拉特家族和社会进步党、黎巴嫩其他左翼政党、巴解组织各派别、世俗（逊尼派为主）阿拉伯民族主义派别、黎巴嫩逊尼派建制派、什叶派伊斯兰主义运动。

本文在对黎巴嫩教派政治体制内在矛盾分析的基础上，着重介绍了巴勒斯坦问题对黎巴嫩国内政治的冲击及由此引发的国内政治极化趋势，同时对黎巴嫩政治舞台和内战主角的马龙派社群进行分析梳理，有利于全面理解黎巴嫩内战爆发的内部逻辑。另一方面，黎巴嫩内战爆发时，最主要的外部因素——巴勒斯坦难民和巴勒斯坦解放组织在黎巴嫩国内已经存在和发酵了多年。巴解武装在黎军事存在和行动及其造成的影响是导致黎巴嫩内战爆发的重要诱因，并对另外两个外部因素——叙利亚和以色列介入黎巴嫩事务产生了直接影响。

随着内战的不断延续和1982年第五次中东战争，黎巴嫩伊斯兰教什叶派社群逐渐崛起，阿迈勒运动和真主党在叙利亚和伊朗的分别支持下展开了激烈的竞争和对抗，这是20世纪80年代伊斯兰主义在中东地区崛起之于黎巴嫩的具体反映，其影响延续至今。

本序文写作正值黎以边境冲突持续升级，这是最近一轮巴以冲突的外溢影响。实际上，早在四十多年前，如今发生在加沙的包围、封锁、轰炸和入侵，都曾在贝鲁特上演过。当事双方同样是巴勒斯坦人和以色列人。事实就是，几乎发生在中东地区的任何一个重大事件，都会对黎巴嫩造成某种或大或小的影响。《黎巴嫩内战研究》一书便提供了一个观察这个国家和地区形势的视角。随着"一带一路"合作和中阿命运共同体建设不断向纵深发展，我们对"一带一路"沿线国家，特别是阿拉伯世界的了解亟待进一步深入，为双方合作奠定更为坚实的基础。本书从历史维度出发，通过扎实的材料和历史细节向读者立体、全面地展示了黎巴嫩近现代史的发展脉络和内在逻辑，提纲挈领地描绘了当代中东地区国际关系的缩影。对于愿意了解和思考中东地区历史和当下的读者来说，本书值得一读。

1990年内战结束后，黎巴嫩并没有远离媒体的关注。2000年和2005年，以色列和叙利亚军队分别撤出黎巴嫩。2006年旋即爆发黎以冲突。2011年"阿拉伯之春"，特别是叙利亚内战对黎巴嫩产生了严重负面影响。内战给这个国家留下的印记仍清晰可见。走在首都贝鲁特街头，带有弹孔的建筑比比皆是。2020年，疫情来袭，贝鲁特港也在这一年经历了大规模爆炸，黎巴嫩经济严重衰退。当前，黎巴嫩总统职位空缺已一年有余，在背负高额债务的同时又陷入了政治瘫痪难以自拔，国家似乎陷入了比内战更为黑暗的时刻。

事实上，黎巴嫩的近现代历史充满了挑战和困难，而黎巴嫩坚韧不屈的人民正是从一次次灾难中浴火重生。虽然黎巴嫩仍然面临严峻的政治和安全挑战，但这个国家和人民仍然在努力探索，找寻和平、稳定、发展的路径，值得我们敬佩。

北京大学外国语学院

阿拉伯语言文化系主任

卡塔尔国中东研究讲席教授　吴冰冰

于北京大学燕园

2024年2月

目　录

导　论 1

第一章　黎巴嫩内战爆发的国内根源 18
　第一节　黎巴嫩教派政治体制的内在矛盾 19
　第二节　巴勒斯坦问题对黎巴嫩国内政治的影响 38
　第三节　经济发展状况与教派政治动员 60

第二章　黎巴嫩内战爆发的外部因素 74
　第一节　阿以冲突对黎巴嫩的影响 74
　第二节　美苏两超的黎巴嫩政策 90

第三章　黎巴嫩内战爆发与叙利亚军事介入 102
　第一节　内战爆发和政治形势的发展 102
　第二节　叙利亚军事介入 111
　第三节　黎巴嫩内战的两大阵营 124

第四章　以色列与叙利亚在黎巴嫩的较量 148
　第一节　以叙矛盾与利塔尼行动 148
　第二节　扎赫拉战役和导弹危机 157
　第三节　第五次中东战争 165
　第四节　巴解组织撤离与以色列撤军 178

第五章　黎巴嫩什叶派崛起与《塔伊夫协议》... 200
第一节　黎巴嫩什叶派的崛起 200
第二节　巴解组织和以色列撤离后的战斗与政治安排 210
第三节　米歇尔·奥恩反对叙利亚控制失败和《塔伊夫协议》的签订 217
第四节　黎巴嫩内战的后果和影响 231

结　论 244

参考文献 251

导 论

一、概念界定与选题意义

随着2011年中东变局后利比亚内战、叙利亚内战和也门内战的相继爆发，中东地区的内战和冲突已经成为国内外学术界炙手可热的话题和关注的焦点，是观察和解读地区问题和发展趋势的重要视角和研究框架。在这一地区众多的内部战争和冲突中，持续时间最长、产生影响颇为深远的莫过于1975年至1990年的黎巴嫩内战——一场持续了15年且几乎对当时每位黎巴嫩公民都产生了影响的血腥冲突。

黎巴嫩在20世纪60年代被誉为"中东的瑞士"，是阿拉伯世界富贾政要的度假胜地。黎巴嫩被人称道的还有在这一地区极其难得的言论自由，这也使其成为地区持不同政见者的庇护所。与此同时，私密性和效率极高的银行金融体系也使其成为地区各种交易的场所。[①] 支撑这一切的是奥斯曼土耳其帝国400年治下和法国委任统治20年后遗存的教派社会政治结构。建立在这一结构基础之上的黎巴嫩政府直至今日仍是世界上极为特殊的国家组织形式。除了教派外，家族在黎巴嫩政治生活中也有着决定性影响。一个教派往往被一个或几个传统家族控制。政党组织则附属于教派和家族。黎巴嫩人生活在家族和教派的结构网内，对于教派和家族的忠诚度远高于对国家。[②] 这是黎巴嫩时至今日最为显著的社会政治传统，也是1975年黎巴嫩内战爆发和持续时间较长的最主要历史和社会背景。

一般而言，国内学术界将黎巴嫩内战爆发的内部因素相对简单地归结为其国内教派之间和教派内部的矛盾与冲突，缺乏对当时黎巴嫩国内形势的全

[①] آلان مينارغ، أسرار حرب لبنان من انقلاب بشير الجميل إلى حرب المخيمات الفلسطينية، المكتبة الدولية، 2012، ص9.

[②] Bruce Borthwick, *Comparative Politics of the Middle East: An Introduction* (New Jersey: Prentice Hall, 1980), p 130.

面分析和解读，以及对这一形势与外部因素互动关系的细致研究。20世纪70年代，黎巴嫩局势成为世界关注的焦点，集中体现出一系列地区矛盾的尖锐化和公开化：巴勒斯坦—黎巴嫩关系、叙利亚—黎巴嫩关系、巴勒斯坦—以色列关系、黎巴嫩—以色列关系以及取决于上述所有关系的黎巴嫩的内部关系。[①] 这还不包括曾在黎巴嫩内战不同时期介入或参与斡旋的沙特、利比亚、伊拉克等中东地区国家，法国、意大利、英国等欧洲国家，更不用提当时影响中东地区的最主要背景：冷战期间，美苏两个超级大国在中东地区展开的激烈角逐。

历时15年的黎巴嫩内战是一个极为漫长、复杂和跌宕起伏的过程，伴随着国内、地区和国际形势的显著发展和力量对比的深刻变化，冲突各方处在不断的调整与重组中。本书通过对有关文献和材料的整理和解读，以黎巴嫩内部各方关系的动态变化为主要线索，分析内战爆发的原因及内战过程中各种因素的互动关系，梳理阐释叙利亚、以色列和巴解组织等各方以及美国、苏联两个超级大国对黎巴嫩内战的干预动机、行为和决策过程，内战发生、发展和最终解决的整个过程，以及其中各种关系的相互作用。

黎巴嫩内战的爆发是内外因相互作用的结果，内部因素是主要原因，中东地区因素是阶段性推动因素，内战危机的解决是地区大国妥协合作的结果，美苏两超在这当中发挥了有限的作用。本书选题的意义在于，厘清内战对黎巴嫩现行政治制度安排的影响，以便于理解战后黎巴嫩政治制度重塑和发展的内在逻辑与现状；形成对中东地区内部危机和冲突形成、爆发和解决的理解框架，为帮助理解利比亚、也门、伊拉克、叙利亚等国内战提供线索；把握地区内外大国在地区博弈的动机和手段，对研究外部势力对国内冲突的介入提供预见性观察视角。该研究有助于深化对黎巴嫩的国别研究，加强对地区国家间关系的整体把握，具有重要的现实和历史意义。

对于这场发生在1975—1990年间旷日持久的战争的名称使用，英文的表述较为统一，即Lebanese Civil War。而在阿文中，存在：الحرب اللبنانية、حرب لبنان、الحرب اللبنانية الأهلية等不同表述，显示了阿拉伯学者对于这场战争性质的不同认识。

---

① [俄]叶·普里马科夫著，李成滋译：《揭秘：中东的台前与幕后（20世纪后半叶—21世纪初）》（北京：中国对外翻译出版有限公司，2014年），第170页。

斯坦福大学著名政治学者詹姆斯·费伦（James Fearon）把内战定义为：一个国家内部爆发的战争，或是刚从同一个国家分裂出的不同政治实体之间的战争。内战是严重的冲突，一般会有大规模而有组织的正规军参与。同样来自斯坦福大学的政治社会学家广中安娜（Anna Hironaka）认为，内战一般会造成大规模的伤亡，并消耗大量的国家资源，同时内战的其中一方应为国家。内战的目的在于控制国家或者获得对一个地区的控制权，一方想要独立，或者改变政府的政策。[1] 美国陆军1990年作战手册关于内战的定义为：一场发生在同一个国家的不同部分之间的战争。有五个标准让国际社会认可这一状态：交战方必须控制领土、有可以运转的政府、得到一定的国际认可、有可识别的常规武装力量，并且处于重大的军事行动中。[2] 这一定义用来区分内战与其他冲突的依据是，它们都比一般的非常规战争更有组织性、规模更大。被视为国际人道法里程碑的1949年《日内瓦公约》并未明确地对"内战"这个名词做确切的定义，但对于无政府状态、恐怖主义或有明确组织的抢劫等武装行动与内战之间的差异作出了描述，并列举了以下四项基本条件：反叛组织必须占有国家领土的一部分；叛军人数必须超过国家总人口的一定比例数量；叛军有属于自己的作战识别特征；当前的合法政府依赖国家正规军队对反叛军作战。

将一场战争称为内战，就是承认其交战双方同属于一个群体，他们的相互关系并非互为外国人而是同为一个国家的公民。德国思想家卡尔·施密特（Carl Schmitt）评论道，内战具有某种令人惊骇的属性，它是兄弟阋墙之战，因为它发生在一个政治共同体的内部，也因为交战双方都同样坚决地否定这个共同体。内战的对抗促进了各方对共同性的认识，并且内战各方以敌为镜，可以看清自己。实际上，即使将这两个字拆成"内"和"战"，它们都可以分别引出不同的观点，并在大部分社会科学的分析中，随着诸如地点、强度、持久性的具体情况改变而改变。目前，并没有一个统一的意见来说明在不同的定义中，内战的哪些特点是其最主要的特点，或者如何以一种前后一致的

---

[1] Ann Hironaka, *Neverending Wars: The International Community, Weak States, and the Perpetuation of Civil War* (Cambridge: Harvard University Press, 2005), p. 3.

[2] U.S. Army Field Manual 100-20: *Military Operations in Low Intensive Conflict* quoted in Patten, "Is Iraq in a Civil War?", p. 28.

方式将其应用于具体的冲突中。要想做到精确地使用清晰的定义，结果只有无可避免地变得政治化。① 因此，对内战的定义实则是一个重大的政治问题，最终的界定往往取决于谁是统治者谁是反叛者，谁是胜利者谁是战败者，谁是当事者谁是局外人。

将一场冲突称为内战，还可以从外部力量是置身其中还是作壁上观这个层面来判定。但1945年以来，一些国家对别国内战进行了大量干预，促使战争规模进一步扩大。正如帕特里克·里根（Patrick M. Regan）在他的《内战与外国势力》（*Civil Wars and Foreign Powers*, 2000）一书中所述，从第二次世界大战结束到2000年之间的138次国家内部冲突中，有2/3发生了国际干预，美国介入了其中的35次。在内战中，国家和反对派团体获得外国支持变得越来越普遍，使得战争在国内资源枯竭之后仍能继续进行。平均而言，有国外干预的内战比没有的在时间上要长300%；只有一方干预的内战比没有的长156%；而出现国外对双方的干预时，平均内战时间在此基础上要再延长92%。而如果其中一个干预国家是超级大国（指美国和苏联），内战时间将进一步延长72%。举例而言，像安哥拉内战这样的冲突，因为有美苏两个超级大国的直接或间接介入，比没有任何国外干预的内战延长了538%。② 因此，更值得关注和探讨的问题是内战的区域化和国际化。2015年，全球有50场内部冲突，其中有20场——从阿富汗到也门，是所谓的"国际化内战"，即有邻国军事力量参战或外部势力干预。内战不在乎边境线在哪里。③

有关冲突到什么程度才能称为内战，学者仍有争议。费伦认为伤亡超过1000人才算是内战。哈佛大学学者、《纽约时报》前驻华首席记者爱德华·黄认为，双方至少伤亡超过100人才算是内战。④ 关于内战爆发的原因，2017年对内战的一项回顾性研究认为，内战有三个突出的解释：以贪婪为基础的解释，侧重个体愿望刺激个人利益的最大化；基于不公的解释，侧重作为对社

---

① ［美］大卫·阿米蒂奇著，邬娟、伍璇译：《内战——观念中的历史》（北京：中信出版集团，2018年），第152页。

② Ann Hironaka, *Neverending Wars: The International Community, Weak States, and the Perpetuation of Civil War*, pp. 50-51.

③ ［美］大卫·阿米蒂奇著，邬娟、伍璇译：《内战——观念中的历史》，导言v。

④ Edward Wong, "A Matter of Definition: What Makes a Civil War, and Who Declares It So?" *New York Times*, November 26, 2006.

会经济或政治不公正的回应；以机会为基础的解释，主要关注更容易进行暴力动员的因素。具体而言，导致内战的因素可能是政治、阶级、宗教、种族、地区等因素中的一个或多个因素共同作用的结果。现在，发生在国家内部的战争持续的时间比以往更长了，更长于国与国之间战争的延续时间，前者大约是后者时间的4倍。20世纪下半叶的国内战争，持续时间大体上是20世纪上半叶的3倍。这些战争还比其他战争更容易重复爆发，因为"一次内战最具可能性的遗产就是下一次内战"。[①] 如果说1945年以来，发达国家享受了长久的和平，那么全球其他广大地区的人口则经受了同样长时间的磨难。内战似乎会像贫穷一样一直伴随着我们，而且只要它继续存在，它将会更多地影响到世界上的贫困人口。然而，内战却比国家间战争更少受到关注和研究。[②]

结合上述有关内战的定义、起因、目的以及外部干涉等概念，发生在黎巴嫩的这场冲突可被视为国内冲突地区化乃至国际化的过程，是一场被外部力量深度介入的内战。内战的爆发是黎巴嫩当时既有政治体制和政府政策失效、外部势力不断侵袭的结果，内战的旷日持久印证了因为外部势力介入导致战争时间加长的论断，内战的终结是对上述导致内战爆发因素进行妥协安排的结果。

黎巴嫩内战中两大敌对阵营的术语描述及划分是研究需要解决的重要问题。若单纯采用以政治目的为区分标准的守成派和修正派的表述，则忽略了意识形态在黎巴嫩内战中的影响，将这场冲突局限为黎巴嫩体制方面的分歧，即对利益和权力的争夺。而如果使用意识形态为划分依据的左翼和右翼的表述，又过分突出了意识形态对这场内战的影响，且阿迈勒运动和真主党作为什叶派现代伊斯兰主义无法被囊括其中。同时，由于黎巴嫩左翼阵营中包括相当数量的希腊东正教徒和信奉基督教的亚美尼亚社群，且内战的爆发并非发生在两大宗教社群之间，而是在马龙派民兵武装和巴解武装人员之间，因此，以教派社群为划分的依据也是不充分的。

鉴此，论文采取的划分方式和术语表达有别于以往研究，以意识形态划

---

① Collier, Hoeffler and Söderbom, "On the Duration of Civil War", *Journal of Peace Research*, Vol. 41, No.3 (2004), pp. 253-273.

② Mission Statement, "Center for the Study of Civil War, Peace Research Institute Oslo," http://www.prto.org/Programmes/Extensions/Center-for-the-Study-of-Civil-War/About/.

分左翼和右翼力量的同时叠加宗教社群因素，即一个阵营是黎巴嫩右翼马龙派阵营，主要力量包括杰马耶勒家族和长枪党、夏蒙和自由国民党、弗朗吉亚集团及其所属的民兵武装，此外还包括妥协派马龙派领袖埃利亚斯·萨尔基斯和雷蒙德·埃代及其领导的民族联盟、马龙派宗教建制派、马龙派军官及其他马龙派组织和民兵武装。而随着内战的进行，马龙派形成了对本阵营力量的整合，其标志是黎巴嫩阵线和黎巴嫩力量的成立。另一个阵营为黎巴嫩左翼及其穆斯林盟友阵营，由琼布拉特家族和社会进步党、黎巴嫩其他左翼政党、巴解组织各派别、世俗（逊尼派为主）阿拉伯民族主义派别、黎巴嫩逊尼派建制派、什叶派伊斯兰主义运动阿迈勒运动和真主党。如此划分的依据是，黎巴嫩内战所处的最大时代背景是冷战，左、右翼的分歧是内战爆发时黎巴嫩社会和政治的主要分歧，这是观察和研究这场内战的基本框架。与此同时，随着阿拉伯民族主义的失势，伊斯兰主义自20世纪60年代末开始兴起，什叶派伊斯兰主义的发展和黎巴嫩什叶派的崛起更促成了20世纪80年代中期黎巴嫩政治和内战的重大转折，在这一阶段，原有的以意识形态划分敌对阵营的分析框架淡化，但其影响并未彻底消除。需要指出的是，两大阵营内部的关系极为错综复杂，彼此之间的互相背叛和打压在内战期间层出不穷，对两大阵营的观察是一个动态变化的过程。

本研究需要交代的另一个重点问题是对内战分期的划定，在这一问题上主要参考两个大格局。第一，黎巴嫩内战是在美苏冷战的国际背景之下，是黎巴嫩内部左翼和右翼的争夺，在地区层面对应的是叙利亚、以色列和巴解组织对黎巴嫩内战的影响。第二个大格局是20世纪70年代伊斯兰主义在中东地区的崛起，具体到黎巴嫩就是什叶派的崛起，这与当时最重要的地区背景伊朗伊斯兰革命相呼应，这个格局的影响一直延续到了现在。在地区层面与之对应的是伊朗和沙特在黎巴嫩影响的扩大，突出表现是阿迈勒运动和真主党的发展壮大。这两个格局之间的转换是冷战向后冷战过渡在黎巴嫩的表现。

需要指出的是，由于牵扯的因素过于繁杂，学术界对于内战阶段的划分并无定论，本文尝试在着重分析冷战和伊斯兰主义发展两个大格局及格局转变对黎巴嫩内战进程影响的基础上，对内战过程的阶段划分采取以时间节点和重要战役、事件相结合的方式。鉴此，本书将黎巴嫩内战分为三个阶段。第一阶段，内战的爆发和叙利亚的介入，始于1975年4月，截至1976年10

月，各方达成停火协议及阿盟峰会认可叙利亚的作用。第二阶段主要讨论以色列试图解决黎巴嫩的巴解武装问题及与叙利亚在黎巴嫩的较量，大致时间段为1976年年底至1985年，以真主党在1985年2月发布《公开信》和1985年6月以色列撤军为结束的标志，涵盖1978年利塔尼行动、扎赫拉战斗与导弹危机、1982年第五次中东战争和巴解武装、以军撤离等重要事件。第三阶段是什叶派崛起和《塔伊夫协议》的签订，核心问题是伊斯兰主义在黎巴嫩的崛起，包括以阿迈勒运动为主的什叶派武装和叙利亚试图填补巴解武装和以军撤离后的真空的努力及由此引发的战事，大致时间段是1982年至1990年。1982年至1985年是第二阶段和第三阶段的过渡期。

此外，由于内战跨越了一定时间范畴，在相关人物人名的使用上，涉及对同一家族不同辈分人物的描述，本文基本采用了对第一代人物名称以家族姓氏作为简称，对第二代人物以姓和名全称的方式呈现，如马龙派杰马耶勒家族的皮埃尔·杰马耶勒，在文中简称为"杰马耶勒"，其子巴希尔·杰马耶勒和阿明·杰马耶勒则以全称出现。关于黎巴嫩两个社群的术语表述，"基督教社群"在中文和外文的表述中较为清晰一致，而外文中对与"基督教社群"相对应的社群表述为"穆斯林社群"，在本文中为体现两大社群在表述上的对应性，统一采取了"伊斯兰教社群"的中文表述。

二、文献与研究综述

目前，国内尚无关于1975年至1990年黎巴嫩内战的专著或博士论文，但一些中东地区战争史和国际关系史的总论性著作、论文以及区域国别专门课题研究对黎巴嫩内战有所涉及。在总论性著作中，季国兴、陈和丰主编的《第二次世界大战后中东战争史》（中国社会科学出版社，1987年第1版）对1975年黎巴嫩内战的爆发和演进、地区和国际时代背景进行了阶段性概述，时间截至1985年以色列从黎巴嫩撤军。国际关系专题研究中，张士智、赵慧杰等合著的《美国中东关系史》（中国社会科学出版社，1993年第1版）在第八章第三节中以"美国干涉黎巴嫩事务"为题对以色列入侵黎巴嫩内战期间美国的政策考量和具体策略进行了简述。赵伟明的《中东问题与美国中东政策》（时事出版社，2006年第1版）第六章福特时期（1974—1977）和第八章里根时期（1981—1988）对1975年黎巴嫩内战爆发和1982年以色列入侵黎巴嫩期间的美国政策、内部决策过程和外交运作进行了概述。刘竞、张士智等合著的《苏联中东关系史》（中国社会科学出版社，1987年第1版）第十一章对苏联在以色列入侵黎巴嫩期间的立场进行了简要论述。在国别专题研究中，王新刚的《中东国家通史——叙利亚和黎巴嫩卷》（商务印书馆，2007年第1版第二次印刷）在第十二章第二节中利用较短的篇幅简单交代了内战的爆发、外部势力的介入、和解及终结过程。王斌、李丽的《黎巴嫩——战乱春秋》（军事译文出版社，1992年第1版）通过中国驻黎巴嫩武官的视角和实地工作经历，对内战期间的社会经济生活以及武官的工作、生活进行了呈现，尽管篇幅有限，但仍不失为难得的一手见闻。吴冰冰的《什叶派现代伊斯兰主义的兴起》（中国社会科学出版社，2004年第1版）对黎巴嫩什叶派现代伊斯兰主义的发展进行了系统的梳理，特别是对穆萨·萨德尔在什叶派崛起中发挥的作用进行了深入挖掘。

在期刊论文方面，甘黎的《黎巴嫩内战原因的多视角分析》（《重庆科技学院学报（社会科学版）》2008年第8期）、姚惠娜的《黎巴嫩教派结构及其内战》（《内蒙古大学学报（社会科学版）》2003年第1期）、陈和丰的《黎巴嫩内战加剧的原因何在？》（《国际展望》1989年第17期）、王艳红的《黎巴嫩问题及其对中东的影响——历史视角的分析》（上海社科院硕士学位论文，2007年5月）、王国富的《黎巴嫩战乱析因》（《锦州师院学报（哲学社会科学版）》1992年第1期）、万光的《论黎巴嫩战争》（《西亚非洲》1986年第4期）、郝文的《内战以来的黎巴嫩经济》（《西亚非洲》1983年第2期）、任芳的《试论黎巴嫩战争中的巴勒斯坦解放组织》（西北大学硕士学位论文，2017年12月）等文章从不同角度论述、解读和评论了黎巴嫩内战不同阶段的特点和进程，具有一定的参考和借鉴意义。还值得一提的是，一些国内军事刊物对黎巴嫩内战中1982年以色列入侵黎巴嫩的阶段性战争进行了军事专业角度的解读和评论，如管小天、赵海军的《6分钟决定胜负：以色列贝卡谷地闪击行动》（《轻兵器》2017年第15期）、山河的《"鬼怪"：中东上空的幽灵》（《环球军事》2004年第10期）、张莲妹编译的《回望贝卡谷地空战》（《世界博览》2003年7月），具有相当强的军事专业性，可从战场形势、武器配备等军事专业的角度探究交战各方对战争本身、整体战势和地区局势的把握。

总体而言，中文文献缺乏对黎巴嫩内战整体脉络的梳理和把握，对不同阶段内战演进的原因，特别是黎巴嫩内部因素的挖掘不够深入，主要呈现的是一些碎片化的点状描述，缺乏具有前后逻辑关系和历史细节的系统论述和分析解读。

在中文译著方面，以色列学者摩西·马奥茨的《阿萨德传》（世界知识出版社，1992年第1版）对哈菲兹·阿萨德总统治下的叙利亚对黎巴嫩事务特别是1975年至1980年对黎巴嫩内战的介入在美苏两个超级大国间的闪转腾挪进行了描述和分析，提供了重要的观察视角。

军事科学院外军研究部编译的《外国对以色列入侵黎巴嫩战争的评论》（解放军出版社，1984年第1版）收集了美国、苏联、以色列、英国、日本等11个国家对这场战争的评论文章49篇，详细介绍了这一阶段战争的大事记、各方态势、以色列的战略构想、制胜经验、后期教训，美苏两个超级大国和战争的关系、新式装备在战争中的应用，为研究提供了重要参考资料。

俄罗斯前对外情报局局长、前外交部长、前总理叶·普里马科夫的《揭秘：中东的台前与幕后（20世纪后半叶—21世纪初）》（中国对外翻译出版有限公司，2014年第1版）第十二章"黎巴嫩成为矛盾焦点"提供了作者在苏联科学院系统工作期间对黎巴嫩局势的观察。1976年至1983年间，作者曾5次到访黎巴嫩和叙利亚，在开展科研工作的同时受苏共中央委托完成一系列接触沟通任务。该书就以这一经历为素材提供了大量珍贵历史信息。1978年至1983年担任苏联外交部中东司司长的奥列格·格里涅夫斯基的《苏联外交秘闻》（东方出版社，2003年第1版）讲述了美苏围绕一系列中东问题展开的博弈，再现了当时生活和工作中的勃列日涅夫、安德罗波夫、乌斯季诺夫、葛罗米柯等苏联领导人和高级外交官的形象及其对中东问题的看法，对苏联一些外交政策的决策过程进行了披露。

美国前总统罗纳德·里根的《里根回忆录——一个美国人的生平》（新华出版社，1991年第1版）通过里根个人回忆和日记描述了美国领导者对美国积极介入中东地区事务，特别是1982年以色列入侵黎巴嫩时的战略考量、里根与以色列总理梅纳赫姆·贝京的博弈、美国与苏联对地区事务领导权的争夺，都为本研究提供了鲜活的一手材料。

黎巴嫩地理学家哈桑·艾尼博士的《黎巴嫩地理研究》（北京出版社，1981年第1版）全面介绍了黎巴嫩的自然和人文地理概况，资料丰富，叙述详尽，是了解黎巴嫩历史地理概况和文化形成背景的有益参考读物。

在阿拉伯文著作方面，亚历山大·纳贾尔（إسكندر نجار）的《黎巴嫩辞典》（قاموس لبنان,2018）是新近出版的有关黎巴嫩的百科全书类的工具书。

黎巴嫩大学历史系教授阿卜杜·拉乌夫·希尼乌（عبد الرؤوف سنّو）的《黎巴嫩战争1975—1990：国家解体和社会破裂》（حرب لبنان 1975-1990: تفكك الدولة وتصدع المجتمع، 2015）是2011年"谢赫扎耶德图书奖"获奖作品，是近年来研究黎巴嫩内战最为全面、详细和深入的巨著，全书分为14章，系统探讨了导致黎巴嫩内战爆发的内部和外部因素、战争经过，国内各教派和地区、国际力量为停战进行的努力，《塔伊夫协议》的达成，战争对黎巴嫩国际治理和经济造成的破坏，以及对黎巴嫩家庭、文化和价值观的影响等重要内容，史料丰富，视角独特。同样由希尼乌撰写的《沙特与黎巴嫩：政治与经济1943—2011》（1943-2011 السعودية ولبنان: السياسة والاقتصاد 2016）共2册，利用大量篇幅详细交代了黎巴嫩内战期间黎巴嫩与沙特的关系，以及沙特几任国王执政期间沙特对黎巴嫩内战的政策立场及开展的外交活动，具有很高参考价值。

纳比勒·哈利法（نبيل خليفه）的《叙利亚、以色列和欧洲的黎巴嫩战略》（الاستراتيجيات السورية والإسرائيلية والأوربية، 1993），分别梳理了费萨尔·本·侯赛因至哈菲兹·阿萨德时期的叙利亚—黎巴嫩关系和叙利亚对黎政策、大卫·本－古里安至阿里埃勒·沙龙时期的以色列希望在黎巴嫩实现的战略目标，以及欧洲国家（主要是英国和法国）对黎巴嫩的地缘政治定位，很好地解释了这三方在黎巴嫩内战爆发和进程中所扮演角色和所发挥作用的缘由。法赫里·萨吉亚（فخري صاغية）的《黎巴嫩的冲突》（الصراع في لبنان، 2005）着重分析黎巴嫩内战爆发前的国内政治局势，特别是谢哈卜主义集团采取的政策对黎巴嫩发展的影响，进而以叙利亚对黎政策和干预为重点阐述了黎巴嫩内战的发展。阿里夫·阿卜杜（عارف العبد）的《黎巴嫩和〈塔伊夫协议〉：历史的交叉路口和不完整的进程》（لبنان والطائف: تقاطع تاريخي ومسار غير مكتمل، 2001）同样从历史的角度探讨了内战爆发的原因，重点分析了《塔伊夫协议》的形成和落实过程。弗雷德里克·马阿图格（فردريك معتوق）的《内战的根源：黎巴嫩、塞浦路斯、索马里和波斯尼亚》（جذور الحرب الأهلية: لبنان- قبرص- الصومال- البوسنة، 1994）从比较政治的视角对上述几场内战的爆发原因、内战造成的迁徙、战时社会和文化以及战后重建进行了梳理。乔治·哈达德（جورج حداد）的《黎巴嫩战争的序幕》(1979、في مقدمات الحرب اللبنانية)则将黎巴嫩内战的爆发归结为教派政治体制的必然结果，分析了导致内战爆发的一系列不利因素。

从法语译为阿拉伯语的专著中，黎巴嫩学者优素福·亚兹吉（يوسف اليازجي）的《黎巴嫩战争——巴勒斯坦—以色列冲突的体现？》（الحرب اللبنانية: هل هي من مظاهر النزاع العربي الإسرائيلي؟ مكتبة أنطوان-بيروت، 1991）获得了1991年巴黎法语作家协会"法国—黎巴嫩"著作奖。作者用法语撰写成书后又翻译成阿拉伯语在黎巴嫩出版。该书主要的写作目的是为西方世界，特别是法国读者提供一个理解黎巴嫩历史和黎巴嫩内战爆发和进程的黎巴嫩视角。该书分为三个部分，从黎巴嫩自中世纪历史的描述开始，进而对第二次世界大战后中东地区格局形成和美国中东政策，最后对黎巴嫩战争的爆发、各阶段进程和战后国内、国际两方面影响进行了描述，为后续研究提供了有益的观察视角。

法国国际广播电台记者艾伦·米纳格（آلان مينارغ）的《黎巴嫩战争的秘密：从巴希尔·杰马耶勒的政变到巴勒斯坦难民营战争》（أسرار حرب لبنان: من انقلاب بشير الجميل إلى حرب المخيمات الفلسطينية، المكتبة الدولية بيروت، 2006）以其作为一名战地记者在黎巴嫩生活的15年经历和持续的观察，通过对有关信息、材料的整理和分析，对战争当事人的访谈，以杰马耶勒家族领导的长枪党为主线，对1980年至1984年间黎巴嫩内战的发展进行了描述。

关于黎巴嫩内战的英语文献十分丰富。阿萨德·艾布哈利勒（Asad AbuKhalil）的《黎巴嫩历史辞典》（*Historical Dictionary of Lebanon*, 1998）、迪利浦·希罗（Dilip Hiro）的《中东辞典》（*Dictionary of Middle East*, 1996）和里瓦·西蒙（Reeva Simon）、菲利普·马特（Philip Mattar）、理查德·布列特（Richard Bulliet）合编的《当代中东百科全书（第3卷）》（*Encyclopedia of the Modern Middle East,* Volume3, 1996）以及菲利普·马特（Philip Matter）的《当代中东北非百科全书（第2版第3卷）》（*Encyclopedia of the Modern Middle East & North Africa,* Second Edition, Volume 3, 1996）是本书主要参考的工具书。迈克尔·柯蒂斯主编（Michael Curtis）的《中东地区的宗教和政治》（*Religion and Politics in the Middle East*, 1981）一书中，由卡迈勒·萨利比（Kamal Salibi）撰写的《黎巴嫩的身份认同》和约翰·恩特里斯（John Entelis）的《黎巴嫩的种族冲突和基督教激进民族主义的重现》两篇论文对黎

巴嫩人的身份认同进行了深入探讨，为本文提供了具有指导性的背景知识。

贝鲁特美国大学的著名黎巴嫩历史学家卡迈勒·萨利比（Kamal Salibi）的《内战的十字路口：黎巴嫩1958—1976》（*Cross Roads to Civil War: Lebanon 1958-1976*, 1976）是研究1975年黎巴嫩内战爆发原因的经典著作。该书用较大篇幅描述了黎巴嫩1958年危机至1975年4月13日黎内战爆发期间的国内政治进程，特别是各派别间日趋紧张的关系，同时较为详尽地描述了巴解武装在黎巴嫩的活动以及黎各方对巴勒斯坦在黎军事存在和跨境活动的不同态度。同时，该书描写了1975年4月至1976年1月黎巴嫩内战的不同阶段和各战线情况，介绍了马龙派民兵、穆斯林民兵、巴解各派别武装和黎巴嫩军队在战争中扮演的角色，以及叙利亚在此阶段发挥的作用。在这场战争中，基督教社群主张的"黎巴嫩绝对主权"和伊斯兰教社群主张的"阿拉伯民族主义无国界"之间的矛盾对立使黎巴嫩政府无能为力。作者揭示了黎巴嫩左翼和穆斯林社群领导人如何沦为为巴解武装在黎政治体制中提供庇护的工具，巴勒斯坦问题如何同黎巴嫩的国内事务相互交织，长枪党及其领导人虽然愿意接受温和的改革要求，但宁愿摧毁或者分裂国家也不屈从激进派的变革要求和巴勒斯坦的入侵。在最后的总结中，作者一方面指责黎巴嫩人未能有效治理自己的国家；另一方面，他认为阿拉伯国家没有尊重黎巴嫩在泛阿拉伯议题中的中立地位，使黎巴嫩在军事层面陷入巴勒斯坦问题当中，这些国家肆意利用维持黎巴嫩运转的精妙而脆弱的机制，而正是这些国家的干预最终导致这一机制的崩溃。黎巴嫩前驻澳大利亚和新西兰大使拉提夫·艾布胡辛（Latif Abul-Husn）的《黎巴嫩内战：内部视角》（*The Lebanese Conflict: Looking Inward*, 1998）深入探讨了黎巴嫩的政体、社会结构和政治架构的关系、教派关系和内战爆发的关系、多教派社会下的危机管理和冲突的解决。新西兰奥塔哥大学研究中东政治和历史的学者威廉·哈里斯（William Harris）的《黎巴嫩的新面孔：历史的复仇》（*The New Face of Lebanon: History's Revenge*, 2006）着重介绍黎巴嫩的人口和地理环境、教派和身份认同、家族和统治关系等国内因素，在此基础上对黎巴嫩的国家建构进行了深入分析。以上著作是理解黎巴嫩历史和内战爆发内部原因的重要材料。而迈克尔·科尔（Michael Kerr）的《强加的权力分享：北爱尔兰和黎巴嫩的冲突和共存》（*Imposing Power-Sharing: Conflict and Coexistence in Northern Ireland and*

Lebanon, 2006）从比较政治的视角解读了黎巴嫩冲突的爆发和解决。大卫·赫斯特（David Hirst）的《警惕小国：黎巴嫩，中东的战场》（*Beware of Small States: Lebanon, Battleground of the Middle East*, 2010）利用六章内容对黎巴嫩战争的爆发和终结进行了梳理，主要侧重对在黎巴勒斯坦人在内战中的作用、内战的代理人战争属性和以色列入侵黎巴嫩动机的分析。东京外国语大学研究员小副川琢（Taku Osoegawa）的《叙利亚和黎巴嫩：中东的国际关系和外交》（*Syria and Lebanon: International Relations and Diplomacy in the Middle East*, 2013）以中东地区的国际关系对叙利亚和黎巴嫩的影响为主线，通过时间线索梳理了1970年至1988年、1988年至2005年和2005年至2011年三个阶段的叙黎关系，论述了各阶段黎巴嫩各教派同叙利亚的关系，对把握叙利亚和黎巴嫩的特殊关系具有很好的借鉴价值。

詹姆斯·斯托克（James Stocker）的《介入的范围：美国外交政策和黎巴嫩的崩溃，1967—1976》（*Spheres of Intervention: US Foreign Policy and the Collapse of Lebanon*, 2016）回顾了在美国中东政策动态变化和黎巴嫩转型的过程中两国外交关系的一段历史。通过分析大量解密文献、阿文和其他非英文材料，斯托克提供了黎巴嫩滑向内战的新的解读视角，强调黎巴嫩只是地区大国的抵押品，美国维持黎巴嫩稳定的初衷是缓解以色列的地缘战略压力。作者指出，1967年中东战争后，黎巴嫩的内部政治局势愈发动荡，一是由于地区的军事和政治对峙，二是黎巴嫩国内政治的激进化，三是巴解武装在黎巴嫩的存在和对以袭击，美国开始深度介入黎巴嫩事务。雷蒙德·坦特尔（Raymond Tanter）是里根政府国家安全委员会高级官员，他所撰写的《谁在掌舵？黎巴嫩的教训》（*Who's at the Helm? Lessons of Lebanon*, 1990）揭示了美国在当时外交政策制订方面的核心考量和具体实施过程，并对其进行了认真反思。这两本书都呈现了从内部政策制订的视角对这一时期美国中东政策的检讨和反思。科林·瓦拉迪（Corrin Varady）的《美国外交政策和驻黎巴嫩多国部队》（*US Foreign Policy and the Multinational Force in Lebanon*, 2017）梳理了美国对中东地区特别是对黎巴嫩的外交政策，通过分析美国两次参与多国部队在黎巴嫩的部署、行动和撤离，总结了通过使用维和部队介入地区国家内部冲突的经验和教训。

美国著名苏联外交政策专家乔治·布雷斯劳尔主持撰写的《苏联的中东

战略》(Soviet Strategy in the Middle East, 1990)的第四章《苏联对黎巴嫩战争的行为》(Soviet Behavior toward the Lebanon War, 1982-1984)由丹尼斯·罗斯(Denis Ross)主笔。罗斯通过分析苏联官方和媒体对1982年以色列入侵黎巴嫩战争的评述,对苏联政策立场演变的背景和原因进行了细致到位的分析。以色列耶路撒冷希伯来大学名誉教授盖里娅·戈兰(Galia Golan)的《苏联和巴勒斯坦解放组织:不稳定的联盟》(The Soviet Union and the Palestinian Liberation Organization: An Uneasy Alliance, 1980)对苏联和巴解组织的关系进行了历史梳理,第五章对黎巴嫩危机期间苏联的政策和与巴解组织的矛盾进行了细致的呈现。伦敦国王学院名誉教授埃夫莱姆·凯尔什(Efraim Karsh)的《1970年以来的苏联对叙利亚政策》(Soviet Policy towards Syria since 1970, 1991)对苏联和叙利亚关系的性质进行了分析,同时梳理了这一时期苏联对叙利亚政策和态度的变化,其中包括对叙利亚军事介入黎巴嫩内战的态度。美国东欧问题专家佩德罗·拉米特(Pedro Ramet)的《1955年以来的苏联—叙利亚关系:麻烦的盟友》(The Soviet-Syria Relationship since 1955: A Troubled Alliance, 1990)则将苏叙关系的历史回溯到了1955年,通过梳理对苏联各个时期不同领导人的对叙态度生动呈现了苏叙关系的历史细节。值得一提的是,此书还对一些东欧国家,如民主德国、罗马尼亚、捷克斯洛伐克等国的对叙关系进行了一些介绍,是难得的素材和观察视角。这些著作与前文提及的《揭秘:中东的台前与幕后(20世纪后半叶—21世纪初)》和《苏联外交秘闻》参照阅读,可以形成对苏联在这一时期对中东地区政策,特别是对黎巴嫩战争的立场较为立体的认知。

总体而言,以上著作指出美国介入黎巴嫩事务的初衷是在通过稳定黎巴嫩局势,营造中东整体和平的环境,为埃以和谈、叙以和谈与约以和谈创造条件,最大限度地保障以色列安全的同时,在中东地区扩大和树立美国影响力,削弱苏联的存在和影响。苏联则通过保住叙利亚这一在中东地区最后的据点,维持其在中东地区的存在和影响,以抗衡美国的影响力。

以色列学者伊塔玛尔·拉宾诺维奇(Itamar Rabinovich)的《黎巴嫩争夺战,1970—1985》(The War for Lebanon, 1970–1985, 1986)论述的重点是1970年至1975年黎巴嫩政治体制的崩溃、1975年至1976年的内战、1976年至1982年持续的国内危机和1982年以色列入侵黎巴嫩的战争,强调了黎巴嫩政治体制的特殊性和脆弱性，黎巴嫩的稳定取决于一系列国内外因素的平衡作用，认为巴解组织、叙利亚和以色列是影响黎巴嫩政局的最主要外部因素，几方围绕黎巴嫩展开了直接的对抗和博弈。美国中东问题分析家和媒体人迈克尔·简森（Michael Jansen）的《贝鲁特之战：为什么以色列入侵黎巴嫩》（*The Battle of Beirut: Why Israel Invaded Lebanon*, 1982）通过挖掘以色列入侵黎巴嫩战争的动机和过程，对以色列战争行为造成的破坏进行了控诉和批判。

波士顿大学伊朗问题专家谢哈比（H.E. Chehabi）主编的《遥远的关系：500年来的伊朗和黎巴嫩》（*Distant Relations: Iran and Lebanon in the last 500 Years*, 2006）对两国关系进行了历史性梳理，其中《穆萨·萨德尔和伊朗》《黎巴嫩和革命前伊朗的安全合作》《国王反对派和黎巴嫩》以及《革命岁月的伊朗—黎巴嫩关系》对于把握相关历史时期的两国关系和相互影响具有很好的借鉴。

伊斯特凡·波加尼（Istvan Pogany）的《阿拉伯国家联盟和黎巴嫩维和》（*The Arab League and Peacekeeping in the Lebanon*, 1987）通过梳理黎巴嫩内战爆发前的简史，对各教派和派别之间的历史关系和背景进行了交代，进而着力描写了阿盟维和部队在黎活动的合法性，阿拉伯威慑部队在《联合国宪章》有关条款下执行任务的情况，得出了阿盟部队在黎巴嫩的部署是合法措施，对维护黎巴嫩主权和统一起到了积极作用，且有利于维护地区和平的作用的结论，同时也指出了由于黎巴嫩国内局势的极端复杂性和众多外部干涉的存在，阿盟维和部队也存在自身的局限性。

与此同时，一些从其他语言译为英文的著作具有极高的学术价值。从德语译为英语的专著中，德国弗雷堡大学政治学名誉教授、贝鲁特美国大学访问教授西奥多·汉夫（Theodor Hanf）的《战时黎巴嫩的共存——国家的衰落和民族的兴起》（*Coexistence in Wartime Lebanon: Decline of a State and Rise of a Nation*, 1993）是国际上研究黎巴嫩内战的权威著作之一。德文原版于1990年出版，阿拉伯文和英文翻译版于1993年出版，英文版于2015年再版，英文再版未对原版做任何修改，就是因为此书在内战期间收集的数据极为准确和丰富，至今仍被视为重要和有效的文献材料。作者通过对内战期间不同利益集团关系发展变化的解读，对重要时间节点和重大事件的描述，显示了作者对黎巴嫩历史、政治、社会、宗教等各领域知识深入而准确的把握，是全方位了解黎巴嫩历史和黎巴嫩内战的佳作。从法语译为英语的著作，法国著名黎巴嫩问题专家伊丽莎白·皮卡德（Elizabeth Picard）的《黎巴嫩：破碎的国家》（*Lebanon: A Shattered Country*, 1996）呈现和解读了黎巴嫩内战的全过程，是非常珍贵的研究材料。从阿拉伯语译为英语的专著中，作为参与了黎巴嫩山战争的前黎巴嫩力量军官保罗·安德烈（Paul Andary）的《山的战争》（*War of the Mountain*），从一名亲历者的视角记载了这场卷入了以色列、基督教民兵和德鲁兹民兵的惨烈冲突，描述了当时的历史背景、黎巴嫩力量指挥官萨米尔·贾加对战争的指挥和战争经过。泽埃夫·希夫（Ze'ev Schiff）和伊胡德·雅里（Ehud Ya'ari）的《以色列的黎巴嫩战争》（*Israel's Lebanon War*, 1984）是由希伯来语原版译为英文的著作，以媒体记者的角度检讨了以色列在入侵黎巴嫩战争中的决策失误，揭露了以色列内阁和总参谋部的决策过程、长枪党如何成为以色列的盟友、入侵行动如何获得美国许可等内幕，是从以色列内部视角观察1982年战争的有益材料。

三、研究方法与本书结构

本书以批判性的文献阅读和史料梳理为基础，采取以时间为主要线索、史论结合的论述方式，贯穿全文的分析线索是黎巴嫩内战过程中推动其发生、发展和终结的阶段性动因，主要试图回答三个问题：黎巴嫩内战为何爆发？内战为何持续了15年之久？内战如何终结？这是贯穿全文的思考方向。

本书在第一章论述了三个有关1958年至1975年黎巴嫩国内政治发展的核心问题，着重交代内战爆发的历史背景和国内根源。第一节对黎巴嫩教派政治体制的内在矛盾进行论述，即如何平衡基督教和伊斯兰教两大社群之间的权力与利益，强调以《民族宪章》为代表的具体安排和实践已经不符合黎巴嫩教派政治体制在这一历史时期的实际情况。第二节着重刻画黎巴嫩在巴勒斯坦问题的冲击下发生的政治极化。在此基础上，第三节讨论1958年至1975年黎巴嫩在经济增长情况下利益分配失衡加剧的状况，以及在此期间黎巴嫩国内发生的教派政治动员和政治力量重组。

第二章的两个小节分别讨论两个问题，一是地区矛盾加剧黎巴嫩国内矛盾，着眼巴勒斯坦、叙利亚和以色列三个因素。不同于其他内战，黎巴嫩内战爆发时，最主要的外部因素——巴勒斯坦难民和抵抗运动在黎巴嫩国内已经存在和发酵了多年。巴解武装在黎军事存在及其造成的影响是导致黎巴嫩内战爆发的重要诱因。与此同时，黎巴嫩的两个邻国——叙利亚和以色列为保障自身安全利益，以黎巴嫩为舞台展开了激烈角逐，争相扶植自己的代言人。二是在冷战背景下，苏联和美国因为分别支持叙利亚和以色列等地区盟友，忽视了黎巴嫩内战爆发的风险，对内战的最终爆发起了推波助澜的作用，导致内战旷日持久。

第三、四、五章以时间为线索，以主要战役和重大事件为重点，梳理战争各阶段的进程及事件间的因果关系，涉及复杂的对抗与合作关系，交代了内战爆发后形成的两大敌对阵营，主要节点是1975年黎巴嫩内战爆发、1976年叙利亚军事介入、1978年以色列入侵黎南地区、1982年以色列入侵和1985年撤出黎巴嫩，涉及国际和地区力量对内战的介入和影响，以及这些势力与黎国内各派力量的互动关系。除此之外，埃以和谈对黎巴嫩局势发展的影响、伊朗伊斯兰革命后黎巴嫩什叶派的政治觉醒和崛起也是其中关注的内容。本书在最后论述了《塔伊夫协议》签订的过程，以及内战最后阶段的争夺，试图呈现内战对黎巴嫩政治、社会、经济和人文等各方面的深远影响。

通过以上论述，本书得出了三个结论作为对前面提到的三个问题的回应。第一，黎巴嫩教派政治体制的僵化实践及由此引发的社会经济危机是内战爆发的根本原因，本书第一章集中论述的就是这一问题；第二，黎巴嫩内战经历了全球由冷战向后冷战时期的演变和什叶派现代伊斯兰主义的兴起，这一格局的形成、转变和外部因素的持续干预造成了内战的旷日持久，本书第二、三、四章和第五章的第一节对这一问题进行了交代；第三，通过《塔伊夫协议》达成结束内战的一致意见是在黎巴嫩国内和地区力量两个层面实现妥协的结果，本书第五章其余两节解决了这一问题。第五章第四节则聚焦内战的后果和影响。

第一章　黎巴嫩内战爆发的国内根源

　　黎巴嫩是一个人口少、自然资源匮乏的小国，但其所处的地理位置自古便是地中海东岸的战略要道，坐拥海上贸易良港。① 然而，蒸汽轮船、飞机和柏油马路的出现让这些区位优势黯然失色。到了近现代，黎巴嫩最重要的资源优势是人力资源。在中东地区，黎巴嫩的现代高等教育起步较早，国民受教育水平相对较高，对西方和世界了解更多，商业经验更丰富。后发的周边国家，特别是海湾国家需要黎巴嫩人提供的服务。黎巴嫩的文化具有特殊的混合属性，是当代阿拉伯大众文化的重要输出国。然而，所有这一切都没能避免黎巴嫩成为争议的焦点和动荡的战场。黎巴嫩的社群多样性、内部政治的复杂程度和危机爆发的概率远胜世界上任何一个国家，② 这与其独有的教派政治安排不无关系。围绕这一主题，本章着重讨论三个问题：第一个问题是黎巴嫩教派政治体制的内在矛盾，即如何平衡基督教和伊斯兰教两大社群之间的权力与利益；第二个问题，巴勒斯坦问题对黎巴嫩国内政治的冲击及由此引发的国内政治极化趋势；第三个问题，黎巴嫩在经济增长环境下利益分配失衡加剧，各派政治动员逐渐强化。

　　此前，作为黎巴嫩政治舞台和内战主角的马龙派社群没有得到国内学术界的充分注意，因此，本章对这一社群在1958年至1975年的政治发展进行了较为详细的描述，集中交代了福阿德·谢哈卜、夏尔·赫卢和苏莱曼·弗朗吉亚三位马龙派总统及其所代表的利益集团，他们对国家的治理和面对的危机，以便于理解马龙派社群在内战爆发前的状况。

---

① عارف العبد، لبنان والطائف: تقاطع تاريخي ومسار غير مكتمل، مركز دراسات الوحدة العربية، 2001، ص.27.
② Barry Rubin, Introduction, in Barry Rubin, ed., *Lebanon Liberation, Conflict and Crisis* (New York: Palgrave Macmillan, 2009), p. 1.

第一节 黎巴嫩教派政治体制的内在矛盾

黎巴嫩是世界上唯一一个穆斯林在那里可以像在麦加一样生活，而基督徒可以像在罗马一样生活的国家。[①] 黎巴嫩学者埃利·法瓦兹认为是四方面原因使黎巴嫩如此与众不同。一是人口构成和身份认同的多元性及其动态变化，基督教徒、逊尼派和什叶派穆斯林人口数量大致相当，社群身份认同往往强于统一的国家认同。一段时间以来，黎巴嫩的人口构成发生了持续的变化，主要体现在基督教社群人口相对减少，伊斯兰教社群，特别是什叶派人口增加。二是地理因素，尽管领土面积不大，但黎巴嫩的山区将国家分成了不同的部分，不同的地区有各自的传统、风俗和人口，教派社群的力量在彼此独立的环境下得以发展壮大，这反过来又强化了教派认同。三是历史因素，当代黎巴嫩政治治理的历史传统主要继承于奥斯曼帝国晚期和法国委任统治时期，其显著特点是去中央化，地方社群甚至能施行自己的法规。黎巴嫩没有单一的主导性宗教，也没有统一的身份认同，规制日常生活的是宗教和传统习俗。第四是治理结构和疆界的变化。黎巴嫩国家的构成实际上是《民族宪章》指导下的"教派联邦"，法国委任统治下大黎巴嫩的形成对黎巴嫩教派和人口力量对比产生了根本性影响。一系列历史传统和制度安排在确保没有单独一方能够在国内称霸的同时，也为外部势力的干预大开方便之门，使黎巴嫩长期处于多元和动荡交互的状态。[②]

在黎巴嫩，政治和宗教是不分家的。政治家们需要宗教人士的观点和论述对自己的立场进行支撑，宗教人士则需要通过政治家获取国家的支持，巩固本教派的地位。[③] 教派主义意味着对文化特殊性的主张，以及宗教社群对政治权力或自治权的要求。很多阿拉伯人不愿承认这种割裂的身份认同，认为教派主义叙事是19世纪中叶欧洲国家挑动奥斯曼帝国治下大叙利亚地区的结果，其目的除了诋毁阿拉伯人之外别无其他。但实际上，黎巴嫩的历史本身

[①] عبد الرؤوف سنّو، حرب لبنان 1975-1990. تفكك الدولة وتصدع المجتمع، دائرة منشورات الجامعة اللبنانية، بيروت، 2015، ص 25.

[②] Barry Rubin, Introduction, in Barry Rubin, ed., *Lebanon Liberation, Conflict and Crisis*, pp. 3-4.

[③] عبد الرؤوف سنّو، حرب لبنان 1975-1990. تفكك الدولة وتصدع المجتمع، دائرة منشورات الجامعة اللبنانية، بيروت، 2015، ص 86.

就是一个各教派社群相继来到黎巴嫩山[①]及附近地区聚集的过程。7世纪30年代至40年代的伊斯兰征服时期,阿拉伯帝国占领了罗马帝国的叙利亚行省,黎巴嫩的逊尼派社群便是从此时发展起来的。黎巴嫩的什叶派源自伊斯兰教征服时期之前进入黎巴嫩南部地区的名为阿麦拉的阿拉伯部落,[②]他们向哈里发阿里效忠,即承认先知家族是伊斯兰教的正统领袖,与大马士革的逊尼派倭马亚王朝对立。到了10世纪,黎巴嫩已经成为正宗什叶派教义的发源地,因阿麦拉部落得名的阿米勒山地区在14世纪是什叶派的学术中心,对后来16世纪伊朗萨法维王朝转奉什叶派提供了重要的支撑作用。[③]

德鲁兹派穆斯林来到黎巴嫩山地区的时间也十分久远。德鲁兹派的祖先是忠于逊尼派倭马亚王朝和阿拔斯王朝哈里发的坦努克部落。到了公元10世纪,他们开始向什叶派伊斯玛仪派的法蒂玛王朝效忠。十字军从1099年至13世纪中叶占领黎巴嫩地区,马龙派、什叶派和德鲁兹社群获得了一个长时间不受逊尼派统治者掌控的相对自由的发展时期。到13世纪晚期逊尼派马穆鲁克王朝时,这些教派已经形成了无法抹去的教派社群认同。十字军法兰克人统治的的黎波里和穆斯林掌控的大马士革以贝卡地区为中间地带进行贸易往来,双方实现了和谐共处。马穆鲁克王朝的统治者利用德鲁兹派家族领袖对黎巴嫩进行统治,后者在黎巴嫩的支配地位一直延续到了1800年前后。[④]

黎巴嫩天主教马龙派的命名来自圣马龙,他是生活在4世纪内托罗斯山区[⑤]的隐修士。5世纪,他的追随者们为了躲避基督教一性论者的迫害,逃往黎巴嫩山北部的奥伦特斯河谷地区并在那里修建了马龙派修道院。7世纪晚期,为了躲避阿拉伯帝国建立过程之中的战乱,他们进一步向山区中心地带

[①] 黎巴嫩山是黎巴嫩最重要的地理标识,一开始所指的仅限于黎巴嫩北部山区。随着天主教马龙派人口增加带动的人口迁徙(主要是由北向南),黎巴嫩山的概念扩大到了整个黎巴嫩山地区。

[②] 现在所说的黎巴嫩南部地区包括南黎巴嫩和奈拜提耶两个省。William Harris, *Lebanon: A History 600-2011* (New York: Oxford University Press, 2012), pp. 32-33.

[③] 历史上阿米勒山的范围南起巴勒斯坦阿卡的郊区,北到划分舒夫县和杰津县的布斯里河(古称法拉迪斯河),西至地中海,东至哈乌拉绿洲。吴冰冰著:《什叶派现代伊斯兰主义的兴起》(北京:中国社会科学出版社,2004年),第254页; Augustus Norton, *Hezbollah: A Short History* (New Jersey: Princeton University Press, 2014), p. 52.

[④] William Harris, "Reflections on Lebanon," in Barry Rubin, ed., *Lebanon Liberation, Conflict and Crisis*, pp. 13-14.

[⑤] 位于现今土耳其境内。

迁徙，在那里建立起自己独立的社群，成为"伊斯兰汪洋中的一个孤岛"。[1] 罗马教皇利奥十三世曾称他们是"荆棘中的玫瑰花"。[2] 7世纪至10世纪，黎巴嫩的基督教社群逐渐成形。黎巴嫩教派分野的雏形是在伊斯兰统治时期和十字军东征之间的时间段里形成的。还值得一提的是，亚美尼亚人于20世纪初为躲避土耳其人的迫害和屠杀，从小亚细亚迁居黎巴嫩，于1924年获得公民权，他们是基督教社群的成员。[3]

一、现代黎巴嫩国家实体的形成和教派政治体制的建立

黎巴嫩是个独立现代国家，但却没有形成凌驾于社会之上、能够缓和冲突并将其控制在秩序之内的力量。这种特殊的现象是由其特殊的历史条件所决定的，黎巴嫩既与犹太教和基督教的发源地巴勒斯坦毗邻，又靠近伊斯兰教圣地麦加；黎境内多山谷，居民在阿拉伯帝国和奥斯曼帝国长期统治期间享有不同程度的自治权，形成了实际上的多种宗教教派社群杂居、地方封建领主割据的传统。从地理上讲，黎巴嫩的与众不同是因其几个世纪相对与世隔绝的环境使然，崎岖的黎巴嫩山为少数人口组成的社群提供了天然庇护。[4] 黎巴嫩山地区的主要社群除了天主教马龙派外还有长期在此聚居的德鲁兹派。与此同时，不少东正教和伊斯兰教什叶派、逊尼派社群也在黎巴嫩酋长国时期[5]在这一地区定居。[6]

7世纪中叶，黎巴嫩被阿拉伯帝国占领。然而，即使是在阿拉伯帝国倭马亚哈里发政权达到全盛时期，黎巴嫩天主教马龙派也没有皈依伊斯兰教，而是保留了自己的封地。奥斯曼土耳其人在1516年占领黎凡特地区。对这一地区，奥斯曼苏丹同阿拉伯哈里发有着相似的认识，"集中精力去处理更重大和

---

[1] [美] 菲利普·克·希蒂著：《黎巴嫩简史》（北京：人民出版社，1974年），第135页。

[2] William Harris, "Reflections on Lebanon," in Barry Rubin, ed., *Lebanon Liberation, Conflict and Crisis*, p. 11.

[3] 季国兴、陈和丰著：《第二次世界大战后中东战争史》（北京：中国社会科学出版社，1987年），第430—431页。

[4] Bruce Borthwick, *Comparative Politics of the Middle East: An Introduction*, p.124.

[5] 1516年至1697年曼家族和1697年至1841年谢哈卜家族治下。

[6] Itamar Rabinovich, *The War for Lebanon, 1970-1985* (London: Cornell University Press, 1985), p. 18.

更迫切的问题，姑且让那些少数民族山民独立行事是有好处的。真正的危险是在波斯和埃及方面"。① 奥斯曼帝国也像马穆鲁克人一样选择了德鲁兹派作为地区的代理人进行管理，尽管一开始德鲁兹派由于担心自己失去支配地位反对这一政权更迭。因此，席卷这个地区的征服风暴最后没有进入黎巴嫩山地区，传统的生活方式在那里得以保留。稳定的社会结构和奥斯曼人对传统的尊重使得传统社群领袖得以维持自己的权威。这样一来，奥斯曼中央政府能够避免直接卷入到当地居民社会生活中的琐碎事务，允许依照大家族、部落、社群和宗教社团这样的传统社会结构进行自治，条件是他们必须承认苏丹的权威并缴纳赋税。奥斯曼帝国的某些地方领袖还凭借他们控制的武装农民、城镇半军事组织以及他们享有的地方税收和司法权等，实质上掌握了这些地区的行政、民事、经济和军事大权。②

在此基础上便不难理解，黎巴嫩山地区强有力的统治者，如曼家族的埃米尔法赫鲁丁和谢哈卜家族的埃米尔巴希尔几乎能够独立地进行统治。法赫鲁丁作为赛达地区的行政长官，构建出了一个实际上独立的黎巴嫩实体，其区域包括现在的黎巴嫩领土。法赫鲁丁还与欧洲发展关系，允许马龙派扩展领地，还向反抗奥斯曼中央政府的库尔德人领袖姜巴拉德提供庇护。③ 很多人认为法赫鲁丁治下的黎巴嫩是现代黎巴嫩实体的雏形。17世纪至19世纪的黎巴嫩是奥斯曼帝国重要的税收来源，先后任命曼家族和谢哈卜家族的领袖为埃米尔，收缴税负和管理司法。这些统治家族给予了马龙派社群较大的发展空间。在德鲁兹派曼家族埃米尔法赫鲁丁统治的巅峰时期，黎巴嫩以德鲁兹派和马龙派的合作关系为基础，实现了在奥斯曼土耳其帝国统治框架下实际上的自治，并开始向周边的叙利亚行省扩展其权威。随着17世纪末曼家族的衰落，逊尼派谢哈卜家族④ 取而代之，德鲁兹派的地位呈下降趋势。同时，得益于经济地位的改善，马龙派的势力范围进一步扩大，部分德鲁兹社群向叙利亚南部地区迁徙。此后，埃米尔巴希尔二世（1788年至1840年掌权）在黎巴嫩山地区建立了强有力的政权。1841年，黎巴嫩山地区的德鲁兹派与马

---

① ［美］菲利普·克·希蒂著：《黎巴嫩简史》，第200页。
② ［以］摩西·马奥茨著，殷罡等译：《阿萨德传》（北京：世界知识出版社，1992年），第9页。
③ 姜巴拉德家族与德鲁兹派坦努克部落联姻，他们的后代就是后来的德鲁兹派琼布拉特家族。
④ 谢哈卜家族后改奉马龙派。

龙派居民发生冲突，奥斯曼政府认为马龙派和德鲁兹派的合作已不可能。在英、法、俄等国的敦促下，此次冲突以谢哈卜家族统治终结、奥斯曼政府对该地区推行直接统治告终。接下来，奥斯曼政府经与欧洲各国政府博弈妥协，确立了"两自治县"体制，北部由一个马龙派人士管辖，南部由一个德鲁兹派人士管辖，两人均由居于赛达的土耳其帕夏任命，贝鲁特－大马士革公路被定为两个自治县的分界线。①

1845年10月，为应对因司法权争端而导致的教派冲突，奥斯曼政府颁布了以外交大臣沙基布帕夏命名的《沙基布条例》，对两自治县作出了重要调整，在自治县行政长官下设立一个行政委员会辅助其工作，委员会由1名副官（在南、北自治县分别由马龙派和德鲁兹派担任）及逊尼派、德鲁兹派、希腊东正教派、希腊天主教派和马龙派各派的1名顾问和1名法官组成。《沙基布条例》是黎巴嫩政治史上的重要分水岭，行政委员会构成的教派代表制标志着黎巴嫩教派政治体制的最初开端，司法权则按教派切分，委员会中各教派成员仅负责本教派初级司法事务。②

由奥斯曼政府对两自治县土地登记和人口普查引发的1856年至1860年政治动荡及随后发生的1860年德鲁兹派－马龙派冲突是黎巴嫩历史上极为重要的事件，特别是后一事件强化了黎巴嫩的教派认同和相互割裂，这种割裂乃至仇视直到黎巴嫩内战期间还存在于德鲁兹派和马龙派之间，在1984年至1990年黎巴嫩山战争中有突出体现。在1860年的冲突中，马龙派缺乏有效组织和领导，德鲁兹派则在传统社群领袖之下结成了联合战线。法国与黎巴嫩马龙派早就有联系，以马龙派的保护者自居，此时以保护黎天主教徒为借口派出7000名士兵在贝鲁特登陆，追击德鲁兹派民兵武装至黎巴嫩山南部和贝卡地区。1861年6月，法国、英国、普鲁士、奥地利和俄国在君士坦丁堡共同签署了《黎巴嫩山政治重组相关条例与协议》（简称《组织条例》），规定黎巴嫩为奥斯曼帝国内的一个"自治区"，奥斯曼军队不再在此驻扎，其公民没有服兵役和向奥斯曼政府进贡的义务。条例规定，新的政治实体由"奥斯曼政府任命并经签字国同意的一个信仰基督教的行政长官进行统治"，还规定：

---

① Kais Firro, *A History of the Druzes* (London & New York: Brill Academic Pub, 1997), pp. 86-91, 96.

② 李海鹏《黎巴嫩德鲁兹派研究》，北京大学博士研究生学位论文，2016年6月，第80—86页。

"成立一个由各教派代表共12人组成的民选行政委员会协助长官工作。"① 这一委员会由4名马龙派、3名德鲁兹派、2名东正教、1名希腊天主教、1名逊尼派和1名什叶派代表组成,这也是当今黎巴嫩地方政府委员会机制的雏形。② 以1845年《沙基布条例》开启的教派身份政治化进程在《组织条例》政治框架内得以固化,奠定了黎巴嫩教派政治体制的基石。③

二、法国委任统治和独立时期的政治制度发展

第一次世界大战后,根据1920年4月协约国《圣雷莫协议》,法国开始对黎巴嫩和叙利亚实施委任统治。为达到"分而治之"的目的,委任统治当局选择支持天主教马龙派社群,认为其是抑制日益兴起的阿拉伯民族主义和伊斯兰教社群,从而强化自身统治的可靠盟友。委任统治者还认为应当对马龙派社群给予经济上的扶持,遂于同年把当时属于叙利亚的重要沿海城市赛达、苏尔和的黎波里,以及东部的贝卡等地并入黎巴嫩建立"大黎巴嫩国"。在当时的基督教社群内部,对保留小黎巴嫩还是建立大黎巴嫩是存在争议的,一方认为小黎巴嫩将更能维护基督教社群的利益;另一方主要是马龙派则相信自己有足够的实力治理大黎巴嫩。后一派意见在当时赢得了黎巴嫩基督教社群和法国委任统治当局的支持,建立大黎巴嫩是当时黎基督教社群,特别是马龙派的自主选择。④ 此举使黎巴嫩的面积几乎增加一倍,人口由40多万增至62万。然而,两个令统治者意想不到的结果出现了:一是大叙利亚主义的兴起,这一情况对黎巴嫩国内政治及黎叙关系产生了深远影响;二是由于黎巴嫩穆斯林人口,特别是什叶派穆斯林人口大幅增加,黎巴嫩原来基督徒占多数的状况变为基督徒和穆斯林人口大体平衡。至此,黎巴嫩已经没有一个人数上占优势地位的社群,传统的马龙派-德鲁兹派二元关系终结。此前在黎巴嫩山地区,基督教人口占总人口的85%,马龙派独占60%,贝鲁特的基督教

---

① [美]菲利普·克·希蒂著《黎巴嫩简史》,第273页。
② 值得一提的是,当时马龙派人口约占总人口的60%,但这一人口比例并未体现在行政委员会的人员构成中。这同后来黎巴嫩什叶派人口大幅增加后,其在议会和政府机构中出任公职的人数与其人口比例不匹配是相似的情况。教派政治体制的安排在一定程度上是建立在各方默契的基础之上的。
③ 李海鹏《黎巴嫩德鲁兹派研究》,北京大学博士研究生学位论文,2016年6月,第86页。
④ Theodor Hanf, *Coexistence in Wartime Lebanon: Decline of a State and Rise of a Nation* (London: I.B Tauris & Co., Ltd. in association with the Centre for Lebanese Studies, 2015), p. 64.

人口约占2/3，但在新并入黎巴嫩的沿海城市以及东部的贝卡和东黎巴嫩山等地区，穆斯林的人口又占到了2/3。这样一来，基督教人口仅占大黎巴嫩人口总数的58%，考虑到不同教派出生率的差异，这一比例在后来持续下降。[①]而在黎巴嫩的众多社群中，什叶派人口的增长最为显著，从1932年占总人口的1/5发展到了1989年的1/3。[②]

此后，法国开始根据其对黎巴嫩社会的理解来重塑这一新国家的政治文化。法国人将黎巴嫩视为一个由多个宗教社群组成的脆弱混合体，而非一个独立的民族共同体，并根据这一认识来打造黎巴嫩的行政体系，即行政职务根据人口比例分配给不同的宗教社群。[③]1926年，法国委任统治当局公布《宪法》，设置一个民选的总统和议会，指明议会议员按各教派人数的比例分配，即以教派人数分配权力的方式，教派政治体制就此建立起来。当时还规定，总统由马龙派担任，总理由逊尼派担任，议长由什叶派担任。1932年，委任统治当局对黎巴嫩进行了人口普查，总人口860829，其中基督徒452281人，占52%；穆斯林398079人，占45.5%。据此，黎巴嫩的政治和行政职务就按照6∶5的比例在基督徒和穆斯林中进行分配，这还包括议会议席、内阁部长和行政机关工作人员。[④]

1943年黎巴嫩独立时，比沙拉·扈里领导的以马龙派社群为核心的基督教社群与里亚德·苏尔赫领导的以逊尼派建制派为核心的伊斯兰教社群同意分享权利，达成口头协议《民族宪章》，作为黎巴嫩《宪法》程序的基础而遵行，黎巴嫩现代国家的框架和教派分权体系得以确立。鉴于基督徒和穆斯林对于黎巴嫩属性的认识有分歧（基督徒主张保持和西方的关系，穆斯林主张保持阿拉伯属性），扈里和苏尔赫达成妥协，保留了黎巴嫩的阿拉伯语和"阿

[①] [英]尤金·罗根著，廉超群、李海鹏译：《征服与革命中的阿拉伯人：1516年至今》(浙江人民出版社，2019年)，第281页。基督教人口数量在大黎巴嫩的优势地位还要倚赖20世纪20年代初涌入黎巴嫩的亚美尼亚难民，参见：Theodor Hanf, *Coexistence in Wartime Lebanon: Decline of a State and Rise of a Nation*, p. 65。

[②] Itamar Rabinovich, *The War for Lebanon, 1970-1985*, pp.9-10；季国兴、陈和丰著：《第二次世界大战后中东战争史》，第425—435页。

[③] [英]尤金·罗根著，廉超群、李海鹏译：《征服与革命中的阿拉伯人：1516年至今》，第280页。

[④] 季国兴、陈和丰著：《第二次世界大战后中东战争史》，第432—434页。

拉伯面貌"及其与西方文明的文化和精神联系。他们认为，为了维护各教派之间的平衡，在政权组织形式上应该"维持现状"。[1] 因此，按教派分配政治权力的做法得以继承，国家3个最高职位（共和国总统、总理、议会议长）仍分别由马龙派、逊尼派和什叶派人士担任；军队司令由马龙派人士担任；副总理和副议长由第四大教派希腊东正教人士出任；议会席位、内阁成员和行政机关公务员同样以1932年的人口普查为基础，按照6:5的比例在基督徒和穆斯林中分配。胡里和苏尔赫分别担任独立后的第一任总统和总理。胡里成功地把各主要教派领袖吸收到政府中，防范了黎巴嫩的分裂，确保了黎巴嫩作为独立国家的存在，但这也助长了教派主义，使其成为未来黎巴嫩政治生活的标识。在他的政府中，外长是基督徒，内政部长是逊尼派穆斯林，国防部部长是德鲁兹派人士，这也作为一种惯例沿袭了下来。[2]

《民族宪章》的达成使黎巴嫩事实上成为一个不同宗教社群的联邦，国民向各自所属的社群效忠，宗教社群领袖在国内政治社会生活中发挥主导作用，国家成为各教派庇护关系的总和，确保了特定利益集团的经济、政治和社会利益。由于人为或无意地忽视了真实的人口构成变化，议会成为一个具有很强排斥性的政治利益网络。[3] 这一口头协议实际上将法国人为了便于施行殖民统治所推行的"社群主义"原则神圣化，僵化地在各宗教社群之间分配权力职位，削弱了黎巴嫩政治的力量，妨碍国家实现真正的融合。由于教派主义是黎巴嫩政治制度的基石，跨教派和跨地区的党派和团体就不可能发展，各教派的传统领袖一直保持着他们的显赫地位，而且影响越来越大，使黎巴嫩成为一个多中心的国家。[4] 法国人留下的分裂遗产为害时间之长远远超过其统治黎巴嫩的历史。[5]

需要指出的是，并不是所有社群都被很好地整合进了这一体系，比如占人口比重越来越大的什叶派社群因为受教育程度和社会经济地位偏低，缺乏

---

[1] Bruce Borthwick, *Comparative Politics of the Middle East: An Introduction*, p. 138.

[2] عبد الرؤوف سنُو، حرب لبنان 1975-1990. تفكك الدولة وتصدع المجتمع، دائرة منشورات الجامعة اللبنانية، بيروت، 2015، ص 42.

[3] Theodor Hanf, *Coexistence in Wartime Lebanon: Decline of a State and Rise of a Nation*, p. 74.

[4] 季国兴、陈和丰著：《第二次世界大战后中东战争史》，第434—435页。

[5] ［英］尤金·罗根著，廉超群、李海鹏译：《征服与革命中的阿拉伯人：1516年至今》，第316页。

有效政治动员,并未在分权体系下获得与其人口比例匹配的份额,成为黎巴嫩政治体系的硬伤,为日后的政治动荡乃至内战的延续埋下了伏笔。同时,对于持不同意识形态和社会发展主张的集团——阿拉伯民族主义、共产主义、社会经济改革派等而言,其各自政治议程在这一制度安排下难以推进,他们纷纷将教派政治体制视为践行其政治理想的障碍。黎巴嫩的政治体系对内封闭缺乏活力,对外过于开放而缺乏抵抗力,对于外部势力——如叙利亚、埃及、苏联等而言,只要投入有限的资源对特定派别进行扶持就能削弱甚至打击西方国家在黎巴嫩的存在和影响力。到了1958年,黎巴嫩爆发了一场激烈的内部冲突,[1] 在某种程度上就是黎巴嫩政治体系的先天缺陷无法通过改革得以缓解的体现。1958年,黎巴嫩穆斯林有理由相信他们的人口数量已经超过基督徒,但1932年以来,黎政府就再未批准过任何新的人口普查工作,这一事实在一定程度上加深了伊斯兰教社群的疑虑,即基督徒拒绝承认新的人口现实。黎巴嫩穆斯林愈发质疑现有的权力分配格局,因为他们被赋予的政治话语权太少了。[2]

然而从另一方面看,也正是这样的制度安排使黎巴嫩在一定程度上能够正视教派间的区别,没有像叙利亚和伊拉克那样刻意漠视教派差异,为某一个主义,如阿拉伯民族主义让路,造成新的内部分歧,让各派别意识到如果想获取利益就必须减少教派间的敌对情绪,推动竞争性合作关系的发展。这使黎巴嫩成为中东地区多元政治的可行范例和第二次世界大战后阿拉伯世界唯一真正意义上有效运转的议会政治制度。[3] 第二次世界大战结束至1975年黎巴嫩内战爆发前的30年间,黎巴嫩一直处在内外部因素的微妙平衡中。一方面,黎巴嫩作为一个人为划定的国家,其人口构成、社会共识和政治基础较为松散,时刻处在被外部势力利用和破坏的危险中;另一方面,黎巴嫩的政治体制是中东地区独一无二的多元政体的有效实践。[4] 虽然教派政治体制存在先天的内在矛盾,该制度与一系列内外因素的相互作用使黎巴嫩逐渐走向了

---

[1] 也有史学家将其定义为内战,本书统一称为"1958年危机"。
[2] [英]尤金·罗根著,廉超群、李海鹏译:《征服与革命中的阿拉伯人:1516年至今》,第409页。
[3] Itamar Rabinovich, *The War for Lebanon, 1970-1985*, pp. 24-26.
[4] Ibid., p. 17.

内战的深渊，但这一制度本身不应遭受诟病，主要问题是对教派政治的僵化实践，以及适当的改革和调整的缺位。

三、国家属性的认同危机

第二次世界大战前，法国对黎巴嫩实行委任统治，作为天主教社群的长期庇护方，法国决心确保黎巴嫩的"基督教国家属性"。[①] 战后，法国在黎巴嫩影响力大幅下降，阿拉伯民族主义势头渐起。1943年，伊斯兰教社群与基督教社群达成《民族宪章》，基督教社群基于不再具备人口优势的现实考虑，不再强求黎巴嫩的基督教国家属性，承认黎巴嫩在一定程度上是阿拉伯世界的组成部分；逊尼派建制派则清醒地认识到，在什叶派穆斯林人口大幅增加的背景下，与马龙派的妥协几乎是使自身权益和影响力最大化的唯一选择，遂亦不再坚持将黎巴嫩与叙利亚合并的主张。两大社群实现了对国家属性的勉强认同。然而，1958年危机成为改变黎巴嫩政治生态的分水岭。这场危机是在一系列内外部矛盾交织激化下爆发的。冷战时期，埃及总统贾迈勒·阿卜杜·纳赛尔领导的阿拉伯民族主义对整个阿拉伯世界产生了深远影响，黎巴嫩亦受到了波及。主导政局的基督教社群对日益兴盛的阿拉伯民族主义态度暧昧，这引发了作为黎巴嫩"二等公民"的伊斯兰教社群的反思。后者认为，穆斯林的人口优势理应赋予该群体更多话语权，黎巴嫩的对外政策也应向纳赛尔的主张靠拢。[②]

面对这一局面，黎巴嫩的基督教领导集团出现了分裂：一派主张采取灵活的安抚政策渡过难关；以总统卡米勒·夏蒙为代表的另一派主张与西方和保守的阿拉伯国家合作，抵御阿拉伯民族主义的革命风潮。然而，夏蒙企图通过修改《宪法》连选总统的尝试使形势进一步复杂化，逐渐朝着对其不利的方向发展。20世纪50年代，随着人口的迅速增加，黎巴嫩伊斯兰教社群要求重新分配国家权力的呼声就开始上升，与基督徒的矛盾开始变得尖锐。他们提出了修改《宪法》的要求，以改变自己的不利处境。1956年苏伊士运河战争后，纳赛尔声望大增，在其领导的阿拉伯民族主义运动鼓舞下，黎巴嫩

---

① ［英］尤金·罗根著，廉超群、李海鹏译：《征服与革命中的阿拉伯人：1516年至今》，第280页。

② 同上，第409页。

穆斯林的要求更加强烈。然而，夏蒙却于1957年宣布接受艾森豪威尔主义，还企图修改《宪法》连任总统。1958年2月，阿拉伯联合共和国的成立，夏蒙则立即宣布黎巴嫩不会加入阿拉伯联合共和国，也不会加入阿拉伯联邦，黎巴嫩国内局势骤然紧张。5月，的黎波里和贝鲁特的暴动和示威引起了反政府的穆斯林与亲政府的基督徒之间的冲突。穆斯林民兵控制了首都贝鲁特、的黎波里、赛达的局部地区及北部和南部一大部分地区。黎巴嫩政府军在福阿德·谢哈卜将军的领导下保持中立按兵不动。7月14日，伊拉克卡塞姆发动军事政变，推翻了费萨尔王朝。叙黎局势进一步紧张，阿联部队陈兵边界。20日，1万名美国海军陆战队员应夏蒙的要求在贝鲁特登陆，进驻贝鲁特市区和郊区，稳定住了局势。在美国和埃及的斡旋下，黎巴嫩基督教社群和伊斯兰教社群达成妥协，夏蒙被迫放弃连任诉求，谢哈卜将军在美国和埃及的支持下被选为总统。谢哈卜于9月就职，美军于10月25日离境，局势暂趋平稳。[①] 这场冲突本质上反映的就是自《民族宪章》达成以来，黎巴嫩基督教社群和伊斯兰教社群对黎巴嫩国家属性的勉强共识。黎巴嫩的邻居以色列就认为，黎巴嫩是一个"没有取得共识的人之间的共识"，是一个无法再生存的政治实体。[②]

在此后的1958年至1970年间，黎巴嫩的基督教社群仍然基本上采取了维持现状、拒绝改革的立场。对他们而言，现有的社会经济体系——自由经济、低税收、小规模官僚系统，以及限制政府对社会经济事务干预的政策——无须调整。一切安排应当为当权派服务，最好还能扩大享有支配地位、占据更多社会资源的基督教社群和欠发达的伊斯兰教社群之间的差距。他们担心任何改革措施都有可能让伊斯兰教社群受益，带来可怕的政治后果。[③] 基督教社群对国家属性的纠结与维持其自身特权地位直接关联。客观来看，黎巴嫩伊斯兰教社群要求的政治平等实际上意味着穆斯林建制派开始脱离长期以来阿拉伯民族主义思想的影响，转而全面拥抱《民族宪章》所倡导的黎巴嫩民族主义和趋向一致的国家认同。

在基督教社群中，谢哈卜总统是一个例外。1958年，谢哈卜总统宣布实

---

① 季国兴、陈和丰著：《第二次世界大战后中东战争史》，第435—437页。
② نبيل خليفه، الاستراتيجيات السورية والإسرائيلية والأوربية حيال لبنان، ص 84.
③ Itamar Rabinovich, *The War for Lebanon, 1970-1985*, pp. 27-30.

行一项措施，即每录用一名基督徒公务员，将相应地任命穆斯林公务员，这一措施在接下来的几年逐步得到了实施。① 与此同时，逊尼派总理的权力自1958年后也在持续增长，总统更多地扮演仲裁者的角色。② 但以长枪党、自由国民运动为代表的马龙派和其他基督教政治力量显然没有意识到穆斯林社群中发生的变化，仍一味不愿放弃自己的特权和优势地位。1974年秋天，作为黎巴嫩基督教阵营最重要代表的长枪党面临三大政治战线：巴勒斯坦拒绝阵线、③ 黎巴嫩左翼力量和黎巴嫩逊尼派穆斯林建制派。长枪党同时反对黎巴嫩左翼和逊尼派穆斯林建制派的后果是使二者抱团取暖，而逊尼派穆斯林建制派实际上有机会成为长枪党对抗黎巴嫩左翼力量的盟友。④ 最终，被逼入墙角的逊尼派不得不选择同卡迈勒·琼布拉特合作。内战爆发前，拉希德·卡拉米总理曾向皮埃尔·杰马耶勒暗示，如果能够考虑在马龙派－逊尼派政治平衡上做适度调整的话，他是有可能支持打压在黎的巴解武装的，而杰马耶勒对

---

① 原先，马龙派、希腊天主教派和逊尼派中任公务员的数量高于其人口比重，这当中牺牲的是什叶派的权益，公职的教派平衡仅能在低级公务员任用中得到一定保障，这主要是由什叶派穆斯林相对较低的受教育水平决定的。据统计，1961年，只有1/4的在校大学生为穆斯林，不到10%的学生是什叶派穆斯林。尽管这一措施在一段时间内使黎巴嫩公务员的整体水平遭到诟病，但谢哈卜仍认为这是为实现教派利益平衡、回应1958年危机时伊斯兰教社群诉求的必要措施。随着伊斯兰教社群的社会经济地位的改善，到1972学年至1973学年，穆斯林已经占到黎巴嫩大学在校学生总数的53%。1974年，参与公务员选拔考试的穆斯林人数已经占到了总数的64%。参见：Theodor Hanf, *Coexistence in Wartime Lebanon: Decline of a State and Rise of a Nation*, pp. 94-95。

② Theodor Hanf, *Coexistence in Wartime Lebanon: Decline of a State and Rise of a Nation*, p. 91.

③ 在1974年召开的第12届巴勒斯坦全国委员会会议上通过了由巴勒斯坦解放运动（Fatah）倡导的旨在政治解决巴以暴力冲突的"十点计划"。巴勒斯坦解放组织（PLO）中较为激进的派别，如巴解组织第二大派别人阵（PFLP）、民阵（DFLP）、艾布·尼达尔组织（ANO，又称法塔赫—革命委员会）、阿拉伯解放阵线（ALF）、闪电（Saiqa）、巴勒斯坦人民斗争阵线（PPSF）等对此抗议并离开巴解组织，组成了巴勒斯坦拒绝投降方案力量阵线（Front of the Palestinian Forces Rejecting Solutions of Surrender），简称拒绝阵线。拒绝阵线主张继续采取对以色列的强硬立场，对其开战武装斗争直至将其消灭。拒绝阵线并不是一个有效整合的组织，只是代表了有关派别相近的立场，在不同时期得到了伊拉克和叙利亚的支持。参见：10 Point Program of the PLO (1974), https://web.archive.org/web/20110805192136/http://www.un.int/wcm/content/site/palestine/cache/offonce/pid/12354;jsessionid=ED2AC7E70A82F5C7CCB42BC6357FCDEC; As'ad AbuKhalil, 'Internal Contradictions in the PFLP: Decision Making and Policy Orientation', Middle East Journal, Vol.41, No. 3 (Summer, 1987), pp. 361-378。

④ Kamal S. Salibi, *Cross Roads to Civil War Lebanon 1958-1976*, pp. 83-84.

此未予回应。①

黎巴嫩是一个由不同宗教社群组成的国家，每个社群都拥有独特的历史社会属性和利益诉求，由宗教社群进行政治经济利益的分配。② 民众对教派的忠诚十分强烈且不容争议。与此同时，黎巴嫩的历史实际上又是一部部家族史的合集，讲述的是家族在黎巴嫩政治、社会和经济中的作用及其社会关系网络，③ 这构成了黎巴嫩的基本社会结构：国家—教派（家族）领袖—普通民众，教派（家族）领袖起到了重要的承上启下的作用，④ 他们是普通民众和国家之间的中介。⑤ 在民主框架下，在黎巴嫩建立一个将这种教派及其领袖的忠诚排除在外的政治制度是难以想象的。卡迈勒·琼布拉特领导的黎巴嫩民族运动等左翼力量从1969年成立以来就一直主张修订《民族宪章》，变更选举法，废除公共职位和议会中的教派代表制，称《民族宪章》笼罩下的黎巴嫩国家统一是虚假的，真正的国家统一需要摒弃教派因素，应当建立在通过政治改革实现的社会公正之基础上。与黎巴嫩民族运动在意识形态层面反对《民族宪章》略有分别，以萨义布·萨拉姆、拉希德·卡拉米和穆夫提哈桑·哈立德为代表的逊尼派阵营要求黎巴嫩穆斯林获得正当的政治权力，实际上是希望马龙派将自己的权力让渡一部分给逊尼派社群。但在马龙派占据总统、军队总司令和公安总局局长等重要、强力部门主官职位的情况下，很难想象他们会轻易让渡既得利益。

在黎巴嫩内战爆发后，既有体制的代表——前总统卡米勒·夏蒙领导的自由国民党、杰马耶勒家族领导的长枪党和弗朗吉亚集团在1976年组建了黎巴嫩阵线，以整合政治立场、统一军事指挥。黎巴嫩阵线的官方指导路线在1980年12月出版的一份名为《我们想要建立的黎巴嫩》的文件中得以体现，文件提出了一个最根本的问题：如何在基督教社群不占人口主体的黎巴嫩实

---

① Wade Goria, *Sovereignty and Leadership in Lebanon, 1943-1976* (London: Ithaca, 1985), pp. 179-180.

② Theodor Hanf, *Coexistence in Wartime Lebanon: Decline of a State and Rise of a Nation*, p. 73.

③ 内战前，40%的黎巴嫩人同自己的亲属生活在步行15分钟可达的区域内，祖孙三代保持着密切的日常往来。参见：Theodor Hanf, *Coexistence in Wartime Lebanon: Decline of a State and Rise of a Nation*, p. 80。

④ عبد الرؤوف سنّو، حرب لبنان 1975-1990. تفكك الدولة وتصدع المجتمع، دائرة منشورات الجامعة اللبنانية، بيروت، 2015، ص 46.

⑤ Theodor Hanf, *Coexistence in Wartime Lebanon: Decline of a State and Rise of a Nation*, p. 79.

现基督教的支配地位。这意味着基督教社群在国家属性认同上再次出现了反复。黎巴嫩阵线认为，1943年《民族宪章》中的规则已无法继续施行。尽管其人口规模已不占优势，黎巴嫩阵线仍以黎巴嫩基督教社群的名义要求本社群在黎巴嫩占据特殊地位，称黎巴嫩的基督徒在国家的历史形成中发挥了特殊作用，国家的基督教属性应当得到保护。对于国家属性的认同危机与黎巴嫩教派政治体制密切联系，正是这一制度造成的教派间的割裂状态使国家属性认同危机不断发酵，从而进一步加剧了这一政治制度的危害。在此基础上，1967年至1975年，黎巴嫩国内围绕重构国家、国家体系及政府权力展开了热火朝天的辩论，有人认为应当继续以《民族宪章》为基础推行各教派间的和谐共存；有人主张建立新的社会政治体系，实现体制和社会的世俗化；有人提出从政府内部着手实施改革；还有人提议通过枪杆子或借助外力进行革命。内战前的黎巴嫩面临着如何处理社会与政府关系、如何重塑内部政治社会共识的巨大挑战。在这些问题上的分歧使黎巴嫩人在应对外部因素的立场上呈现出了进一步的分化，特别是黎巴嫩应当在阿以冲突中发挥怎样的作用上产生了严重分歧，造成的后果是进一步放大了巴勒斯坦因素在日后黎巴嫩政治中的影响。①

其实，黎巴嫩的基督教知识精英为了寻求社会文化共识的最大化也曾作出过努力。如早在20世纪20年代，天主教知识分子、银行家米歇尔·希哈便提出了独具匠心的叙事视角，将黎巴嫩人描绘成古老的腓尼基人的后裔，继承的是地中海文明的衣钵，是沟通东西方文明的桥梁。②这一叙事在后来又被其他马龙派知识分子加入了黎巴嫩是中东地区少数族裔——德鲁兹派和什叶派穆斯林——避难所的内容。希哈参与了1926年黎巴嫩《宪法》的起草工作，其思想对现代黎巴嫩的形成、政治体制和机构设置产生了深远影响。③

四、谢哈卜治下的黎巴嫩政治发展

1958年危机除了反映出基督教社群和伊斯兰教社群对黎巴嫩国家属性的

---

① عبد الرؤوف سنّو، حرب لبنان 1975-1990. تفكك الدولة وتصدع المجتمع، دائرة منشورات الجامعة اللبنانية، بيروت، 2015، ص 42-43.
② 从文化属性上看，腓尼基人在7世纪初就已经经历了基督教化和希腊化的进程，主要操阿拉姆语和希腊语。William Harris, *Lebanon: A History 600-2011*, p. 32.
③ Itamar Rabinovich, *The War for Lebanon, 1970-1985*, p. 22.

勉强共识外，还凸显了新形势下《民族宪章》亟待调整和改革的紧迫性，[1] 为日后更为剧烈的社会变革开辟了道路。夏蒙的继任者福阿德·谢哈卜被不少学者和黎巴嫩普通百姓视为黎巴嫩独立后最为杰出的政治家，他坐拥其他政治家难以企及的政治资本：显赫的家族声望、[2] 在军中的影响力和在1958年危机中严守中立而造就的"救世主"形象。作为马龙派领袖，谢哈卜采取了温和路线，在黎巴嫩的基督教国家身份认同和阿拉伯民族主义两大洪流中游刃有余，在实际操作中他采取了纳赛尔主义倾向的外交政策。围绕他形成的"谢哈卜主义集团"在他的带领下致力于加强中央政府权威，严把军事情报局，着力做大经济蛋糕，希望通过经济发展化解一部分社会矛盾。与此同时，以经济社会发展为主要内容的现代化进程带动了更为广泛的人口流动（农村到城市，主要涌向首都贝鲁特）和社会、政治动员，这实际上削弱了传统教派社群领袖的作用和影响。

在地区政策上，谢哈卜在1959年3月25日同埃及总统贾迈勒·阿卜杜·纳赛尔在黎叙边境会面，承诺将采取同阿拉伯世界团结一致的政策。[3] 在阿拉伯政治层面获得了稳定局面的谢哈卜随即将精力放到了国家建设上。在花了两年时间平息1958年危机的余波后，他在1960年11月21日的独立日发表讲话，呼吁在黎巴嫩进行全面的社会改革，建设一个新社会，强调那些从黎巴嫩繁荣中获益的人应当关注和关心穷苦大众。作为黎巴嫩人应当没有歧视，没有特权。[4] 1961年12月31日，黎巴嫩发生了由叙利亚社会民族党策动的军事政变。政变被挫败，英国和约旦方面被怀疑是幕后黑手，其目的旨在推翻现政府进而打造反纳赛尔主义联盟。在侦办政变案件的过程中，谢哈卜

---

[1] Itamar Rabinovich, *The War for Lebanon, 1970-1985*, pp. 27-28.

[2] 谢哈卜的祖父哈桑·谢哈卜是酋长巴希尔·谢哈卜二世的哥哥，生于1902年的福阿德·谢哈卜理论上是谢哈卜和曼家族的继承人。同时，他的母亲也来自马龙派望族胡拜什家族。不幸的是，他的父亲阿卜杜拉·谢哈卜于1907年赴美途中失踪，谢哈卜的童年是与母亲和胡拜什家族的亲戚在朱尼度过的。因此虽然出身高贵，谢哈卜的童年并不富裕，只是居住条件较好，其经济状况在1919年加入法国军队后才得到了显著改善。此后，谢哈卜迎娶了法国驻黎巴嫩部队指挥官的女儿。William Harris, *Lebanon: A History 600-2011*, pp. 212-213.

[3] 在这次会面上，谢哈卜承诺不会给纳赛尔制造麻烦，纳赛尔表示不对黎巴嫩有任何企图，并对谢哈卜提供政治支持。William Harris, *Lebanon: A History 600-2011*, p. 214; Theodor Hanf, *Coexistence in Wartime Lebanon: Decline of a State and Rise of a Nation*, p. 120.

[4] Fawwaz Traboulsi, *A History of Modern Lebanon* (London: Pluto Press, 2007), pp. 138-139.

所倚仗的军事情报局的权威得到了显著提升，开始对黎巴嫩社会生活的方方面面进行管控，但在侦办案件过程中采取的一些手段也为人所诟病。同时，谢哈卜通过出台新的选举法，恢复小选区制度，一方面使在1958年选举中被排除在外的一部分人回到政治舞台，让尽可能多的人品尝权力的味道；另一方面，更重要的是，让军事情报局支持的一些新面孔也跻身体系当中，形成对议会的绝对主导，达到了巩固行政系统权力的目的。①

谢哈卜长期和基层官兵打交道，这些人中有很多来自黎巴嫩边远地区的伊斯兰教社群，他从中感受到了黎巴嫩区域发展不平衡带来的严重消极影响，以及由此造成的部分民众与政府的对立情绪。他倡导的改革旨在改善国家的经济状况，为居民提供更多社会保障。为了将自己的计划付诸实施，谢哈卜招募了一批以青年知识分子为主的技术官僚，很多是来自贝鲁特美国大学等知名高校的高材生。他们与谢哈卜一样，只忠于国家，希望能为国家带来现代化，为黎巴嫩无序的资本主义竞争设置规则和秩序。为了确保公务员的中立性，同时得以绕过议会当中保守主义势力的阻碍，谢哈卜成立了一系列新的行政机构：规划局、统计局、社会发展办公室、贝鲁特水务局、科学研究中心和民事服务委员会等，这些机构具有影子内阁的性质，直接对总统负责，强化了总统职权，使从上至下的变革成为可能。他任用志同道合的拉希德·卡拉米为总理，卡迈勒·琼布拉特和皮埃尔·杰马耶勒为内阁部长。尽管这些人物之间存在这样那样的分歧，但他们都为积极落实谢哈卜的经济社会改革政策尽心尽力。②黎巴嫩政府邀请名为"研究和培训发展机构"的法国学术机构对黎巴嫩当时的现状进行了全面调研，其调查报告得出的结论是黎巴嫩经济社会发展的地区不平衡现象较为突出，4%非常富有人群的收入占整个国家收入的33%，一半人口的收入只占总收入的18%。在最不发达的南部地区，人均收入只有贝鲁特的1/5。在此报告指导下，黎巴嫩开展了热火朝天的基础设施建设，大规模的电力、灌溉和道路交通项目在欠发达地区开展实施，通讯和电力网络可触及国家最为边远的地区，国民健康保障体系得到了有效提升。由于黎巴嫩的欠发达地区多为穆斯林聚居区，这在某种程度上正

---

① Michael Hudson, *The Precarious Republic: Political Modernization in Lebanon* (New York: Random House, 1968), p. 174.

② Theodor Hanf, *Coexistence in Wartime Lebanon: Decline of a State and Rise of a Nation*, p. 119.

是对1958年伊斯兰教社群分享更多权利要求的回应。与此同时，教育领域发展迅速，中学和职业教育学校数量大幅增加，唯一的公立大学黎巴嫩大学办学水平不断提升，很多专业已能媲美老牌高校。到1974年，黎巴嫩穆斯林的文盲率已经降至14%（基督徒为11%），穆斯林和基督徒就读于中学和大学的在校生人数已大致相当。[1]

在此背景下，黎巴嫩经历了快速的城市化进程，贝鲁特、赛达和的黎波里等城市的基础设施建设取得了显著发展。公立教育系统的扩展促使更多农村地区人口有了前往大城市寻求更好生活的愿望和可能，政府着力打造的乡村道路网络又为农村居民进城提供了更大的便利。贝鲁特等沿海城市郊区的贫民区也如雨后春笋般涌现，来自乡村的移民有些时候就把房屋建造在原属房地产开发商和基督教修道院的土地上。贝鲁特市郊贫民区什叶派社群的人口增长最快，他们的聚居区往往紧邻巴勒斯坦难民营。马龙派农村居民向城市的迁移毫不逊色。他们的迁移方向一般是北部地区农村向的黎波里，中南部地区农村大部分向贝鲁特、小部分向南部的沿海城市赛达。贝鲁特周边已有马龙派和什叶派新聚居区相互毗邻。

面对这一新形势，黎巴嫩基督教社群领袖却未能给予清醒的认识。他们天真地认为，在中东地区，伊朗是黎巴嫩基督教社群的盟友，而伊朗极易对黎巴嫩的什叶派产生政治影响，因此黎巴嫩什叶派社群同自己是天然盟友，新进城的什叶派穆斯林不会与城市逊尼派穆斯林为伍。在这一认知的推动下，什叶派社群经常成为基督教政党政治动员的对象：前总统卡米勒·夏蒙和马龙派自由主义政治领袖雷蒙德·埃代都有各自的什叶派拥趸，长枪党也招募了一些什叶派成员。总之，他们乐见贝鲁特郊区贫民区中什叶派人口的增加。然而现实情况是，由于所处环境和社会地位的相似性，贝鲁特市郊贫民区的什叶派新居民和巴勒斯坦难民营居民产生了自然的共生关系，彼此同情。在当时蓬勃发展的左翼运动感召下，更多的什叶派青年加入了共产主义组织。[2]

---

[1] 以上数据参见：Theodor Hanf, *Coexistence in Wartime Lebanon: Decline of a State and Rise of a Nation*, p. 99。

[2] 在内战爆发前，黎共党员超过1万人，其中已经有超过一半的党员是什叶派，15%来自逊尼派和德鲁兹派。参见：Elizabeth Picard, *Lebanon: A Shattered Country, Myth and Realities of the Wars in Lebanon* (New York: Holmes & Meier Publisher, 1996), p. 100。

谢哈卜总统在任内一直对巴勒斯坦难民营实施了严格的管控。在1958年危机中，巴勒斯坦难民具有纳赛尔主义倾向，对黎巴嫩穆斯林持同情态度。由于当时在黎巴嫩的巴勒斯坦人仍未在政治上组织起来，他们中的一些人以个人身份参与到了黎巴嫩纳赛尔主义者的反抗斗争中，这实际上是对黎巴嫩基督教社群的一个重要警示。随着时间的推移，黎巴嫩面临的在黎巴勒斯坦人建立政治、军事组织的压力与日俱增。[1]与此同时，谢哈卜政府对其他有可能制造麻烦的因素也予以了密切关注。据称，军事情报局非常关注1958年危机之后涌现出的一批大多具有纳赛尔主义倾向的逊尼派黑帮。军情局对这些帮派加以资助和利用，向他们赋予了一些特权，[2]其目的一方面是因为这些组织能够在选举政治中"干脏活儿"；另一方面也是为了将他们从逊尼派政治强人萨义布·萨拉姆旁吸引开来，削弱其影响力。[3]1961年，萨拉姆因反感谢哈卜总统的强势与其决裂，一些逊尼派人士遂对总统表示了不满。但总体而言，谢哈卜政府在对待伊斯兰教社群的政策上，无论是对逊尼派还是什叶派都是妥当的。黎巴嫩在谢哈卜总统治下作为独立国家的现代化治理体系不断发展，基础设施建设不断完善，新的社会保障方案施行后也获得了普遍赞誉，经济利益得到了更为平衡的分配。同时，他有效践行《民族宪章》，在各教派间公平地分配政治利益。在处理同地区国家关系时，他在叙利亚与埃及关系破裂之后并没有忙不迭地背弃纳赛尔转投叙利亚，这一举动在很大程度上安抚了纳赛尔主义者的情绪，从而保持了黎巴嫩国内形势的稳定。[4]当然，谢哈卜也并非不存私心，一个例子就是他在上台后支持了连通黎巴嫩山地区马龙派聚居区之间的道路，还打着黎巴嫩海军建设需要的旗号在朱尼修建了港口设施，让马龙派拥有了一个同外部世界连通的专有通道。[5]

以建立一个现代化的治理体系为出发点，谢哈卜原本的打算是让所有传

---

[1] Kamal S. Salibi, *Cross Roads to Civil War Lebanon 1958-1976*, p. 10.

[2] Michael Johnson, *All Honorable Men: The Social Origins of War in Lebanon* (London: I.B. Tauris, 2001), p. 182.

[3] 萨拉姆气愤地发现谢哈卜主义集团试图破坏自己在贝鲁特西区的支持根基。实际上，军情局青睐的总理人选是阿卜杜拉·亚非和奥斯曼·达纳。参见：Wade R. Goria, *Sovereignty and Leadership in Lebanon 1943-1976* (London: Ithaca Press, 1985), p. 67。

[4] Kamal S. Salibi, *Cross Roads to Civil War Lebanon 1958-1976*, pp. 11-12.

[5] William Harris, *Lebanon: A History 600-2011*, p. 213.

统的分肥政客靠边站。但在黎巴嫩政治中，一意孤行的结果往往是寸步难行，从大局出发他只能选择妥协。为了使尽可能多的传统政治家族满意，他将议会议员的人数从66人增加到了99人，内阁职位也有所增加，这让更多的人有机会品尝权力的滋味。而向传统政客们低头即意味着对官僚系统的腐败睁一只眼闭一只眼，谢哈卜政府在取得巨大成就的同时也被这一顽疾所拖累。尽管他曾竭力打击，但腐败问题仍未根除，时至今日仍严重危害着黎巴嫩。[1] 谢哈卜曾坦言，"在黎巴嫩没有政治家，只有用政治进行交易的人"。[2] 另一方面，黎巴嫩政治发展不平衡仍然是现实存在的问题：在伊斯兰教社群中，什叶派的地位仍然相对较低，其政治权力份额无法如数兑现，不少权益被逊尼派和德鲁兹派蚕食瓜分；在基督教社群中，马龙派则明显挤占了希腊东正教等其他教派的份额。对黎巴嫩政治体制的改革需要更多时间和耐心。

1963年，关于谢哈卜总统希望通过修宪连任的消息甚嚣尘上。一个由马龙派政治领袖卡米勒·夏蒙、雷蒙德·埃代和1955年开始担任马龙派主教的布鲁斯·布特鲁斯加上逊尼派政治领袖萨义布·萨拉姆组成的反谢哈卜主义集团浮出水面，并在1964年的议会选举中形成了有力的反对派力量。尽管如此，谢哈卜仍然保持在议会的多数席位，完全能够实现修宪和连任，但他选择了放弃。其中一个很重要的原因是反谢哈卜主义集团威胁他们将会像1958年伊斯兰教社群反对夏蒙连任时那样反对谢哈卜连任，即不惜发动内战。[3] 由于在议会掌握了绝对多数席位，谢哈卜并没有向夏蒙或埃代妥协的理由，但谢哈卜也并没有把机会留给呼声颇高的长枪党候选人皮埃尔·杰马耶勒，因为这既不符合黎巴嫩的政治传统，也会使长枪党如虎添翼，对谢哈卜主义集团本身造成极为不利的影响。随着三个基督教候选人（夏蒙、埃代和皮埃尔·杰马耶勒）的出局，缺乏牢固政治根基的夏尔·赫卢成了唯一为各方所接受的人选。

---

[1] Kamal S. Salibi, *Cross Roads to Civil War Lebanon 1958-1976*, pp. 18-19.
[2] William Harris, *Lebanon: A History 600-2011*, p. 213.
[3] Fawwaz Traboulsi, *A History of Modern Lebanon*, p. 143.

第二节 巴勒斯坦问题对黎巴嫩国内政治的影响

在谢哈卜总统之后,有待提升的治理能力、政治内耗、政治精英阶层同商业金融寡头利益绑定等一系列矛盾日益凸显,黎巴嫩政府未能对民众的基本民生诉求给予适当回应,经济发展红利未能惠及广大群众。在自身社会矛盾累积的同时,受地区形势裹挟,巴勒斯坦因素在黎巴嫩政治中的影响愈发显著,各种因素的叠加使黎巴嫩国内政治形势持续恶化,[①] 对夏尔·赫卢和苏莱曼·弗朗吉亚治下的黎巴嫩政治形成了巨大挑战。

一、夏尔·赫卢时期巴勒斯坦问题对黎巴嫩政治的冲击

在福阿德·谢哈卜总统明确不寻求连任后,没有明确政治门派的夏尔·赫卢在1964年的总统选举中胜出。赫卢来自巴卜达地区的马龙派名门,1929年毕业于圣约瑟夫大学,早年曾在黎巴嫩的一家法语报社任记者,他与皮埃尔·杰马耶勒及其他三个伙伴共同创建了黎巴嫩长枪党,后因与杰马耶勒意见不同而退出。赫卢曾参与1949年同以色列的停战协议谈判,先后担任黎巴嫩驻梵蒂冈大使、司法部长、卫生部长和教育部长。赫卢在其任期基本维持了谢哈卜的一系列政策,特别是前三年,他在总理拉希德·卡拉米和皮埃尔·杰马耶勒的辅佐下采取有力措施,使黎巴嫩保持了良好的经济发展势头,人们经常谈到的"东方巴黎"和"中东瑞士"的提法大致就是在此时被传颂开来的。[②] 但赫卢的总统任期远非一帆风顺,他先后经历了1966年国商银行危机和1967年第三次中东战争,而最为严峻的挑战是巴解武装人员越来越多地出现在黎巴嫩,对以色列进行越境袭击,同黎政府军发生冲突。赫卢打击巴解武装在黎军事活动的努力迫于多方压力没能奏效。他在任期被愈发严重的社会和政治分化所困扰。同时,属于谢哈卜主义集团的总统办公厅主任埃利亚斯·萨尔基斯和军情局局长加比·拉胡德出席所有有关政策制订的重

[①] Samir Makdisi, *The Lessons of Lebanon, the Economic War and Development* (London & New York: I.B Tauris & Co., Ltd., 2004), pp. 11-12.

[②] Theodor Hanf, *Coexistence in Wartime Lebanon: Decline of a State and Rise of a Nation*, p. 122.

要会议，参与对部长级官员的任命事宜，形成了对总统权威的重大挑战。[1] 支持与反对谢哈卜主义集团，主张限制、驱离巴解武装与支持巴解武装在黎活动，这两个议题是该时期黎巴嫩政治的核心内容，而两个问题的发展又是密切关联的。

赫卢在任内一直在同行动愈发独立的军事情报局进行周旋，但又不得不依靠这一由谢哈卜主义集团把持的机构。[2] 1966年1月发生的巴解武装人员杰拉勒·卡瓦什死亡事件迫使当局不得不放松对巴解组织的控制。卡瓦什死前居住在赛达外围的艾因·哈尔瓦巴勒斯坦难民营，据传他因故被军情局逮捕后在监狱中死于严刑拷打。军情局长期以来在世人眼中是谢哈卜主义集团最重要的堡垒，这一事件无疑为其反对派提供了弹药。一时间，黎巴嫩社会对此兴师问罪，原为谢哈卜主义集团支柱之一的卡迈勒·琼布拉特出于自己的政治目的，挑头联合反谢哈卜主义集团势力对军情局施加了巨大压力。经过这一事件，黎巴嫩唯一能够对巴解武装进行有效监控的机构的威信遭受巨大打击，不得不更为谨慎地处理与巴勒斯坦人的关系，允许其扩大自由活动范围。1967年第三次中东战争爆发后，巴解武装以黎南地区为基地对以色列进行的突袭活动愈演愈烈。

除了要对巴勒斯坦难民营严加防范，黎巴嫩政府还一直关注大批生活在难民营之外的巴勒斯坦人。这些人中很多都有基督教背景，受过良好教育，凭借优秀的个人素质在黎站稳了脚跟，不少已跻身中产阶层，有一部分人还获得了黎巴嫩国籍，更多以黎巴嫩人自居，很少强调自己的巴勒斯坦属性。他们努力融入黎巴嫩社会，不愿卷入巴勒斯坦事务，对巴勒斯坦民族主义更多的是采取口头应付。在黎巴嫩最闪耀的巴勒斯坦元素当属国际贸易商银行（简称"国商银行"）。国商银行以小宗贸易起家，发展成了黎巴嫩最大的银行，其分支机构遍及阿拉伯世界各大城市及西欧、西非和南北美金融业

---

[1] 赫卢曾向人谈到，他觉得自己在总统府更像是礼宾官，而萨尔基斯才是真正的总统。议员们来见他时谈论的都是天气和外国见闻，之后他们去萨尔基斯办公室的时候才会和盘托出自己的真实意图和诉求。参见：Fawwaz Traboulsi, *A History of Modern Lebanon*, p. 144, https://www.newlebanon.info/lebanon-now/26205/%d8%a7%d9%84%d9%8a%d8%a7%d8%b3-%d8%b3%d8%b1%d9%83%d9%8a%d8%b3--%d9%86%d8%a8%d8%b0%d8%a9-%d8%b9%d9%86-%d8%ad%d9%8a%d8%a7%d8%aa%d9%87-%d8%a7%d9%84%d8%b3%d9%8a%d8%a7%d8%b3%d9%8a%d8%a9。

[2] Theodor Hanf, *Coexistence in Wartime Lebanon: Decline of a State and Rise of a Nation*, p. 122.

主要阵地，在20世纪60年代发展成为中东地区最重要的金融机构，旗下资产包括贝鲁特港口集团、一家大型法国造船厂、中东航空公司、东方电台和8个地产项目，当中包括知名的腓尼基人酒店，以及其他服务业和工业资产。[1] 国商银行的成功最直接地归功于它的创始人、"来自耶路撒冷的金融天才"优素福·贝达斯和他最重要的合伙人巴德尔·法胡姆，以及主要由巴勒斯坦人组成的一流投资和管理团队。在当时，国商银行被在黎巴勒斯坦人视为最大的荣誉和骄傲，是流散中的巴勒斯坦人取得的最大商业成就。[2]

巨大的商业成功很自然地遭到了黎巴嫩银行业的嫉妒，而优素福·贝达斯长期与谢哈卜主义集团特别是军事情报局合作，更招致了不少反感。军情局通过该银行资助选举、通过伪装贷款的方式行贿等行为则进一步开罪了黎巴嫩的政商界建制派。有研究表明，国商银行的倒闭是赫卢政府的故意为之，旨在打击谢哈卜主义集团的力量。银行倒闭后，多名属于谢哈卜主义集团的官员被捕。当然，国商银行的倒闭与其自身经营策略关系最大，银行在黎巴嫩国内吸引了19000户个人储户，多为短期储蓄，而其投资项目多为长线投资，又以不动产投资居多，资金链存在巨大隐患。国商银行轰然倒塌后，资产被无情瓜分，大部分股份和资产被黎巴嫩央行和财政部接收。国商银行的破产一方面彻底断送了黎巴嫩成为世界新兴金融中心的可能，对黎巴嫩经济造成了致命打击；另一方面，该事件带给在黎巴勒斯坦人的苦涩感受让他们对黎巴嫩的忠诚产生了摇摆。[3]

在黎巴嫩仍处于国商银行破产的阴霾中时，第三次中东战争于1967年6月5日爆发。以色列在6天的时间里占领了埃及的西奈半岛和加沙地带、约旦的约旦河西岸以及叙利亚的戈兰高地，同时宣布耶路撒冷为其领土。至此，委任统治时期划定的巴勒斯坦土地全部落入以色列的占领之下。而在与以色列相邻的同属阿拉伯联军的4个阿拉伯国家中，只有黎巴嫩的领土未受损失，这不免让其阿拉伯兄弟们咬牙切齿。巴勒斯坦解放组织在此背景下迅速发展，组织内各派别及下属武装力量频繁从黎巴嫩对以色列发动袭击。实际上，黎巴嫩政府在此前的一段时间内对巴解武装在黎活动进行了颇为有效的管控，

---

[1] Theodor Hanf, *Coexistence in Wartime Lebanon: Decline of a State and Rise of a Nation*, p. 149.
[2] Kamal S. Salibi, *Cross Roads to Civil War Lebanon 1958-1976*, pp. 28-30.
[3] Fawwaz Traboulsi, *A History of Modern Lebanon*, p. 150.

因为无论是担惊受怕的基督徒还是建制派穆斯林都担心黎巴嫩会变成另一个约旦。然而自1968年起，以法塔赫为核心的巴解组织与叙利亚合谋在黎巴嫩南部地区迅速发展突击队训练营地和补给线，并从这些地方向以色列发动袭击。不少黎巴嫩穆斯林，甚至较为激进的基督徒都参与到了行动中。1968年4月15日，突击队员哈利勒·贾迈勒在约旦四十山战斗中牺牲。4月27日，这位第一个在对以袭击行动中牺牲的黎巴嫩人的葬礼隆重举行，时间长达5个小时。他的遗体从约旦经叙利亚被运往贝鲁特，沿途有15万至20万人参加哀悼。为悼念贾迈勒，沿途不少学校专门停课，甚至有基督教村庄在烈士遗体经过时鸣钟。他的遗体抵达贝鲁特时，黎军方将其从欧麦里清真寺迁往了烈士公墓，以示尊敬。时任总理阿卜杜拉·亚非、长枪党领导人皮埃尔·杰马耶勒出席了葬礼，并向其授予了国家勋章。紧随隆重葬礼的是声势更为浩大的游行示威，示威者要求解除对巴解武装行动的限制。作为回应，总理阿卜杜拉·亚非公开宣称自己赞同取消对其行动的全部限制，这使总统、军方，甚至整个黎巴嫩基督教社群都陷入了尴尬被动的境地。

当时，黎巴嫩各方正在忙于筹备即将到来的议会选举，三个最主要的基督教派别：卡米勒·夏蒙的自由国民党、雷蒙德·埃代的民族联盟和皮埃尔·杰马耶勒的长枪党结成了"三方联盟"。三方联盟在对待巴解武装在黎巴嫩存在的问题上持统一立场，即其存在和行动是对黎巴嫩国家安全与稳定的严重威胁。第一，使黎南地区直接笼罩在以色列报复打击的阴影之下；第二，他们认为巴解武装是共产党和复兴党颠覆黎现有政治体系的工具；第三，他们认为这是黎伊斯兰教社群为提升自身地位、打破基督教传统特权的阴谋。[①]三方联盟中，长枪党仍不愿彻底放弃对谢哈卜主义集团的支持，在基督教社群内部减分不少。然而，尽管由于其对待巴解武装立场而未能获得穆斯林政治领袖的公开支持，但凭借基督教社群的有力支持，三方联盟仍在议会选举中获得了胜利，导致许多原属谢哈卜主义集团的席位落入三方联盟候选人手中。议会中反谢哈卜主义集团联盟空前壮大。这些立场带来的结果是，三方联盟在议会选举中取得了巨大胜利，许多原属谢哈卜主义集团的席位落到了三方联盟候选人手中，议会中反谢哈卜主义集团联盟空前壮大。

---

① Kamal S. Salibi, *Cross Roads to Civil War Lebanon 1958-1976*, pp. 34-35.

与此同时，黎巴嫩政治本身面临着更深层次的问题。黎巴嫩议会实行的基督徒对穆斯林6:5的比例已经无法反映黎巴嫩真实的人口比例，选举的结果更不能代表黎巴嫩社会的真实情况，议会代表的有效性与民众预期之间的关系愈发扭曲，教派政治体系的代表性产生了根本性的动摇。[①] 在谢哈卜倡导的改革停摆之后，这一体系愈发无法为他们所本应代表的广大民众提供有效公共服务。遗憾的是，黎巴嫩传统政治精英阶层拒绝承认黎巴嫩的社会和政治已经发生了变化这一现实，仍然拒绝吸纳新生社会力量进入圈子，尤其排斥跨教派的政治党派。实际上，黎巴嫩议会向来由政治家族把持：1920年后选举出的425名议员中有245人都来自议会中的特定家族。有学者认为黎巴嫩议会是"金钱与封建体系的猖狂联盟"。[②] 1968年10月，赫卢总统利用议会选举后的有利形势主动出击，主张对黎巴嫩的政治体制进行改革，向左翼的复兴党黎巴嫩分支和黎巴嫩共产党靠拢，以辞职为要挟成功将谢哈卜主义集团成员排除出核心决策权圈。[③] 谢哈卜主义集团的力量被大幅削弱，而同样被削弱的还有被社会危机和巴解武装撕裂的社会基础。受三方联盟获得成功的刺激，谢哈卜阵营中的基督教徒也开始进一步强调对突击队活动的限制。但是，黎南地区的巴解武装训练营和突击队行动仍在继续。黎巴嫩左翼力量则继续通过游行示威要求解除对巴解武装的限制。

1968年12月31日，以色列对黎巴嫩展开了规模最大的一次报复性袭击。贝鲁特机场遭遇夜袭，13架停放在停机坪的民航客机被炸毁。一时间，黎巴嫩政府军陷入了舆论抨击的漩涡，来自左翼派别的攻击尤为激烈，他们指责军方作为一个阿拉伯国家的军队，首要任务就是抵抗敌国以色列，而军队没能履行好守御疆土的职责，反而把精力放在了限制巴解武装的活动上。但实际上，以军发动的袭击迅雷不及掩耳，黎军根本来不及作出任何反应。基督教社群领袖认为，黎巴嫩能采取的最好的防御手段就是限制突击队行动，从根本上规避冲突风险。伊斯兰教社群则强调以色列攻击黎巴嫩不需要理由，

[①] 黎巴嫩选举法规定，选民必须返回其父母出生地，而不是在自己生活、工作、纳税的地区投票。当时在贝鲁特郊区的定居者中只有不到20%的人可以在其现居住地投票，而返回其原属村镇投票又重新巩固了当地传统家族和教派势力的力量，这恰恰本应是黎巴嫩政治制度需要避免的情况。

[②] Fawwaz Traboulsi, *A History of Modern Lebanon*, pp. 171-172.

[③] Ibid., p. 153.

以色列长期以来觊觎黎南地区，特别是利塔尼河的水资源，因此需要对巴解武装的行动给予支持而不是限制。①

在此背景下，谢哈卜治下一度沉寂的社会运动再次风起云涌。受贝鲁特机场遇袭刺激，首都贝鲁特和几个城市爆发了名为"学生革命"的学生罢课潮，与当时世界范围内如法国、德国、英国和美国的学生运动遥相呼应。这次罢课潮直接导致阿卜杜拉·亚非总理的辞职。1969年1月，罢课活动逐渐平息后，拉希德·卡拉米组建了新政府。卡拉米同其他逊尼派领袖一样，对巴勒斯坦人持有天然的同情心理，对巴解武装的行动亦持支持态度。他在议会的就职演说中呼吁承认巴勒斯坦人为解放自己家园进行斗争的合法权利，同时考虑采取义务兵役制等措施加强黎巴嫩的国防力量。而早在1964年秋天，黎巴嫩就发生了石油行业、公共运输部门、电力公司和中央银行员工发动的旨在提高最低收入和上浮工资的罢工。② 1965年2月，在马腾、舒夫、阿雷和黎巴嫩北部还曾发生甜菜种植户和菜农抗议生产、价格垄断和生产成本飙升的罢工。很多农民因为农业生产的垄断和中间商的盘剥而无法维持在农村的生活，其中不少人被迫迁往贝鲁特等大城市，在市郊的棚户区定居。黎巴嫩左翼力量从这样的人口流动中获得了大量政治动员的对象。卡拉米政府在上台2个月后便遇到了严峻的挑战。随着从黎巴嫩、叙利亚和约旦对以色列发动袭击的巴解武装被整合到了统一的指挥机构"武装斗争指挥部"名下，黎巴嫩的巴解武装活动显著升级，在黎南地区造成了一系列巴解武装与黎巴嫩政府军、内部治安军的武装冲突。4月23日，卡迈勒·琼布拉特支持的黎巴嫩穆斯林—巴解武装人员在示威活动中同黎内部治安军在赛达爆发了激烈冲突，造成部分示威者死伤，贝鲁特及周边地区实施宵禁。琼布拉特和逊尼派穆夫提哈桑·哈立德等左翼和逊尼派穆斯林建制派领袖对黎政府的行为予以谴责。

与此同时，在基督教社群压力下，赫卢总统在1969年5月6日烈士纪念日发表电视讲话，指出黎巴嫩主权和安全得到保障是黎对巴勒斯坦解放正义事业支持的前提条件，暗示黎政府将对巴解武装行动进行限制。由于无法与

---

① Kamal S. Salibi, *Cross Roads to Civil War Lebanon 1958-1976*, pp. 37-38.
② 黎巴嫩议会的应对措施颇为讽刺：为这些部门的员工涨薪8%，同时为议员涨薪20%。参见：Fawwaz Traboulsi, *A History of Modern Lebanon*, pp. 145-147。

这一立场协调一致，卡拉米总理立即宣布辞职。5月底，卡拉米表示，如果赫卢总统在烈士纪念日讲话中有关限制巴解武装行动的政策不被实施，他将愿意着手组建新一届政府。他同时建议，可以针对黎巴嫩军队和巴解武装斗争指挥部的行动建立"协调机制"，以回应总统对黎巴嫩主权和安全的关切。在基督教社群看来，协调机制无异于掩耳盗铃，是不愿正视现实的表现：一边是代表主权国家行使使命的政府军队，一边是坚持充分行动自由而同时对自身行动策略保密的革命运动民兵武装，二者之间不存在协调的可能。就在各方对协调机制争论不休时，黎巴嫩军队借机对巴解武装采取打击遏制的行动。1969年5月至9月间，黎巴嫩军队和巴解武装在黎巴嫩全国多个地区特别是在毗邻叙利亚和以色列边境设有突击队营地的地区爆发了激烈武装冲突。这是双方之间爆发的第一次大规模武装冲突。多年来，黎巴嫩政府实际上未对这些敏感区域充分行使主权，而此时基督教社群无法坐视不管。不仅基督教社群，部分伊斯兰教社群也持同样立场。当然，黎巴嫩军方领导人此时也有自己的小算盘，1970年9月黎巴嫩将举行新一届总统选举，谢哈卜主义集团为主的军方领导人希望通过遏制和打击巴解武装的行动展示实力、凸显作用，为大选加分造势。[①]

外部势力的阴影此时又笼罩在黎巴嫩上空，一些保守的阿拉伯国家出于自保对黎巴嫩当局对巴解武装采取的态度进行了批评，强调巴勒斯坦人民的武装斗争是其正当权利，而这与接纳巴解武装的国家的主权并无冲突。到1969年10月底，卡拉米宣布放弃组阁努力，他同意负责过渡政府的日常事务直至新总理被任命。但实际上，在黎巴嫩军队与巴解武装持续冲突的背景下，没有任何一位逊尼派领导人愿意出任总理组阁。赫卢总统在严峻的宪政危机面前不得不同意卡拉米关于建立协调机制的提议。经埃及纳赛尔总统协调，由埃米勒·布斯塔尼将军率领的黎巴嫩军方代表团与亚西尔·阿拉法特率领的巴解组织代表团在埃及国防部部长和外交部长见证下于开罗举行会晤，双方会谈的成果被称为《开罗协议》。[②] 协议正式赋予了巴解武装斗争指挥部不受黎巴嫩警察管辖、具有在黎巴嫩巴勒斯坦难民营设立武装据点和组织部队

[①] Kamal S. Salibi, *Cross Roads to Civil War Lebanon 1958-1976*, pp. 40-42.

[②] 根据各方协商一致，协议内容应当保密。

的权力；在黎巴嫩定居的巴勒斯坦人可以自由参加巴解武装斗争；巴解武装在黎以边境的行动将得到黎当局的协助，获得黎方补给；武装斗争指挥部代表定期与黎巴嫩军方指挥官会晤进行协调；巴解武装可从黎南地区几个固定基地向以色列发动袭击，但黎巴嫩政府仍享有这些地区的完全主权；巴解武装不得干涉黎巴嫩事务。然而实际上，巴解武装在黎巴嫩的行动自由与黎巴嫩主权完整在根本上相互抵触，协调机制存在先天不足。黎巴嫩议会在未详细了解协议文本内容的情况下便通过了协议，因为此时黎巴嫩政客们的注意力已经全都集中在1970年的总统大选上了。[1]

黎巴嫩基督教社群乃至相当一部分的伊斯兰教社群都认为《开罗协议》是对黎巴嫩主权的践踏。有传言认为埃米勒·布斯塔尼将军对巴解组织作出如此大的让步是为了争取黎巴嫩伊斯兰教社群对其参与总统选举的支持。有了这份协议撑腰，巴解组织在黎巴嫩成了实际上的"国中之国"，其控制范围从原来的巴解武装训练营地进一步扩大到了巴勒斯坦难民营，有些营地和难民营甚至开始悬挂巴勒斯坦旗帜。[2] 根据协议内容，巴解组织需要对其下属武装力量予以规制，但解放巴勒斯坦人民阵线（简称"人阵"）等派别并不认可巴解组织权威，利用《开罗协议》为所欲为，不时作出耀武扬威的举动，就连法塔赫也经常根据自己需要解读协议。同时，巴勒斯坦难民和黎巴嫩伊斯兰教社群的共生关系进一步发展，巴解组织还与黎巴嫩左翼及其穆斯林盟友合作，所谓不干涉黎巴嫩内政的承诺根本无法兑现。皮埃尔·杰马耶勒和卡米勒·夏蒙有条件地接受了协议，而协议相对积极的贡献是促使卡拉米组阁成功。雷蒙德·埃代激烈反对该协议，指责军队中的谢哈卜主义集团出卖了黎巴嫩主权。

到了1970年3月，以色列对巴解武装突袭的报复进一步影响黎南地区，什叶派村庄遭受的破坏尤为严重，许多村民流离失所北上前往贝鲁特郊区的贫民区。基督教社群领袖对此十分警惕，但其要求卡拉米总理和内政部长琼布拉特压制巴解武装袭击的努力未果，以色列的报复性打击更为猛烈。在此背景下，长枪党武装在军情局和内部治安军的谨慎支持下开始与巴解武装交

---

[1] Theodor Hanf, *Coexistence in Wartime Lebanon: Decline of a State and Rise of a Nation*, p. 123.

[2] Kamal S. Salibi, *Cross Roads to Civil War Lebanon 1958-1976*, p. 43.

锋。1970年3月，马龙派民兵武装伏击了一个为巴解武装军官遗体送葬的队伍，10名巴解武装战士在前往大马士革的路上阵亡。长枪党给出的借口是送葬队伍在途经亲长枪党的马龙派村庄时作出的鸣枪等挑衅行为造成了这一事故。接下来的数天里，贝鲁特附近的迪克瓦纳和特拉扎尔塔难民营爆发了长枪党武装和巴解武装间的激烈冲突，贝鲁特市区也受到了波及，人们开始担心这一事件有可能会演变为穆斯林和基督徒的内战。埃及等多个阿拉伯国家表达了对事件的关切，利比亚外长萨利赫·布亚西尔前往贝鲁特进行斡旋。3月31日，双方达成和解，冲突停息。但毫无疑问的是，双方已经认定这只是下一次事件爆发前的间歇而已。

长枪党方面愿意和解，一方面是军事方面的考虑，长枪党虽然组织严密，但此时在人员和武器装备方面的准备仍未就绪；另一方面，皮埃尔·杰马耶勒仍有意竞选总统，为了获得穆斯林领袖的支持必须展示出积极姿态。他在公开场合表示，只要行动的目的是解放巴勒斯坦，他便会认可《开罗协议》和巴解武装行动的合法性。此时的黎巴嫩社会，哪怕是伊斯兰教社群中的一部分人都认为下一任总统应当对巴解组织采取强硬措施，杰马耶勒是符合这一预期的。对杰马耶勒同样有利的是其与谢哈卜主义集团的良好关系，长枪党下属的情报部门就与军情局和公安机关有固定合作关系。1970年4月，长枪党开始为杰马耶勒竞选造势。然而，对于黎巴嫩政坛建制派而言，一个坐拥严密党组织及民兵武装的政治人物的上台绝非利好。更重要的是，杰马耶勒最终没能获得谢哈卜主义集团的支持，他们更倾向于谢哈卜本人或者是阵营内部人士参选。[①]

二、苏莱曼·弗朗吉亚时期巴勒斯坦问题对黎巴嫩政治的影响

在各方忙于大选的当口，苏莱曼·弗朗吉亚开始进入人们的政治视野。弗朗吉亚家族是北方兹加尔塔地区的马龙派望族，苏莱曼的哥哥哈米德早在黎巴嫩独立后的扈里政府中就担任了外长一职，在1952年成为总统候选人，极有希望继夏蒙之后当选总统，但后由于中风瘫痪未果。苏莱曼此后接替哥哥成为家族的旗帜性人物，以作风强硬著称。1970年，弗朗吉亚和谢哈卜、

---

① Kamal S. Salibi, *Cross Roads to Civil War Lebanon 1958-1976*, pp. 45-47.

夏蒙、埃代及杰马耶勒一起被视为总统职位的有力竞争者。在谢哈卜明确不参选后，谢哈卜主义集团推出的候选人埃利亚斯·萨尔基斯没能获得足够的支持。萨尔基斯是谢哈卜的追随者和主要支持者。1958年，年仅34岁的萨尔基斯便担任了谢哈卜总统办公室主任的职务，他在工作中精力旺盛，能力过人，是谢哈卜主义集团中最具有象征性的重要人物。[1] 1966年国商银行倒闭后出现的恐慌状况在其就任央行行长后才得到缓解。萨尔基斯秉承谢哈卜主义理念，主张建立强有力的政府，实施有针对性的社会发展政策，[2] 其短板在于其仅拥有职业官僚履历，缺乏传统政治领袖背景，导致其在与弗朗吉亚的较量中以极微弱劣势败北。[3]

当时，所有的阿拉伯保守政权，如沙特等海湾国家，甚至是逐渐趋向保守的埃及都乐见苏莱曼·弗朗吉亚当选总统，他们都担心巴解武装及苏联支持下的左翼力量的影响力在阿拉伯世界蔓延开来。1970年，约旦已经开始采取行动限制巴解武装在本国的行动，人们希望弗朗吉亚也能在黎巴嫩采取类似措施。此时，谢哈卜主义集团采取的亲戴高乐法国的政策使美国对其失去耐心，黎亲美利益集团也从支持谢哈卜主义集团转向三方联盟等阵营。[4]

1970年黎巴嫩总统选举正值美国提出新的和平倡议，美国希望推动以色列从埃及部分撤军，重开苏伊士运河。但在美国的安排里未顾及叙利亚对以色列从其被占领土撤军的关切，客观上促使叙利亚和巴解组织走近。阿拉伯

---

[1] Kamal S. Salibi, *Cross Roads to Civil War Lebanon 1958-1976*, p. 20.

[2] Theodor Hanf, *Coexistence in Wartime Lebanon: Decline of a State and Rise of a Nation*, p. 124.

[3] Kamal S. Salibi, *Cross Roads to Civil War Lebanon 1958-1976*, p. 50. 1969年，苏联情报人员试图盗取黎空军一架"幻影"战斗机用于破解研究，被发现后，一名苏联使馆外交官与黎军交火时负伤，苏联驻黎使馆对此予以断然否认。此事令苏方颇为尴尬。同时，谢哈卜主义集团一直与埃及关系良好，而当时埃苏关系已经岌岌可危。以上两点使苏联方面确信，谢哈卜主义集团继续把持黎巴嫩总统职位对其不利，遂要求自己在黎巴嫩最重要盟友卡迈勒·琼布拉特在选举中将选票投给弗朗吉亚。萨尔基斯也正是以一票之差败北。当然，琼布拉特本人也有自己的算盘：一方面，他本人长期以来是谢哈卜主义的支持者；另一方面，他曾表示，自己对谢哈卜本人充满敬意，但这并不意味着他会无条件支持任何一个来自谢哈卜主义集团的候选人。琼本人一直对总统职位存有野心，主张对黎巴嫩政治体制进行彻底改革。同时，琼布拉特作为黎巴嫩巴勒斯坦事业的代言人面对谢哈卜主义集团官僚对巴解武装活动的严格管控，极为不满。参见：Theodor Hanf, *Coexistence in Wartime Lebanon: Decline of a State and Rise of a Nation*, p. 124。

[4] Kamal S. Salibi, *Cross Roads to Civil War Lebanon 1958-1976*, p. 51.

世界的左翼力量在苏联的鼓动下支持叙利亚—巴勒斯坦的立场，使一些阿拉伯国家面临十分尴尬的局面，特别是埃及在无法软化叙、巴立场的情况下，其阿拉伯民族主义领袖的地位摇摇欲坠。在叙、巴立场持续强硬，以及巴解武装袭击不断的情况下，美国的倡议断无落地可能。为了能让阿拉伯世界接受和平倡议，巴解武装在约旦和黎巴嫩的行动必须被压制。弗朗吉亚就职前夕，约旦在1970年9月16日对巴解武装果断下手，从根本上解决了这一难题。人们普遍预测，弗朗吉亚也将效仿约旦的举措。然而，黎巴嫩和约旦的情况是完全不一样的。在约旦，哈希姆统治家族的权力源自主要由外约旦人组成的军队，他们对巴解武装在约旦的所作所为愈发不满，军方与政府紧密团结。约旦所具备的三个重要条件使其能够实施有效管控：领导精英具有很强的凝聚力、强大的军队和明确的外部支持（美国和以色列）。1970年，约旦政府"利用巴解组织的错误和挑衅，与巴解组织进行了对抗，把它赶出了约旦"。[①] 这些条件恰恰是黎巴嫩所不具备的。虽然黎巴嫩军队的总司令是马龙派，军官也以基督徒为主，但士兵中穆斯林的人数不在少数且在不断增加。这主要是因为黎巴嫩采用志愿兵制，经济社会地位较高的基督徒进入军队服役的人数有限且在不断减少，而经济条件较差的穆斯林进入部队谋生的人数则逐步增加，他们中很多人来自贫穷的什叶派社群。1958年危机时，黎巴嫩政府军在谢哈卜的领导下展现出了不俗的团结统一，但当军队与巴解武装的冲突持续，军队将难以避免地遭到伊斯兰教社群的反对。在当时的黎巴嫩，巴解武装在一定程度上被视为伊斯兰教社群的安全保障，打压巴解武装在某种程度上意味着是对整个伊斯兰教社群的迫害。尽管此时黎南地区已经饱尝巴解武装突袭招致的以方报复性袭击的苦果，还要不时忍受巴解武装人员在自己家门口耀武扬威，但仍没有人愿意公开反对巴解武装，因为其政治代价过于高昂。在基督教社群仍占政治主导地位的黎巴嫩，打击巴解组织极易造成基督教社群和伊斯兰教社群的对抗，从而形成难以挽回的局面。[②]

从1969年起，黎巴嫩的穆斯林政治建制派和中产阶级开始对巴解武装失去耐心，但无奈巴解组织对这些穆斯林政治团体施加压力，穆斯林政治领袖

---

① Itamar Rabinovich, *The War for Lebanon, 1970-1985*, p. 41.

② Kamal S. Salibi, *Cross Roads to Civil War Lebanon 1958-1976*, pp. 52-54.

已被巴解组织束缚住了手脚，失去了独立性，成为其傀儡和政治工具。这些穆斯林政治领袖往往从政府体制内对巴解武装的行为保驾护航，使政府无法采取有效措施对付巴解武装。而弗朗吉亚政府面临的除了内忧更有外患：他就职不到三周，就有一批伊拉克支持的阿拉伯解放阵线的战士乘伊拉克民航班机抵达贝鲁特机场，而实际上根据《开罗协议》规定，巴勒斯坦武装人员只能从叙黎陆路边境进入黎巴嫩，不得乘坐民航班机。这架飞机在机场跑道上停留了17个小时，还一度将1名机场官员扣为人质。弗朗吉亚显示出了强硬姿态，不允许武装人员下机，飞机最终不得不折返巴格达。①

弗朗吉亚被誉为"赞助人中的赞助人"，他将政府中的重要职位分配给了那些帮助他赢得大选的马龙派亲属和盟友。基督教社群中的东正教和伊斯兰教社群都对他这种任人唯亲、排除异己的行为极为不满。② 萨义布·萨拉姆被任命为第一任总理，他组建的第一届内阁被誉为"青年政府"，旨在进行一场从上至下的革命。但不幸的是，内阁部长们面对的是商业金融寡头们的巨大压力。包括旨在通过财政税收改革（如对奢侈品加征税费）对民族工业进行扶持，推动教育改革，由政府统一调控药品价格，通过国家社保基金进行特定药品进口，限制商品利润的方案最终都被总统本人驳回。③ 改革无法推进在很大程度上是由于政治建制派和商业金融寡头不愿放弃特权和既得利益，而总统本人更是已经与商业金融寡头形成了利益绑定。与此同时，海湾产油国热钱的流入，贸易商和分销商的贪得无厌，使黎巴嫩出现了严重的通货膨胀，物价和房租快速上涨，贫富差距迅速拉大。④ 在经济仍然处在增长的情况下，普通民众生活水平的改善却停滞不前，甚至出现不升反降的趋势。通货膨胀极大地损害了中产阶级的利益，造成多达15万的高端劳动力流失，大批技术员、熟练工、教师和医生前往国外，他们占整个黎巴嫩劳动力市场人数的16%。⑤ 这一局面给了左翼及其穆斯林盟友批评黎巴嫩体制弊病的口实。

---

① Kamal S. Salibi, *Cross Roads to Civil War Lebanon 1958-1976*, pp. 54-55.
② Elizabeth Picard, *Lebanon: A Shattered Country, Myth and Realities of the Wars in Lebanon*, p. 97.
③ William W. Harris, *The New Face of Lebanon, History's Revenge* (Princeton: Markus Wiener Publisher, 2006), P. 156.
④ Kamal S. Salibi, *Cross Roads to Civil War Lebanon 1958-1976*, pp. 56-57.
⑤ Elizabeth Picard, *Lebanon: A Shattered Country, Myth and Realities of the Wars in Lebanon*, p. 94.

萨拉姆内阁取得的为数不多的"政绩"是对军队的换血,针对的主要对象是军中的谢哈卜主义集团成员。由谢哈卜主义者把持的军事情报局遭到解散,被新的陆军情报机构替代。[1] 在黎巴嫩最需要规制和监管巴解武装、国内激进分子、阿拉伯和外国谍报人员活动的时候,拥有12年相关经验的军情局被菜鸟机构取代,需要白手起家重建新的情报网络,这一昏招让黎巴嫩的情报系统的效率大不如前,各国势力和左翼派别有了大显身手的空间。黎巴嫩的言论自由也由此达到了一个前所未有的高度。[2] 由于同法国的军售丑闻,黎巴嫩政府军的信誉和战备情况大受影响,被指责已沦为为现有体系提供庇护的工具,其保家卫国的职能大打折扣。[3] 有学者指出,黎巴嫩的基督教社群从未想拥有一支真正的国民军。商人阶层不愿意为维持这样一支军队掏腰包,他们不想刺激以色列,更不想养虎为患。[4] 军队和政府中去谢哈卜化进程进展顺利,仅有埃利亚斯·萨尔基斯留任央行行长一职。[5] 谢哈卜主义集团推行的一系列社会经济改革措施逐渐停摆,而在改革无望的情况下,民众情绪日益愤懑,纷纷指责新总统任人唯亲,导致腐败丛生,而主张改革的左翼派别在议会选举中无法占据有利地位,又开始指责黎巴嫩选举制度是为了保守建制派的利益服务,要求将选举制度推倒重来,提出了扩大选区规模、降低选民年龄和废除按照教派划分席位等要求。一位高级别的美国外交官这样评价弗朗吉亚:"黎巴嫩的总统们在离任前往自己的口袋里装一些东西是常事,但现在这个国家被彻底洗劫了。"[6] 进入20世纪70年代,黎巴嫩的社会矛盾进一步激化,弗朗吉亚面对的局面愈发困难。巴解武装被约旦驱逐后,黎巴嫩成为其唯一基地,大批巴解武装人员及家属涌入黎巴嫩,而萨拉姆政府未能对此采取有效应对措施。随着巴解武装以黎巴嫩为基地对以色列袭击的增加,以

---

[1] 多名军情局高官被逮捕,当中5人以选举舞弊等罪名被判处监禁。参见:Theodor Hanf, *Coexistence in Wartime Lebanon: Decline of a State and Rise of a Nation*, p. 125.

[2] William W. Harris, *The New Face of Lebanon, History's Revenge*, p. 155.

[3] Kamal S. Salibi, *Cross Roads to Civil War Lebanon 1958-1976*, p. 65.

[4] Jonathan Randall, *Going All the Way: Christian Warlords, Israeli Adventures and the War in Lebanon* (New York: Random House, 1984), p. 164.

[5] Kamal S. Salibi, *Cross Roads to Civil War Lebanon 1958-1976*, pp. 59-61.

[6] 源自西奥多·汉夫与一位美国外交官的访谈。参见:Theodor Hanf, *Coexistence in Wartime Lebanon: Decline of a State and Rise of a Nation*, p. 125。

色列对黎南地区实施了力度更大、范围更广的报复性打击，从黎南地区逃亡北上的农村居民不断增加。

到了1973年，弗朗吉亚总统和萨拉姆总理之间爆发了矛盾。1973年4月10日，以色列突击队从贝鲁特和赛达登陆，袭击了多个巴解组织和黎巴嫩亲巴解组织目标，3名法塔赫领导人在家中遇害，突击队则全身而退。第二天，萨拉姆要求军队总司令伊斯坎德·加尼姆引咎辞职，弗朗吉亚不予支持，萨拉姆遂辞去总理职务。巴解组织和黎巴嫩左翼派别领导人在贝鲁特发动了声势浩大的示威活动抗议以色列袭击，指责军队和内部治安军失职。总统和总理的矛盾在表面上是围绕军队未能有效履行职责的问题，但实际上是关于职位权力的争夺。有传言萨拉姆在1973年访问阿尔及利亚期间曾声称，黎巴嫩总理才是国家真正的行政首脑，总统只是形式上的国家元首，真正拥有的权力仅类似于英国女王尔尔。无论传言真假，听闻此言的弗朗吉亚总统都决心要挫一挫这位总理的锐气，这也是他不支持军队总司令辞职的主要原因。萨拉姆辞职后又发生了过境输油管线破坏事件，巴解组织指称是入侵的以军破坏了管线，而黎巴嫩军方则暗指是巴解组织所为，军方与巴解武装的矛盾激化。[1] 弗朗吉亚任命阿明·哈菲兹为总理。哈菲兹来自的黎波里，并非逊尼派传统建制派，逊尼派领袖对这一任命极为愤慨，认为这是总统对自己的蓄意羞辱。尽管此后弗朗吉亚很快迫于压力又任命了来自苏尔赫家族的成员担任总理，但总统和逊尼派建制派的相互信任和工作关系已经大打折扣。[2]

1973年4月末，2名黎巴嫩人和1名巴勒斯坦人在贝鲁特机场被捕，他们当时携带着装满炸药的手提箱打算乘坐飞往欧洲的航班。紧接着，5名携带炸药的解放巴勒斯坦民主阵线（简称"民阵"）武装人员在美国驻黎使馆附近被内部治安军逮捕。5月1日至2日，民阵和人阵用绑架3名黎军士兵予以回应，要求黎巴嫩政府释放自己的同志。黎巴嫩军队的反应是发动了自1969年以来最大规模的针对巴解武装的行动。5月2日，双方爆发了激烈交火。第二天，巴解武装向贝鲁特机场附近发射火箭弹，造成机场停运。黎巴嫩空军随即轰炸了巴解武装所在的难民营。双方的冲突持续了两周，直到5月18日才逐渐

---

[1] Kamal S. Salibi, *Cross Roads to Civil War Lebanon 1958-1976*, pp. 66-67.
[2] William W, Harris, *The New Face of Lebanon, History's Revenge*, p. 156.

平息。双方最终在贝鲁特的米勒卡特酒店会晤，同意继续落实《开罗协议》，决定成立黎巴嫩政府军和巴解武装联合高级委员会，以解决问题、避免误会。然而各方实则貌合神离，逊尼派建制派领导人此时无心亦无力站在基督教社群领袖一边反对巴解武装；左翼领导人则把所有宝都押在了巴解武装一方；叙利亚希望破坏任何黎巴嫩政府维护自身主权的努力；保守的阿拉伯国家本希望巴解武装受到节制，但由于其慌忙地寻求和解，反而使局面进一步复杂化。至此，弗朗吉亚总统已经彻底无力应对巴解武装在黎巴嫩造成的混乱局面，黎巴嫩政府军更是继1969年之后再次遭受了羞辱，部队声誉和士气进一步下降。

此轮冲突过后，巴解组织已经意识到，虽然其拥有黎巴嫩左翼派别的支持，但黎当局不对自己进行彻底清算是不会罢休的。黎巴嫩基督教社群支持政府和军队在巴解武装问题上捍卫国家主权的行动，认为只有将巴解武装全部逐出黎巴嫩，国家的主权才能得以保证；同时，只有阿以冲突得到彻底解决，巴勒斯坦人回归自己的家园，危机才能化解。大部分的黎巴嫩基督教社群更是无法理解巴解武装在黎巴嫩的所作所为与同以色列斗争有何关系。皮埃尔·杰马耶勒曾一度试图将阿拉法特的法塔赫"光荣抵抗"和干涉黎巴嫩内部事务的巴勒斯坦激进派别区别对待未果。[①] 在接下来的两年中，基督教社群开始为最终清算巴解武装进行准备，长枪党、自由国民党和弗朗吉亚集团开始向阿拉伯国家和外部势力寻求帮助，以获取政治支持和武器装备。卡米勒·夏蒙就在1973年5月表示，自己别无选择，只有做好走向敌对的准备。巴解武装则继续从叙利亚、利比亚和伊拉克获得武器装备。[②]

1973年6月，塔吉丁·苏尔赫接替迫于压力辞职的阿明·哈菲兹出任总理，将政府的主要任务设定为净化政治环境，缓解国内紧张局势，与巴解组织和叙利亚建立可靠关系。但此时黎巴嫩的国内情况正在急剧恶化：物价进

---

① William W, Harris, *The New Face of Lebanon, History's Revenge*, pp. 157-158.
② Kamal S. Salibi, *Cross Roads to Civil War Lebanon 1958-1976*, pp. 67-70.

一步上涨、腐败现象加剧、①劳工诉求无法被满足、学生示威时有发生、以色列对黎南地区袭击不断、黎巴嫩国防体系的无力、什叶派不满加剧等不一而足。苏尔赫上台不足三个月，第四次中东战争爆发。黎巴嫩将本国的油料等战略物资供给叙利亚调遣，其雷达系统也交由叙利亚防空系统使用，后果是其在巴洛克山的主雷达站被以军摧毁。阿拉伯国家此时希望依靠美国主导的联合国安理会338号决议框架彻底解决阿以冲突，黎巴嫩政治建制派，特别是基督教社群对此极为支持，但受伊拉克、利比亚支持的巴勒斯坦拒绝阵线和黎巴嫩左翼对此激烈抨击，称其为"投降计划"，进而在阿拉伯世界范围内批评接受美国方案的人都是叛徒。②

1973年秋天，黎巴嫩的公共秩序开始失控。10月18日发生的三起爆炸破坏了贝鲁特和马赛之间的水下通讯线路，黎巴嫩与欧洲、美国的通讯一度被切断。同日，隶属于黎巴嫩共产党组织的5名武装分子袭击了贝鲁特的美国银行，将银行工作人员和客户扣为人质，要求获得1000万美元赎金用于阿以战争。第二天早上，黎巴嫩内部治安军强行突入银行，2名武装分子被击毙，2名人质死亡，另有3名武装分子投降。12月，激进学生在美国国务卿基辛格访问黎巴嫩之际组织罢课。紧接着，贝鲁特的学生组织了示威活动，抗议高昂的物价，3名学生在事件中受伤，1名警察遇袭身亡。新年过后，贝鲁特的守夜人和消防员发起了为期3周的罢工，要求提升工资、改善工作条件。1974年2月初，学生和工人在贝鲁特、赛达和苏尔发动罢工，抗议生活费上涨，并威胁要发动全面罢工。同月底，学生再次举行罢课抗议基辛格二次访黎，并与内部治安军发生冲突。在贝鲁特美国大学，由激进的黎巴嫩和巴勒斯坦学生把持的学生会发动罢课，抗议学费上涨，要求学生参与学校管理。随后内部治安军突入学校，逮捕了涉事学生，这又造成贝鲁特更大范围的学生示威游行。

与此同时，阿拉伯国家出于自身利益考虑，普遍希望与以色列达成解决

---

① 1974年黎巴嫩主食的价格翻了一番。总统的儿子托尼·弗朗吉亚在苏尔赫总理内阁中出任邮政和通讯部长，被视为腐败问题最为突出的政治人物。参见：Michael Johnson, *All Honorable Men: The Social Origins of War in Lebanon* (London: I.B. Tauris, 2001), p. 165. William W. Harris, *The New Face of Lebanon, History's Revenge*, pp. 156-157。

② Kamal S. Salibi, *Cross Roads to Civil War Lebanon 1958-1976*, pp. 71-73。

方案，这使巴勒斯坦人感受到了愈发强烈的不安全感，担心阿拉伯国家在牺牲其利益的情况下与以色列达成妥协。作为安抚，1973年的阿盟峰会将巴解组织确立为巴勒斯坦人民唯一的合法代表，如果没有巴解组织参与，任何阿拉伯国家不得与以色列单独媾和。同时，巴解组织为了巩固自身地位加大在黎巴嫩投入，将《开罗协议》的合法外套借给了所有与其合作的组织使用，包括黎巴嫩的左翼派别和纳赛尔主义组织。与此同时，逊尼派和德鲁兹派在卡迈勒·琼布拉特领导下进行了深度重组，黎巴嫩民族运动的影响力进一步扩大。什叶派在伊玛目穆萨·萨德尔领导下也进一步组织起来。1974年3月17日，萨德尔在巴尔贝克组织了75000人参加的大游行，其中不乏武装人员。萨德尔还与逊尼派建制派联合，要求黎巴嫩穆斯林与基督徒在国家和政治事务中享有平等权利。[1]

第四次中东战争结束后，巴解组织在黎巴嫩政府和部分阿拉伯国家的压力下暂停了在黎巴嫩的政治活动，但仍然保持着对以色列的突袭活动。以色列政府将全部责任归咎于黎巴嫩，对其进行无情打击，理由是黎巴嫩政府收留了巴解组织且无法限制其武装行动，几乎所有黎南地区的村庄都遭受过来自以色列的地面或空中打击，黎南地区的局势持续恶化。黎巴嫩夹在巴解组织和以色列之间左右为难：要么选择冒着造成伊斯兰教社群和基督教社群发生正面冲突的危险打压巴解武装；要么选择派遣政府军前往黎南地区守卫国土，而这将势必面临与以色列正面对抗带来的毁灭性后果。黎巴嫩政府只能期待阿以和平进程能有进展来化解危局，只要中东和平进程无果，黎巴嫩爆发内部冲突的可能性就会不断累积。此前的7月，已经出现了一系列局势进一步恶化的征兆。分属基督教和巴勒斯坦的2名走私者在贝鲁特郊区发生的口角导致迪克瓦纳地区长枪党民兵武装和特拉扎尔塔难民营巴解武装之间的武装冲突。冲突持续了两日，最后以长枪党民兵、巴解武装和内部治安军达成三方协议告终，由前两者合作维持双方交界地区的治安。[2]

1974年8月21日，一名着便装的巴解武装人员在赛达附近的检查站被一名黎巴嫩警察射杀，巴解武装人员随即通过在该市引爆炸药、向天空鸣枪和

---

[1] Kamal S. Salibi, *Cross Roads to Civil War Lebanon 1958-1976*, pp. 73-79.
[2] Theodor Hanf, *Coexistence in Wartime Lebanon: Decline of a State and Rise of a Nation*, p. 177.

设置路障等激烈方式表达不满。弗朗吉亚说服阿拉法特合作维护黎巴嫩的法制，要求巴解武装人员在执行任务之外的时间不得携带武器。政府同时宣布，所有平民的持枪证将被收缴。9月22日，上马腾的塔尔西什爆发了琼布拉特支持者和长枪党的武装冲突，造成3人死亡、2人受伤。此后，长枪党召开了为期3天的年会，宣布该党加入到有关解决巴勒斯坦问题的阿拉伯主流政治立场，包括泛阿拉伯合作和拒绝阿以和平方案。长枪党甚至在一定程度上和巴解拒绝阵线形成了在支持巴勒斯坦事业上的竞争关系。而早在这年年初，皮埃尔·杰马耶勒曾率长枪党政治局代表团访问了埃及、约旦、沙特和叙利亚，就解决方案进行了沟通。前三国对美国提出的方案持积极态度，而叙利亚则持保留态度，原因在于该方案在两个问题上未做明确说明：一是关于以色列从叙利亚被占领土戈兰高地撤军，二是关于巴勒斯坦人的未来。长枪党方面认为巴方意愿必须得到充分照顾，巴勒斯坦建国是黎巴嫩恢复政治稳定的先决条件。[①]

1974年9月，塔吉丁·苏尔赫无法应对日趋恶化的局势辞去总理职务，弗朗吉亚任命拉希德·苏尔赫担任总理。由拉希德·卡拉米、萨义布·萨拉姆和雷蒙德·埃代组成了新的反对派"三方联盟"，为下一次总统选举做先期准备。作为新三方联盟中唯一的马龙派政治领袖，埃代有望成为该集团在下一次总统选举中的候选人。到了1975年1月，弗朗吉亚和长枪党都已经感受到了来自新三方联盟的压力。[②] 据悉，卡拉米在这一年年初曾向杰马耶勒暗示，如果能够考虑在马龙派-逊尼派政治平衡上做适度调整的话，他便有可能支持打压在黎巴解武装，杰马耶勒对此未予回应。[③]

黎巴嫩的社会运动此时愈演愈烈，但需要指出的是，这一时期黎巴嫩的社会矛盾并不具有浓重的教派社群色彩，更多的是不同社会经济利益阶层间的矛盾。[④] 1971年5月25日，黎巴嫩总工会发动了旨在停止任意裁员、涨薪11%、削减房租25%、由国家进口药物和必备食品，以及在6个月内为农业劳

---

① Kamal S. Salibi, *Cross Roads to Civil War Lebanon 1958-1976*, pp. 79-82.
② Ibid., pp. 85-86.
③ Wade Goria, Sovereignty and Leadership in Lebanon, 1943-1976 (London: Ithaca Press, 1985), pp. 179-180.
④ Theodor Hanf, *Coexistence in Wartime Lebanon: Decline of a State and Rise of a Nation*, p. 109.

工进行立法的大罢工。1973年1月22日,数千名烟草种植者占领了奈拜提耶的烟草专卖局办公室,要求烟草收购价上浮20%。几天后,2万名示威者走上贝鲁特街头,以示对烟草种植者的声援。1973年4月,贝卡地区农民抗议高企的化肥和杀虫剂价格,要求制定新的租赁规范,打击中间商垄断,将农民纳入国家社会保障的范围内。尽管社会运动发展愈演愈烈,但是黎巴嫩左翼和工会组织并没能为工人争取到任何切实利益。实际上,工会运动陷入了一个恶性循环:工薪阶层上浮的工资由政府部门和工业企业买单,但商人们通过上涨物价将这部分收入悉数榨取。工会组织的无力又鼓动人们更多自发地走上街头表达诉求。[1]

与此同时,黎巴嫩的学生运动也毫不逊色。早在1967年3月,初中学生发动了旨在降低学费、取消在毕业年级进行外国语考试和统一学校教材的罢课运动。1968年4月,黎巴嫩大学发生了为期50天的教师和学生罢课活动,教师的诉求是增长工资和延长任期;学生们的诉求是建设一个统一的大学校园、提高奖学金以及由学校提供食堂。但是,无论是学生还是老师们的诉求,都没有得到满足。此后,学生们自发成立了黎巴嫩全国大学生联合会。1972年3月至4月,黎巴嫩又发生了一次大规模的学生罢课活动,重申之前提出的诉求,这次罢课活动也得到了贝鲁特美国大学、圣约瑟夫大学和贝鲁特阿拉伯大学等私立大学的声援。同年,还发生了公立教育机构教师的罢课活动,诉求为涨薪、建立教师工会组织和教师服务学校25年可退休等。此后,大规模学生运动成为贝鲁特等大城市的日常景观,弗朗吉亚总统甚至一度考虑将黎巴嫩大学关停一整个学年。此起彼伏的学生运动一直持续到了内战爆发前。[2]

在此期间,地区形势发生了进一步变化。美国与叙利亚关系改善,叙以关系脱离军事接触得以巩固。埃及进一步摆脱苏联影响,与美国和欧洲国家走近,准备在1975年6月重开苏伊士运河,[3] 美国推动的阿以和平进程取得重要进展。叙利亚对此忧心忡忡,担心埃及与以色列单独媾和,开始对约旦和巴解组织施加压力。由于与巴解组织的特殊关系并以巴勒斯坦事业代言人自

---

[1] Fawwaz Traboulsi, *A History of Modern Lebanon*, pp. 167-168.
[2] David Gordon, *Lebanon: The Fragmented Nation* (London: Croom Helm, 1980), pp. 136-137.
[3] 苏伊士运河于6月5日重新开放,黎巴嫩此时已陷入内战。

居，叙利亚无法实现与以色列的单独媾和，除非巴以之间也能达成协议。而以色列又拒绝与巴解组织谈判，更不用提巴解组织中的拒绝阵线反对阿以冲突的整体解决。但大多数阿拉伯国家都希望这一冲突能够早日解决，使其能够专心各自的国内事务。海湾产油国不希望再被裹挟进阿以冲突，北非阿拉伯国家除利比亚外，都对阿以冲突缺乏兴趣。黎巴嫩和约旦都担心如果再发生中东战争，自己将无法幸免，迫切希望巴勒斯坦问题能够尽快得到解决。[1]

1975年春天，阿拉伯世界仍寄希望于埃及和叙利亚能够全力推动中东和平进程。到了4月，埃及失去耐心，在海湾产油国的支持下开始寻求与以色列的单独媾和，叙利亚陷入既无力与以色列单独开战，又不能与以色列议和的窘境。在黎巴嫩，基督教社群和伊斯兰教社群同时陷入了焦虑：前者担心黎巴嫩被排除在和平进程之外，继续遭受巴勒斯坦问题困扰；后者则发现自己被大多数阿拉伯国家抛弃了，成为中东和平的牺牲品。与此同时，巴解组织已经深度卷入黎国内事务，夹在建制派和左翼、基督教阵营和穆斯林阵营之间而无法自拔；另一方面，黎巴嫩基督教社群对巴解组织的敌视已经深入骨髓，和解可能微乎其微，且双方缺乏和解意愿。更糟糕的是，黎巴嫩各派别此时已经武装到了牙齿。中东和平进程给黎巴嫩各阵营带来的影响使各方进退失据，冲突一触即发。[2]

实际上，早在拉希德·苏尔赫上任前的几个月时间里，黎巴嫩的安全局势就已经在全面恶化，爆炸、抢劫、谋杀、绑架和政治暗杀等活动几乎每天都在上演。1975年1月上半月，苏尔赫政府着手打击和清剿的黎波里的恐怖分子，但其他地区的行动并未跟上，北部山区的阿卡和兹加尔塔地区都爆发了冲突。到了1月下半月，黎南地区持续遭受以色列军事打击，巴解武装与黎巴嫩政府军再次爆发冲突，前者向政府军营地发射了6枚火箭弹。事件发生后，皮埃尔·杰马耶勒发表了措辞严厉的声明，抨击巴解武装在黎南地区的存在，敦促巴解武装解决内部各派别的无序状况。不出一个月，杰马耶勒向总统弗朗吉亚提交了一份备忘录，要求对巴解武装在黎巴嫩的存在等事项举行全民公投。尽管备忘录被搁置，但此事已经显示出长枪党彻底解决巴解武

---

[1] Theodor Hanf, *Coexistence in Wartime Lebanon: Decline of a State and Rise of a Nation*, p. 175.
[2] Kamal S. Salibi, *Cross Roads to Civil War Lebanon 1958-1976*, pp. 87-90.

装问题的决心。①

此后不出一周，又发生了赛达冲突事件。此前数月，赛达等黎巴嫩沿海地区的渔民都在为即将成立的渔业公司——"蛋白质公司"而担忧。这家公司由黎巴嫩和科威特合资建立，旨在将黎巴嫩的渔业机械化，公司的董事长是自由国民运动领导人、前总统卡米勒·夏蒙。黎巴嫩的渔民在黎巴嫩共产党和其他左翼派别诱导下将该公司的成立视为对黎巴嫩渔业资源的垄断和对其生计的威胁。尽管公司方面尽力安抚渔民并许下各种承诺，但形势并未扭转。2月26日，渔民们在赛达举行了示威，要求政府吊销该公司执照。示威后来发展成为骚乱，造成1名黎军下士身亡，赛达工会领袖、前议员马鲁夫·萨阿德中弹数日后不治身亡。② 28日，贝鲁特的左翼派别组织了罢工和示威，一些道路被封闭，几辆汽车被纵火焚毁。第二天，赛达的平民指责军方应对马鲁夫·萨阿德遭枪击负责，又在城中举行了第二次示威，阻隔了赛达与苏尔方向的道路。军队赶到现场清除通往南部黎以边境海岸公路的路障时遭遇武装人员枪击，其中包括数名来自艾因胡尔瓦巴勒斯坦难民营的武装人员。在冲突中，5名政府军士兵和11名平民身亡，多人受伤。第3天，赛达民众同意停火，政府军从城中撤出。

赛达冲突事件尽管与巴解武装无直接关联，但却促使黎巴嫩各派别采取行动。左翼派别指责当权者是法西斯分子，联合资本家压榨工人阶级。穆斯林建制派指责军队对赛达示威的干预是对民主自由的镇压，要求总司令伊斯坎德·加尼姆辞职，苏尔赫政府下台。有传言说苏尔赫总理在事件期间对军方瞎指挥，多亏伊斯坎德·加尼姆将军没有完全听从其指挥，而是接受了来自总统的直接指令才没有酿成更大乱局。这对逊尼派而言是无法容忍的，他们指责军队是基督教社群对付另一半黎巴嫩同胞的工具，要求立即改组军队

---

① Kamal S. Salibi, *Cross Roads to Civil War Lebanon 1958-1976*, pp. 90-91.

② 有不少人认为是政府军狙击手杀死了马鲁夫·萨阿德，但并没有证据支撑这种说法。实际上，萨阿德本人并不反对设立这一公司，他认为公司的成立将对黎巴嫩渔业的现代化大有帮助，能使渔民获得实惠。在此之前，萨阿德一直在资方和工会之间斡旋，缩小二者之间的分歧，并且作为工会代表接受了新公司董事会中的职务。有学者猜测，行凶者打算通过枪击萨阿德使小规模的和平抗议活动演变成更加大规模的示威抗议，因此狙击手在示威即将消散时向萨阿德开枪射击。杀害萨阿德的凶手身份不明。参见：Kamal Dib, *Warlords and Merchants: The Lebanese Business and Political Establishment*（London: Garnet & Ithaca Press, 2004）, p. 259。

指挥系统并转由内阁规制，不再受总统直接控制。苏尔赫总理被指责没能在总理职位上很好地为本教派的利益服务，遭到逊尼派领袖的弹劾，他们希望能有一位敢对总统强硬的人选取而代之。①

赛达冲突事件使穆斯林和左翼同时谴责政府行为，二者的关系进一步加强。基督教徒则坚定支持政府的立场，黎巴嫩社会的撕裂因为这一事件进一步扩大。在以基督教社群为主体的贝鲁特东区举行了数千名学生和示威者的集会，支持军队作为黎巴嫩人民神圣权力捍卫者的角色，抵制伊斯兰教社群和左翼领袖对军队总司令的恶意中伤。巴解组织断然否认自己与赛达事件有任何关系，而基督教徒则试图夸大巴勒斯坦因素在事件中的作用，指责巴解武装参与了冲突，构成了对黎内部事务的干涉。他们认为这一事件是巴解组织和黎巴嫩左翼力量对黎巴嫩军队和国家体系声誉的破坏。对于巴解组织而言，赛达冲突事件使其获得了在黎巴嫩联合最广泛盟友的机会。②

3月6日，马鲁夫·萨阿德伤重不治身亡的消息引发了新一波骚乱，穆斯林建制派打算利用危机将苏尔赫赶下台。5天后，包括6名前总理在内的16名穆斯林政治领袖联名要求改组军队，并威胁如果其要求得不到满足便会推动危机升级。穆斯林领袖要求通过建立穆斯林和基督教徒人数对等的指挥委员会，实现在军队指挥系统中的教派平衡。苏尔赫为了挽救这一届政府，在卡迈勒·琼布拉特支持下同意着手改组军队，将此事交由议会特别委员会审核。以卡米勒·夏蒙和皮埃尔·杰马耶勒为代表的基督教社群领袖则反对任何改组军队的措施。③

黎巴嫩军队在弗朗吉亚上任伊始尚能维持一个受人尊敬的教派分歧仲裁者地位。但当谢哈卜主义集团于1970年后在军中被肃清，弗朗吉亚密友伊斯坎德·加尼姆将军在1971年担任总司令后，形势发生了变化。到了1973年，军队在黎巴嫩伊斯兰教社群的眼中已经成为马龙派总统的政治工具，再加上黎巴嫩左翼和巴解组织也不满军队的作用，军方的地位已经摇摇欲坠，无法发挥国家内部冲突最后调解者的作用。军方在赛达事件中并无明显过错，冲突的第一枪很有可能来自巴解武装或黎巴嫩左翼民兵，抑或是外国特工，旨

---

① Kamal S. Salibi, *Cross Roads to Civil War Lebanon 1958-1976*, p. 93.
② Theodor Hanf, *Coexistence in Wartime Lebanon: Decline of a State and Rise of a Nation*, p. 174.
③ Kamal S. Salibi, *Cross Roads to Civil War Lebanon 1958-1976*, pp. 94-95.

在蓄意制造对抗情绪，而这已无从考证。

从自身利益出发，马龙派建制派领导人应当积极回应穆斯林政治领袖提出的改组军队的诉求，军队应该有能力维护内部治安稳定，而这一稳定对于基督教社群的利益最为重要。然而基督教社群没有回应伊斯兰教社群的要求，认为改组军队将会降低其效能。这使人们越来越倾向于相信政府军是基督教社群控制国家的工具，黎巴嫩社会对军队的接受度进一步降低。来自阿拉伯世界的有力支持促使黎巴嫩基督教社群在军队改组问题上持强硬立场，阿拉伯政权特别是埃及和沙特对地区左翼力量影响力的蔓延十分恐惧，认为黎巴嫩的基督教社群是重要的政治资产，可以防范和抗衡地区的左翼影响，对基督教社群给予了极大政治支持，更不必说西方国家历来对黎基督教社群扶持有加。此外，黎巴嫩城市穆斯林中产阶级也不希望基督教社群的领导地位受到损害进而影响自身利益。坐拥内外部势力的支持，黎巴嫩基督教社群领袖更加有恃无恐，不愿妥协就范。①

去谢哈卜主义的政治进程对黎巴嫩政府的治理能力造成了消极影响，使其在应对风起云涌的地区局势，特别是巴解武装的涌入和日益激烈的国内社会运动时愈发力不从心，巴勒斯坦因素成为黎巴嫩不可承受之重，引发了黎巴嫩国内政治的极化。在此背景下，右翼马龙派阵营和左翼及其穆斯林盟友围绕国家属性、政治权力分配和是否及如何支持巴勒斯坦事业等议题展开了激烈争辩乃至发生武装冲突，黎巴嫩国内局势进入持续下行通道，诱发革命的因素在年轻人中间同样不断聚积。②

第三节 经济发展状况与教派政治动员

一、经济发展的主要成就和突出矛盾

1946年至1975年间，黎巴嫩经济得到了快速发展，以贸易和服务业为主

---

① Kamal S. Salibi, *Cross Roads to Civil War Lebanon 1958-1976*, pp. 95-97.
② 有研究显示，当时黎巴嫩60%的在校高中生和大学生支持左翼政党，75%的学生对政府不满。参见：Nafhat Nasr and Monte Palmer, "Alienation and Political Participation in Lebanon", *International Journal of Middle East Studies* 8 (1977), p. 514。

要方向的私营经济蓬勃繁荣，金融业维持稳步发展。[①] 黎巴嫩政府自20世纪50年代初就开始采取自由汇率，实施保守的财政政策，鼓励私营经济发展，国内外经济元素互动频繁。[②] 这与当时地区周边国家的经济发展策略大相径庭，也正是黎巴嫩经济发展的地区比较优势所在。在一系列有利因素的作用下，黎巴嫩不仅保持了国民经济的全面增长，同时还实现了相对的金融稳定，得以进一步吸收外来资本——主要是来自生活在美国和南美洲国家的黎巴嫩侨民的侨汇。[③]

据估算，1950年至1974年，黎巴嫩国内生产总值（GDP）的年平均增速在7%左右；人均收入增长率为3%至4%，人均收入在1974年达到1200美元；人均国民生产总值（GNP）从1960年的400美元增长到1974年的1415美元；[④] 年均通货膨胀率在1971年之前为2%至3%，内战爆发前3年上升至8%。1970年至1974年的年人均国内生产总值比1965年至1969年的数据增长了45%。黎巴嫩人口从1970年至1974年增长了10%。贝鲁特成为中东地区最为重要的金融中心和航空港，造纸、化工和金属加工等产业也发展起来。在一些社会发展领域，黎巴嫩还实现了超前发展。医院病床数从1959年的6300个增加到了1971年的9149个，医生从1262人增加到2000人，药房从165个增加到274个，这一增幅超前于人口增长水平。[⑤]

经典的分析内战爆发因素的科利尔-霍夫勒模型将导致内战爆发的因素归于以下几个变量：社会分化、族群优势虚拟变量、收入和经济增长、自然资

---

① 服务业解决了全国50%的就业，贡献了70%的GNP。参见：Samir Makdisi, *The Lessons of Lebanon, the Economics of War and Development*, p. 11; Elizabeth Picard, *Lebanon: A Shattered Country, Myth and Realities of the Wars in Lebanon*, p. 93。

② 1972年，黎巴嫩政府曾宣布了一个"六年发展计划（1972—1977）"，因1975年内战爆发而未果。参见：Samir Makdisi, *The Lessons of Lebanon, the Economic War and Development*, p. 21。

③ Samir Makdisi, Flexible Exchange Rate Policy in an Open Economy, the Lebanese Experience, 1955-1974, *World Development 6*, No.7 (July, 1978).

④ عبد الرؤوف سنّو، حرب لبنان 1975-1990. تفكك الدولة وتصدع المجتمع، دائرة منشورات الجامعة اللبنانية، بيروت، 2015، ص 42

这一水平在阿拉伯国家中排名第7，仅次于除阿曼外的海湾5国外加利比亚的6个石油生产国。参见：Robin Barlow, Economic Growth in the Middle East, 1950-1972, *International Journal of Middle East Studies*, Vol. 14, No. 2 (May, 1982), pp. 129-157.

⑤ Samir Makdisi and Richard Sadaka, "The Lebanese Civil War, 1975-1990", *Lecture and Working Paper Series*, American University of Beirut (2003 No.3).

源财富以及人口规模。根据这一模型，黎巴嫩内战前爆发冲突的风险并不高。1970年，黎巴嫩爆发冲突的概率在2.6%，远低于同时代没有经历内战冲突国家的5.8%。由于该模型采取的数据以每5年为一个周期，所以内战爆发前的1974年冲突爆发概率难以估算。但从该模型几大变量的相关数据进行推算，内战爆发前的1974年的冲突发生概率较1970年并无太大变化，因为其间黎巴嫩国内的相关变量因素都未发生显著变化。同时，黎巴嫩的社会分化更多是从宗教和教派分化上体现的。根据该模型，一国如有一个占绝对多数的族群则冲突的风险将加大，这个占绝对多数的单一族群应占总人口比例的45%至90%。而黎巴嫩其实没有一个人数占支配地位的单一族群。[①] 同时，最顶层20%人口的收入也在参照比较的正常范围内。[②] 一份成文于20世纪70年代中期的研究报告显示，1973年至1974年，黎巴嫩有54%的人口属于相对贫困阶层，25%的人口属于中产阶级，21%的人口属于富裕和非常富裕。这个不平衡程度在发展中国家并不过于显眼。[③] 总体而言，该模型中关于经济变量对冲突爆发风险的影响在黎巴嫩内战的案例上并不突出。实际上，导致黎巴嫩冲突爆发的经济问题主要在于地区发展不平衡和寡头垄断，以及这二者与教派社群因素的叠加。[④]

众所周知，人才储备构成了黎巴嫩的核心竞争力，这主要得益于黎巴嫩在地区处于领先地位的教育体系。20世纪50年代末至60年代初，黎巴嫩的识字率达到60%（同一时期科威特47%，伊拉克15%）；小学和初中的入学率达47%（同一时期沙特4%，约旦27%）。在此基础上，黎巴嫩每1万人拥有8.4个医生（约旦4.6个，伊拉克3.5个，叙利亚2.5个）；每100个黎巴嫩人有5.6个教师（伊拉克4.2，叙利亚3.5，约旦3.4）。[⑤] 受黎巴嫩政府委托进行调研的

---

① 在黎巴嫩，宗教社群的划分基本上可以视为别国族群—语言群体划分的状况。
② 参照国家有荷兰、突尼斯、墨西哥和西德。参见：Iliya Harik, The Economic and Social Factors in the Lebanese Crisis, in S. Ibrahim and N. Hopkins (eds.), *Arab Society, Social Science Perspectives* (Cairo: American University in Cairo Press, 1985), p. 147。
③ B. Labaki and K. Abou Rjeily, *Bilan des Guerres du Liban, 1975-1990* (Editions L'Harmattan, 1993), p. 182.
④ 正如前文提到的，掌权的基督教社群担心伊斯兰教社群通过改革获益进而威胁自身地位。Samir Makdisi, *The Lessons of Lebanon, the Economic War and Development*, p. 23.
⑤ Ibid., pp. 17-18.

法国研究和培训发展机构的报告显示，20世纪60年代初，黎巴嫩经济发展的主要受益地区基本上仅限于贝鲁特、贝鲁特周边及山区中心地区。与此形成鲜明对比的是北部、南部和东部地区的贫困和落后。在教育领域，贝鲁特25岁以上的男性人口中拥有本科及以上学历的占24.1%，贝鲁特郊区和其他城市均为9.4%，农村地区为4.6%。而20世纪50年代中期的一项调查显示，贝卡地区村庄男性的平均上学时长是2.6年，女性为0.6年。而在贝鲁特，男性为6.1年，女性为3.9年。①

同样值得注意的是黎巴嫩人口的快速增长和无序的城市化进程带来的困扰。以贝鲁特为例，其人口从1861年的4.6万人增长到了1914年的20万人，在1950年达到32万人，到了1975年已经具有150万的人口规模。② 贝鲁特逐渐发展成以基督教社群为主的东区和以伊斯兰教社群为主的西区，③ 高度发达富裕的区域和极为贫穷落后的区域毗邻，中间星罗棋布的是巴勒斯坦难民营这样的飞地。大部分中产阶级生活在贝鲁特（主要由基督徒和逊尼派穆斯林组成）和中部山区（主要为基督徒）；大量什叶派和部分逊尼派穆斯林聚居的黎巴嫩南部、贝卡地区、东北部和北部阿卡地区中产家庭数量少之又少。由于黎巴嫩南部地区巴解组织武装对以色列突袭招致的以军报复性袭击，大批

---

① 正如前文提到的，掌权的基督教社群担心伊斯兰教社群通过改革获益进而威胁自身地位。Samir Makdisi, *The Lessons of Lebanon, the Economic War and Development*, p. 26.

② 内战爆发前的15年间，贝鲁特的人口翻了一番，每两个黎巴嫩人中就有一个生活在贝鲁特及周边地区。同时在这里生活的还有大量外籍劳工，占据了贝鲁特人口的45%，其中，1/20是库尔德人，1/6是巴勒斯坦人，1/4是叙利亚人。Theodor Hanf, *Coexistence in Wartime Lebanon: Decline of a State and Rise of a Nation*, pp.63, 199.

③ 贝鲁特东区：指1975年内战爆发后贝鲁特东部由长枪党及其领导的联盟控制的基督教社群聚居区。1975—1976年间，长枪党将原居住在这一区域的什叶派穆斯林和巴勒斯坦人驱离，仅有少量非基督徒被允许在此居住。贝鲁特西区：指1975年内战爆发后贝鲁特西部的穆斯林聚居区。在此期间，一些基督徒仍居住在这一区域，主要集中在拉斯贝鲁特区域（Ras Beirut或Tip of Beirut，即贝鲁特西北角临近贝鲁特美国大学的濒海区域，为贝鲁特的文化和知识中心，黎巴嫩不少显赫的家族定居此处）。贝鲁特东西区由绿线（Green Line，又称分界线：Demarcation Line）分割开来，然而实际上两区之间并没有一条实际存在的分界线，绿线基本上指由贝鲁特由北向南延伸的大马士革大街，最醒目的标识是各民兵武装林立的哨卡。绿线得名于被遗弃和损毁的街道、建筑物附近肆意生长、无人打理的草木的翠绿颜色。战争期间，各派民兵在贝鲁特实行割据占领，并将本派人口迁入各自占领区，绿线附近的建筑物损毁最为严重。1990年10月，埃利亚斯·赫拉维总统将东西区合并统一。Asad AbuKhalil, *Historical Dictionary of Lebanon* (Lanham: Scarecrow Press, Inc., 1998), pp.65, 225.

黎南地区居民涌入贝鲁特谋生，不少定居在南郊贫民区。[1]在贝鲁特周边东起卡兰迪纳西至拉迈尔阿里—莱拉基的地区形成了被人称为"贫困地带"的棚户区，贝鲁特150万人口中的40万生活在这一区域，他们当中不乏因不堪重负而从农村迁往城市找寻活路的农民，以及1948年因以色列建国和20世纪60年代末至70年代初因以军报复打击而从黎南地区迁至此处的农村居民。涌入的人口以穆斯林为主，其中又以什叶派居多。贝鲁特东郊的亚美尼亚传统聚居区就聚集了大约25万什叶派穆斯林。与此同时，边远地区的大规模基础设施建设未能为这些地区带来发展所亟需的投资，教育振兴造就的不少高校毕业生无法找到符合预期的工作。到了20世纪70年代初，劳动力市场的熟练工人数量已经供大于求。民众对生活水平改善进度的不满很快转化为对现有政治体制的批评，进一步改变了黎巴嫩的政治生态：无论是基督教还是伊斯兰教政治组织都倾向通过激进化来吸引支持者，传统社群领袖的地位遭到削弱，已有政治共识遭到不断蚕食。[2]

商业金融寡头把控了黎巴嫩经济命脉，他们一般是以家族的形式出现的。在黎巴嫩，家族是政治经济生活的基本单位，其作用远超任何社会关系，是个人安全感的来源，更是底层民众与政府关系的纽带。[3]因此，内战前的黎巴嫩经济并非纯粹的市场经济，经济发展的最大受益人主要是当权的政客和与他们密切捆绑的商业金融寡头。[4]

一份1973年出炉的调查显示，黎巴嫩800个主要商业金融家族中的41个控制了全国贸易和服务业103家股份制公司的绝大部分股权，占据总收益的70%。这些主要商业金融家族当中的5大家族掌控了全国一半的进出口贸易。来自欧美国家商品的22%的贸易量集中在5个代理商手中，有20个贸易商控制了全国85%的食品进口贸易。在黎巴嫩引以为豪的银行业中，57个家族控制了32%的资本，其中包括工业股份制公司72%的资本来源，贸易、农业和服务业的52%，保险业的64%，运输行业的71%，房地产行业的37%，股份

---

[1] 在黎南地区，65%的家庭曾因种种原因被迫北迁。参见：Elizabeth Picard, *Lebanon: A Shattered Country, Myth and Realities of the Wars in Lebanon*, p. 94.

[2] Theodor Hanf, *Coexistence in Wartime Lebanon: Decline of a State and Rise of a Nation*, p. 108.

[3] عبد الرؤوف سنّو، حرب لبنان 1975-1990. تفكك الدولة وتصدع المجتمع، دائرة منشورات الجامعة اللبنانية، بيروت، 2015، ص 45.

[4] Theodor Hanf, *Coexistence in Wartime Lebanon: Decline of a State and Rise of a Nation*, p. 109.

制金融公司的92%，以及75%的银行准备金。需要指出的是，繁荣一时的银行业虽然带来了巨量的资金流动，但银行业对黎巴嫩实体经济的实际贡献微乎其微。一方面资金来源高度依赖外界，且其投资也大多面向国外市场，如对法国雷诺公司的投资；另一方面，只有1/5的资金流动是由黎巴嫩本土银行完成的，主要业务由外国银行在黎分支机构包揽。① 金融资本仅有的国内投资流向了旅游服务和房地产行业。尽管黎巴嫩工业部门占国内生产总值的份额从1966年的14%上升到了1970年的18%，② 但这些增长主要是因为海湾国家的石油美元在西方的投资回流到黎巴嫩，专门投资那些为阿拉伯市场生产产品的工业部门。当然，这些工业的发展带动了产业工人数量的快速增长，黎巴嫩劳工在内战爆发前的10年间从65000人增长到了120000人。大量存在的巴勒斯坦人和来自叙利亚的劳工占据了这一廉价劳动力市场。但就算是在1970年"经济奇迹"的高潮时期，黎巴嫩的失业率也有10%之高，在战争爆发前更达到了15%。③ 上述情况为黎左翼工人运动提供了适宜的土壤。

农业部门经营、资本的集中同样值得关注。拥有资本优势的贸易商通过并购土地，垄断灌溉水资源、化肥和农业机械的进口，控制银行、借贷机构和分销网络，迫使农民以利润更高的水果和糖类作物替换原有的谷类作物。农产品价格从生产者手中到消费者手中往往已经翻了两番或者三番。糖类制品进口商同时掌控着甜菜种植。为了确保自身利益最大化，他们需要将进口商品价格保持在一定高位，方法是通过控制甜菜播种面积确保糖的产量维持在一个较低的限度，减少国内的供给量。就连国有的烟草公司也更倾向于通过进口香烟获取关税收入，而不情愿向南部地区的烟草种植者发放新的种植执照。这种现象造成的局面是原本以粮食生产著称的黎巴嫩的粮食严重依赖进口。举例而言，黎巴嫩75%的谷物都需要通过进口来满足。就连在经济最繁荣的年景，受高企的价格影响，黎巴嫩人也不得不削减牛奶和奶酪的摄入量。来自西欧的食品和工业制成品构成了全国2/3以上的货物进口。其中的

---

① Theodor Hanf, *Coexistence in Wartime Lebanon: Decline of a State and Rise of a Nation*, p. 103.
② 有类似的研究予以佐证：1964年至1974年，工业部门占GDP的份额从13%上升到了17%，服务业从22%降至20%，贸易从32%降至30%。参见：Samir Makdisi, *The Lessons of Lebanon, the Economic War and Development*, p. 15。
③ Elizabeth Picard, *Lebanon: A Shattered Country, Myth and Realities of the Wars in Lebanon*, p. 94.

一部分是为了满足当地消费需求，另一部分是为了销往其他阿拉伯国家市场。有人估算，黎巴嫩出口的60%就是此类销往海湾地区国家的商品，集中体现了贸易商的利益。① 同时，25%的拥有冷藏仓库的中间商控制了市场上2/3的苹果；20个中间商掌控了市场上81%的柑橘（其中的3个中间商控制了市场的1/3）；两家公司实际上垄断了全部杀虫剂和肥料的进口贸易。受商业利益驱动，黎巴嫩农产品市场基本被进口产品占据，只有15%的农产品是由本国生产的。黎巴嫩本土生产的农产品主要面向海外市场，总量的2/3是水果和家禽。在贸易商、放债人、银行，农机、肥料和杀虫剂供应商的压榨下，大量小农的生计难以维持，被迫离开农村迁往大城市或国外谋生。黎巴嫩农业产业占国内生产总值的比重从1964年的12%下降到了1974年的9%。② 20世纪50年代，50%的黎巴嫩人口在农业产业就业；到1975年，只有20%的人口还留在这一产业。20年中，约10万从业人员从农业产业中剥离。③

缺乏价格调控和对商人垄断行为的监管政策使城市居民的生活水平也受到了严重影响。1967年至1975年，黎巴嫩的生活成本翻了一番，贝鲁特的消费水平甚至高于华盛顿。受进口商和中间商操控，尽管黎巴嫩里拉实现了对美元汇率的净增长，黎巴嫩进口产品的价格在1972年至1973年间还是上涨了10%至15%。经济学家麦尔旺·伊斯坎德尔指出，黎巴嫩肉制品的市场价是进口到岸价格的8至10倍，从黎巴嫩出口到沙特市场的农产品价格比黎巴嫩本土销售的产品价格竟然还低40%。此外，受到海湾国家需求刺激，黎巴嫩药品和住院费用的情形与农产品价格无异。20世纪70年代初，大城市中心的地价每年翻一番。④ 房租占家庭支出的40%，而政府承诺的经济适用房从未兑现。贝鲁特住宅短缺率在20%，郊区为14%，其他城市为12%，乡村地区

---

① Elizabeth Picard, *Lebanon: A Shattered Country, Myth and Realities of the Wars in Lebanon*, pp. 90-92.

② 以上数据参见：Samir Makdisi, *The Lessons of Lebanon, the Economic War and Development*, p. 15.

③ Fawwaz Traboulsi, *A History of Modern Lebanon*, pp. 156-159.

④ Elizabeth Picard, *Lebanon: A Shattered Country, Myth and Realities of the Wars in Lebanon*, p. 94. 值得一提的是，逊尼派穆斯林从房地产的蓬勃发展中获益不少，贝鲁特核心区价值最高的地产的所有人基本都是逊尼派穆斯林，而对于什叶派穆斯林而言，在大城市里觅得自己的生存空间是极为不易的。参见：Theodor Hanf, *Coexistence in Wartime Lebanon: Decline of a State and Rise of a Nation*, p. 106.

为8%。① 社会保障体系于1963年才建立，健康保险则要等到70年代。与此同时，在贝鲁特被曝出有约4万至5万套空置奢华公寓的时候，从农村涌向城市的老百姓只能蜗居在城市边缘地带的棚户区。因此，尽管经济发展势头良好，但在飞涨的物价面前，普通民众的收入和生活水平并不乐观。内战爆发前，79%的黎巴嫩人的收入低于最低工资。主要城市和边远地区的收入更是天差地别，当贝鲁特的人均年收入达到830美元时，黎南地区的数字仅为151美元。社会资源也主要聚集在贝鲁特及周边地区：64%的私立小学和辅助性教育机构集中在贝鲁特和周边山区；73%的中学和全部大学教育都集中在这一区域。② 20世纪70年代初，65%的医生工作和生活在贝鲁特，为占全国人口27%的人群提供服务；5.5%的医生为占全国人口18%的黎南地区民众服务；仅有3%的医生为贝卡地区占全国人口13%的人群服务。③

从社会经济地位看，各宗教社群的经济社会状况差别仍然较为明显：基督教教徒处于顶端，德鲁兹派大致位于中间位置，逊尼派接近底层，什叶派则处于最底层。基督徒普遍比穆斯林更富有，受教育程度更高，穿着更讲究，居住条件更好。④ 从行业划分看，到20世纪70年代黎巴嫩的商业活动仍主要由基督徒掌控。有研究显示，20世纪50年代末，基督徒和穆斯林在工业领域的从业比是10∶2，金融业为11∶2，服务业为16∶2。⑤ 到了1973年，在商业公司供职的基督徒与穆斯林的比例是75.5%∶24.5%，在工业生产企业从业的比例是67.5%∶32.5%，在银行业是71%∶29%。⑥ 同时，绝大部分基督徒农民是自耕农，而绝大多数穆斯林农民是佃农。然而，同样值得注意的是，基督教社群从来不是一个单一的社会阶层，在其内部也有明显的阶层划分，除

---

① 以上数据参见：Samir Makdisi, *The Lessons of Lebanon, the Economic War and Development*, p. 27。

② 以上数据参见：Fawwaz Traboulsi, *A History of Modern Lebanon*, pp. 160-162。

③ A. el-Amine and N. Wehbi, *Système d'enseignement et division sociale au Liban* (Paris: Éditions le Sycomore, 1980), p. 43.

④ Michael Curtis, ed., *Religion and Politics in the Middle East* (Boulder: Westview Press, 1981), p. 243.

⑤ Yusef Sayegh, *Entrepreneurs of Lebanon* (Cambridge, MA: Harvard University Press, 1962), p. 69.

⑥ Dana Haffar Mills (eds.), *Lebanon: A History of Consensus and Conflict* (Oxford and New York: Centre for Lebanese Studies and I.B. Tauris, 1988), p. 166.

了银行家、贸易商和实业家，基督教社群也有相当数量的人口从事个体手工业、在工厂做工。①

总的来看，随着政府推行大规模的社会经济改革政策，内战爆发前黎巴嫩经济形势整体良好，尤其是欠发达地区的基础设施建设取得了长足发展，但经济发展的区域性不平衡、商业金融寡头垄断使得黎巴嫩民众未能从经济发展的红利中充分获益，相对剥夺感加强。黎巴嫩教派社群之间的不平等现象虽然处于持续缓解的状态，尤其是伊斯兰教社群的受教育水平和经济地位有较大幅度提升，但与基督教社群仍存在一定差距。同时，无序的城市化进程以及随之带来的大规模人口流动，再加上受教育水平提高以及伴随而来的价值预期的提升，使普通民众的获得感和幸福感未能达到预期。又由于政府无法履行社会财富再分配的职能，经济在取得显著发展后面临着逐步走高的通货膨胀和失业率，社会福利保障体系仍有待完善，黎巴嫩普通民众的获得感经历了一个较大的起伏，这导致黎巴嫩的社会矛盾在原有教派割裂局面的基础上因阶级对立而进一步尖锐化，各个教派和阶层都有一部分人群处于不满和焦虑中，跨教派的阶级矛盾逐渐超过教派间的相互排斥和割裂。②

二、教派政治动员与政治力量重组

内战爆发前，黎巴嫩社会缺乏统一的社会和文化共识；经济发展尚可，但存在分配不平衡的问题；社会治理和政治形势不容乐观。尽管不乏有识之士试图在黎巴嫩各社群间开启一个新的对话，实现新的民族团结，其中包括马龙派人士雷蒙德·埃代、希腊天主教大主教格里高利·哈达德、什叶派伊玛目穆萨·萨德尔，但他们的尝试最终都未能取得成功。③基督教社群中从山区迁居沿海大城市的马龙派和伊斯兰教社群中被剥夺感最强的什叶派都是在这一背景下开始的教派政治动员。而逊尼派传统领袖因为缺乏对形势的准确判断，其在本社群的领导地位被德鲁兹派领袖卡迈勒·琼布拉特所占据。

黎巴嫩长枪党由皮埃尔·杰马耶勒于1936年创立。长枪党成立之初是一

---

① Theodor Hanf, *Coexistence in Wartime Lebanon: Decline of a State and Rise of a Nation*, pp. 98, 103.

② Ibid., p. 110.

③ Elizabeth Picard, *Lebanon: A Shattered Country, Myth and Realities of the Wars in Lebanon*, p. 99.

个激进的青年运动，主张腓尼基主义，其政治动员的主要对象是马龙派社群的中下层。其最初的意识形态和组织架构受极端民族主义和法西斯主义的影响，具有较强军事和马龙派民粹主义属性，同时还审时度势地融入了贝鲁特所推崇的强调黎巴嫩实体的元素，反对法国殖民，支持黎巴嫩独立。黎巴嫩独立后，长枪党的主张转变为反对大叙利亚和阿拉伯民族主义潮流，[1] 具有很强的务实性。长枪党作为一个现代政党组织，吸引人们加入靠的是明确的政治议程和对本社群中底层阶级利益的有组织代表，[2] 其支持者的来源相对集中，主要为马腾地区和贝鲁特东北地区的农民，从山区迁居至贝鲁特、赛达和的黎波里的失去了传统教区归属的马龙派，以及有政治诉求的基督徒。他们很多都是年轻人，把拥有严密政党组织、与政府联合的长枪党视为争取更大政治上升空间的渠道。

成立伊始，长枪党为了对抗阿拉伯民族主义和反黎巴嫩基督教社群的伊斯兰教背景的政治集团，一直试图与当权派保持良好关系，使自己在黎巴嫩政治的主流圈子中保有一席之地。20世纪50年代，长枪党在议会中赢得一席之地，开始以议会政党的身份参与到黎巴嫩政治当中。长枪党有别于其他政党的最显著的特点是其党内精心设计的领导体系和官僚层级。同时，长枪党在党的信条和政治路线上还体现出了极大的灵活性。皮埃尔·杰马耶勒的侄子莫里斯·杰马耶勒在这方面发挥了重要作用。他主张超越基督教社群和伊斯兰教社群的竞争敌对关系，强调黎巴嫩主义和社会经济改革，吸纳非基督教和非马龙派社群的人员加入长枪党。然而从后期的发展看，这更多是长枪党在当时社会环境下采取的权宜之计。从根本上讲，长枪党仍是一个马龙派属性的政党，其强调的黎巴嫩属性实则是基督教属性。当危机爆发之时或黎巴嫩政局不明朗时，长枪党扮演的角色仍然是在充满敌意的穆斯林汪洋中以武力捍卫黎巴嫩基督教社群的保护者和黎巴嫩基督教属性的最后屏障。[3]

1958年危机中，长枪党一开始支持夏蒙总统，后转向福阿德·谢哈卜，并在谢哈卜担任总统后与其保持了良好的合作关系。皮埃尔·杰马耶勒是谢哈卜主义集团的重要支柱力量，但长枪党也因此失去了相当一部分基督教社

---

[1] Theodor Hanf, *Coexistence in Wartime Lebanon: Decline of a State and Rise of a Nation*, p. 78.
[2] Ibid., p. 235.
[3] Itamar Rabinovich, *The War for Lebanon, 1970-1985*, pp. 61-62.

群特别是东正教派的支持,在基督教社群内部的地位受到一定削弱。在希腊东正教派的眼中,长枪党是机会主义的谢哈卜主义者,粗俗、乡土气,其武装组织更令人反感。① 但得益于对谢哈卜总统的支持,长枪党在黎巴嫩政治中的影响力得到了加强。1958年危机后,一些马龙派人口从山区迁居到了黎巴嫩西郊,不少长枪党人进入中央政府官僚系统工作,开始积累行政经验和提升自身能力,从客观上促进了长枪党人的政治成熟。此外,长枪党仍然秉承了一贯的政治价值观,维持了党内有效的官僚体系,尝试用社群为基础的现代官僚制政党挑战并代替黎巴嫩政坛以传统的家族为基础的政党组织。

在法国委任统治时期,当局利用黎什叶派对以逊尼派叙事为主的阿拉伯民族主义事业的不信任感稳固自身统治,给予了黎什叶派社群在奥斯曼土耳其统治时期不具备的权利——在1926年承认了什叶派社群单独的司法地位,用以体现黎巴嫩制度的优越性。1943年,马龙派和逊尼派达成《民族宪章》,而什叶派并没有参与宪章的制定,处于边缘化的状态。② 什叶派作为人口最多的社群,其对国家在社会、经济和政治方面的愤懑也最大,被剥夺感也是伊斯兰教各教派中最强烈的。③ 从20世纪40年代中期起,包括新兴专业技术人员和新兴商人在内的什叶派中产阶级开始出现。黎巴嫩独立之后,随着经济的发展、国家机构的扩展、什叶派离开内地迁移到贝鲁特、海外的什叶派商人群体归国和大规模有针对性的基础设施建设,什叶派社群中的医生、律师、公务员和中小商人不断涌现,他们构成了新兴的什叶派中产阶级。尽管他们当中不少人并非虔诚的信徒,但是较优越的经济条件与较低的政治地位之间的反差,强化了他们的教派观念,使他们产生了联合的愿望。在此期间,新兴的什叶派中产阶级对什叶派传统领袖家族政治力量不满,认为他们回避了自己的政治和社会需求,仍满足于既有的政治安排和利益所得。同时,什叶派传统领袖对什叶派底层民众的民生诉求漠不关心,可以说,他们已经与大众脱节,群众基础丧失殆尽。而什叶派中无论是新兴中产阶级还是底层大众,都无法通过其他教派主导的左翼力量实现自己的诉求,什叶派社群需要新的

---

① Kamal S. Salibi, *Cross Roads to Civil War Lebanon 1958-1976*, p. 4.
② 吴冰冰著:《什叶派现代伊斯兰主义的兴起》,第259页。
③ Theodor Hanf, *Coexistence in Wartime Lebanon: Decline of a State and Rise of a Nation*, p. 98.

政治选择。①

在这一背景下，穆萨·萨德尔于1959年10月应苏尔的赛义德阿卜杜·侯赛因·沙拉夫丁家族的邀请来到了黎巴嫩。在萨德尔到来之前，黎巴嫩什叶派社群的政治力量已经发生了变化，集中体现在左翼力量对什叶派的吸引。因此，除了需要同黎巴嫩社群传统领袖竞争外，他还需要同左翼政党争夺什叶派大众。1966年，美国驻黎巴嫩使馆的一份报告将穆萨·萨德尔描述成了什叶派中抗衡纳赛尔影响的堡垒。1974年，萨德尔向时任美国驻黎大使坦诚，他最主要的关切是共产主义对什叶派青年的影响。② 黎巴嫩什叶派的政治力量重组是在一系列社会因素、地区冲突和国内政策的共同作用下发生的，其中最为突出的因素是黎巴嫩什叶派人口的显著增长。20世纪70年代初，黎什叶派家庭平均人口是9人，同期的基督教家庭人口为6人。即便在伊斯兰教社群内部，什叶派妇女平均也要比逊尼派妇女多生一个孩子。拥有12个孩子或者更多子女的什叶派家庭在当时并不鲜见。③ 随着黎巴嫩建国后十年间人口流动性的增强，越来越多的什叶派人口从穷乡僻壤向海外迁徙，在美洲和非洲大陆都有他们的身影，由这一移民群体提供的侨汇收入成为什叶派政治动员的重要经费来源。在巴勒斯坦抵抗运动来到黎巴嫩后，由于在意识形态方面具备的吸引力，且参与巴解武装的人员能够获得较为可观的收入用于养家糊口，对缺乏经济机会的什叶派群体产生了很大的吸引力。也正因为如此，黎巴嫩内战中什叶派人口的损失较其他教派更为惨重。

逊尼派传统领袖认为其利益诉求与马龙派建制派的趋同，不认可黎巴嫩左翼和底层逊尼派穆斯林的主张和行动，将其视为对自身权力和地位的侵蚀。他们在20世纪60年代末和70年代初要求逊尼派获得更大政治权力的主张只是受民意裹挟，不得已而为之。他们没能形成对逊尼派社群诉求的回应，没有形成有效政治动员，在内战中也没有组建起有力的民兵武装，反倒是巴解组织的到来填补了这一空白。法塔赫就将城市逊尼派作为首要动员目标，通

---

① 吴冰冰著：《什叶派现代伊斯兰主义的兴起》，第267—268页。
② Fuad Ajami, *The Vanished Imam: Musa al Sadr and the Shia of Lebanon* (Ithaca, NY, and London: Cornell University Press, 1986), pp. 49, 112.
③ Augustus Richard Norton, *Hezbollah A Short History*, (New Jersey: Princeton University Press, 2014), p. 13.

过资金和军事支援控制了逊尼派城市贫民网络。德鲁兹派领袖卡迈勒·琼布拉特更审时度势，通过敏锐的意识形态转型，与巴解组织强化盟友关系，完成了对黎左翼力量和城市逊尼派的整合，并开始以黎巴嫩穆斯林社群代言人自居。[1]

1969年，卡迈勒·琼布拉特组织成立了"爱国进步政党和力量阵线"，以推翻教派主义政治体制、无条件支持巴勒斯坦抵抗运动为政治目标，这也是黎巴嫩民族运动的前身。[2]该组织自成立以来就一直主张修订《民族宪章》，变更选举法，废除公共职位和议会中的教派代表制，称《民族宪章》笼罩下的黎巴嫩国家统一是虚假的，真正的国家统一需要摒弃教派因素，应当建立在通过政治改革实现的社会公正的基础之上。而以萨义布·萨拉姆、拉希德·卡拉米和穆夫提哈桑·哈立德为代表的逊尼派领袖则要求黎巴嫩穆斯林获得与社群规模相匹配的政治权力，实际上是要求马龙派将权力让渡给逊尼派社群。卡迈勒·琼布拉特的主张相较后者更有吸引力。他在1969年被推选为"支持巴勒斯坦革命阿拉伯阵线"总书记，标志着其成为黎国内亲巴勒斯坦势力的领袖。[3]这一盟友关系在后来升级为军事同盟关系，与此同时，一批由利比亚、伊拉克和叙利亚支持的民兵武装也聚拢到了琼布拉特周围，他所领导的左翼及穆斯林盟友率先逐步从政治动员走向军事动员。

人口比例的不断变化使马龙派社群的担忧不断积聚，该社群特别是中下层民众的政治动员持续发展，长枪党是其中最主要的代表性政治力量。与此同时，出于对自身地位的不满，以逊尼派城市贫民为主的左翼力量和处于底层的什叶派社群为改变自身政治和社会经济地位而进行的政治动员又引起了以马龙派为代表的基督教社群的警惕。马龙派认为，确保教派政治体制的存续是保持自身优势地位的关键，也是其政治动员的最主要动机；黎巴嫩左翼力量及其穆斯林盟友则认为，该体制是阻碍其发展的桎梏，被相对剥夺感笼罩，其政治动员的目的在于修正甚至颠覆这一制度。在此基础上，各主要教派都对各自社群在黎巴嫩政治中的定位进行了仔细盘算，并作出了在不同程度上缺乏逻辑和不切实际的政策选择，进行了各自的政治动员。

---

[1] Theodor Hanf, *Coexistence in Wartime Lebanon: Decline of a State and Rise of a Nation*, p. 129.
[2] 李海鹏《黎巴嫩德鲁兹派研究》，北京大学博士研究生学位论文，2016年6月，第155页。
[3] Yusri Hazran, *The Druze Community and the Lebanese State* (London: Routledge, 2014), p. 167.

《民族宪章》作为黎巴嫩的教派政治体制的基础能够持续有效发挥作用的唯一方式是不断地对其进行补充和完善。[1] 黎巴嫩体系在谢哈卜时期取得了骄人成就，其秘诀是平均分配政治和经济蛋糕。[2] 福阿德·谢哈卜的政策是将国家的根基深入社会的核心部分，其实质是扫除一切阻碍政治和文化统一的障碍，实现国家意志和行为的统一，建立国家在政治生活中的主导地位。[3] 然而，在有限的时间内，被人们寄予厚望的谢哈卜的角色仅能局限在务实和问题导向型的调停者而不是改革者。[4] 强调经济发展而缺乏政治变革的方案无法解决黎巴嫩面临的根本问题，即国家属性、社会现实与教派政治体制安排之间的错位以及国家应对地区局势变化的挑战等。[5] 谢哈卜之后的赫卢总统由于缺乏政治根基，深陷谢哈卜主义集团与反谢哈卜主义集团的斗争中，无法拿出有效政策和手段应对在黎日益壮大的巴解武装军事存在。弗朗吉亚总统更是被后人打上了商业金融寡头代言人的标签，其政策和行动已同黎巴嫩国家和民众的根本利益渐行渐远。无论是谢哈卜还是其他人，都无法使黎巴嫩成为一个真正意义上的国家。[6] 在此背景下，黎巴嫩政治极化的不断强化不足为奇。

本章论述的3个主要问题：黎巴嫩教派政治体制的内在矛盾，巴勒斯坦问题对黎巴嫩国内政治的冲击及由此引发的国内政治极化趋势，黎巴嫩在经济增长环境下利益分配失衡加剧，各派政治动员逐渐强化，体现的正是黎巴嫩教派政治体制的僵化实践及由此引发的社会经济危机，而这构成了内战爆发的根本原因。

---

[1] Theodor Hanf, *Coexistence in Wartime Lebanon: Decline of a State and Rise of a Nation*, p. 121.

[2] Ibid., p. 140.

[3] Fawwaz Traboulsi, *A History of Modern Lebanon*, p. 142.

[4] 谢哈卜曾递交了参与1970年总统竞选的申请，但当他意识到此时已无法实施对黎巴嫩的有效治理后撤回了参选申请。William Harris, *Lebanon: A History 600-2011*, p. 223.

[5] Itamar Rabinovich, *The War for Lebanon, 1970-1985*, pp. 29-31.

[6] William Harris, *Lebanon: A History 600-2011*, p. 218.

第二章　黎巴嫩内战爆发的外部因素

不同于其他内战，黎巴嫩内战爆发时，最主要的外部因素——巴勒斯坦难民和巴勒斯坦解放组织在黎巴嫩国内已经存在并发展了多年。巴解武装在黎军事存在和行动及其造成的影响是黎巴嫩内战爆发的重要诱因，并对另外两个外部因素——叙利亚和以色列介入黎巴嫩事务产生了直接影响，二者为保障自身安全利益，以黎巴嫩为舞台展开了激烈角逐，争相扶植自己的代理人。此外，美、苏两超为维持和扩大在地区的影响力，支持各自地区盟友，对黎巴嫩局势基本上采取了视而不见的态度，对内战的爆发和旷日持久亦具有消极影响。

第一节　阿以冲突对黎巴嫩的影响

本节围绕黎巴嫩深度卷入阿以冲突、导致黎巴嫩内战爆发的巴勒斯坦因素、黎巴嫩—叙利亚关系和黎巴嫩—以色列关系四个主要问题进行论述，交代黎巴嫩内战爆发的地区因素和背景。其中，巴勒斯坦因素之于黎巴嫩内战的爆发具有内外双重影响的属性，因此在第一章和第二章均进行了相应论述。

一、黎巴嫩卷入阿以冲突

1964年，夏尔·赫卢总统上任时恰逢中东地区形势的新发展：阿拉伯国家和以色列围绕水资源的争夺展开了角逐。黎巴嫩是这一地区的"水塔"，是该地区唯一能够实现水资源自给的国家，叙利亚和以色列都对黎巴嫩的水源有重要诉求。[①] 当时，以色列试图引约旦河水用于灌溉，而约旦河的源头在黎

---

① نبيل خليفه، الاستراتيجيات السورية والإسرائيلية والأوروبية حيال لبنان، الطبعة الأولى، منشورات مركز بيبلوس للدراسات والأبحاث، 1993، ص27.

巴嫩，支流多在叙利亚和约旦。阿盟在埃及领导下扬言改变约旦河及其支流走向，此举必将让黎巴嫩招致以色列军事打击，黎巴嫩政府处于两难境地。埃及和叙利亚随即提出向黎巴嫩派驻军队，抵御以军袭击，但黎巴嫩拒绝了这一提议，并提出两国应当帮助黎巴嫩发展自己的军事力量保卫国土。各方对此争吵不断，赫卢总统为此专赴开罗进行磋商。

对于阿拉伯世界而言，1964年的开罗阿盟峰会是1967年阿以全面对抗的序幕。对于黎巴嫩而言，这次峰会是其参与阿拉伯事务的一个历史性转折点，标志着黎巴嫩开始深度卷入巴以问题。在此之前，黎巴嫩面临最为棘手的问题是巴格达条约组织成员国和叙利亚—埃及—沙特联盟之间的竞争以及选边站队的压力。此后，黎巴嫩更是埃及和叙利亚博弈的擂台。[①] 鉴于黎巴嫩所处的地理位置和本国存在的大量巴勒斯坦居民和难民，这一局面的到来是不可避免的。在黎巴嫩的基督教社群看来，峰会的目的似乎就是为了刁难黎巴嫩，因为埃及和叙利亚有关在黎驻军的提议将极大增加以色列入侵的风险，同时还为这两个国家增加干涉黎内政的机会，破坏脆弱的国内政治平衡。峰会决定成立以色列周边阿拉伯国家（埃、约、叙、黎）联军，但规定阿拉伯联军必须在黎巴嫩政府邀请下才能开进黎领土。

在黎驻军问题只是黎巴嫩在此次阿盟峰会上遇到的相对较小的麻烦，另一个更大的难题正摆在黎巴嫩面前——巴勒斯坦问题。此前，在巴勒斯坦问题上，巴勒斯坦人民都是由阿盟间接代表的。此时，阿盟决定支持成立巴勒斯坦解放组织作为巴勒斯坦利益的官方代表，同时在巴解组织下组建巴勒斯坦解放军。针对这一问题，黎巴嫩政府的立场是支持成立巴解组织，但其武装组织不得在黎巴嫩设立基地，任何居住在黎巴嫩的巴勒斯坦人若想加入巴解武装可自由离开黎巴嫩，但不得返回。对于黎巴嫩而言，单是接纳巴勒斯坦难民就已经是一件非常危险的举动，当时在黎巴勒斯坦难民的人数已经超过黎巴嫩人口的10%。鉴于已经有部分巴勒斯坦人以个人身份参与到了黎巴嫩1958年危机的冲突当中，巴解武装在黎存在是完全无法被接受的。[②] 此外，本次阿盟峰会还促使黎巴嫩的伊斯兰教社群进一步投身阿拉伯民族主义事业。

---

① نبيل خليفه، الاستراتيجيات السورية والإسرائيلية والأوربية حيال لبنان، ص 44، 46.

② Kamal S. Salibi, *Cross Roads to Civil War Lebanon 1958-1976*, pp. 23-25.

在阿拉伯国家层面，阿拉伯民族主义在当时已经成为至少是表面上各阿拉伯国家的共识，黎巴嫩作为一个阿拉伯国家，无论如何都无法置身事外，否则只有陷入众怒一个结果。① 阿拉伯世界，特别是沙特等海湾国家和约旦一方面表面上全力支持巴勒斯坦解放事业；另一方面，他们又极度担心领导这一事业的阿拉伯左翼力量所带来的潜在威胁，这些左翼党派受到以苏联为首的共产主义阵营的支持。

随着时间进入20世纪70年代，一系列因素开始发生显著变化，外部势力对黎巴嫩事务的介入显著增加，黎巴嫩成为中东政治的焦点，集中体现了一系列关系的尖锐化和公开化，② 其中黎巴嫩—叙利亚、黎巴嫩—以色列、黎巴嫩—巴勒斯坦是本书集中关注的三组关系。这一时期中东地区关注的焦点仍当属埃及与以色列的和平协议，上述关系都多少受到这一核心议题的直接或间接影响。在此背景下，三大最主要外部因素：巴勒斯坦解放组织、叙利亚复兴党政权和以色列对黎巴嫩压力的增加是显而易见的，③ 而这些势力在介入黎巴嫩事务时本身也受到的巨大影响，④ 其反作用又进一步体现在其对黎政策上。在阿拉伯世界范畴，以沙特为代表的产油国在短时间内积累了大量财富，还在1973年石油危机期间实施了石油禁运，地位迅速提升。人们一度认为，若能实现内部团结，阿拉伯世界或者说伊斯兰教国家集团有望成为国际社会中的一极。这种现实及愿景对地区国家带来的影响虽不及纳赛尔主义，但足够对黎巴嫩这样的小国特别是其国内的伊斯兰教社群产生影响。纳赛尔主义兴盛之时，纳赛尔总统对黎巴嫩在阿拉伯事务中采取中立政策十分不满。时任阿联驻黎巴嫩大使阿卜杜·哈米德·加里布俨然总督一般对黎巴嫩内政指手画脚。⑤ 阿联解体后，叙利亚也极力反对黎巴嫩的中立政策。

---

① Kamal S. Salibi, *Cross Roads to Civil War Lebanon 1958-1976*, p. 26.
② ［俄］叶·普里马科夫著，李成滋译：《揭秘：中东的台前与幕后（20世纪后半叶—21世纪初）》，第170页。
③ William W, Harris, *The New Face of Lebanon, History's Revenge*, p. 153.
④ Itamar Rabinovich, *The War for Lebanon, 1970-1985*, pp. 9-10.
⑤ Kamal S. Salibi, *Cross Roads to Civil War Lebanon 1958-1976*, pp. 13-15.

二、巴勒斯坦因素

（1）黎巴嫩的巴勒斯坦难民

如第一章所述，内战爆发前，巴勒斯坦问题占据了黎巴嫩政治的大量议事日程。黎巴嫩同阿拉伯世界与以色列的斗争交织在一起，其国内矛盾又与巴勒斯坦问题紧密相连。1948年巴勒斯坦战争后，以色列占领大片巴勒斯坦土地，把96万巴勒斯坦人逐出家园，其中约18万人涌入黎巴嫩。1967年第三次中东战争后，以色列又占领了大量阿拉伯领土，又有几十万巴勒斯坦人成为难民，其中，约25万人进入黎巴嫩。1970年9月，约旦驱逐巴解组织，其主要武装力量1.5万人转驻黎巴嫩，黎巴嫩成为当时巴解组织最主要的容身之地和向中东地区之外的犹太人发动袭击的大本营。1973年10月发生的第四次中东战争以以色列反败为胜和埃及、叙利亚的一蹶不振告终。1974年1月和5月，埃及和叙利亚先后同以色列达成脱离军事接触协议。这样一来，黎巴嫩南部地区成为阿拉伯世界同以色列发生武装冲突的唯一主要场所。[①] 一些专家认为，在1975年黎巴嫩内战全面爆发前，在黎巴勒斯坦难民人数约60万，其中85%是逊尼派穆斯林，15%是基督徒。[②] 这对于当时只有约300万人口的黎巴嫩而言无异于一个"国中之国"。

在黎巴嫩的巴勒斯坦人除10%为受过良好教育的城市居民外，其余90%住在黎巴嫩南部和沿海城市周围的难民营内。在黎巴嫩内战爆发前的20多年中，黎巴嫩巴勒斯坦难民营的人口增加了一倍，60%的居民不识字，其中超过2/3的人口在20岁以下，大多只能从事低端的农业、制造和服务业工作。难民营中的房屋60%没有自来水，35%没有供电。[③] 巴勒斯坦难民的生活主要靠联合国救济。联合国为此专门成立了"联合国近东巴勒斯坦难民救济和工

---

① 以上数据参见：Bruce Borthwick, *Comparative Politics of the Middle East: An Introduction*, pp. 124, 130, 138. Itamar Rabinovich, *The War for Lebanon, 1970-1985*, pp. 9-10；季国兴、陈和丰著：《第二次世界大战后中东战争史》，第425—435页。

② William W, Harris, *The New Face of Lebanon, History's Revenge*, p. 152.

③ Bassem Sirhan, "Palestinian Refugee Camp Life in Lebanon", *Journal of Palestine Studies,* Vol. 4, No.2, Winter (1975), p. 106; Rosemary Sayigh, "The Struggle for Survival. The Economic Conditions of Palestinian Camp Residents in Lebanon", *Journal of Palestinian Studies,* Vol.7, No.2, Winter (1978), pp. 101-109.

程处",费用一开始主要由美、英、法和联邦德国承担。①阿拉伯国家政府拒绝让进入本国的巴勒斯坦难民加入本国国籍以及和本国公民结合,希望通过此举让国际社会重视巴勒斯坦难民问题,迫使以色列允许他们返回家园,恢复自己的民族权利。黎巴嫩历届政府也不同意巴勒斯坦难民加入黎国籍。黎巴嫩基督教社群担心,如果难民入籍,黎巴嫩穆斯林人口大增,会进一步破坏基督徒和穆斯林之间的平衡。对于巴勒斯坦难民来说,他们中的大多数也不想成为黎巴嫩公民,而是期望有一天能回到自己的家园,加入黎巴嫩国籍就意味着放弃返回巴勒斯坦的希望。

20世纪50年代至60年代初,巴勒斯坦难民在黎巴嫩政治生活中还起不到大的作用,他们没有形成有效的政治组织,不拥有武器,而且难民营也处在政府的严格监管之下。到了20世纪60年代中后期,随着巴勒斯坦解放组织的成立和巴解武装越境突袭的开展,难民营逐步具有了事实上的治外法权地位,黎警察和军队不进入难民营,其内部秩序由巴解武装人员维持。巴解组织还在黎巴嫩南部地区建立了不少军事训练和作战基地,在贝鲁特设有指挥和宣传机构。巴勒斯坦人开始和黎巴嫩穆斯林结盟,相互支持,逐步改变黎基督徒和穆斯林之间的力量对比。巴勒斯坦人通过陆上和海上边境向以色列渗透,越境袭击以色列在北部加利利的目标。以色列则对其进行残酷打击,不时越境袭击黎巴嫩领土。以色列民众要求消灭黎巴嫩领土上巴解武装的情绪不断高涨,甚至主张不惜为此发动一场大规模战争。②

(2)巴勒斯坦解放组织在黎巴嫩

在与以色列相邻的四个阿拉伯国家当中,黎巴嫩在约旦之后接纳了第二多的巴勒斯坦难民。因此,尽管新成立的巴勒斯坦解放组织总部设在开罗,但其活动更多集中在黎巴嫩。巴解组织领导人艾哈迈德·舒凯里在1968年以前都住在黎巴嫩,在俯瞰贝鲁特的什叶派村庄凯芬还有一个其个人名义下的军事训练营。严密监控巴勒斯坦难民营动向的黎巴嫩军事情报局一直对是否与巴解武装发生正面交锋犹豫不决,这给了巴解武装人员在黎发展壮大的机

---

① 联合国近东巴勒斯坦难民救济和工程处,https://www.un.org/chinese/peace/palestine/organs/unrwa.htm。
② [俄]叶·普里马科夫著,李成滋译:《揭秘:中东的台前与幕后(20世纪后半叶—21世纪初)》,第172页。

会。当然，这是有违1964年阿盟峰会决议的。当时还有一种传闻，即军事情报局选择对巴解组织在凯芬的存在和作为视而不见，意在对黎基督教社群形成一定程度的震慑，让他们能够更加容易地屈从于谢哈卜主义的政策主张。更有甚者传言，军事情报局对巴解组织的纵容是谢哈卜主义集团对赫卢总统进行钳制、保证其与自己立场一致的手段。对此，谢哈卜主义集团回应称，巴解组织训练营在黎巴嫩的存在对受挫的巴勒斯坦抵抗运动起到了一定的安抚作用且可控。他们还强调，在巴解武装活动仍在可控范畴内就对其采取强力措施，恐将激起黎巴嫩伊斯兰教社群的激烈反应，引发更大麻烦。

1967年第三次中东战争的溃败对阿拉伯世界的影响是巨大的。随着纳赛尔主义神话在军事上的破灭，阿拉伯社会主义的内在矛盾和弱点也暴露了出来，社会大众逐渐将热情和支持都给予了巴勒斯坦人民的事业。[①] 巴解组织此刻最主要的关切就是保证巴勒斯坦问题不被弃置不理，他们利用了黎巴嫩政治制度的薄弱之处来强化自身的地位。而巴勒斯坦因素在黎巴嫩的存在也被黎巴嫩的政治派别所利用，左翼派别就希望利用同巴解组织结盟增强自身力量，达到推动教派政治体制根本性改革的目的；而传统的穆斯林建制派则希望以巴勒斯坦因素为筹码在与基督徒分权的问题上有所斩获；对于基督教社群而言，巴解组织在黎巴嫩的武装活动是对黎巴嫩主权的践踏，破坏了黎巴嫩脆弱的政治平衡。[②] 20世纪70年代中期，黎巴嫩与以色列接壤的100公里边境是地区最不安宁之地。尽管默许巴解组织训练营在黎活动，但黎巴嫩官方愈发不能容忍的是巴解武装特别是突击队以黎巴嫩为基地向以色列发动袭击。同时，以方坚称同黎巴嫩的界限实为停火线，因为黎巴嫩与以色列仍处于交战状态。黎当局对此讳莫如深，生怕任何事端将"停火线"变成"火线"。[③]

1967年的阿盟喀土穆峰会上，阿拉伯国家一致要求以色列从三国被占领土上撤军，同时暗示默认以色列对1949年阿以战争停火线内巴勒斯坦领土的

---

① Elizabeth Picard, *Lebanon: A Shattered Country, Myth and Realities of the Wars in Lebanon*, pp. 95-96.

② Farid el-Kazen, *The Breakdown of the State in Lebanon, 1975-76* (London: I.B. Tauris, 2000), part IV, pp. 83-112. Samir Makdisi, *The Lessons of Lebanon, the Economic War and Development*, p. 30. 季国兴、陈和丰著：《第二次世界大战后中东战争史》，第438页。

③ Kamal S. Salibi, *Cross Roads to Civil War Lebanon 1958-1976*, p. 27.

占有。但巴勒斯坦民族主义者坚称巴领土不可分割，这给阿拉伯国家，特别是丧失领土的三国带来了巨大尴尬。巴勒斯坦民族解放运动（简称"法塔赫"）迅速摒弃了原先的阿拉伯民族主义立场，转而专注巴勒斯坦民族主义，提出建立巴勒斯坦民族国家的主张，巴勒斯坦解放组织应运而生。1968年，法塔赫领导人亚西尔·阿拉法特接替艾哈迈德·舒凯里担任巴解组织主席，巴解组织及下属武装部队被阿盟正式承认。究其原因，其内在逻辑是损失领土的阿拉伯三国一方面迫切希望以色列归还占领的领土，所以默认以色列对巴勒斯坦领土的占领；另一方面又不能在支持巴勒斯坦人权利上体现出任何动摇，只能承认巴解组织及其武装力量，作为某种程度上对这一默许的补偿。

除法塔赫外，人们所熟悉的巴解组织重要派别的还有由希腊东正教背景的乔治·哈巴什担任总书记的"解放巴勒斯坦人民阵线"（Popular Front for the Liberation of Palestine, PFLP，简称"人阵"，成立于1967年），这是一个以马克思列宁主义为指导思想的世俗政党和武装，主张阿拉伯革命。希腊天主教背景的纳依夫·哈瓦特迈赫领导的"解放巴勒斯坦民主阵线"（Democratic Front for the Liberation of Palestine, DFLP，简称"民阵"，成立于1969年）。这两个组织从沙特和利比亚获得了大量资金支持。此外，叙利亚政府成立并支持"巴勒斯坦人民解放战争先锋队"（Vanguard for the Popular Liberation War，又称"闪电"，Saiqa）。[①] 各武装组织在坚持武装斗争上有共同点，但在对敌斗争的目标、方针和策略上则存在分歧，如人阵是第一个劫持飞机和在西欧搞恐怖主义活动的组织。当时这些组织反击以色列的基地主要集中在两个国家，一个是约旦，一个是黎巴嫩。埃及和叙利亚都支持巴解武装从约旦和黎巴嫩对以色列发动袭击。[②]

实际上，与以色列相邻的阿拉伯国家都对巴解武装自本国领土发动对以军事行动给予了支持，但动机各不相同。埃及的巴勒斯坦难民由于主要聚居在加沙地带，而鉴于加沙地带已被以色列占领，所以从这里发动对以袭击已与埃及当局无关，以色列没有借口因自加沙地带发动的袭击报复埃及，埃及方面对此没有忧虑，遂大力支持突袭行动。与此同时，出于对境内巴解武装

[①] Theodor Hanf, *Coexistence in Wartime Lebanon: Decline of a State and Rise of a Nation*, p. 150.

[②] Bruce Borthwick, *Comparative Politics of the Middle East: An Introduction*, pp. 130, 138；季国兴、陈和丰著：《第二次世界大战后中东战争史》，第425—435页。

进行管控的目的，叙利亚成立了闪电部队，与叙利亚军队联合行动。由于仍希望维持对约旦河西岸的领土主张以及巴勒斯坦和外约旦地区人口的民族统一，约旦国王收留了巴解武装，不惜动用军队对其行动给予庇护，直到20世纪70年代初巴解武装威胁到了约旦政权才予以驱离。此外，巴解组织各派别巧妙利用黎基督教社群和伊斯兰教社群、左右翼派别在巴勒斯坦问题上的嫌隙得以在黎巴嫩扎根。① 巴解武装在黎南部纳库拉、苏尔、奈拜提耶、波弗特堡、迈尔杰乌荣等地建立了基地，主力部队3个旅部署在苏尔和利塔尼河附近地区。②

1968年12月，以色列一架民用飞机在雅典机场遭巴解武装人员袭击，以军派伞兵炸毁了停在黎巴嫩首都贝鲁特机场上的全部13架民用飞机以示报复，③ 以此向黎巴嫩政府表明了由于其缺乏或无力对巴解武装越境突袭进行约束，必须为此付出代价。此举极大地激化了黎巴嫩政府与巴解组织之间的矛盾。然而，迫于阿拉伯世界的压力，黎巴嫩政府在1969年接受了埃及纳赛尔总统的调解，与巴解组织达成《开罗协议》，反使巴解组织在黎存在、自治和对以军事行动合法化。1972年9月，以色列运动员在慕尼黑奥林匹克运动会被杀事件发生后，以色列曾从地面和空中对黎南地区巴解组织基地发动袭击，进一步证明巴解组织在黎自治和黎巴嫩主权是完全矛盾的。

巴解组织在黎巴嫩的自治和以黎巴嫩为基地发动对以袭击带来了一系列影响。第一，造就了一连串治外法权飞地，极大损害了黎巴嫩政府的权威，伤害了黎主权。第二，由于在对待巴解组织在黎活动态度上存有分歧，基督教社群和伊斯兰教社群之间的关系进一步恶化。伊斯兰教社群认为，为巴勒斯坦人提供一个避难所是他们的神圣使命，也是对1943年《民族宪章》是否仍被坚守的检验；基督教社群则认为，这种情况的发生是埃及、叙利亚等阿拉伯大国利用黎巴嫩的弱小，避免自己引火烧身的不负责任的行为。他们提出，如果其他阿拉伯国家也允许巴解武装从自己的国土上对以发动袭击，他们也会支持在黎巴嫩这么做。第三，随着巴解组织中持马克思主义思想的派别在黎加大活动力度，黎巴嫩左翼力量得到了加强，成为政治生态中不可忽

① Kamal S. Salibi, *Cross Roads to Civil War Lebanon 1958-1976*, pp. 31-34.
② 季国兴、陈和丰著：《第二次世界大战后中东战争史》，第439—440页。
③ 同上，第439页。

视的力量,进一步打破了黎政治力量平衡。第四,受以色列报复性打击黎南地区影响,大批这一地区的什叶派居民北迁至贝鲁特南郊,改变了首都地区的政治生态。第五,通过与体制内的派别联盟,黎巴嫩又增加了一个对原本应当推进的政治经济改革议程进行阻挠的因素。巴解组织希望黎巴嫩局面维持现状,以资其利用。在这样的背景下,尽管黎巴嫩政府军能够在军事上占据对巴解武装的压制地位或者击败巴解武装,但出于忌惮这一操作可能导致的政治经济代价而未能果断出击,政府军的威信和士气也因此备受打击。

几乎在中东地区发生的每一件事都能对黎巴嫩产生影响或者以某种形式得以体现,约旦驱逐巴解组织带来的影响对黎巴嫩就尤为直接,巴解领导层和大批武装人员来到贝鲁特极大地改变了黎巴嫩国内的政治生态和黎巴嫩在以色列战略安全中的定位。总体而言,巴解组织在黎军事存在和活动极大地损害了黎巴嫩的利益,给黎巴嫩社会经济和政治体制带来了巨大压力,对1975年内战的爆发具有直接影响。

三、黎巴嫩—叙利亚关系

大叙利亚在几个世纪来一直是个历史地理的专用术语,这一地区在倭马亚王朝和马穆鲁克王朝时期还成了政治版图的独立单元。19世纪60年代中期,黎巴嫩基督教知识分子精英再次提出了这个概念。哈希姆家族的埃米尔费萨尔在叙利亚短暂统治时期,叙利亚和巴勒斯坦的阿拉伯民族主义运动也提出了建立大叙利亚国的要求,费萨尔更指出黎巴嫩是叙利亚不可分割的一部分。[1] 20世纪30年代,大叙利亚的概念为安东·萨阿德及其叙利亚社会民族党所广泛传播。20世纪40年代初,同样来自哈希姆家族的约旦埃米尔阿卜杜拉也曾制订统一大叙利亚的计划。[2]

在地理上,黎巴嫩构成了大叙利亚的西部区域。法国委任统治时期,叙利亚的阿拉伯民族主义者声称对黎巴嫩拥有主权。叙利亚商业活动的很大一

---

[1] نبيل خليفه، الاستراتيجيات السورية والإسرائيلية والأوربية حيال لبنان، ص 30
[2] [以]摩西·马奥茨著,殷罡等译:《阿萨德传》,第127页。

部分要通过黎巴嫩的海港进行,① 它的部分淡水供应来自黎巴嫩。同样,其后的叙利亚政府为了表示拒绝将黎巴嫩当作一个独立实体,一直没有同其建立外交关系。② 叙利亚一直视黎巴嫩为自身人口、经济、政治和战略的延伸,叙利亚是黎巴嫩的渊源所在,而黎巴嫩是叙利亚通往外部世界的大门。③ 与此同时,黎巴嫩的多元社会及其政治制度与叙利亚的制度,尤其是哈菲兹·阿萨德的统治形成了鲜明对照。贝鲁特是叙利亚反对派的主要避风港,这些组织在黎巴嫩猛烈攻击大马士革的统治者们,策划着如何推翻他们。④ 阿萨德在1973年曾表示,黎巴嫩和叙利亚之间存在着特殊关系,没有一个叙利亚或黎巴嫩政权能够忽略这些历史的、不可变更的关系,两国民众特别是家庭间也有着密切联系。⑤ 阿萨德的战略目标很可能是建立一个在他领导下的由叙利亚、黎巴嫩、约旦和巴勒斯坦组成的联盟。在这样一个联盟中,叙利亚将是最强大的一方,大马士革能够巧妙地周旋于其合作者之间,在确立联盟的政治和军事战略方面发挥主导作用。进一步讲,阿萨德更具体的目标似乎是建立一个新的地区权力中心,通过它在阿拉伯国家范围内发挥政治影响,以便同他的两个强大的阿拉伯对手埃及和伊拉克抗衡;从黎巴嫩南部纳古拉角到约旦南部亚喀巴这一地区,在防御和进攻两个方面协调今后对以色列的军事和政治斗争。⑥

阿萨德对黎巴嫩的最主要关切是在战略安全方面。在阿萨德的大叙利亚战略下,巴解组织和黎巴嫩领土是其实现对以色列进攻和防御的依托。苏联专家很早就判断黎巴嫩贝卡地区是以色列进袭大马士革的必经之路。黎巴嫩境内的萨宁和巴洛克山则是这一区域最为重要的战略要地。⑦ 其实,1966年的叙利亚复兴党大会就决定成立由祖海尔·穆赫辛领导的闪电部队,隶属于叙

---

① 叙利亚海岸线的长度仅为183公里,叙黎边境长度278公里,叙利亚的对外贸易极为依赖黎巴嫩的港口。贝鲁特、的黎波里分别是大马士革、霍姆斯以及哈马的海上门户。
参见:نبيل خليفه، الاستراتيجيات السورية والإسرائيلية والأوربية حيال لبنان، ص 25.

② آلان مينارغ، أسرار حرب لبنان من انقلاب بشير الجميل إلى حرب المخيمات الفلسطينية، المكتبة الدولية، ط2، 2006، ص 21.

③ المصدر نفسه، ص 68.

④ المصدر نفسه، ص 44.

⑤ المصدر نفسه، ص 22.

⑥ [以] 摩西·马奥茨著,殷罡等译:《阿萨德传》,第127—128页。

⑦ نبيل خليفه، الاستراتيجيات السورية والإسرائيلية والأوربية حيال لبنان، ص 63-64.

利亚军队。① 阿萨德在1970年底上台后便开始寻求扩大叙利亚在黎巴嫩的影响。1970年底,巴解组织各派别的总部已经从约旦迁到了贝鲁特,其军事基地也迁到了黎巴嫩南部,阿萨德同它们继续保持着战略关系,向其提供武器,对其在靠近黎以边境地区设立基地提供支持。阿萨德希望实现对巴解组织的彻底掌控。

与此同时,阿萨德总统和弗朗吉亚私交甚笃,当年弗朗吉亚及其家庭成员从黎巴嫩北部敌人手中逃脱后,曾在阿萨德位于盖尔达哈的家中避难。哈菲兹·阿萨德的弟弟里法特·阿萨德是弗朗吉亚儿子托尼的私人朋友。哈菲兹·阿萨德认为,与其同黎巴嫩左翼阵营打交道,还不如同现政府打交道来得容易,他可以对基督教保守政权的软弱无力加以利用。但阿萨德并不满足于同黎巴嫩政府的关系,他还和黎巴嫩传统政治势力之外的派别建立了密切联系,保证其对黎巴嫩政治影响渠道的多元化,对象之一就是人口占比最高的什叶派社群。阿萨德与伊玛目穆萨·萨德尔建立了密切关系,从他那里得到了很大帮助:萨德尔承认黎巴嫩的阿拉维派为什叶派穆斯林的一部分,这既加强了阿萨德在叙利亚执政的合法地位,也使他更容易在黎巴嫩得到什叶派社群的支持。与巴解组织和什叶派的关系使阿萨德汲取了很大的力量。②

当阿萨德1975年1月对黎巴嫩进行访问时,③ 他受到了黎巴嫩政府、议会和民众的热烈欢迎。阿萨德在"他的第二故乡黎巴嫩被奉为戈兰高地的英雄"。阿萨德同黎巴嫩领导人讨论了保卫叙利亚和黎巴嫩不受以色列侵略的军事合作问题。会谈结束后发表的联合公报称:"两位总统密切注视着以色列不断侵略黎巴嫩领土的行径。阿萨德宣布,叙利亚将以其军事、政治和经济力量支持黎巴嫩,并准备答应黎巴嫩的一切要求,以便使它能够行动起来,抵抗侵略,维护其主权和领土完整,这建立在反对共同敌人这一相同目标的基础之上。"④ 公报没有说明弗朗吉亚总统对阿萨德的声明做何反应,也没有说他是否同意这一声明。但据巴解组织的一位高级领导人说,阿萨德和弗朗吉亚签订了一份秘密协议。根据该协议,叙利亚将派军队进驻黎巴嫩,对黎巴

---

① Theodor Hanf, *Coexistence in Wartime Lebanon: Decline of a State and Rise of a Nation*, p. 148.
② [以]摩西·马奥茨著,殷罡等译:《阿萨德传》,第138—140页。
③ 这是叙利亚国家元首18年来首次访问黎巴嫩。
④ [以]摩西·马奥茨著,殷罡等译:《阿萨德传》,第141页。

嫩军队进行训练。在1973年战争中发挥的作用为阿萨德赢得了很高声望。在黎巴嫩内战爆发前夕，大马士革取代开罗成了黎巴嫩穆斯林众望所归的寻求帮助和指导的外部中心，是黎巴嫩政治中最具影响力的外部因素，而以前扮演这一角色的是埃及。

阿萨德之所以在地区政策上发力，除了提高他在叙利亚和阿拉伯政治中个人地位的野心外，还为了改善叙利亚的经济状况。成千上万的叙利亚人长期在黎务工，两国经济、贸易高度关联。1959年曾发生了由于叙黎两国货币差异扩大，导致叙利亚资金大量流向黎巴嫩造成叙利亚经济困难的情况，[①] 加强对黎巴嫩的影响对维护叙利亚的经济稳定意义重大。阿萨德认为，叙利亚的前线防御能力与其他阿拉伯国家紧密联系，同时，他迫切需要海湾地区产油国对叙利亚的财政支持。与此同时，在执政的前六年中，阿萨德宏伟的国家建设计划取得了一些成绩，经济快速增长，政治地位巩固，积极果敢的地区政策更极大加强了他作为叙利亚及阿拉伯世界领袖的合法地位。然而，阿萨德也遇到了不少障碍。到1976年，囿于孱弱的经济基础，农业、工业、教育等领域发展遇到了瓶颈，领导层腐败堕落，叙利亚面临越来越多的社会经济压力。叙利亚当时面临的严峻经济形势需要长期、痛苦的努力来加以解决，阿萨德在这种时刻对地区性事务给予特别的关注，希望可以实现转移国内视线的效果。[②]

叙利亚将黎巴嫩内战的爆发视为帝国主义和犹太复国主义为西奈协议所打的掩护，是为了打击巴勒斯坦抵抗运动并对其阵营进行清算，造成黎巴嫩的分裂，牵扯叙利亚与以色列对抗的注意力，这是叙利亚断然不能接受的。黎巴嫩的分裂将有可能引发同样由多种教派构成的叙利亚社会的动荡；同时，这将削弱未来计划中世俗民主的巴勒斯坦国所代表的多元共存理念。阿萨德认为，如果黎巴嫩分裂，意味着基督徒和穆斯林无法共存，以色列人将有充分的借口质疑和回避穆斯林同犹太教徒共存的理念，而这一理念代表了叙利亚对中东问题最终解决的愿景。[③]

---

① نبيل خليفة، الاستراتيجيات السورية والإسرائيلية والأوربية حيال لبنان، 1993، ص 45
② ［以］摩西·马奥茨著，殷罡等译：《阿萨德传》，第84—91、93—94页。
③ Efraim Karsh, *Soviet Policy towards Syria since 1970* (Hampshire & London: Macmillan Academic and Professional Ltd., 1991), p. 99.

阿萨德将黎巴嫩纳入其大叙利亚战略的过程间接造成了黎巴嫩1975年的内战，而这反过来又让叙利亚更深地卷入了黎巴嫩事务。《阿萨德传》作者摩西·马奥茨认为，在冲突初期，阿萨德的所作所为看起来起了火上浇油的作用。阿萨德要么就是不了解这场冲突的严重程度，要么就是企图玩弄政治权术，所以他在当时想通过调停来解决双方争端。阿萨德没有向作战双方施加强有力的压力以使他们达成协议，而是一方面继续支持现政权，另一方面又向巴解组织提供大批武器装备，其中一部分被转交给了黎巴嫩左翼及其穆斯林盟友。所有这一切并未能阻止双方继续进行这场内战。黎巴嫩是叙利亚力量的试金石。[1]

四、黎巴嫩—以色列关系

黎巴嫩之于以色列的重要性不亚于其之于叙利亚的重要性，这集中体现在水资源和军事战略安全两方面。本–古里安很早就曾指出，水资源是以色列未来的保障，而以色列的未来保障不应存在于其国境线之外。利塔尼河、约旦河、雅尔穆克河都应当是以色列国土内的重要河流，我们需要这些河流的水源，以色列的国土应当包括利塔尼河南岸地区。在军事战略安全方面，贝京曾指出，只要控制萨宁山和黎巴嫩的天空就能控制整个黎巴嫩，进而对以色列的安全形成威胁。[2]

现代黎巴嫩和以色列的边界始于1923年英法对该地区的委任统治时期黎巴嫩和巴勒斯坦的边界安排。内战前，双方的实际边界是基于1949年2月24日签署的《停战协议》，根据协议规定，这仅是一份军事方面的安排，无法转化为两国关系的政治安排。1967年第三次中东战争后，以色列在击败埃及、叙利亚和约旦3个对手后，实际上已经将同3国的《停战协议》废止。1967年8月，以色列以黎巴嫩破坏黎以《停战协议》为由废止了该协议。其原因不难理解，一方面，"停战"在国际法和法理上的意思仅为战争暂停而非结束战争状态，而在以色列已经击败3个主要对手的情况下，黎以《停战协议》显然已经无法让以色列满足。而黎以关系的恶化也正始于这一年。[3]

---

[1] نبيل خليفه، الاستراتيجيات السورية والإسرائيلية والأوربية حيال لبنان، 1993، ص 68.
[2] المصدر نفسه، ص 72.
[3] المصدر نفسه، ص 86-91.

贝鲁特既是阿拉伯民族主义、巴勒斯坦事业的中心，又是犹太复国主义者争取盟友的重点对象。20世纪50和60年代，黎以边境基本维持了平静状态，黎巴嫩没有参与1967年的第三次中东战争。1968年12月28日，为了回应雅典劫机事件，以色列国防军特种部队对贝鲁特机场实施了突袭。以方认定参与事件的2名巴勒斯坦人阵成员是从贝鲁特前往雅典的。长枪党创始人皮埃尔·杰马耶勒认为，要维持1943年建立起来的多元化黎巴嫩，与以色列的关系就只能控制在一定限度之内，最好保持秘密状态。尽管对于马龙派和以色列来说巴解组织是共同的敌人，双方也有重叠的利益，但马龙派中的一种观点是，正是以色列的成立迫使巴勒斯坦人逃到黎巴嫩避难，以色列对黎巴嫩体制的崩溃负有责任。以色列建国是巴勒斯坦抵抗运动前往黎巴嫩、进而引发其内战的重要诱因。对于以色列而言，由于黎巴嫩中央政府无法有效管控南部边境和国内的巴解武装，以色列总感到如鲠在喉。也由于同样的原因，以色列不能以同埃及、约旦和叙利亚一样的方式与黎巴嫩政府打交道，黎巴嫩对以色列而言更多的是一个敌对的代理人战争的战场。[1] 更重要的是，黎巴嫩的多元社会对以色列鼓吹的不同教派背景的社群不能在一个国家中生活的论调具有极强的破坏性，弗朗吉亚总统在1974年联合国大会的发言中指出，黎巴嫩模式就是巴勒斯坦的模板，这令以色列颇为忌惮。[2] 同时，在一定程度上，摧毁黎巴嫩意味着彻底摧毁阿拉伯人的意志，能够起到事半功倍的效果。[3]

以色列建国前的最后几年，以色列与黎巴嫩的关系很大程度上受巴勒斯坦地区犹太社群领袖和黎巴嫩马龙派宗教、政治领袖关系的影响。这些马龙派领袖认为本社群与犹太人的合作是命中注定的，是抗衡伊斯兰和阿拉伯民族主义的必须，他们支持犹太人在巴勒斯坦建立一个犹太国。与此同时，以色列犹太事务局政治部还试图发展同黎巴嫩马龙派社群之外的群体的关系。犹太复国主义者认为，应当建立少数派同盟，联合阿拉伯民族主义的敌人和受害者，打破被孤立局面。1946年，犹太事务局和马龙派教会达成了一份协

---

[1] Jonathan Spyer, "Israel and Lebanon: Problematic Proximity," in Barry Rubin, ed., *Lebanon Liberation, Conflict and Crisis*, p. 195.

[2] Theodor Hanf, *Coexistence in Wartime Lebanon: Decline of a State and Rise of a Nation*, p. 163.

[3] نبيل خليفه، الاستراتيجيات السورية والإسرائيلية والأوربية حيال لبنان، ص 92.

议，但马龙派坚持此协议应当保密。当第一次中东战争爆发时，黎巴嫩政府迫于国内外压力派兵参战，并在加利利的战斗中表现不俗。已经由以色列外交部解密的大卫·本-古里安至年日记中记载了20世纪40年代其与黎巴嫩政界人士发展关系的内容，其中就包括与长枪党密使在第二次世界大战后的接触。1954年至1955年，本-古里安和摩西·达扬认为以色列可以利用马龙派分裂主义分子的情绪，营造黎巴嫩的亲以立场。实际上，20世纪40年代，马龙派在黎巴嫩的地位就已经呈现出被边缘化的态势。但是也有一些以色列政治家，如前总理摩西·夏里特就明白，大部分黎巴嫩马龙派已经接受了黎巴嫩政治体制多元化的现实，以色列也应当予以正视。在以色列建国后的一段时间里，黎巴嫩并不在以色列地区政策安排的重点考虑范围内。以色列认为，黎巴嫩自1949年以后就没有参加过任何一场阿以战争，是一个无害的阿拉伯邻国，甚至存在改善两国关系、实现和平的可能。只有当马龙派社群的地位进一步遭受蚕食的时候，以色列为了维持既有局面才不得不对其盟友提供援助和支持。然而，随着巴解组织在1970年后将黎巴嫩作为最主要基地，以色列就越来越难以保持对黎的温和政策了。以色列处于两难境地，通过越境打击黎南地区的巴解武装，以色列得以缓解自己的安全问题，但又在客观上削弱了黎巴嫩政府的权威，使黎巴嫩的局面进一步向不利于自己的方向发展。[①]

早在1950年至1951年，以色列就曾考虑过通过经费支持长枪党在议会赢得更多席位，认为通过支持黎巴嫩亲以势力，将有望打造一个友好的阿拉伯邻国。但当时政府的主流观点认为这不大可能奏效，所以投入的资金较为有限。到了1954年，由于持续饱受地区和国际孤立，大卫·本-古里安等以色列领导人的观点开始发生变化，认为黎巴嫩是阿拉伯国家中最为脆弱的环节，以此为突破口可以实现以色列在地区处境的质变。本-古里安的计划支持建立与以色列结盟的一个马龙派迷你国家，他认为黎巴嫩基督教社群和犹太国的命运休戚相关，以色列到时应当抓住机会助力一个基督教邻国的形成，这是以色列外交政策的核心任务之一。本-古里安的观点得到了时任以色列国防军总参谋长摩西·达扬的赞同，他认为只要找到一名合适的军队指挥官，哪怕只是个尉官，对其进行收买，宣称以色列是马龙派社群的救世主，以色列国

[①] Itamar Rabinovich, *The War for Lebanon, 1970-1985*, pp. 104-106.

防军便能开进黎巴嫩，占领一片领土，建立一个与以色列结盟的基督教政府，利塔尼河南部的地区便可以与以色列联通，形成战略缓冲区。

本-古里安和摩西·达扬应对以色列的国家安全问题采取的是大胆和积极的政策。他们认为对待敌对的阿拉伯国家采取政治和外交手段是愚蠢的，以色列的军事实力才是其生存的关键。但时任总理摩西·夏里特反对二者的对黎政策，他认为黎巴嫩的马龙派社群已经接受了必须和伊斯兰教社群达成妥协联合掌管国家的局面。在目前的中东形势下，无法想象一个基督教运动能够在黎巴嫩掌权，更不用指望其为了与以色列保持友好关系而冒整个伊斯兰世界之大不韪。在现有的阿拉伯世界对以色列的僵化立场面前，即便是由一个友好的基督教政府执政，也不会对与以色列的友好关系做实质表态。而由于马龙派社群领袖坚持大黎巴嫩疆界，并逐渐接受基督教—伊斯兰教的双重属性，以色列已经视黎巴嫩的存在为一个"历史和地理错误"。① 50年代末，以色列对黎巴嫩可能加入阿联十分担忧，但随着阿联在1961年解体、叙利亚和埃及在1967年战争中溃败，以色列的担心有所减轻。② 然而，随着哈菲兹·阿萨德于1970年在叙利亚上台，叙利亚的实力迅速增长，其对以色列的威胁呈上升态势，造成的直接局面是让黎巴嫩在地区两强的夹缝中求生存。阿拉伯国家间竞争对黎巴嫩产生的压力被叙以矛盾所带来的影响所取代。③

到了1975年至1976年，以色列已经彻底意识到，黎巴嫩的原有政治安排和体制已经无法维持，并提出了三个政策方向：第一，应马龙派领导人的邀请介入黎巴嫩危机。拉宾总理拒绝了这一提议，他愿意对黎巴嫩建制派提供帮助，但是不愿派以色列军队直接站在他们一边参战。他认为，以色列站在右翼马龙派一边大举入侵黎巴嫩会导致其与叙利亚爆发战争，从而危及以色列现阶段外交努力的核心——埃以和平进程。第二，在以色列不介入的情况下，黎巴嫩的传统制度安排有可能土崩瓦解，此时如果叙利亚接盘则要比巴解组织及其盟友主导局势对以色列更为有利。但这样一来，以色列与叙利亚的战线将不仅是戈兰高地，同时还将包括黎以边境。第三个方向是折中方案，即通过美国协调，有限接受叙利亚对黎巴嫩的干预，即叙利亚不向利塔

---

① نبيل خليفه، الاستراتيجيات السورية والإسرائيلية والأوربية حيال لبنان، ص 83.

② المصدر نفسه، ص 75.

③ المصدر نفسه، ص 76.

尼河以南地区进行军事部署,不使用空中力量,不在黎巴嫩领土上部署地空导弹系统,以色列继续保持其与右翼马龙派的关系。以色列最终采取的是第三个方案。[1]

本-古里安和摩西·达扬的大胆计划在25年后得到了实施。黎巴嫩之于以色列是一个邻国,更是打破地区孤立的钥匙。以色列长期以来一直在寻找机会突破阿拉伯民族主义缝隙,最好是通过一个阿拉伯国家的非逊尼派社群。因此,以色列向伊拉克的库尔德人提供援助对抗阿拉伯民族主义政权,后来又联合土耳其、伊朗和埃塞俄比亚对抗阿拉伯民族主义。然而,这些联盟只能使以色列在大周边的范畴内获得相对的安全和信心,当回到以色列的周边、中东地区的核心区域,阿以之间的冲突仍然悬而未决。黎巴嫩内战爆发前,以色列的对黎政策在其地区政策考量中尚未进入核心位置。[2]

黎巴嫩在阿萨德的大叙利亚战略中占有举足轻重的位置,叙利亚在黎巴嫩进行了长期和深入的布局,在黎巴嫩内战爆发后的政治干预和军事介入代表了叙利亚对黎巴嫩事务的重视程度。对于以色列而言,黎巴嫩是改善其地缘政治孤立地位的重要抓手,马龙派社群更被视为犹太社群的天然盟友。叙利亚和以色列对黎巴嫩的最主要关切均来自军事战略安全方面,这促使黎巴嫩在内战爆发后变成了两国的代理人战场。而巴勒斯坦因素则从内外两个方向对黎巴嫩进行了猛烈冲击。

第二节　美苏两超的黎巴嫩政策

一、美国对黎政策

1952年,亲西方的卡米勒·夏蒙担任黎巴嫩总统,但他处于黎巴嫩支持纳赛尔的阿拉伯民族主义者的包围中。根据美国国务院的评估,到20世纪50年代中期,贝鲁特已经成为中东地区宣传和散播共产主义的中心。[3] 然而,黎巴嫩又是为数不多的未在1956年第二次中东战争中同英法断绝关系的阿拉伯

---

[1] Itamar Rabinovich, *The War for Lebanon, 1970-1985*, p. 106.

[2] Ibid., pp. 162-164.

[3] "World Strength of the Communist Party Organization," Annual Report 10, Department of State Bureau of Intelligence & Research (Washington, DC: DOS, 1958).

国家。1957年，美国总统德怀特·艾森豪威尔为遏制共产主义在中东地区的发展势头出台了艾森豪威尔主义，称其目的是维护中东地区国家的独立和统一，他得到国会授权，可对任何一个向美国提出援助需求的国家派兵。夏蒙的黎巴嫩是唯一一个接受艾森豪威尔主义的阿拉伯国家。①

1958年7月14日下午2点半，伊拉克军官阿卜杜·卡里姆·卡塞姆发动政变，推翻了亲西方的哈希姆王朝，宣布成立共和国。伊拉克政变在亲西方阿拉伯政权中引起巨大恐慌，特别是当中最脆弱的黎巴嫩和约旦政权。夏蒙总统在获悉伊拉克政变消息几小时后就召见美国驻黎巴嫩大使罗伯特·麦克林托克，称黎巴嫩主权受到了共产主义和纳赛尔主义的致命威胁，正式邀请美国依照艾森豪威尔主义的原则在48小时内对黎巴嫩进行军事介入。当日，艾森豪威尔与内阁成员、国家安全委员会成员和国会议员召开会议讨论伊拉克政变后的局势和对策。他们本能的反应就是伊拉克政变是苏联幕后操纵的结果，艾森豪威尔遂决定干预黎巴嫩局势。艾森豪威尔说："我们必须行动，或者彻底离开中东。"国务卿约翰·杜勒斯赞同艾森豪威尔，他说："我们在世界的威望和可信度在遭到破坏。"②

在总统艾森豪威尔、国务卿约翰·杜勒斯、中央情报局长艾伦·杜勒斯和参众两院议员参加的听证会上，众议员威廉·富布赖特说："我们并不清楚黎巴嫩危机是苏联人干的，还是纳赛尔单独玩的游戏。"总统说："这里确实没有足够的情报来证明这一点，但毫无疑问的是，不论纳赛尔想做什么，苏联在此有着巨大利益。由于纳赛尔与苏联有着亲密的工作关系，纳赛尔的胜利也就是苏联共产主义的胜利。即使纳赛尔自己不这样认为，但事实上他就是苏联的傀儡。"③同时，美国通过军事干涉黎巴嫩向亲西方阿拉伯政权传递其承诺的可信度：美国愿意保护它们。美国担心黎巴嫩危机造成夏蒙下台，最终在中东产生多米诺骨牌效应，从而使自己被赶出中东。

而早在6月15日的白宫会议上，国务卿约翰·杜勒斯就曾指出："如果夏

---

① David Schenker, "America and the Lebanon Issue," in Barry Rubin, ed., *Lebanon Liberation, Conflict and Crisis*, p. 215.

② *Memorandum of a Conference*, White House, Washington, July 14, 1958, FRUS 1958-1960, XI, pp. 213-214.

③ Ibid., pp. 218-226.

蒙请求我们干涉，我们不作反应，这将意味着整个中东地区的每一个亲西方政权的结束，这使我们无法选择，即使这种选择是'错误'的。"① 在6月22日的白宫会议上，杜勒斯又说："如果夏蒙请求，而我们不行动，将严重削弱外围国家的信念。我们的失败不仅影响到中东地区，而且包括北非、苏丹和利比亚……以及整个苏联的外围地区……基本事实是黎巴嫩是最亲西方的阿拉伯政权，它接受艾森豪威尔主义。我们不作反应将使从中东到远东整个苏联外围亲西方国家失去对我们的信任。"② 在干预1958年黎巴嫩危机的过程中，杜勒斯希望通过军事干涉黎巴嫩建造自己的军事强权和向世界传递其政策的可信度，从而达到一石二鸟的目的：安抚亲西方阿拉伯政权，同时削弱苏联在中东的影响。沙特国王费萨尔就向美国表示，如果美国不对黎巴嫩危机作出反应，那么沙特阿拉伯将别无选择，只能被迫同纳赛尔阵营合作。然而，需要特别指出的是，杜勒斯对美国干涉黎巴嫩的主张并不意味着他认可黎巴嫩本身的战略价值和军事干涉的方式，他曾质疑黎巴嫩的战略价值，希望以代价更低的方式来削弱纳赛尔的影响力。但杜勒斯的质疑最终还是为维护艾森豪威尔主义让了路，遏制共产主义和纳赛尔主义在中东地区的影响使美国愿意为此付出一定代价。艾森豪威尔主义不仅代表了美国的外交政策目标，也在后来很长一段时间为历届美国政府所遵从，也是继杜鲁门主义奠定对中东地区外交政策基础后，美国中东地区政策的重要发展。

除了冷战和意识形态的影响作祟，夏蒙由于自身难保的窘境向美国为首的西方国家求助并获得其积极回应，还有现实因素的考虑。黎巴嫩国内的政治稳定对美国投资的泛阿拉伯石油管道的正常运转有直接影响，更与美国同黎巴嫩资本利益集团的关系密切相关。伊拉克政变的发生使美国最终下定决心出兵干预。但国务卿杜勒斯曾明确表示，美国出兵绝不是为了帮助夏蒙实现连任，因为他认为即便夏蒙再次当选总统，但只要美军前脚离开，夏蒙政权便会瞬间崩溃。③ 1958年，美国对黎巴嫩危机的介入获得了令其满意的结果。首先，政治强人福阿德·谢哈卜当选总统，意味着黎巴嫩国内局势有望

---

① *Memorandum of a Conference*, White House, Washington, July 14, FRUS 1958-1960XI, p. 137.
② Ibid., pp. 166-167.
③ Corrin Varady, *US Foreign Policy and the Multinational Force in Lebanon* (Cham: Springer Nature, 2017), pp. 53, 55, 57.

在短时间内恢复稳定。这是第二次世界大战后美国第一次向中东地区正式派遣作战部队，美军在行动中未遭受重大人员伤亡，可以让美国当局将这次军事干预粉饰为全身而退的"维和震慑行动"。[①] 但在接下来的20年中，黎巴嫩在美国地区政策中的重要性持续下降，直接导致美国对1975年黎巴嫩内战爆发的冷淡反应。而这是由一系列因素导致的。

1960年，约翰·肯尼迪总统上台后曾试图消除美国对纳赛尔主义的恐惧，同埃及发展关系，使其成为美国长期地区利益的支撑，在全球范围内展现美国对政治和经济多元性的包容度。然而，埃及在也门问题上的政策与美国及地区盟友的利益相抵触，而盟友们对美国飘忽不定的地区政策表现出严重疑虑。因此，在肯尼迪总统遇刺身亡、林登·约翰逊出任总统后，美国对埃及和地区的政策再次回到了原有轨道上。到了1967年，以色列在美国给出"黄灯"情况下在第三次中东战争中取得骄人战绩，彻底奠定了美国与以色列特殊关系的基础。而1973年的第四次中东战争则诠释了以色列方面自鸣得意的可怕后果和埃及在阿以冲突中的特殊重要性。因此，在1975年黎巴嫩内战爆发时，时任美国总统杰拉德·福特面临的是这样一个局面：首先，1973年后中东和平进程乏力；其次，1975年4月21日，美国正式终止对越南的军事援助，越战宣告结束。福特无法向美国民众说明美国在此时干涉黎巴嫩事务的动机，尤其是不能对在这一问题上涉及的美国利益进行充分证明。哪怕美国驻黎巴嫩大使弗朗西斯·梅洛于1976年6月遭巴解组织派别人阵杀害，中情局给出的结论都是这一事件的原因在于美国在阿以问题上采取的地区政策，而与黎巴嫩本身无特殊关联。福特总统作出的有关黎巴嫩内战问题的决策只是在1976年决定撤出美在黎外交官和公民，这充分证明了黎巴嫩绝非美国地区政策的优先项，黎巴嫩更多的是以巴勒斯坦问题副产品的性质出现在美国的地区政策中。然而，内战的爆发和持续使黎巴嫩在美国中东政策中的紧迫性显著提升，黎巴嫩的战争会让世人认为美国无力维护地区的和平与安全。[②]

与此同时，和叙利亚的关系也是美国黎巴嫩政策的重要考量。美国起初

---

① 1958: When America first went to war in the Middle East, https://www.brookings.edu/blog/order-from-chaos/2018/07/02/1958-when-america-first-went-to-war-in-the-middle-east/.

② Corrin Varady, *US Foreign Policy and the Multinational Force in Lebanon* (Cham: Springer Nature, 2017), pp. 57-60.

并不支持叙利亚在黎巴嫩的军事介入,担心这将导致新的以叙冲突。因此,哈菲兹·阿萨德在1976年7月20日的一次讲话中透露,美国驻大马士革大使1975年10月16日曾对他说,以色列将把外国(叙利亚)武装力量的干涉视为严重的威胁。然而,对于阿萨德在黎巴嫩的冒险,尽管美国在公开场合并未改变态度,但在后来,美国实际上是支持他在黎巴嫩的政治和军事政策。美国当时选择支持阿萨德的黎巴嫩政策,主要基于以下几点考虑。第一,阿萨德是该地区唯一一位能够结束内战、使黎巴嫩问题得到建设性平衡解决的领导人。这种解决方法可以在1976年2月的《宪法文件》中找到,美国支持该文件。第二,其他的替代方案比阿萨德的黎巴嫩政策要糟得多,特别是由一个黎巴嫩左翼和巴解组织主导的政权在该国出现可能会成为该地区不稳定的根源。第三,在黎巴嫩问题上与阿萨德合作可能会削弱苏联对大马士革的影响,还可能有助于使叙利亚在和平进程中与以色列重新坐在一起。[①] 因此,叙利亚军事介入黎巴嫩内战合乎美国战略意图,还可以避免美国自己出手,卷入更为复杂的危机。美国认为阿萨德具备完成这项任务的胆识,能够审时度势。美国对叙利亚介入的背书实际上意味着黎巴嫩西方保护国对此打出绿灯。在美国调解下,叙利亚和以色列达成默契:以色列同意叙利亚军队在一定规模和范围内对黎巴嫩的介入,叙利亚不得将部队派往利塔尼河以南的地区,不使用空军,不在黎巴嫩领土内部署地对空导弹。这就是以色列政界常说的黎巴嫩的红线。前面几年中,叙以双方都注意遵守此协议,尽量避免直接接触。[②]

阿萨德显然也估计到了美国的这些考虑,但他很清楚以色列在黎巴嫩问题上的敏感处境和利益所在。例如,他最初在黎巴嫩采取的军事行动是零星的、间接的,显然是为了避免与以色列发生对抗。同样,他之后与马龙派站在一起反对巴解组织的直接军事干预,也部分地考虑到了应使以色列在军事上保持中立,因为叙利亚的行动符合以色列的利益。以色列在1976年春同意让阿萨德在黎巴嫩的大部分地区放手大干一场;作为回报,阿萨德承认以色列在黎南地区的安全利益。阿萨德和拉宾之间的默契范围十分广泛,阿萨德

---

① [以]摩西·马奥茨著,殷罡等译:《阿萨德传》,第152—154页。
② Itamar Rabinovich, *The War for Lebanon, 1970-1985*, p. 49.

甚至从戈兰高地的停火线撤走了大部分防御力量，将其派往黎巴嫩以及事端频仍的叙利亚—伊拉克边界。①

作为对美国援助的回报，阿萨德表示，如果他能受到适当承认的话，他不仅不会做苏联的傀儡，而且可能对美国在中东的利益有所帮助。正如已经看到的那样，在美国的帮助下，阿萨德在1974年成功收复了他在1973年战争中失去的国土，还收复了1967年被以色列占领的库奈特拉城和赫尔蒙山的一部分，这样就打破了与以色列1967年的停火线。随后在1974年6月，阿萨德在大马士革接待了尼克松，恢复了与美国的外交关系。尽管他未能使美国把埃以《西奈协议》(1975年9月)与以色列从戈兰高地进一步撤军联系起来，但却在继续接受来自美国每年9000万美元的发展贷款，与其保持着良好的外交关系。

总体而言，从战略价值来看，黎巴嫩对美国而言微不足道，美国对黎巴嫩的政策更多是反应式的、危机导向型的，而不是前瞻性的、巩固双边关系或维护长久战略重要性的政策。美国对黎政策的核心内容从未发生变化，即黎巴嫩不是美国中东地区事务议程的重点，②美国不希望黎巴嫩的制度安排发生根本性变化，倾向于维持现状，避免让黎巴嫩局势影响地区稳定和其重要地区政策落地。在一定阶段，反纳赛尔主义和避免使苏联获得更多介入地区事务的机会是美国对黎外交政策的重要关切；更多的时候，美国对黎巴嫩的关切是其对中东和平进程这一核心议题的延伸，是出于处理同叙利亚、以色列关系的需要。③

二、苏联对黎政策

中东地区是美苏两超进行战略竞争的重要舞台。苏联的黎巴嫩政策是其叙利亚政策的组成部分，而对叙关系是苏联中东政策的重要抓手。对于苏联而言，中东紧邻其南部领土，对苏联的国家安全和经济利益意味着直接的挑

---

① [以]摩西·马奥茨著，殷罡等译：《阿萨德传》，第154页。
② 尽管如此，到2007年，黎巴嫩在美国对外军事援助国家中位列第二。参见：Afred B. Prados, CRS Report for Congress: Lebanon, *Congressional Research Service*, October 10, 2007.
③ David Schenker, "America and the Lebanon Issue", in Barry Rubin, ed., *Lebanon Liberation, Conflict and Crisis*, p. 213.

战和机遇。防止外部大国介入地区事务，维护南部疆域稳定是苏联的重要关切。历史上，沙俄长期觊觎博斯普鲁斯海峡和达达尼尔海峡，这既是其海军的重要出海口，同时还是阻挡欧洲舰队驶入黑海的航道。总体而言，因为地理位置相近，苏联对中东地区的政策在其全球外交政策中具有较高的连贯性和稳定性。

早在1948年苏共中央政治局对是否承认以色列独立进行投票表决时，斯大林在办公室里不停地踱来踱去，大口大口地吸着烟斗，很久一言未发，然后他说了一句："这个地方不会再有和平。"[1] 苏联高层认为，大多数阿拉伯国家发展方向的选择在相当大的程度上取决于如何解决战争与和平问题，也就是取决于如何同以色列达成和解以及如何协调巴勒斯坦问题。在这方面，巩固和扩大苏联的阵地是大有可为的，只要苏联在这种形势下采取明智的做法，中东地区还是非常需要苏联的。[2]

20世纪50年代中期，《巴格达条约》组织的成立对苏联的地缘政治安全造成了直接挑战，迫使其寻找有效应对方式，开罗和大马士革在此时对莫斯科抛来的橄榄枝给予了回应。埃及此时同样面临《巴格达条约》组织的压力，而叙利亚则有着切实的防务需求。1955年，苏联和叙利亚签署了第一个军售协议，以应对叙邻国伊拉克和土耳其的军事压力。在此后不到两年的时间里，叙利亚从东方阵营购买了价值总计超过1亿英镑的武器装备。[3] 1957年10月，为了抗衡《巴格达条约》的不利影响，帮助叙利亚应对来自土耳其方面巨大

---

[1] ［俄］奥列格·格里涅夫斯基著，李京洲等译：《苏联外交秘闻》（北京：东方出版社，2003年），第2页。

[2] 同上，第3、18页。

[3] P. Seale, *The Struggle for Syria* (London: Oxford University Press for the RIIA, 1965), p. 234. 有学者认为1955年埃及与捷克斯洛伐克的军贸协议是苏联进入中东舞台的开始，但实际上在1954年，叙利亚就同捷克斯洛伐克签署了小额军贸协议，标志着苏东阵营打破西方对中东武器供应市场的垄断。

的军事压力，苏联同叙利亚签署了总额为5.79亿美元的军售协议。[①]

1963年，复兴党政权在叙利亚上台，由于其强烈的排他性，特别是对共产主义的打压，苏联在与新政权打交道时不免显得有所摇摆和保留。到了1966年2月，随着复兴党左翼派别的掌权，苏联的疑虑被大幅化解，叙苏关系得到了发展。到了1970年，哈菲兹·阿萨德的上台又为叙苏关系开启了新纪元。一开始，阿萨德曾因在国内批评叙利亚与苏联的关系走得太近，对于苏联过于依赖，而被西方国家寄予厚望，希望阿萨德治下的叙利亚能够在国内社会经济和对外关系方向上来个大转弯。然而后来的发展证明，苏联同阿萨德治下的叙利亚发展出了其在中东地区最为长久和稳定的双边关系，自从苏联与开罗关系破裂，叙利亚成为苏联最主要的地区盟友。[②]阿萨德毕业于苏联空军飞行学校，据说可以讲一口流利的俄语，熟谙苏联的风土人情。[③]

20世纪70年代中期，黎巴嫩成为叙利亚同以色列较量的擂台，双方有爆发直接战争的可能。同时，大马士革还同巴解组织进行着激烈的权力争斗。苏联与叙利亚的关系开始面临严峻挑战。巴解组织向苏联大发牢骚，抱怨叙利亚以十分严厉的措施来对付它。[④]显而易见的是，阿萨德在作出入侵黎巴嫩的决定时没有同苏联商量。阿萨德决定自行其是，尽管就在那一天，苏联总

---

① W.Z. Laqueur, *The Soviet Union and the Middle East* (London: Routledge & Kegan, 1959), p. 247. 此后，阿拉伯国家领导访问苏联的固定节目之一是前往位于伏龙芝大街的国防部去见乌斯季诺夫元帅。在那里，苏方会同意向他们提供武器。一般情况下，有关协议已事先通过国防部和国家对外经济联络委员会工程总局的渠道详细拟定好了。有一点值得注意的是，提供武器是在支持反对帝国主义的民族解放斗争的共同口号下进行的。然而，对一些国家是无偿提供，对另一些国家则是有偿提供。具体标准十分简单：谁有钱谁就付，没钱的可以免费。例如，1980年初，苏联提供给叙利亚的武器总计价值100亿卢布，提供给伊拉克的价值80亿卢布。但叙利亚人实际上没有付款，而伊拉克却是提前付的钱。苏联实际上很难从武器出口中获得利润。叙利亚拖欠苏联的军贸债务直到21世纪初仍未偿清。参见：[俄] 奥列格·格里涅夫斯基著，李京洲等译：《苏联外交秘闻》，第57页。
② Efraim Karsh, *Soviet Policy towards Syria since 1970*, pp. 5-6.
③ [俄] 奥列格·格里涅夫斯基著，李京洲等译：《苏联外交秘闻》，第25、27页。
④ [以] 摩西·马奥茨著，殷罡等译：《阿萨德传》，第152页。

理柯西金在离开巴格达后仅几小时便到达大马士革访问。①

有人将阿萨德没有在军事介入前同苏联通气视为叙利亚对苏联权威的公开挑衅，目的在于制造既成事实。但也有学者指出，阿萨德作出了军事介入黎巴嫩是势在必行的判断，认为这是避免黎巴嫩走向分裂的终极措施，而且越早决断，形势越有利。同时，他显然意识到了莫斯科对叙利亚军事介入的微妙立场，判断莫斯科方面是不大可能对叙利亚的举动给出明确的红灯或绿灯的。与此同时，莫斯科也不一定就对阿萨德的打算一无所知。1976年5月，阿萨德至少会见了一次苏联驻叙大使。而叙利亚军事介入显见的结果是，在柯西金访问结束后的苏叙共同声明中，苏方并未对叙利亚的行动进行直接的评论；同时，叙方为安抚苏方情绪，在声明中明确支持苏方提出的召开日内瓦和平会议的倡议，叙方此前对此一直持保留立场。叙方的信息显示，柯西金向阿萨德的表态是苏联同意叙利亚在黎巴嫩的行动，但叙方无法获得苏方的公开支持，因为苏联对巴勒斯坦人是有承诺在先的。苏联对叙利亚军事介入的支持不仅体现在媒体的调门上，还在实际情况中有所体现。1976年5月28日至6月4日，苏联海军在地中海的水面舰艇数量增加了一倍，还出现在了黎巴嫩沿海地区，这一情况曾在1970年叙利亚入侵约旦和1973年战争中发生过。这也进一步显示出了苏联对此事是存在预判和较为明确的立场的。②

但在此后不久，苏联迅速转变了自己的立场，先是在6月中旬拒绝了叙利亚一项对其在黎军事行动进行经费援助的请求。接着在7月11日，勃列日涅夫给阿萨德发去了一封措辞严厉的信件，奉劝阿萨德停止对黎巴嫩的军事行动，要求其从黎撤军，苏联同时放缓了向叙利亚交付军火和提供技术支持的进度。随后在7月17日的媒体报道中，苏联呼吁叙方和巴解组织和解，进而在8月底对叙利亚的行动进行了公开批评。究其原因，合理的解释是一方面苏联认为叙利亚在没能扭转和缓和黎巴嫩的局面的同时还造成了相关方人员的

---

① 1976年6月1日至4日，苏联部长会议主席阿列克谢·柯西金访问大马士革。6月1日，叙方为柯西金举行了欢迎仪式。第二天，当柯西金率团前往戈兰高地参访时，留在苏联驻叙利亚使馆撰写柯西金与阿萨德会晤简报的外交部中东司副司长格列尼奥夫斯基从美国广播中收听到了一个惊人的消息：叙利亚第3军团入侵了黎巴嫩。格列尼奥夫斯基立即从大马士革驱车赶到库奈特拉附近的戈兰高地，期间不惜冒险冲破联合国驻黎巴嫩临时部队巡逻队的阻拦，向柯西金汇报了这一情况。参见：[俄]奥列格·格里涅夫斯基著，李京洲等译：《苏联外交秘闻》，第109—111页。

② Efraim Karsh, *Soviet Policy towards Syria since 1970*, pp. 107-108.

重大损失；与此同时，由于出兵黎巴嫩需要同以色列进行事先的协调，而美国是唯一能从中斡旋的力量，新上台的卡特政府向阿萨德示好，希望将叙利亚纳入新的中东和平进程，阿萨德也同他眉来眼去，这让苏联方面十分担心其会同美国走近，同自己疏远。由于叙利亚军事介入的打击对象是巴解武装和黎巴嫩左翼阵营，这对于苏联而言无疑是一场零和游戏。但让苏联无奈的是，在叙利亚这个地区最主要盟友之外，苏联没有替代选项，对叙利亚行动的默许乃至支持是势在必行的。苏联唯一希望的是叙利亚的行动能够干脆利落，取得立竿见影的效果。[①]

到了1976年秋天，由于苏联需要获得叙利亚对其解决阿以冲突和平方案的支持，以及战场形势向有利于叙利亚的方向发展，苏联开始接受黎巴嫩在叙利亚治下和平的局面。10月，阿萨德决定接受邀请出席在利雅得召开的阿盟峰会（由沙特和科威特召集，叙利亚、埃及、黎巴嫩和巴解组织出席的六方会议，沙特在会上敦促各方要尽快弥合这一让阿拉伯世界蒙羞的创伤），这让苏联十分担心叙利亚可能会受"美国在中东的代理"沙特的诱导倒向保守阵营。因此，尽管在9月28日和10月18日，叙军向巴解武装和左翼阵营发动了两次决定性的打击，而这与苏联的关切南辕北辙，苏联仍然在10月迅速调整了立场，停止了对叙利亚的批评，逐渐承认叙利亚在黎巴嫩的合法性和主导地位，苏联媒体也将叙军称为维和部队。苏联是如此害怕失去叙利亚这一地区最重要盟友，联系苏叙双方的是互惠的战略依赖关系，苏联对叙利亚的政治和军事支持是后者取得地区领导力量的重要依靠，而苏联则是凭借同叙利亚的关系才没有在阿以冲突这一地区主要议题上彻底靠边站。[②] 苏联在黎巴嫩问题上的政策是由其与叙利亚的盟友关系所决定的，是与叙利亚关系和巴勒斯坦问题的延伸。

在地区层面，黎巴嫩逐步被卷入阿以冲突的中心地带，约旦驱逐巴解组织带来的影响对黎巴嫩尤为直接，巴解组织领导层和大批武装人员来到贝鲁特，极大地改变了黎巴嫩国内的政治生态，给黎巴嫩社会经济和政治体制带来了巨大压力，对1975年内战的爆发具有直接影响。黎巴嫩在哈菲兹·阿萨

---

① Pedro Ramet, *The Soviet-Syria Relationship Since 1955, A Troubled Alliance* (Boulder, San Francisco & Oxford: Westview Press, 1990), p. 124.

② Efraim Karsh, *Soviet Policy towards Syria since 1970*, p. 33.

德的大叙利亚战略中占据举足轻重的位置，叙利亚在黎巴嫩进行了长期和深入的布局。在黎巴嫩内战期间，阿萨德运用他在1973年战争后政治进程中曾运用过的策略，保持与苏联的战略关系，要求得到更多的武器装备和经济援助；另一方面，他在公开场合对所谓的美国对黎巴嫩事务含有敌意的干涉进行攻击，私下里却在寻求美国的支持和合作，暗示说这可能有助于促进美国在中东的利益。[1]阿萨德游刃有余地游走在两个超级大国之间，这也给了他介入黎巴嫩事务的信心。对于以色列而言，黎巴嫩是改善其地缘政治孤立地位的重要抓手，马龙派社群更是被犹太人社群视为其天然盟友。巴解组织在黎军事存在及越境突袭使以色列对黎巴嫩在战略安全方面的定位出现了较大变化，以色列采取果断的报复行动加剧了黎巴嫩国内政治的危机。巴勒斯坦、叙利亚和以色列因素在黎巴嫩内战的爆发中都起到了推波助澜的作用。除了上述三个主要地区因素外，利比亚、埃及和伊拉克也对黎巴嫩内战产生了影响，利比亚主动向巴勒斯坦拒绝阵线提供支持，埃及和伊拉克则竭力支持黎巴嫩的反叙力量。[2]

从全球视角看，黎巴嫩内战发生所处的最重要国际背景是冷战阴云笼罩整个中东地区，美苏在地区国家博弈愈演愈烈，但黎巴嫩并非美苏两超在中东地区的主要关切，而仅限于美、苏同叙利亚、以色列和巴解组织关系的延伸，两超并未对黎巴嫩内战的爆发和初步发展进行干预。阿拉伯民族主义在冷战高潮的20世纪50年代一度盛行，这让很大一部分黎巴嫩人把苏联视为朋友，把美国视为敌人。为了维护黎巴嫩的独立性，福阿德·谢哈卜当政时期既不能与阿拉伯民族主义者及其背后的支持者苏联撕破脸，又不能堂而皇之地与美国发展关系。无奈之下，谢哈卜只能寻求传统盟友法国的支持。当时也恰逢1961年阿尔及利亚独立战争之后，法国在戴高乐总统治下与阿拉伯国家关系蒸蒸日上。尽管如此，谢哈卜的谨慎选择仍然造成了一定负面影响，美国为了平衡法国在地区国家的影响力，选择支持反对谢哈卜的阵营，对谢哈卜主义集团的瓦解起到了助推作用。此后，西方国家特别是美国对黎巴嫩的关注度持续下降。到了20世纪70年代中期，美国对黎巴嫩基督教社群及其

---

[1] [以]摩西·马奥茨著，殷罡等译：《阿萨德传》，第151页。
[2] Theodor Hanf, *Coexistence in Wartime Lebanon: Decline of a State and Rise of a Nation*, p. 184.

领导集团在地区格局中可能产生的影响已无期待,这意味着重演1958年那样美军直接介入几无可能。[1] 尽管如此,1958年美国对黎巴嫩危机的军事介入是美国对黎巴嫩政策的开端,也开启了未来每当阿拉伯世界领导人遇到威胁时便会向美国求助的先例。[2]

---

[1] Itamar Rabinovich, *The War for Lebanon, 1970-1985*, pp. 34-35.
[2] Corrin Varady, *US Foreign Policy and the Multinational Force in Lebanon* (Cham: Springer Nature, 2017), p. 52.

第三章　黎巴嫩内战爆发与叙利亚军事介入

在国内外各方面因素的累积和相互作用下，黎巴嫩的政治、经济和社会局势持续紧张。黎巴嫩内战以马龙派民兵与巴解武装之间的战斗拉开帷幕，并逐渐走向基督教和伊斯兰教两大社群的全面武装对抗。在这一过程中，叙利亚为了使黎巴嫩局势向有利于自己的方向发展，先后对巴解武装—黎巴嫩左翼及其穆斯林盟友阵营和右翼马龙派阵营实施了军事打击。本章论述的主要内容是黎巴嫩内战第一阶段：内战爆发和叙利亚军事介入，时间段和主要节点为1975年4月13日发生的武装冲突至1976年10月叙利亚主导的停火协议的达成。在此期间，黎巴嫩内战的两大敌对阵营迅速形成。

第一节　内战爆发和政治形势的发展

一、内战的爆发

1975年4月13日上午，长枪党领导人皮埃尔·杰马耶勒抵达位于贝鲁特东郊基督教聚居区艾因鲁马纳，出席一座新落成的马龙派教堂的献祭仪式，教堂所在街道以他的名字命名。在仪式进行过程中，一辆路过的遮蔽号牌的车辆被负责守卫通往教堂道路的长枪党武装人员拦停后改道行驶。紧接着，另外一辆遮挡车牌的汽车冲破警戒线，车中人员向教堂入口处射击后在混乱中夺路而逃。事件造成4人身亡，其中包括2名长枪党成员约瑟夫·艾布阿绥、安东万·米歇尔·侯赛尼和杰马耶勒的1名保镖。人们普遍认为此系巴解组织中的民阵所为。[①]

[①] Kamal S. Salibi, *Cross Roads to Civil War Lebanon 1958-1976*, pp. 97-98.

同日，贝鲁特周边地区的巴勒斯坦难民聚集到城中的一个穆斯林聚居区，参加庆祝巴解武装一次深入以色列突袭行动取得成功而举行的阅兵活动。活动结束后，一批巴勒斯坦人在下午早些时候乘巴士返回兹加尔塔难民营，一股据说是长枪党民兵的武装人员在巴士途经艾因鲁马纳时对其进行了伏击，将车上乘客全部射杀。① 分析人士认为，当天袭击皮埃尔·杰马耶勒一行的武装人员并不能确定就是巴解武装人员。但长枪党认定了这必为其所为，称车上的人员系前往艾因鲁马纳制造事端的巴解武装人员，但是同样没有证据支持这一说法。

　　这一来一往的袭击彻底点燃了内战的导火线。对于马龙派民兵而言，与其说他们是为了捍卫黎巴嫩的国家权威，不如说更多的是为了维持自己在贝鲁特的生活方式进行的斗争。他们认为巴解组织已经在黎巴嫩获得了太多特权，营造了非常不利于马龙派的政治氛围。巴解武装中较为激进的派别认为这是马龙派企图将自己赶出黎巴嫩的信号，决定联合黎穆斯林盟友与马龙派进行全面武装较量。黎穆斯林认为这是与巴解组织巩固合作关系、改变自己在与基督教社群对抗中不利处境的大好时机。因此，虽然危机初期仅是马龙派民兵（自由国民党武装稍后加入长枪党一方）与巴解武装之间的冲突，但事件很快就发展成为黎基督徒与黎穆斯林之间的全面内战。② 在战斗的初始阶段，交战双方实际上是贫穷的穆斯林和贫穷的基督徒，而不是人们通常认为的穷穆斯林和富基督徒之间的冲突。③ 4月13日晚间，黎巴嫩的阿拉伯民族主义派别、左翼及其穆斯林盟友领袖在卡迈勒·琼布拉特家中集会，要求立即解散长枪党，将该党两名部长去职。15日，卡迈勒·琼布拉特谴责长枪党行为，辞去内政部长一职。④ 与此同时，巴解组织领导人亚西尔·阿拉法特要求

---

① 关于这次袭击的死亡人数，不同材料的数据有所出入。同时，到现在都不清楚的是为什么巴士会行经艾因鲁马纳。这一区域是出了名的反感在黎巴勒斯坦组织的基督教社群聚居区。此前多年来，往返贝鲁特东西巴勒斯坦难民营的车辆一直选择绕行这一区域。参见：Theodor Hanf, *Coexistence in Wartime Lebanon: Decline of a State and Rise of a Nation*, p. 204, note 41。

② 季国兴、陈和丰著：《第二次世界大战后中东战争史》，第442页；Itamar Rabinovich, *The War for Lebanon, 1970-1985*, pp. 43-44.

③ Theodor Hanf, *Coexistence in Wartime Lebanon: Decline of a State and Rise of a Nation*, p. 131.

④ 琼布拉特的这一举动使惊恐的基督教阵营中各派别团结到了长枪党周围，这与他的本意适得其反。参见：William W, Harris, *The New Face of Lebanon, History's Revenge*, p. 161。

阿拉伯国家领导人介入，将事件描述为扰乱黎巴嫩—巴勒斯坦关系的阴谋。此时，以法塔赫为首的巴解组织中的主流派别仍不愿卷入战斗。

在此期间，长枪党民兵武装和巴解武装下属派别的冲突在贝鲁特全面爆发，迫击炮和机枪被投放到了贝鲁特市郊各条战线上，贝鲁特成为黎巴嫩内战的中心舞台。长枪党武装从贝鲁特东区阿什拉菲山、巴解武装从上兹加尔塔地区互射火炮和火箭弹。巴解武装人员从布尔吉·巴拉吉纳难民营，黎巴嫩什叶派武装人员（受黎巴嫩共产党民兵武装支持）从贝鲁特南郊向基督教聚居的哈拉特·胡雷克地区发动袭击，劫掠沿街商店和住户，炸毁街边车辆。同时，进出贝鲁特的南部通道被不明身份的武装分子占据并设置路障实施抢劫、谋杀和强奸。战斗的第二天，阿盟秘书长马哈茂德·里亚德抵达贝鲁特开始调停，一份停火协议于4月16日达成。贝鲁特在表面实现了短暂的平静后，不明身份的狙击手开始从市中心的建筑向街上射击，导致所有商业活动停摆，的黎波里也出现了类似的情况。黎巴嫩政府和右翼马龙派阵营认为这是巴勒斯坦拒绝阵线的激进分子所为，巴解组织和黎巴嫩民族运动则指责马龙派民兵与政府勾结，应当对狙击手枪击负责。然而，被内部治安军击毙和逮捕的狙击手们的身份从未被披露。究其原因，有可能是政府方面了解到了一些狙击手受到巴勒斯坦拒绝阵线及背后某些阿拉伯国家政府的支持，以此避免矛盾进一步升级。[①]

停火协议生效前一天，皮埃尔·杰马耶勒向政府交出了被指控参与艾因鲁马纳事件的11名长枪党成员中的2人。巴解组织中的法塔赫等主流派别为了尽快息事宁人，不给拒绝阵线能够利用的政治空间，愿意与黎当局合作恢复秩序。但卡迈勒·琼布拉特领导黎巴嫩民族运动针对这一事件穷追猛打，让巴解组织的愿望落空。琼布拉特在4月26日召开的一次会议上要求对长枪党在艾因鲁马纳事件中的责任予以惩罚，在黎巴嫩和阿拉伯世界对其进行孤立。他还宣布，将对任何有长枪党成员担任内阁职务的政府投不信任票。艾因鲁马纳事件成为黎巴嫩国内政治最为焦灼的议题。5月7日，长枪党在对局面作出乐观估计后，命令2名长枪党部长连同3名自由国民党部长，以及琼布拉特在德鲁兹社群中的主要竞争对手阿尔斯兰家族的部长从内阁中辞职，理

---

① Kamal S. Salibi, *Cross Roads to Civil War Lebanon 1958-1976*, pp. 98-99.

由是政府在最近一段时间长枪党武装与巴解武装的持续战斗中缺位。长枪党及其盟友从政府中退出是对琼布拉特的挑战。5月12日，又有4名部长辞职，内阁只剩8名部长，无法通过议会的信任投票。琼布拉特试图帮助自己的盟友总理拉希德·苏尔赫摆脱困局未果。5月15日的议会会议上，苏尔赫总理在与长枪党代表进行激烈的相互抨击后辞职。此时的问题不再是琼布拉特是否能将长枪党排除在下一届政府之外，而是长枪党及其盟友已经能够左右下届政府的成败，而琼布拉特还能否进入下届政府的问题。拉希德·卡拉米成为新总理的热门人选，长枪党对此并不反对。但弗朗吉亚总统对卡拉米存有一定忌惮，卡米勒·夏蒙也对其表示了明确的反对。而琼布拉特则认为不应再由一位强势的逊尼派出任总理，他明确表示将尽全力抵制任何一位允许长枪党成员入阁的总理。长枪党及其盟友则针锋相对地强调，没有长枪党的内阁不具备成立条件。在苏尔赫辞职一周后，黎巴嫩政治陷入僵局。①

伴随政治僵局的是不断升级的武装冲突和绑架、爆炸等各种暴力事件，恐怖气氛在4月最后一周和5月前两周中不断蔓延。在贝鲁特南郊发生的武装冲突有时是在长枪党武装和巴解武装之间，有时是长枪党武装和卡兰迪纳、马斯拉赫贫民窟的武装人员，其中包括黎巴嫩逊尼派、什叶派、叙利亚劳工和库尔德人，他们受到巴解武装——主要是其中拒绝阵线的支持。该地扼守进出贝鲁特的北大门，同时靠近长枪党决意力保的贝鲁特港口区域，更不用提卡兰迪纳难民营与长枪党总部所在地近在咫尺。② 5月18日，在长枪党控制区迪克瓦纳爆发了长枪党民兵武装和巴解武装的激烈战斗，长枪党和巴解组织控制区都遭受了炮击。5月22日，战斗进一步蔓延，贝鲁特以南奈拜提耶的什叶派民兵武装在附近巴解武装的支持下与长枪党展开战斗，沙亚地区的什叶派民兵与长枪党、自由国民党等基督教武装在艾因鲁马纳开战。基督徒和什叶派穆斯林的武装冲突变得很激烈。③ 巴勒斯坦—黎巴嫩联合委员会根据《开罗协议》和《米勒卡特协议》在4月29日曾达成临时解决办法，但不久

---

① Kamal S. Salibi, *Cross Roads to Civil War Lebanon 1958-1976*, pp. 101-103.
② 实际上，西部临海的贝鲁特在北、东、南三个方向上被大大小小的巴勒斯坦难民营所包围，巴解组织多个派别的指挥部和武装部队就驻扎在这些难民营中。参见：Theodor Hanf, *Coexistence in Wartime Lebanon: Decline of a State and Rise of a Nation*, pp. 194-197。
③ Kamal S. Salibi, *Cross Roads to Civil War Lebanon 1958-1976*, pp. 103-104.

即被破坏。① 冲突很快由贝鲁特蔓延到了的黎波里、苏尔、赛达等地区。在的黎波里，总统弗朗吉亚和逊尼派政治领袖拉希德·卡拉米的民兵武装发生了冲突。

然而，各条战线上的战事究竟是如何爆发的始终无从考证。长枪党和自由国民党指责是巴解武装率先开火，而巴解武装则强调自己卷入战斗完全是出于自卫，长枪党武装才是始作俑者，战争是其对本方进行清算的阴谋，自己作为巴勒斯坦人民唯一合法代表致力于维护黎巴嫩的主权和统一，无意卷入黎内部事务。另一方面，长枪党的既定策略就是为了将其与巴解武装的冲突升级，并已经做好了面对安全秩序全面崩溃的准备。长枪党已经显示了自己的能量，即没有其参与的政府是无法实现稳定和秩序的。事实上，在艾因鲁马纳事件后，长枪党获得了绝大多数马龙派社群和其他基督教社群的支持，自由国民党和马龙派教会都发出了严正声明声援长枪党，弗朗吉亚总统也明确表示不支持琼布拉特对长枪党的抵制。琼布拉特的主张使整个基督教社群陷入愤怒，使逊尼派建制派陷入尴尬，没有任何逊尼派领袖反对长枪党入阁，就连与长枪党关系破裂的巴解组织也是如此。但是在当时的局面下，没有哪个逊尼派领导人胆敢不支持琼布拉特的主张。② 黎巴嫩内战并非始于教派矛盾，而是被刻意引向了教派矛盾的方向。③

二、内战爆发后的政治和军事进程

面对乱局，弗朗吉亚总统决定采取应对措施。5月23日，黎巴嫩政府通过黎巴嫩电台发布消息，宣布组成以军方人士为主的新内阁，前黎巴嫩内部治安军司令、准将努尔丁·里法伊任总理，军队总司令伊斯坎德·加尼姆将军任国防部部长，唯一的非军方人士是财政和外交部长卢西恩·达赫达赫，而他是总统的近亲。根据《宪法》和《民族宪章》，黎巴嫩总统虽然有权任命任何一个逊尼派出任总理职位，但组建军人内阁确实是一着险棋，因为当时议会99名议员中的35人已明确支持拉希德·卡拉米出任总理。然而在当时的

---

① 季国兴、陈和丰著：《第二次世界大战后中东战争史》，第442页；Itamar Rabinovich, *The War for Lebanon, 1970-1985*, pp. 43-44.

② Kamal S. Salibi, *Cross Roads to Civil War Lebanon 1958-1976*, pp. 104-106.

③ Theodor Hanf, *Coexistence in Wartime Lebanon: Decline of a State and Rise of a Nation*, p. 180.

政治危局下，组建军人内阁是在《宪法》允许的范围内的一个选择，且组成内阁的人选都是卓越正直之人。但内阁任命需要议会通过，在逊尼派领袖看来，弗朗吉亚总统的这一举措是对黎巴嫩逊尼派社群的一记响亮耳光，且无论是对逊尼派、什叶派，还是黎巴嫩民族运动都是挑衅，[1] 是其为安排1976年总统接班人的诡计，是将军队用于压制公民自由、清算巴解武装的准备。军方的声誉这时在逊尼派社群中处于历史最低点，除了杰马耶勒和夏蒙表示支持军人内阁外，黎巴嫩大部分政治派别都认为自己因军人内阁的成立而受到了威胁，弗朗吉亚总统的盘算从一开始就注定要落空。卡迈勒·琼布拉特在消息宣布的当晚立刻选择与自己的政治宿敌萨义布·萨拉姆和解，连同1974年成立的新三方联盟一道宣布将阻止总统的计划。当晚，伊斯兰教社群主要政治领袖，包括琼布拉特、逊尼派穆夫提哈立德、卡拉米、萨拉姆、什叶派伊玛目穆萨·萨德尔集会，要求新总理去职。作为阿拉伯国家中巴解组织的最主要支持者，叙利亚表示出了对在黎巴嫩建立军事统治的担忧，黎巴嫩军队与巴解组织的对抗有可能迫使叙利亚站在后者一方介入黎巴嫩事务。叙利亚外长阿卜杜·哈利姆·哈达姆前往黎巴嫩巴卜达总统府，向弗朗吉亚总统提出愿为危机进行斡旋。[2]

军人内阁的成立使黎巴嫩危机从长枪党与巴解武装的对抗转变为基督教政治建制派和穆斯林政治建制派之间的角力，一边是获得军队和马龙派政治领袖支持的马龙派总统，另一边是得到左翼、叙利亚和巴解组织支持的穆斯林政治领袖。这样的政治角力带来的自然是为展示实力导致的暴力升级。5月24日，即军人内阁组建的第二天，贝鲁特东西区设立起了各式路障和街垒，市郊各战线上的机枪和火炮互射升级。两天后，在逊尼派领袖的压力下，努尔丁·里法伊提交了辞呈。但暴力活动并未因此中断。5月28日，弗朗吉亚总统向伊斯兰教社群屈服，责成拉希德·卡拉米组建新内阁。但激烈的交火仍在多处继续，新一波的绑架和暗杀事件集中爆发，贝鲁特及市郊笼罩在恐怖氛围中。基督徒和穆斯林在各自控制区内设置路障，扣押或击毙途经的对方教派人员。被扣押者中的大多数被杀害，不少被释放者也严重伤残。同时，

---

[1] William W. Harris, *The New Face of Lebanon, History's Revenge*, p. 161.
[2] Kamal S. Salibi, *Cross Roads to Civil War Lebanon 1958-1976*, pp. 106-108.

爆炸和狙击手枪击在贝鲁特中心区死灰复燃，人们不敢走上街头。[1]

拉希德·卡拉米在暴力活动阴影笼罩下开始了组阁磋商，希望借此恢复秩序，解除自艾因鲁马纳事件后持续的危机。为了组建一个使各方都能接受的中立政府，卡拉米指出新政府中应当同时排除长枪党和琼布拉特阵营成员。为了显示对卡拉米政府的支持，琼布拉特作出让步，提出他的阵营可以不出现在新政府中，但条件是长枪党也不在其中。此时弗朗吉亚总统其实可以劝说长枪党作出类似让步，因为就算是长枪党本身不出现在内阁中，其利益也可由自由国民党等党派代为体现，但总统无所作为任由僵局持续。到了5月底，政治危机继续，但暴力活动已经仅限贝鲁特以南至赛达公路一线。沿海的哈拉特纳依马村的什叶派民兵在巴解武装支持下与附近的纳依马、达穆尔村的马龙派民兵发生冲突。几乎在同一时间，在贝鲁特以北的朱拜尔，马龙派民兵阻隔了连通贝鲁特和的黎波里的高速公路。经历了6月中旬相对平静的日子，一度消减的冲突和暴力活动再次恢复，各条战线重燃战事，最激烈的战斗发生在切分什叶派聚居区沙亚和马龙派聚居区艾因鲁马纳一线。6月27日，伊玛目穆萨·萨德尔撤往胡拜里的一个清真寺，宣布进行绝食抗议直至危机结束。29日，刚刚结束对美国访问的叙利亚外长哈达姆返回贝鲁特进行斡旋。30日，由6名成员组成的新内阁成立，其中没有长枪党和琼布拉特阵营人士。卡拉米本人担任国防部长，控制了军队；夏蒙任内政部长，掌握了内部治安军。[2] 卡拉米和夏蒙捐弃前嫌，准备精诚合作重整秩序。[3] 出于对前总统的尊重，同时为便于其开展工作，夏蒙在巴卜达总统府获得了居所和办公室，使他能够随时与总统保持密切联系。[4]

卡拉米6人内阁的组建是黎巴嫩政治建制派的胜利，整个团队都来自传统保守政治派别和家族，其中3人曾在1943年独立后的首届内阁任职。这样的

---

[1] Kamal S. Salibi, *Cross Roads to Civil War Lebanon 1958-1976*, p. 109.

[2] 长枪党认可其立场和利益由夏蒙在内阁中予以代表。参加：Theodor Hanf, *Coexistence in Wartime Lebanon: Decline of a State and Rise of a Nation*, p. 206。

[3] 卡拉米和夏蒙自1958年危机后就再没有说过话，这次和解意义重大，议会更是以83/99票的高票（16名支持琼布拉特的议员缺席投票）通过了对新内阁的信任投票，体现了黎巴嫩政治精英止战的愿望。参见：Theodor Hanf, *Coexistence in Wartime Lebanon: Decline of a State and Rise of a Nation*, p. 205。

[4] Kamal S. Salibi, *Cross Roads to Civil War Lebanon 1958-1976*, pp. 110-111.

安排自然不能让左翼及其穆斯林盟友满意。琼布拉特要求长枪党不得入阁的要求得到满足，但让他感到气愤的是自己无法对新内阁中任何一个成员施加影响力。为了避免落下出尔反尔的口实，琼布拉特表示新政府可以尝试运转以证明自身价值，但一个包括阿拉伯民族主义者、左翼及其穆斯林盟友的新内阁应当尽快组建。琼布拉特没过多久就获得了改组内阁的借口。在一个需要非常手段解决当下问题的黎巴嫩，现有内阁团队并不能提供切实有效的解决办法，更不能进行真正意义上的改革，他们能做的只有调整教派之间的特权分配。琼布拉特向内阁提出了"五点改革要求"：废除教派政治体制；修改《宪法》，重新规定各行政机构权限；修改选举法；改组军队；去除入籍限制，给予一些长期在黎巴嫩生活的社群，如库尔德人公民权。五点改革要求直指黎巴嫩自独立以来的政治安排，其实是值得予以仔细考量的。但由于6人内阁保守派的属性，琼布拉特的方案根本没有被提上议事日程，内阁在成立后的前2个月里主要做的是恢复秩序的表面文章，而各基督教和穆斯林民兵武装则在背地里竞相展开军备工作。[①]

从军事角度看，4月至7月在贝鲁特周边地区进行的战斗没有实际意义。在北部阵线，长枪党旨在打破巴解武装及其盟友对贝鲁特东区、基督教聚居的马腾和基斯拉旺山区隔绝的攻势以失败告终；在贝鲁特东区战线，艾因鲁马纳的长枪党武装及其马龙派民兵支持者与沙亚的什叶派民兵武装及巴解武装支持者的战斗陷入僵持。贝鲁特东区和基督徒聚居的迪克瓦纳、辛菲尔、富恩夏巴克、艾因鲁马纳和哈拉特·胡雷克地区，因恐怖活动、抢劫和炮击遭到严重破坏。尽管特拉扎尔塔、吉斯尔帕夏难民营和穆斯林聚居的卡兰迪纳、马斯拉赫、拉斯纳巴和沙亚也遭到了严重炮击，但除了沙亚之外上述大部分区域属于贫民区，基督教徒的物质损失明显更大。在人员伤亡方面，穆斯林和巴解武装人员伤亡更大，显示了基督教阵营的军事优势。在贝鲁特城区，双方仅能守住本方地盘而无力扩展阵地；在的黎波里的兹加尔塔地区，大批马龙派居民迁往山区或贝鲁特；在的黎波里以北、逊尼派为主体的阿卡，被孤立的马龙派社群被迫宣布与长枪党之间无任何关联，并与人阵达成协议以求自保；在巴尔贝克地区，什叶派民兵攻击了孤立的马龙派村庄阿尔卡，

[①] Kamal S. Salibi, *Cross Roads to Civil War Lebanon 1958-1976*, pp. 112-113.

伊玛目穆萨·萨德尔对此行为进行了谴责。长枪党在贝鲁特能够坚守阵地，是以放弃保护其他地区马龙派社群为代价的。[1]

7月和8月，贝鲁特、扎赫拉、的黎波里、阿卡等地陷入混战。黎巴嫩内战开始以来，在贝鲁特的战斗大半是远距离的狙击和炮轰；开火的武装人员常常连他们的子弹、炮弹打到哪里都不知道，而他们也根本不在乎这些。而当汽车炸弹变得时髦时，贝鲁特街上的日子变得更为可怕，因为人们根本不知道自己走过的、靠近的或停在后面的汽车，会不会被哪个发疯的民兵在发动机罩下面塞上200磅炸药炸成一个火球。[2] 什叶派领导人穆萨·萨德尔宣布成立民兵组织阿迈勒运动。伊斯兰教社群公开鼓吹希望卡拉米竞选总统，要求改革选举机制、废除教派政治体制。9月到10月，战事继续发展。卡拉米总理成立了"民族对话委员会"，试图让两大阵营在社会政治改革和巴解组织在黎地位问题上达成一致未果。[3] 然而，除了这两项议程外，双方争论的焦点还有黎巴嫩军队角色的问题。传统上，军队的高级军官基本上由基督徒出任，其政治主张倾向于右翼马龙派。直到此时，军方仍未卷入内战，他们从1958年危机中汲取经验，希望保持军队的非政治化，意识到如果此时军队以支持右翼马龙派的立场介入战事，将进一步破坏政治平衡，可能导致卡拉米总理辞职，使局面进一步恶化，特别是将招致巴解组织和叙利亚的全面直接介入。面对这一局面，总统弗朗吉亚和总理卡拉米达成了几个共识：首先是任命政治倾向较弱的哈纳·赛义德为黎军新的总司令；同时，给予卡拉米对军队的更大控制权；第三，允许军队开展有限军事行动平息战事。这些安排未能带来实际效果，政府军在9月和10月的干预没能阻止战争烈度的加强。长期以来，军队所处的持续被动地位导致军中士气低落，并最终不可避免地使其在1976年走向了瓦解。

到了1975年12月底，右翼马龙派领袖们意识到他们既不能终止武装冲突也无法取得胜利，遂开始公开谈论分裂割据的计划，这是其在无法维持黎巴嫩现有政治版图的情况下，被迫回归一个基督教社群占主导地位的小黎巴嫩

---

[1] Kamal S. Salibi, *Cross Roads to Civil War Lebanon 1958-1976*, pp. 116-117.

[2] ［美］托马斯·弗里德曼著，付曾仁等译：《从贝鲁特到耶路撒冷——美国记者中东见闻录》（北京：世界知识出版社，1992年），第26页。

[3] Itamar Rabinovich, *The War for Lebanon, 1970-1985*, p. 45.

的替代方案。但是对于黎巴嫩穆斯林、巴勒斯坦人和叙利亚人而言这无异于诅咒：一个割据的小黎巴嫩不啻于"第二个以色列"或"马龙复国主义"，他们全力反对这一计划。然而，巴勒斯坦人不断站在黎巴嫩左翼及其穆斯林盟友一方参与战事，让马龙派更加认定，他们的黎巴嫩已经一去不复返了。[①] 马龙派民兵和巴解武装的冲突标志着黎巴嫩内战的全面爆发，战斗迅速进入混战状态，两大阵营迅速建立，围绕社会政治改革、巴解武装在黎地位和军队改组等问题展开了激烈争论和战斗。

第二节　叙利亚军事介入

一、叙利亚军事介入的背景

邻国叙利亚是对黎巴嫩影响力最大的外部势力，叙利亚对黎军事介入经历了一个复杂的决策过程。此前的一段时期内，叙利亚实现了政治稳定，开始着力实施进取型的外交政策，而这一政策的核心方向就是黎巴嫩。叙利亚总统哈菲兹·阿萨德希望充分利用阿拉伯世界领袖埃及相对衰弱的机遇，扩大对周边范围——黎巴嫩、约旦和巴解组织的影响，使叙利亚获得更大的战略回旋空间。阿萨德计划一方面与苏联维持密切关系，从他们那里获取更多更先进的武器装备、经济援助和政治支持；另一方面与美国和富裕的海湾阿拉伯产油国建立关系，并利用美国对以色列的影响来实现叙利亚利益最大化。叙利亚对黎巴嫩的政策最主要动机是对以关系，希望通过利用自身在黎举足轻重的地位，增加其在阿拉伯世界和中东问题上的发言权，昭示叙利亚继埃及之后是最有能力的阿拉伯大国的地位，在美国的监督和斡旋下最终实现戈兰高地归属问题的解决。[②] 通过加强与黎巴嫩什叶派社群的关系，在社群中建立影响，则能达到安抚国内执政根基阿拉维派的目的。阿萨德认为，如果黎巴嫩什叶派领袖承认阿拉维派为什叶派的一支，将巩固作为少数派的阿拉维派在叙利亚执政的合法性。1973年，穆萨·萨德尔承认黎巴嫩阿拉维派为什叶派，同时指责叙利亚的逊尼派社群垄断伊斯兰教。[③] 这是对阿萨德的巨大

[①] Itamar Rabinovich, *The War for Lebanon, 1970-1985*, p. 47.

[②] Ibid., pp. 48-49.

[③] Ibid., p. 37.

支持。

阿萨德之所以在地区政策上发力，除了提高他在叙利亚和阿拉伯政治中个人地位的野心外，还为了加强叙利亚的政治力量及其防御和经济地位。他认为，叙利亚前线的防御能力与其他阿拉伯国家前线的防御能力是紧密地联系在一起的。1975年9月埃及和以色列达成第二阶段脱离接触协议，以色列确保了南部边境的安全，叙利亚方面的压力和危机感陡然上升。阿萨德总统将埃及此举视为继1973年10月第四次中东战争中埃及不负责任行为的继续，进一步损害了叙利亚的战略安全利益。这一局面使叙利亚将更多注意力投向了黎巴嫩。由于以色列摆脱了来自以埃边境的压力，叙利亚认为以色列很有可能通过黎巴嫩对其进行打击，这使得阿萨德高度关注黎巴嫩内战形势的发展，希望能够抑制这一冲突。总的来说，一直以来，阿萨德对黎巴嫩施加影响的手段主要是：调动和支持巴解组织中的一些派别、黎巴嫩什叶派社群、黎巴嫩复兴党和在黎务工的50万叙利亚劳工。

20世纪70年代中期，黎巴嫩领导人前往大马士革——而不是像20世纪60年代那样前往开罗——寻求调停或仲裁已成为惯例。[①] 叙利亚利用在黎巴嫩的巴解组织派别确保其在黎巴嫩的政治、安全和经济利益。1973年5月，在巴勒斯坦拒绝阵线与黎巴嫩政府军爆发的激烈冲突中，阿萨德关闭叙黎边境，并调遣法塔赫和闪电部队从叙利亚进入黎巴嫩。弗朗吉亚不得不叫停军队的行动，并同巴解组织于5月17日在《开罗协议》基础上再度达成《米勒卡特协议》。叙利亚从阿拉伯民族主义的立场出发，反对黎巴嫩政府对巴解武装的限制，但支持黎巴嫩军队加强军力的行动。[②] 然而，实际上，阿萨德同法特赫及其领导人阿拉法特的关系一开始就不好。当中很重要的原因在于，1970年阿萨德作为叙利亚国防部长和空军司令，拒绝派战机进入约旦援救巴解武装，使巴解武装遭受巨大损失。这一情况在1978年利塔尼行动和1982年以色列入侵时又曾两度上演。在间接干预未能取得效果的情况下，叙利亚对黎巴嫩的介入从通过代理人干预进一步上升到了直接军事干预。[③] 为了实现这一目的，

[①] Itamar Rabinovich, *The War for Lebanon, 1970-1985*, pp. 37-38.

[②] Taku Osoegawa, *Syria and Lebanon International Relations and Diplomacy in the Middle East* (London: I.B. Tauris & Co., Ltd., 2013), pp. 53-54.

[③] Ibid., pp. 53-54.

叙利亚迫切需要海湾地区产油国对叙利亚的财政支持。为此，阿萨德停止了对海湾产油国的意识形态攻击，缓和同这些国家的关系，换取他们对叙利亚提供资金支持以扩充自身军备。这一方面反映了许多叙利亚阿拉伯人历史上和心理上的愿望，即寻求阿拉伯的统一和团结以及在反以斗争中发挥领导作用；另一方面则反映了阿萨德本人强烈的个人自信、想象力和勇气。①

内战爆发后，黎巴嫩基督教社群，特别是马龙派的举动引发了叙利亚的极大关切。在1975年12月前，叙利亚对于黎巴嫩内战的立场与巴解组织基本一致：在支持黎巴嫩左翼及其穆斯林盟友的诉求的同时于两大阵营之间进行调解，避免黎巴嫩出现系统性崩溃。但到了12月，随着马龙派公开鼓吹分裂割据的可能，叙利亚的立场已经无法延续，转而认真考虑通过直接介入避免黎巴嫩出现分裂状况，同时还要杜绝黎左翼力量获得完胜，从而使自己陷入东（伊拉克）西（黎巴嫩）两个激进政权夹击的局面。阿萨德还非常担心以色列以保护黎巴嫩基督教社群为借口干预黎巴嫩事务。他为此开始竭力控制黎巴嫩民族运动和巴解组织的活动，避免将马龙派逼入墙角。事实上，阿萨德这一旨在缓和局势的举动符合以色列利益，双方因此达成了一个秘密协议，即以色列允许小股叙利亚军队进入黎北部地区。当然，如果采取大规模直接军事介入，叙利亚亦将面对两难局面，即是否同以色列发生正面冲突，以及能否承担因无力抗衡以色列带来的羞辱。②

随着内战爆发后以色列通过黎巴嫩攻击叙利亚可能性的增加，阿萨德开始更多地控制巴解武装派别在黎巴嫩的活动，避免遭到以色列的渗透和攻击。当马龙派1976年1月企图建立一个"国中之国"时，阿萨德派遣巴勒斯坦解放军进入黎巴嫩阻止马龙派实现其目标。但在2月，叙利亚与巴解组织的关系由于《宪法文件》恶化，巴解组织与黎巴嫩民族运动全面结盟，最终导致后来叙利亚军队支持马龙派的军事介入。但这又使以色列获得直接干预黎巴嫩事务的口实，反而进一步威胁到了叙利亚的安全。

---

① ［以］摩西·马奥茨著，殷罡等译：《阿萨德传》，第93—94页。
② Itamar Rabinovich, *The War for Lebanon, 1970-1985*, pp. 48-49.

二、《宪法文件》的出台及反响

1976年初，马龙派民兵武装出于战略安全和政治考虑，第一次向贝鲁特及其周边巴勒斯坦难民营发动了进攻。而在此之前，巴解组织的主流派别如法塔赫等对于是否参战仍犹豫不定。这一攻势最终激怒了他们，使巴解组织公开地站在卡迈勒·琼布拉特一边同马龙派民兵进行武装战斗。1976年1月，阿萨德在未经弗朗吉亚总统同意的情况下便命令两个营的巴勒斯坦解放军越过边界进入黎巴嫩，帮助巴解武装—黎巴嫩左翼及其穆斯林盟友同马龙派民兵作战。弗朗吉亚总统对此提出了抗议。巴勒斯坦解放军名义上隶属巴解组织，但实际上归叙利亚军队调遣。随着这支武装进入战场，局势进一步激化，特别是在贝鲁特。1月18日，发生了震惊世界的卡兰迪纳屠杀，[1] 据称，约1000名至1500名黎巴嫩穆斯林和巴勒斯坦难民被马龙派民兵杀害。长枪党民兵还围困了贝鲁特基督徒聚居区的其他巴勒斯坦难民营。巴解武装在黎左翼民兵的协助下展开报复，袭击了贝鲁特南部基督教小镇达穆尔。[2]

叙利亚调解黎巴嫩内战的目的是避免其走向分裂。因此，1月21日，叙利亚旋即呼吁停火，同时公布了一份改革方案。方案得到了左翼领导人卡迈勒·琼布拉特的认可，在黎巴嫩穆斯林峰会上得到了通过；在同期的马龙派峰会上，弗朗吉亚也获得了授权同叙利亚达成一份协议。2月7日，叙利亚与弗朗吉亚总统达成一项公报，承诺落实《开罗协议》，同时宣布两大阵营已基本上就黎巴嫩政治改革达成共识。然而阿萨德稍后却和弗朗吉亚发表了《宪法文件》，其中尽管包含了一些调整变化，但基本上维持了黎巴嫩的政治现状，核心内容是：确保马龙派的支配地位，但规定将总统的部分职权让渡给总理，议会中基督徒和穆斯林的人数相当等。文件对教派政治体制进行了调整，但并没有将其废除。文件还承诺将进行选举制度和社会经济改革，并含糊地指出将进行公民身份法的修订，暗示在未来推行更大规模改革的可能，包括让更多巴勒斯坦人融入黎巴嫩社会。[3] 这份文件成为叙利亚对黎巴嫩的官

---

[1] 卡兰迪纳区位于贝鲁特东北部的海港区域，处在基督教聚居区内。20世纪70年代中期，约有27000名巴勒斯坦难民聚居在以埃及易布拉欣帕夏统治时期修建的传染病院为中心的难民营区域。

[2] 达穆尔地处战略要地，扼守通往南部赛达和提尔的沿海公路。

[3] Itamar Rabinovich, *The War for Lebanon, 1970-1985*, p. 49.

方政策，倡导的改革内容是温和的，被马龙派接受。

这一阶段，马龙派把阿萨德视为其强有力的同盟者，马龙派社群认为叙利亚目前扮演的角色和发挥的作用要好于其他选项。甚至有报道说，皮埃尔·杰马耶勒与阿萨德在1975年12月达成了一项秘密协议。对于叙利亚而言，由于介入黎巴嫩的行动是在美国背书下开展的，故针对马龙派激进的改革方案不在选项中。同时，叙利亚也在1976年开始推进政治经济自由化政策，寻求与富裕的海湾产油国建立合作，摒弃了一些激进元素。最重要的是，叙利亚介入是要维系一个可以正常运作的黎巴嫩体系，阿萨德需要建制派的配合。至此，阿萨德政权和多名马龙派领袖建立了较为融洽的关系。实际上，阿萨德本来就和弗朗吉亚关系不错，20世纪50年代弗朗吉亚被流放期间曾在靠近黎巴嫩的叙利亚阿拉维派区域避难。现在，阿萨德又通过长枪党重要成员、亚美尼亚裔律师卡里姆·帕克拉杜尼同该党建立了对话渠道。帕克拉杜尼在党内是一位温和的改革者，主张在黎实施社会经济改革，同伊斯兰教社群、巴勒斯坦人和阿拉伯世界沟通。而叙利亚阿拉维派政权和黎巴嫩马龙派的关系是有历史渊源的：20世纪20—30年代，法国委任统治当局由于无法与逊尼派阿拉伯民族主义者达成妥协，在叙利亚和黎巴嫩主要依靠阿拉维派和马龙派两大少数社群为抓手实施统治。到了20世纪70年代，当权的阿拉维派还试图与马龙派结盟，特别是在黎巴嫩与叙利亚阿拉维派聚居区连接的区域。[1]但在马龙派社群中不是没有反对的声音，雷蒙德·埃代就激烈批评叙利亚在黎巴嫩的立场和介入的动机。而随着时间推移，更多的马龙派人士开始对叙利亚持消极和怀疑态度。

对于那些希望维护现有局面的人来说，《宪法文件》中的妥协是可以接受的；但对于那些企图打破现有格局的人来说，这远算不上胜利。令后者更担心的是，叙利亚可能会在黎巴嫩长期待下去。持这一关切的主要是卡迈勒·琼布拉特及其巴勒斯坦盟友，以及叙利亚的地区竞争对手埃及和伊拉克。卡迈勒·琼布拉特强烈反对这一文件，以其政治宣传和武装力量向阿萨德的政策发出了挑战。琼布拉特把阿萨德称作是"狡诈之徒，一个不折不扣的阿

---

[1] Itamar Rabinovich, *The War for Lebanon, 1970-1985*, pp. 50-51.

拉维教徒。他想控制黎巴嫩,驯服巴勒斯坦人"。[①] 他在回忆录中引述同阿萨德的最后一次谈话,谈话内容涉及阿萨德与马龙派的关系:"阿萨德总统十分坦率地表述了自己的意见,他说:'听着,对我来说这是个历史性的机会,我要利用它来改变马龙派对叙利亚的态度,赢得他们的信任,使他们认识到他们的保护者已不再是法国和西方。'"琼布拉特此后又说:"现实情况以及叙利亚的顽固不化有利于马龙派而不利于黎巴嫩左翼力量,不利于黎巴嫩民族运动,也不利于所有那些反对叙利亚计划的人。叙利亚企图将黎巴嫩变成一个卫星国而不惜为此动武。"[②]

在各相关方中,最为忧心的当属巴勒斯坦人。同其他阿拉伯国家不一样,叙利亚强调自己在巴勒斯坦问题上具有特殊地位。阿萨德总统曾对阿拉法特明确地强调过这一点:"你们在巴勒斯坦的代表性并不比我们更多。根本不存在什么巴勒斯坦人,也不存在巴勒斯坦实体,唯一存在的是叙利亚。你们是叙利亚人民不可分割的一部分,巴勒斯坦是叙利亚不可分割的一部分。"[③] 在第四次中东战争后叙利亚采取的新外交策略中,巴勒斯坦是其中的重要一环。如果叙利亚在黎巴嫩占据支配地位,巴解组织唯一的自治领地将不复存在,其独立性将受到严重削弱。随着巴解组织总部和活动从约旦转移到黎巴嫩,阿萨德又开始重新盘算如何更为有效地利用巴解组织来推行国内和地区政策。为此,阿萨德也确实对巴解组织的不同派别提供了支持:提供训练基地、武器和情报,同时在符合他自身利益的时候在阿拉伯世界和国际社会上给予政治、外交和宣传方面的帮助。阿萨德需要通过利用巴勒斯坦问题实现他在国内外两方面的目标。在叙利亚,他支持巴勒斯坦人的事业是要以此来加强他作为一名阿拉伯统治者的合法性;在地区和国际舞台上,阿萨德政府赢得了阿拉伯民族主义领导者的地位,在增加对以色列外交压力的同时,通过巴解武装突击队周期性的消耗战削弱以色列,在与埃及和约旦的竞争博弈中占得有利位置。阿萨德对巴解组织的支持主要目的是对其实施控制,使其变成他的政策工具。叙利亚和巴解组织的矛盾在黎巴嫩内战中得到了生动而鲜活的体现,爆发了公开的、猛烈的冲突,主要原因是阿拉法特不愿屈从于阿萨德

---

① Itamar Rabinovich, *The War for Lebanon, 1970-1985*, p. 87.
② [以]摩西·马奥茨著,殷罡等译:《阿萨德传》,第142—143页。
③ 同上,第127—128页。

的指令。二者之间虽然是一种战略联盟关系，但是当巴解组织试图在实质上保留独立性时，阿萨德便不时与它发生冲突，限制它的活动，甚至不惜以武力镇压。①

事实上，在1976年初夏之际，阿萨德就已深深地沉浸在了控制黎巴嫩的野心之中。尽管他公开地作出了意识形态方面的保证，但他基本上是站在右翼马龙派一边，而不是站在黎巴嫩左翼和巴解组织一边。他这样做有五个原因：第一，他希望保持黎巴嫩的领土完整，将其纳入大叙利亚战略。第二，他确信同基督教现政权打交道可以实现这一目标。第三，阿萨德担心一旦基督教现政权被左翼阵营打垮，将招致以色列干涉，造成黎巴嫩的分裂，并产生第二个（基督教）以色列。他认为，一次（由卡迈勒·琼布拉特发起的）决定性的军事行动将给外国力量的干涉，特别是以色列的干涉打开大门。如果以色列进行干涉，拉一些阿拉伯人（基督徒）去打另一些阿拉伯人（穆斯林），会造成多么大的悲剧，而分裂黎巴嫩是犹太复国主义觊觎已久的目标。黎巴嫩的分裂会使以色列开脱其种族主义的罪名，一旦黎巴嫩被分裂为基督教黎巴嫩和穆斯林的黎巴嫩，以色列就会说："哪有什么种族主义！"以色列是以宗教为基础的，黎巴嫩也将会以宗教为基础形成几个小国家。第四，阿萨德可能还担心，一旦黎巴嫩的穆斯林和巴解组织在坚强有力、具有超凡魅力的卡迈勒·琼布拉特领导下取得胜利，黎巴嫩将出现一个强有力的激进政府，将摆脱叙利亚的影响，可能还会与伊拉克结成一个反叙联盟。第五，阿萨德显然希望向西方特别是美国以及本国人民证明，他有能力在黎巴嫩恢复秩序和稳定，使其处在他的影响之下。②

阿萨德在黎巴嫩面对的第一个棘手问题是黎巴嫩政府军的叛乱。一开始，穆斯林中尉艾哈迈德·哈提布从军中脱离组建了黎巴嫩阿拉伯军。他和其他穆斯林武装一起打破了此前的停火协议。3月11日，逊尼派贝鲁特军区指挥官、陆军准将阿齐兹·艾哈代布宣布军事政变，矛头直指弗朗吉亚，称他是叙利亚的盟友。左翼及其穆斯林盟友迅速聚集力量一致要求弗朗吉亚下台。弗朗吉亚在马龙派盟友和叙利亚的支持下稳住阵脚，称只有到他们中意的人

---

① ［以］摩西·马奥茨著，殷罡等译：《阿萨德传》，第133—137页。
② 同上，第143—144页。

选埃利亚斯·萨尔基斯被选为总统后,他才答应离开。3月至5月,为了进一步展示自己有实力掌控局面,阿萨德继续向黎巴嫩部署闪电部队和巴勒斯坦解放军,以支持拥护其政策的右翼马龙派阵营,打击反对其政策的黎巴嫩左翼和巴勒斯坦人。4月15日,叙利亚曾与巴解组织达成协议但未能落实。

三、叙利亚军事介入及形势的发展

由于依靠现有在黎巴嫩的武装无法贯彻其意志,阿萨德决定向黎巴嫩派遣叙利亚政府军,以扭转不利局面。因无力抗衡黎巴嫩民族运动—巴解组织联盟的军事进攻,弗朗吉亚总统于1976年5月请求阿萨德对黎巴嫩进行军事介入,为叙利亚的行动提供了合法性。但在这一问题上,叙利亚的盟友苏联认为叙利亚军队进入黎巴嫩不符合自身利益,将造成自己在地区的两个最重要的代理势力叙利亚和巴解组织发生冲突,使美国处于更为有利的地位。苏联部长会议主席阿莱克西·柯西金决定于6月1日访问大马士革,企图说服阿萨德放弃入侵计划。但阿萨德的操作让苏联人十分恼火,5月31日阿萨德为到访的客人上演了一出既成事实的好戏,向苏联表达了这样一种立场:宁冒与苏联关系恶化的风险,也要保证自己做决策的独立性。[①] 当然,也有学者将其解读为叙利亚同苏联之间的默契。总之,叙利亚第3军团12000名士兵于6月1日开进黎巴嫩。

然而,叙利亚军事介入黎巴嫩被认为是军事上的败笔。凭借地形优势和勇猛抵抗,黎巴嫩左翼民兵和巴解武装在黎巴嫩山地区、贝鲁特、的黎波里、赛达城区给仓促出击的叙军造成大量人员伤亡。原本希望通过军事行动尽快化解尴尬政治局面的阿萨德,又因为叙军的糟糕表现愈发被动。军事上的失败加上对巴解组织和原黎巴嫩盟友的公然背叛使阿萨德的政治处境雪上加霜。叙利亚军队和马龙派民兵的合作已经摆上了台面,后者利用叙军遭遇挫败的空隙在进攻中打了头阵,在围攻特拉扎塔尔难民营两个月后于1976年8月将其一举攻下。[②] 有报道称,这次进攻是马龙派民兵与叙利亚军队协调发动的。[③] 这样的行径对于叙利亚的逊尼派社群而言是不可容忍的,他们认为这

[①] Itamar Rabinovich, *The War for Lebanon, 1970-1985*, p. 54.
[②] Ibid., pp. 54-55.
[③] Theodor Hanf, *Coexistence in Wartime Lebanon: Decline of a State and Rise of a Nation*, p. 223.

是两个少数派集团串谋勾结对逊尼派的压迫。迫于叙利亚国内的巨大压力，阿萨德不得不在7月20日在公开场合发表演说予以辩解，叙利亚的军事介入是为了避免黎巴嫩的分裂，修正巴勒斯坦抵抗运动的路线，阻止其对黎巴嫩内政的干预。[1]叙利亚复兴党政权确实要向本国国民和阿拉伯世界解释，为什么持阿拉伯民族主义意识形态的复兴党政权会与保守的、亲西方的马龙派民兵武装并肩作战，打击的对象还是黎巴嫩左翼力量和巴解武装。大马士革给出的论调是，卡迈勒·琼布拉特领导下的黎巴嫩左翼谋求的是回归传统教派主义政治安排。至于巴解组织，则是霸占了巴勒斯坦事业的代表权，却过多地陷入黎巴嫩事务，而不是将全部精力放在巴勒斯坦解放事业上。除此之外，为了给入侵寻找借口，阿萨德还不得不使用大叙利亚的叙事。阿萨德和复兴党政权为了使介入黎巴嫩的行为正义化、合法化，不得不围绕一些莫须有的、无关紧要的题目做文章。[2]与此同时，战事胜负难分，少量利比亚和伊拉克部队抵达黎巴嫩，加入到了反对叙利亚的阵营当中。[3]黎以边境则出奇平静，马龙派开始更多地与以色列进行联系。

　　阿萨德对黎巴嫩左翼阵营及其武装力量采取强硬军事措施的同时，还试图使他们的领导人卡迈勒·琼布拉特和亚西尔·阿拉法特名声扫地。叙利亚的宣传机构把琼布拉特说成是"美国间谍""叛徒""革命和进步中的投机者"。阿萨德本人把琼布拉特描绘成是一个"野心家、冒险家、蛊惑人心的政客，他甚至连阿拉伯人也不是""他是一个嗜权如命、嗜血成性的人"。[4]阿萨德宣称，琼布拉特同马龙派打仗并非出于意识形态方面的动机，"而是要在巴勒斯坦人的帮助下以武力夺权，是为了报140年前之仇"。[5]阿萨德并不仅仅满足于口头上的攻击。1976年5月27日，卡迈勒·琼布拉特的姐姐被一个枪

---

[1] نبيل خليفه، الاستراتيجيات السورية والإسرائيلية والأوربية حيال لبنان، ص 57.

[2] Kamal S. Salibi, *Cross Roads to Civil War Lebanon 1958-1976*, p. 13; Itamar Rabinovich, *The War for Lebanon, 1970-1985*, pp. 52-53.

[3] 伊拉克志愿军加入阿拉伯解放阵线参与同叙利亚军队的作战。同时，伊拉克关闭了过境叙利亚的输油管道，给叙利亚造成了相当可观的收入损失。参见：Theodor Hanf, *Coexistence in Wartime Lebanon: Decline of a State and Rise of a Nation*, p. 220。

[4] 如前文所述，琼布拉特家族中有库尔德血统。

[5] 当时黎巴嫩的马龙派打败了德鲁兹派的埃米尔巴希尔·琼布拉特，最终完成了对黎巴嫩山的控制。

手刺杀。贝鲁特的左翼报纸谴责说，这次刺杀是叙利亚所为。1977年3月16日，即不到1年之后，卡迈勒·琼布拉特本人也遭刺杀身亡，[①] 他的武装力量此后便四分五裂了。阿萨德同时警告阿拉法特应该停止干涉黎巴嫩内政，让他必须在叙利亚的支持和琼布拉特先生的支持之间作出选择。阿拉法特选择了同琼布拉特结盟，他相信阿萨德不会允许叙利亚的任何一支步枪向巴勒斯坦群众开火。而当叙利亚军队开进黎巴嫩时，巴解组织宣称要将黎巴嫩变成叙利亚的越南。[②] 到了7月29日，叙巴再次试图达成协议未果。叙利亚和马龙派盟友希望在9月23日萨尔基斯正式出任总统前确保军事上的胜利，在黎巴嫩山和沿海地区发动了第二轮全面攻势。叙军从6月的失利中汲取了经验，黎巴嫩左翼力量和巴解武装的抵抗效力大减，在战斗开始2周后濒临崩溃。叙利亚此时并不想过度消费战场上取得的优势地位，阿萨德明白，叙利亚本国民众和阿拉伯世界不能接受对巴解组织和黎巴嫩左翼的羞辱，而他仍然需要海湾国家向其提供财政支持。[③] 此后，阿萨德下令同巴解组织进行政治谈判。谈判期间，叙利亚军队和马龙派民兵武装继续协调行动，对巴勒斯坦人的营地和阵地发动进攻。9月和10月，叙军向巴解武装和左翼阵线发动了两次决定性打击，阿萨德在军事上成功地击败了巴解武装—黎左翼联盟。10月16日，沙特斡旋的停火协议达成，叙利亚军事介入的主要战事结束。[④]

由于错误地对待了巴解组织，阿萨德在阿拉伯世界以及叙利亚国内受到了广泛批评，因此，他希望同阿拉法特以及由卡迈勒·琼布拉特之子瓦利德·琼布拉特领导的黎巴嫩左翼阵营言归于好，从而证明他仍然是巴勒斯坦抵抗运动的守卫者。更重要的是，他需要巴解组织的合作以反对二者共同的敌人以色列。阿萨德这样做有4个原因：第一，以色列妨碍了叙利亚在黎南地区直接发挥作用，因此它需要巴解组织作为它在该地区的代理人。第二，1977年晚些时候，右翼利库德集团在以色列上台，叙利亚和巴解组织都相信

---

① 凶手身份不明，有传言认为系叙利亚特工所为。
② [以] 摩西·马奥茨著，殷罡等译：《阿萨德传》，第144—145页。
③ 沙特政府在此期间停止了对叙利亚的援助，导致叙利亚当年的财政预算削减1/3，在双方达成停火协议后，沙特重启了援助。参见：Adeed I. Dawisha, "The impact of external actors on Syria's intervention in Lebanon", *Journal of South Asia and Middle Eastern Studies,* 2/1 (1978), p. 40。
④ Theodor Hanf, *Coexistence in Wartime Lebanon: Decline of a State and Rise of a Nation*, p. 225.

其有入侵黎巴嫩的野心。第三，萨达特在1977年晚些时候提出的倡议以及随后在1978年达成的《戴维营协议》形成了埃以和平局面，阿萨德要与之斗争就需要与巴解组织密切合作。阿萨德在当时曾说，《戴维营协议》威胁着我们的未来，在这种时刻拿走巴勒斯坦人的枪是没有道理的。第四，以色列利库德政府对黎巴嫩马龙派民兵的军事援助日益增多。①

叙利亚与黎巴嫩左翼派别和巴解组织的冲突是数十年来阿拉伯政治未见的现象。叙利亚1976年出兵黎巴嫩使巴解组织在黎自治地位及作为巴勒斯坦人民唯一合法代表的地位受到了挑战。② 具有讽刺意味的是，叙利亚人始终无法接近巴解组织在南黎巴嫩的"国中之国"，因为它处在以色列红线的封锁圈内。而当叙利亚需要联合巴解组织抵消萨达特与以色列单独媾和的影响时，他试图向巴解组织证明，他将承担帮助它抵抗以色列未来进攻的义务。当时，阿萨德和阿拉法特在黎巴嫩问题上还产生了另一项共同利益，即他们都面对着马龙派—以色列联盟日益严峻的挑战。贝京当选为以色列总理后，以色列对巴希尔·杰马耶勒指挥下的黎巴嫩力量进行训练并提供了大量的武器装备，这为阿萨德和阿拉法特的合作提供了契机。③

与此同时，1976年美国将举行总统大选，新政府上台后有望推行有利于阿拉伯方面的中东和平方案。为了使其成为可能，必须尽快化解阿拉伯世界内部的分歧。在利雅得会议和接下来的开罗会议上，阿萨德获得了满意结果：主要由叙军构成的总数3万人的阿拉伯威慑部队获得授权进驻黎巴嫩，负责维持和平和秩序。该部队名义上由黎巴嫩总统辖制，所需经费由海湾产油国负担。④ 会议决定在黎巴嫩立即实施停火，逐步实现黎巴嫩国内局势正常化，认为《开罗协议》仍应被实施，所有武装力量应回到1975年4月战前位置，所有重型武器应上缴阿拉伯威慑部队。尽管此后黎巴嫩枪击和暴力活动不断，政治争吵继续，但全面战争已经告一段落。萨尔基斯总统开始着手组建政

---

① [以] 摩西·马奥茨著，殷罡等译：《阿萨德传》，第144—145页。

② Itamar Rabinovich, *The War for Lebanon, 1970-1985*, p. 86.

③ [以] 摩西·马奥茨著，殷罡等译：《阿萨德传》，第160—161页。

④ 该部队由25000名叙利亚士兵和5000名来自阿联酋、沙特、北也门和苏丹的士兵组成。11月16日，佩戴绿色头盔的6000名叙利亚维和武装开进贝鲁特。据悉，阿拉伯威慑部队每年的开销约为1.8亿美元。参见：Theodor Hanf, *Coexistence in Wartime Lebanon: Decline of a State and Rise of a Nation*, p. 225, note 86; p. 226.

府，萨利姆·胡斯在12月组成了由4名基督徒和4名穆斯林构成的技术官僚内阁。① 黎巴嫩的政治和日常生活逐步向正常化方向发展，暴力活动降级，公共服务、经济活动和基础设施建设逐渐恢复。②

叙利亚军事介入黎巴嫩对黎巴嫩局势、叙利亚国内政治和地区政治产生了重大影响。阿萨德在当时似乎不仅解决了黎巴嫩问题，而且以此为跳板提高了他在地区和国际上的地位。阿萨德于1977年4月访问莫斯科讨论双边关系；5月9日，阿萨德和吉米·卡特在日内瓦会晤，他们下榻在同一家酒店。卡特把阿萨德说成是叙利亚伟大的领导人，希望听取他关于如何获得公正和平的独到见解，将叙利亚看作是中东政治和阿以关系中的一个重要因素。③ 阿萨德暗示，在政治解决中东问题的斡旋中，美国应扮演主角。通过这些事件，阿萨德充分表明了他的独立性以及其具有在两个超级大国之间周旋的能力。④

此后，卡特政府与叙利亚保持沟通，并开始与巴解组织建立对话关系，希望能够为阿以冲突的全面解决做铺垫，寻求解决阿以冲突的一揽子解决方案。美国认为叙利亚对萨尔基斯总统的支持和避免黎巴嫩重燃战火的举动具有建设性作用。美国认为，如果巴勒斯坦人能被整合进阿以冲突全面解决方案的话，可以缓解其对黎巴嫩政治体制的压力。卡特不赞成以色列对黎巴嫩阵线和萨阿德·哈达德民兵武装的支持，但是为了顾全大局未过多批评，而是将精力集中在促成巴以问题的解决上。美国并不欣赏马龙派民兵，认为其与时代脱节，难成大器。到1977年秋天，卡特政府放弃了其一开始的中东政策，开始推动埃及和以色列对话与和谈，将与叙利亚、巴解组织的对话搁置一旁。⑤

---

① 唯一有明确政治立场的是外交部长福阿德·布特鲁斯，他属于谢哈卜主义集团成员。https://www.annahar.com/article/-%D%%D%-%D%%D%-%D%%D%A%D%A%D%AF-%D%A%D%B%D%B%D%B。

② Itamar Rabinovich, *The War for Lebanon, 1970-1985*, pp. 55-56.

③ ［以］摩西·马奥茨著，殷罡等译：《阿萨德传》，第155页。

④ 同上，第149、152页。

⑤ 此时美国中东政策的重点议题是戴维营和谈，是埃及和平条约，是伊朗发发可危的局势，黎巴嫩危机仍处在边缘化位置。戴维营和谈取得成功后，黎巴嫩危机曾被提上日程，但埃以和谈期间出现的种种困难局面让美国当局放弃了解决黎巴嫩危机的念头。Itamar Rabinovich, *The War for Lebanon, 1970-1985*, p. 91.

在付出了不菲的代价后，叙利亚对于黎巴嫩局势的安排在一定程度上获得了成功。阿拉伯世界基本上认可了叙利亚在黎巴嫩获得的支配性地位。叙利亚应当是从未打算吞并黎巴嫩，但希望通过黎巴嫩的政治委托人、一个对其卑躬屈膝的中央政府和一个协约关系确保其对黎巴嫩的影响力。[1] 叙利亚在利雅得和开罗阿盟首脑会议上取得了满意的结果，在黎巴嫩大部分地区实际上已确立了主导地位。在3万名士兵的帮助下，叙利亚直接控制了该国的东部地区和其他一些战略要地，恢复了与巴解组织和黎巴嫩左翼—穆斯林联盟的关系，而同时与马龙派仍保持着工作关系，并向黎巴嫩总统发号施令。叙利亚还借机改善了同埃及的关系。

尽管1975年4月至1976年3月的黎巴嫩内战主要为阵地战，[2] 但战争仍造成了大量人员伤亡，据估算有超过1万人丧生，受伤者不计其数。大量基督徒移居国外。具有讽刺意味的是，尽管战争造成了巨大破坏，但用于资助各路民兵武装、派别的资金流动和黎巴嫩与叙利亚的黑市互动竟然使黎巴嫩镑的汇率维持了稳定，不过黎巴嫩丧失了地区金融、文化和信息交流中心的地位。黎巴嫩的国家架构和政治体系被消耗殆尽，中央政府、总统和议会的权威仅能覆盖首都贝鲁特。黎巴嫩的领土实际上被外国势力和地方势力瓜分：弗朗吉亚家族、逊尼派领袖及所属民兵在黎巴嫩北部控制着各自属地；叙利亚对黎东北部地区实施控制并进行直接行政管辖；以朱尼为中心的基督教自治实体在贝鲁特北部区域建立起来；由巴勒斯坦人及其黎巴嫩盟友主导的准国家实体在贝鲁特南部建立；在靠近黎以边境的黎南地区，萨阿德·哈达德领导的亲以民兵与巴解组织、黎左翼力量争夺控制权。黎巴嫩国家机构的权威不复存在，黎巴嫩军队在1976年也分崩离析，剩余部分又划分为亲叙和支持马龙派民兵两派。关于军队重建和恢复政治生活的关系陷入了恶性循环。军队重建的前提条件是取得政治共识，这就需要政治生活正常化，而在缺乏有效、有公信力的国家机构保证的情况下，就需要一个无政治倾向、具备军事能力的军队的支持。外部势力和国内力量的竞争对立关系使黎巴嫩国家机构的复原和改革陷于停滞。而对于各教派而言，维持中央权威的虚弱状态符合各方

---

[1] Itamar Rabinovich, *The War for Lebanon, 1970-1985*, pp. 99-100.

[2] Tony Badran, "Lebanon in Militia Wars," in Barry Rubin, ed., *Lebanon Liberation, Conflict and Crisis*, p. 36.

利益。

第三节　黎巴嫩内战的两大阵营

本书采取以意识形态和宗教社群相结合的方式对黎巴嫩内战的敌对双方进行了划分，即一方为黎巴嫩右翼马龙派阵营，主要力量包括杰马耶勒家族和长枪党、夏蒙和自由国民党、弗朗吉亚集团及其所属的民兵武装，此外还包括妥协派马龙派领袖埃利亚斯·萨尔基斯和雷蒙德·埃代及其领导的民族联盟、马龙派宗教建制派、马龙派军官及其他马龙派组织和民兵武装。而随着内战的进行，马龙派形成了对本阵营力量的整合，其标志是黎巴嫩阵线和黎巴嫩力量的成立。内战的另一方为黎巴嫩左翼及其穆斯林盟友阵营，由琼布拉特家族和社会进步党、黎巴嫩其他左翼政党、巴解组织各派别、世俗（以逊尼派为主）阿拉伯民族主义派别、黎巴嫩逊尼派建制派、什叶派伊斯兰主义运动。冷战对黎巴嫩产生了巨大的分裂性影响，早在1958年黎巴嫩政治危机期间，各派的力量就已经呈现出了对立，以马龙派为主导力量的黎巴嫩基督教社群站在西方国家阵营，而泛阿拉伯团体及左翼阵营站在与苏联结盟的阿拉伯国家阵营。[1]在日后旷日持久的黎巴嫩内战进程中，两大阵营中各个派别从各自利益出发经常切换立场，重组不时进行，各方关系错综复杂。[2]

一、右翼马龙派阵营

右翼马龙派阵营的主要力量是杰马耶勒家族领导的长枪党、前总统卡米勒·夏蒙领导的自由国民党和弗朗吉亚集团，他们都拥有颇具实力的民兵武装，在1976年联合组建了黎巴嫩阵线，主张先将黎巴嫩的巴解武装驱逐再探讨政治和《宪法》改革。在这三大势力中，领导人的儿子都发挥了突出的作用，他们是：巴希尔·杰马耶勒、阿明·杰马耶勒、达尼·夏蒙和多利·夏蒙、托尼·弗朗吉亚。三大势力的政策方向和利益诉求各有不同，他们在第

---

[1] David Hirst, *Beware of Small States: Lebanon, Battleground of the Middle East* (New York: Nation Books, 2010), p. 62.

[2] 由于涉及的政党、派别和民兵组织繁多，为便于辨别，本节对出现的组织机构名称进行了英文标注。

一阶段内战最为激烈的时段体现了较为和谐的合作关系，但当1976年夏天在叙利亚军队支持下取得了较为明显的军事优势、萨尔基斯开启任期之时开始呈现出更多的竞争和摩擦，爆发了阵营内部的血腥冲突。除此之外，这一阵营还包括：持妥协立场的马龙派政治领袖（以雷蒙德·埃代和埃利亚斯·萨尔基斯为主要代表）、马龙派宗教建制派、政府军马龙派军官及其他组织和民兵武装。①

杰马耶勒家族和长枪党

黎巴嫩长枪党（The Lebanese Kataeb Party, Kataeb）由皮埃尔·杰马耶勒于1936年创立。杰马耶勒来自黎巴嫩山马腾地区北部距离贝鲁特不远的布克菲亚镇，他原本的职业是药剂师，其家族系当地名门望族，拥有谢赫头衔。在领导长枪党的40余年中，杰马耶勒在坚守党的初衷的同时，体现出了与时俱进的魄力，灵活地适应和参与黎巴嫩的政治进程。长枪党是一个现代化的政治工具，可以代表基督教社群发挥作用。在1958年之后，长枪党应对了来自纳赛尔主义者、阿拉伯民族主义者、复兴党成员以及巴解武装等方方面面的压力。此前，夏蒙政府大肆夸张阿联在苏联支持下干涉黎巴嫩内政，目的是把美国拖进黎巴嫩冲突，以维持其统治并试图连任。福阿德·谢哈卜总统上台后采取中立政策，试图团结穆斯林政治力量。这又被基督徒视为对纳赛尔主义和阿拉伯民族主义卑躬屈膝，是一种倒退。所以当皮埃尔·杰马耶勒领导的长枪党承诺支持谢哈卜总统时，他实际上背离了基督教徒的主流立场。②

到了1970年，长枪党拥有党员7万人，70%来自贝鲁特和黎巴嫩山地区，党员中82%来自马龙派，14%来自基督教的其他派别。③20世纪70年代初，随着巴解组织进入黎巴嫩带来的政治和安全危机，长枪党化身基督教社群的守护者。党内的理论人士一方面着力制订旨在维系黎巴嫩政治体制的改革计划，另一方面则谋划在黎巴嫩山地区和沿海平原地带打造捍卫黎巴嫩基督教实体的最后堡垒。而在1973年5月，黎巴嫩政府军试图规制巴解武装在黎活动失败后，长枪党表现出了更多的分裂割据倾向。长枪党此时在做两手准备，

---

① Itamar Rabinovich, *The War for Lebanon, 1970-1985*, pp. 60-61.
② Kamal S. Salibi, *Cross Roads to Civil War Lebanon 1958-1976*, pp. 2-3.
③ Elizabeth Picard, *Lebanon: A Shattered Country, Myth and Realities of the Wars in Lebanon*, p. 103.

它继续参与黎巴嫩政治，加入执政联盟，还试图在1976年竞争总统职位。同时，长枪党为似乎不可避免地与巴解武装的冲突做军事上的准备，招募新人，购置重型武器。不可否认的是，确实是长枪党和巴解组织激进派别的冲突拉开了内战的序幕，而也正是上述军事动员和准备使其能够在1975年春夏季的猛烈战斗中作为本阵营的中坚力量经受敌人的巨大冲击。

随着内战的深入，长枪党的指导思想和政治诉求发生了两次大的转折，这些都和战场上形势的变化密切相关。先是在1975年夏天，长枪党在战场上节节败退，意识到维持一个基督教占支配地位的大黎巴嫩已经脱离实际局势时，它迫不得已改变了自己的政治路线，开始鼓吹划分出一个以贝鲁特东区及其北部沿海地带和黎巴嫩山北部地区为核心的基督教小黎巴嫩。这一思路在马龙派文化知识中心卡斯利克出版的一本小册子《大黎巴嫩：半个世纪的悲剧》中得到了充分体现。小册子强调，基督教社群可以退回到一个单一社群的、安全舒适的小黎巴嫩国。实际上，早在20世纪20年代，马龙派内部就意识到，大黎巴嫩的存续极为依仗法国的支持，如果有朝一日法国不再或无力支持自己，那么应当着力恢复基督教社群占多数的小黎巴嫩国，这意味着将的黎波里和大黎巴嫩南部地区划割出去，减少14万伊斯兰教逊尼派和什叶派人口，使基督教社群的人口占比达到80%。持这一主张的代表人物于1936年至1941年间任黎巴嫩总统的埃米勒·埃代派遣密使与犹太复国主义领袖哈伊姆·魏茨曼探讨将黎南地区并入犹太国的可能未果。这也是在黎巴嫩内战期间，主导基督教社群的马龙派在无法掌控全国局面时，退而求其次寻求建立基督教割据势力的历史渊源。[1]

第二次转折出现在叙利亚军事介入之后。此时弗朗吉亚集团采取支持和与叙利亚复兴党政权合作的策略，夏蒙则持不信任和敌视叙利亚的态度，长枪党处于二者之间的中间地带。长枪党希望与叙利亚复兴党政权合作对付共同的敌人，但这对于一个以捍卫黎巴嫩主权和领土完整、拒绝被整合进大叙利亚为核心关切的正道来说脱轨实在太远。从这一角度而言，长枪党和复兴党政权对黎巴嫩未来的展望存在根本矛盾，这也使二者的合作注定以失败告终。对于上述变化和转折，长枪党内部思想并不统一。杰马耶勒的两个儿子

---

[1] Itamar Rabinovich, *The War for Lebanon, 1970-1985*, pp. 21-22.

就处在两个极端：大儿子阿明认为黎巴嫩应当与叙利亚、黎巴嫩穆斯林和更大范畴的阿拉伯世界相互妥协；1976年夏天成为长枪党民兵武装司令的小儿子巴希尔则怀疑阿拉伯人和穆斯林能否真正在伊斯兰教的汪洋中容忍这一基督教扁舟的存在，他主张与以色列联盟，争取美国的支持，为黎巴嫩基督徒大流散做准备。[1]

卡米勒·夏蒙和自由国民党

卡米勒·夏蒙在卸任总统后不久便于1958年9月安排其追随者着手组建自由国民党（Party of Liberal Nationalists, PNL）。该党更多的是一个以选举为目标的政治家族和人物的松散联盟，[2]维系党的核心力量是夏蒙的个人影响力，主要成员是不同教派的资深政治领袖，如苏尔的什叶派领袖卡齐姆·哈利勒、北部山区阿卡的逊尼派领袖苏莱曼·阿里等，他们是夏蒙任总统期间的重要盟友。自由国民党在一定程度上代表了当时基督教徒的社会思潮，获得了基督教各方的支持，从黎巴嫩山地区到贝卡地区的农民、银行家、大企业家、中小企业主、承包商、神职人员、修道士，乃至贝鲁特城郊区贫民窟居民，只要不是长枪党成员，从心理上讲都可以说是"夏蒙主义者"。自由国民党在维护黎巴嫩独立方面态度强硬，主张维护黎巴嫩的自由主义路线，保障言论和宗教信仰自由。大多数黎巴嫩政党以教派为基础，虽然内战期间的自由国民党主要得到了基督徒的支持，但其并非教派主义政党，而是民族的、自由的、超越教派的政党，并得到不同教派的大量黎巴嫩人的支持。[3]

夏蒙崛起于法国委任统治的最后几年，他能够接受的阿拉伯民族主义主要基于哈希姆家族的叙事，他和伊拉克和约旦的哈希姆家族政权保持了密切关系。夏蒙举止优雅，思想开放，因其在1947年至1949年任黎巴嫩驻联合国代表时对巴勒斯坦问题上的立场，由此得到了黎伊斯兰教社群的推崇。黎巴嫩经济在夏蒙治下取得了较好发展，他本人以黎巴嫩现代化推动者自居。[4]夏蒙在卸任总统后仍保持了较大政治影响力，这也是其领导自由国民党的基础。

---

[1] Itamar Rabinovich, *The War for Lebanon, 1970-1985*, pp. 62-63.

[2] Theodor Hanf, *Coexistence in Wartime Lebanon: Decline of a State and Rise of a Nation*, p. 78.

[3] Kamal S. Salibi, *Cross Roads to Civil War Lebanon 1958-1976*, pp. 3-4.

[4] Theodor Hanf, *Coexistence in Wartime Lebanon: Decline of a State and Rise of a Nation*, pp. 114-115.

但是他被视为过于亲西方和太过排斥阿拉伯民族主义,以至于触犯了黎巴嫩政治的基本游戏规则,因此他的继任者们,特别是福阿德·谢哈卜及其领导的谢哈卜主义集团有意排斥夏蒙的立场。夏蒙担任总统的6年不乏争议,他尖锐地批评阿拉伯民族主义,是唯一一个接受艾森豪威尔主义的阿拉伯国家领导人。夏蒙最大的对手当属卡迈勒·琼布拉特,二者的主要矛盾在于意识形态的分歧和长期以来对舒夫选区选票的争夺。谢哈卜总统卸任后,夏蒙的影响力有所反弹,他和长枪党、雷蒙德·埃代领导的民族联盟(National Bloc)联手在1968年议会选举中获得优势地位,使马龙派在议会中的代表得以增强,进而确保了弗朗吉亚成功获选下一任总统。1975年6月内战期间,夏蒙作为内政部长成为弗朗吉亚总统最为坚定的支持者。内战的一段时间内,他是政府的核心成员,还是政党及所属民兵武装的领袖(民兵武装的具体工作由夏蒙的两个儿子负责)。[1]

弗朗吉亚集团

弗朗吉亚集团主要以弗朗吉亚家族苏莱曼·弗朗吉亚及其儿子托尼·弗朗吉亚为核心,以维护马龙派社群利益为己任,具有较强的区域属性,主要势力范围是黎巴嫩北部省兹加尔塔地区,与北部省省会的黎波里的逊尼派政治集团长期处于竞争关系。弗朗吉亚是马龙派社群利益的坚定捍卫者,同时他视自己为阿拉伯人,属于阿拉伯世界的一部分。[2] 弗朗吉亚是当时马龙派仅存的传统领袖之一,该集团的支持者主要是乡村中产阶级和农业人口。弗朗吉亚和叙利亚总统哈菲兹·阿萨德及其家族关系密切,哈菲兹·阿萨德的弟弟里法特·阿萨德与托尼·弗朗吉亚关系甚笃,他们既是朋友又是生意伙伴。1976年2月,当政府军中的反叛军官要求弗朗吉亚下台时,他并没有获得马龙派同僚的支持,而是被闪电部队的介入所挽救,这在当时也被视为叙利亚对黎政策反转的最明显信号。[3]

---

[1] Itamar Rabinovich, *The War for Lebanon, 1970-1985*, pp. 65-66.

[2] Theodor Hanf, *Coexistence in Wartime Lebanon: Decline of a State and Rise of a Nation*, pp. 234-235.

[3] 里法特·阿萨德当时负责领导以保卫阿萨德政权为核心任务的精英部队——"保卫革命部队",拥有诸多特权,算是大马士革禁卫军。里法特负责制订并贯彻实施叙利亚对黎政策。参见:Itamar Rabinovich, *The War for Lebanon, 1970-1985*, pp. 66-67。

妥协派基督教领袖

妥协派基督教领袖的代表性人物主要有：原谢哈卜主义集团政治家埃利亚斯·萨尔基斯和反对谢哈卜主义集团的前总统埃米勒·埃代之子雷蒙德·埃代，他们的政治主张是愿意向伊斯兰教社群让渡一部分权力，以求确保黎巴嫩整体政治架构的延续。对于内战，他们呼吁推行温和改革与妥协，反对国家分裂。与长枪党对比，埃代领导的民族联盟（National Bloc）属于自由主义和黎巴嫩主义的马龙派政党。[1] 1958年总统选举时，埃代是唯一一个与谢哈卜将军对垒的候选人，并在随后的谢哈卜政府中出任了两任内阁部长。当时，议会和一些政治领导人受到了军事情报局的胁迫，雷蒙德·埃代因其反谢哈卜军事化治理的论调赢得了一些认可，他对谢哈卜政府一些政策的反对获得了《白天报》的持续报道，保持了在国内政治生活中的曝光度。实际上，雷蒙德·埃代的理念与谢哈卜主义者是较为相近的，他们都致力于黎巴嫩的现代化发展，二者之间的区别更多的是在方法论上：埃代处事光明磊落、信奉开放的议会政治，是杰斐逊主义的信徒；谢哈卜主义者的手段则不那么透明，有些时候甚至颇为下作。[2] 雷蒙德·埃代作为谢哈卜主义的反对者，可以说是夏蒙的天然盟友，自由国民党和民族联盟的同盟关系在20世纪60年代初基本确立。埃代在1976年与萨尔基斯竞选总统职位。1976年夏天，埃代成立了"民族团结阵线"（National Unity Front），鼓动叙利亚从黎撤军，得到了埃代逊尼派盟友的支持，象征着一个新的联盟——中间路线派的形成，但实际上未取得实质性的政治成果。不久以后，埃代效仿其他一些黎巴嫩反对叙利亚的政治家离开黎巴嫩前往巴黎定居。萨尔基斯在叙利亚支持下当选总统，但作为原谢哈卜主义集团的骨干，他原本的政治主张是寻求新的黎巴嫩共识，反对叙利亚的外部干涉。因此，在当选后，不少人拒绝与这位总统合作。尽管萨尔基斯曾经试图挽回局面，但受困于形势而未果。叙利亚则将他视为政治工具，通过操纵内阁、限制行动自由等方式削弱总统实际的权限和权威。[3]

马龙派宗教建制派

20世纪70年代，马龙派的历任主教都或多或少，或低调或高调地在黎

---

[1] Theodor Hanf, *Coexistence in Wartime Lebanon: Decline of a State and Rise of a Nation*, p.79.

[2] Kamal S. Salibi, *Cross Roads to Civil War Lebanon 1958-1976*, pp. 5-7.

[3] Itamar Rabinovich, *The War for Lebanon, 1970-1985*, pp. 73-74.

巴嫩政治中发挥着一定作用，主要代表人物当属黎巴嫩教会协会主席谢尔巴尔·卡西斯神父，他最先在马龙派教会内开展活跃的武装路线。他鼓吹"纯粹黎巴嫩"，排斥黎巴嫩的阿拉伯属性，高调反对巴勒斯坦人在黎巴嫩的存在，要求对他们的人数进行控制。1975年12月，卡西斯被选为教会的代表人物出席了马龙派峰会。内战期间，由于教会拥有大量土地，使其能够对马龙派民兵提供经费支持，还利用教堂替马龙派民兵存储武器弹药和补给。①

政府军马龙派军官

黎巴嫩军队的高级军官职位为基督徒特别是马龙派把持，因此军队也被视为维系黎巴嫩政治体制和黎巴嫩基督教属性的最后屏障。伊斯兰教社群长期以来呼吁改革《兵役法》，使穆斯林在军中占据更大份额。内战前夕，军队没能完成规制巴解武装的任务，这直接导致长枪党等马龙派民兵武装迅速开展军事备战。军队在内战一开始没有发挥太大作用，等到形势迫切需要军队拿出表现的时候，军队却分崩离析了，原本应当起到的作用在一定程度上被介入的叙利亚军队取代。军队的军官大部分是基督徒，对黎巴嫩阵线持同情态度。②

其他马龙派组织和民兵武装

马龙派联盟（Maronite League）由沙克尔·艾布苏莱曼创立，是一个以马龙派社群认同为基础的不掺杂复杂政治目的的武装民兵组织。雪松卫士（Guardians of the Cedar）的军政领导人伊特延·萨格尔，早年曾在弗朗吉亚政府任职。萨格尔认同腓尼基主义，弱化伊斯兰主义和阿拉伯主义在黎巴嫩的历史地位，属于地方民族主义力量。雪松卫士公开主张与以色列发展关系，指出1976年叙利亚的干预注定会失败。坦齐姆（Al-Tanzim）的领导人是福阿德·希马力和乔治·阿多万等人，成立于1969年黎巴嫩政府军与巴解武装冲突期间，是从长枪党中分裂出来的小型民兵组织，原因在于这一部分人没能说服长枪党领导人支持大规模训练黎巴嫩民众，抗衡巴解武装在黎势力，遂自立门户组建自己的民兵武装，捍卫黎巴嫩，支持黎巴嫩政府军。有说法指出坦齐姆的创立者中包括黎巴嫩政府军的基督教高级军官，称该组织的成立

---

① Itamar Rabinovich, *The War for Lebanon, 1970-1985*, p. 68.
② Ibid, pp. 71-72.

象征着政府军瓦解的开始。坦齐姆获得了马龙派联盟的资助。

黎巴嫩阵线

1975年12月，黎巴嫩局势迅速发展，穆斯林峰会召开，马龙派峰会呼之欲出。主要马龙派领导人杰马耶勒、夏蒙、卡西斯、艾布苏莱曼悉数前往巴卜达的总统府出席会议探讨有关议题。弗朗吉亚总统本人并未与会，但会议场所定在总统府本身就有极强的象征意义。会议的主要议题是协调政策立场，形成统一的领导机构。与会领导人将正在进行的战争定性为巴勒斯坦与黎巴嫩的冲突，而不是内战，指责巴解武装与黎巴嫩左翼联合阴谋在黎巴嫩挑唆教派危机。1976年春天和9月，领导人们分别召开会议，并最终成立"黎巴嫩阵线"（Lebanese Front），其领导层包括皮埃尔·杰马耶勒、巴希尔·杰马耶勒、布鲁斯·努阿曼、爱德华·胡奈因、查理·马利克和福阿德·布斯塔尼。各派民兵统一的军事指挥就此建立，名为"黎巴嫩力量"（Lebanese Forces），主要由四支队伍组成：长枪党民兵武装、夏蒙的猛虎部队、雪松卫士和坦齐姆，每支部队中出两名代表一同组成指挥机构。显而易见的是，黎巴嫩力量主要由巴希尔·杰马耶勒掌控。[1]在稳定的经费来源保障下，整合过的黎巴嫩力量不但为作战人员配备了制服和制式武器，向其支付军饷，更建立了专门的军事和行政机构，拥有自己的军事情报局、警察部队、新闻出版、社会福利机构、电台和电视台，甚至在一些西方国家设立了代表处。在国家公立机构和私营部门缺失的情况下，这些机构的存在为受过教育的年轻人提供了大量工作机会。与之形成鲜明对比的是黎巴嫩穆斯林民兵不但缺乏稳定的资金来源，同时严重依赖巴解组织提供的武器装备和军事训练。[2]值得一提的是，黎巴嫩内部治安军发布的数据显示，黎巴嫩力量控制区在内战中非政治性刑事犯罪率远低于其他民兵武装的控制区。[3]

---

[1] Itamar Rabinovich, *The War for Lebanon, 1970-1985*, pp. 70-71.

[2] Theodor Hanf, *Coexistence in Wartime Lebanon: Decline of a State and Rise of a Nation*, pp. 333-334.

[3] Lewis W. Sneider, "The Lebanese Forces: Wartime Origins and Political Significance," in Edward Azar et al., *The Emergence of a New Lebanon: Fantasy of Reality?* (New York: Praeger, 1984), p. 142.

二、左翼及其穆斯林盟友阵营

该阵营是一个复杂多元的联盟，其中包括：传统的左翼反对派、内战前夕成立的民兵武装、世俗（逊尼派为主）阿拉伯民族主义派别、传统逊尼派建制派领袖、什叶派伊斯兰主义运动和巴勒斯坦解放组织。内战中，该阵营的大部分战斗是由巴解武装、黎巴嫩穆斯林民兵和左翼民兵实施的。其中巴解组织在1976年1月前未正式参战，但其个别派别主要是拒绝阵线参与了早期的战斗，而什叶派民兵直到20世纪70年代末才正式参与到战斗中，在20世纪80年代逐渐成为内战的主角。叙利亚支持的部分巴解武装曾参与两大阵营作战。1976年1月，艾哈迈德·哈提布领导的黎巴嫩政府军加入了这一阵营。大部分传统逊尼派政治领袖由于没能组建自己的民兵组织而没有直接参与内战的战斗。1976年叙利亚军事介入导致该联盟分崩离析。联盟中最重要的两股势力左翼力量和巴解组织对叙利亚采取了不同的态度：后者希望与叙利亚达成妥协，而前者在卡迈勒·琼布拉特的领导下对叙利亚持敌意和不妥协立场。[①]

琼布拉特家族和社会进步党

黎巴嫩左翼阵营最重要的代表人物是左翼建制派的德鲁兹派领袖卡迈勒·琼布拉特。琼布拉特家族自17世纪起就是黎巴嫩德鲁兹派的最主要封建家族，享有大多数黎巴嫩政治势力都无法匹敌的传统政治地位，具有浓厚的教派封建采邑主色彩，舒夫山区是其势力大本营。但卡迈勒·琼布拉特更多的是标榜自己进步社会主义者的身份，于1949年创立了社会进步党（Progressive Socialist Party, PSP）。[②] 他痛恨教派政治体制，目标是彻底颠覆这一体制，因为这样的制度安排使他无法触及总统职位。琼布拉特的务实作风不输任何一位黎巴嫩同期的政治领袖。20世纪50年代初，卡迈勒·琼布拉特曾与夏蒙密切合作助其当选总统，但并未获得预期回报。1957年卡迈勒·琼布拉特与时任总统夏蒙交恶，未能赢得议会席位，随即转投纳赛尔主义阵营，反对夏蒙政府。1961年后逐渐开始支持福阿德·谢哈卜，与杰马耶勒一

---

① Itamar Rabinovich, *The War for Lebanon, 1970-1985*, pp. 74-75.

② Theodor Hanf, *Coexistence in Wartime Lebanon: Decline of a State and Rise of a Nation*, p. 129.

起成为谢哈卜主义集团的两大支柱。卡迈勒·琼布拉特逐渐成为超越教派范畴、具有阿拉伯维度的政治领袖，具有挑战逊尼派建制派领袖的势头，同时还是谢哈卜的支持者，主张建立世俗的社会福利国家。[1]琼布拉特在20世纪60年代末发起了黎巴嫩民族运动，旨在结束黎巴嫩的教派政治体制，进行政治体制改革，使其更加符合伊斯兰教社群的利益。20世纪70年代琼布拉特担任内政部长，复兴党黎巴嫩分支、黎巴嫩共产党等多个左翼政党在此期间获得合法地位，具有一定象征意义。与此同时，社会进步党吸引了一批不同社群的知识分子加入其中。[2]巴解武装的到来为琼布拉特带来了其一直缺乏的要素：武装力量。巴解武装还为黎巴嫩左翼力量提供了武器装备和军事训练，让琼布拉特如虎添翼，这也开启了黎巴嫩民兵武装的军备竞赛。而随着军情局解散，琼布拉特及其巴勒斯坦盟友的行动愈发肆无忌惮，还顺便接手了一批原来由军情局资助和掌控的逊尼派街头帮派。[3]内战爆发前，琼布拉特通过一系列操作成功扩大了自己联盟的范畴，将大部分伊斯兰教政治势力笼络到自己周围，同时黎巴嫩议会在历史上首次出现了伊斯兰教和基督教分庭抗礼的局面。[4]琼布拉特看到了同巴解武装力量结盟的历史性机遇并倾尽全力加以利用。[5]

归结而言，卡迈勒·琼布拉特最主要的宪政主张是：废除教派政治体制，修正《宪法》以调整政府机构设置和关系，出台新的选举法，改组军队；修改公民法。他对1976年叙利亚提出的《宪法文件》极为抵触，称叙利亚少数派领导的军队独裁体制让他们对任何民主制度都持敌对态度。随后，琼布拉特在军事上被叙利亚击溃，在政治上由于阿拉伯世界认可了叙利亚对黎巴嫩的特权也一败涂地。内战期间，他与巴解组织结盟，组成联合指挥部，但是其战时的主要作用限于政治范畴，因为德鲁兹民兵武装仅仅是一个地方武装，很多时候他需要依靠巴解武装和其他民兵武装的支持。他的个人意志品质和

---

[1] Kamal S. Salibi, *Cross Roads to Civil War Lebanon 1958-1976*, p.13; Theodor Hanf, *Coexistence in Wartime Lebanon: Decline of a State and Rise of a Nation*, p. 188.

[2] Theodor Hanf, *Coexistence in Wartime Lebanon: Decline of a State and Rise of a Nation*, p. 78.

[3] Ibid., p. 127.

[4] Wade R. Goria, *Sovereignty and Leadership in Lebanon 1943-1976*, p. 170.

[5] Theodor Hanf, *Coexistence in Wartime Lebanon: Decline of a State and Rise of a Nation*, p. 189.

领导力是叙利亚最为忌惮的。在他遇刺身亡后，其子瓦利德·琼布拉特很快与叙利亚重建了关系。人们普遍认为刺杀琼布拉特的行动就算不是由叙利亚直接实施的，也是由叙方授意的。[①]

黎巴嫩其他左翼政党

黎巴嫩共产党（Lebanese Communist Party, LCP）成立于20世纪20年代，是黎巴嫩历史最为悠久的政党，其动员的主要对象是少数族群和知识分子，基督教社群的希腊东正教派为其主要力量。黎共同时把控了一些特定的工会组织，但党员人数和影响力都比较有限。受内部分裂和其他左翼政党冲击，黎共的地位在60年代出现下滑，进而选择与巴勒斯坦组织、复兴党、纳赛尔主义集团和社会进步党合作，同时敏锐地注意到了什叶派的潜在革命性力量，注意从什叶派社群中吸收成员。20世纪70年代初，黎共开始组建自己的民兵武装"人民卫士"（People's Guard），随后参与内战。[②] 在内战爆发前，黎共产党员超过1万人，当中已经有超过一半的党员是什叶派，15%来自逊尼派和德鲁兹派。[③] 直至苏联解体，黎共都是苏共重视的卫星组织。[④]

黎巴嫩共产主义行动组织（Communist Action Organization in Lebanon, CAOL）是1968年从阿拉伯民族主义运动和黎巴嫩共产党脱离出来的一个小规模的纳赛尔主义激进民兵组织，领导人是穆赫辛·易布拉欣。该组织采取的是马克思主义的意识形态，与黎巴嫩共产党争取支持者。[⑤] 阿拉伯社会复兴党黎巴嫩分支（Arab Socialist Ba'ath Party-Lebanon Region）是黎巴嫩老牌左翼政党，由叙利亚希腊东正教徒米歇尔·阿弗拉格等复兴党元老于20世纪40年代组建，主要成员来自逊尼派和希腊东正教社群，他们是最传统的阿拉伯民族主义者，对独立的黎巴嫩国家实体有一定敌意，强调伊斯兰教是阿拉伯文化中的重要组成部分。[⑥] 20世纪60年代末，复兴党黎巴嫩分支分裂成两个派别：伊萨姆·甘素领导的亲叙利亚派和阿卜杜·马吉德·拉菲依领导的亲

---

① Itamar Rabinovich, *The War for Lebanon, 1970-1985*, pp. 75-77.
② Ibid., p. 78.
③ Elizabeth Picard, *Lebanon: A Shattered Country, Myth and Realities of the Wars in Lebanon*, p. 100.
④ Theodor Hanf, *Coexistence in Wartime Lebanon: Decline of a State and Rise of a Nation*, p. 75.
⑤ Ibid., p. 75.
⑥ Theodor Hanf, *Coexistence in Wartime Lebanon: Decline of a State and Rise of a Nation*, p. 77.

伊拉克派，后者在内战期间较大规模地参与反对叙利亚的战斗。[①]

叙利亚社会民族党（Syrian Social Nationalist Party, SSNP）由希腊东正教徒安东·萨阿德成立于20世纪30年代，主张大叙利亚的民族国家实体，反对一战后对大叙利亚地区的民族国家划定，受到反对天主教马龙派支配地位的黎巴嫩希腊东正教社群的支持。萨阿德1904年生于黎巴嫩山区小镇，是黎巴嫩著名哲学家、作家和政治家，在国内乃至阿拉伯世界均享有极高声誉。萨阿德于1949年因与叙利亚政府合谋在黎巴嫩发动政变而被处死。20世纪50年代，该党转而成为亲西方的捍卫黎巴嫩实体的派别，支持夏蒙总统和长枪党，还曾企图对谢哈卜政权发动政变。20世纪60—70年代再次转而反对黎巴嫩实体，与黎巴嫩左翼和巴勒斯坦组织合作，却又对叙利亚及其对黎政策安排持支持态度，将其视为践行其初始政治主张的良机。[②] 与黎共一样，叙利亚社民党也吸收了相当一部分希腊东正教和什叶派党员，这两个教派也是未能从既有比例代表制中获得显见利益的社群。[③]

值得一提的是，黎共、复兴党黎巴嫩分支和叙利亚社会民族党是最主要的以意识形态为根本，同时反对以教派划分政治从属关系的党派，而他们也恰恰是黎巴嫩选举体系所严加防范的对象。[④] 得益于同巴解组织的密切关系，这些政党也是最先进行军事动员和准备的政治团体。[⑤]

巴勒斯坦解放组织

由于存在众多派别和内部斗争，巴解组织在黎巴嫩内战中的立场难以概而论之。主要的力量有以法塔赫为主要代表的巴解建制派、乔治·哈巴什领导的"解放巴勒斯坦人民阵线"（简称"人阵"，Popular Front for the Liberation of Palestine, PFLP）、纳耶夫·哈瓦特迈赫领导的"解放巴勒斯坦民主阵线"（简称"民阵"，Democratic Front for the Liberation of Palestine, DFLP）、祖海尔·穆赫辛领导的"巴勒斯坦人民解放战争先锋队"（简称"闪电"，Vanguard for the Popular Liberation War, Saiqa）。巴解建制派对自己在黎

---

① Itamar Rabinovich, *The War for Lebanon, 1970-1985*, p. 79.
② Ibid., pp. 80-82.
③ Theodor Hanf, *Coexistence in Wartime Lebanon: Decline of a State and Rise of a Nation*, p. 76.
④ Ibid., p. 75, p. 77.
⑤ عبد الرؤوف سنّو، حرب لبنان 1975-1990. تفكك الدولة وتصدع المجتمع، دائرة منشورات الجامعة اللبنانية، بيروت، 2015، ص 45.

巴嫩内战前的局面颇为乐观，由于黎巴嫩中央政府的孱弱，他们得以获得了一些自治领地。1975年夏秋他们在联合国的政治努力取得了进展，有望在接下来安理会的讨论中取得更大收获。同时由于汲取了在约旦的教训，巴解建制派极不希望卷入黎巴嫩内战。乔治·哈巴什则强调政治和武装斗争并举，认为保守的阿拉伯政权应当被推翻，获得的资源应当被用来与以色列进行斗争，他们脑海中的幻想使他们把1970年的安曼当成了河内，把1975年解放的黎波里和朱尼的企图等同于解放巴勒斯坦。"闪电"则完全受叙利亚操控，穆赫辛的表态十分出位，他声称约旦人、巴勒斯坦人、叙利亚人和黎巴嫩人没有区别，属于同一个祖国，只有在强调政治问题时才提出巴勒斯坦人。"闪电"基本上可被视为叙利亚的工具，对巴解建制派形成巨大牵制和挑战。[1]

逊尼派建制派

逊尼派建制派领袖的代表人物为萨义布·萨拉姆、拉希德·卡拉米和阿卜杜拉·亚非等人，他们认为逊尼派建制派与马龙派建制派的利益趋同，不认可来自中下层派穆斯林的主张和行动，将其视为对自身权力和地位的侵蚀。他们在20世纪60年代末和70年代初要求逊尼派获得更大政治权力的主张与其说是为了自身利益，不如说更多的是受民意裹挟的不得已而为之。他们没能形成对逊尼派社群诉求的有效回应，在内战中也没有组建起有力的民兵武装，琼布拉特侵占了大量原属逊尼派建制派的政治空间。[2]

在他们当中，来自的黎波里的逊尼派领袖拉希德·卡拉米是谢哈卜的重要盟友，他在谢哈卜政府中担任了多年总理职务，在赫卢总统上台后仍然在位，是名副其实的谢哈卜主义者。二人的合作天衣无缝，甚至在谢哈卜离任后，卡拉米仍会向谢哈卜征求意见，并与政府内的谢哈卜主义者，特别是军事情报局的官员们密切合作。一方面卡拉米有比较大的政治野心，倾向于左翼派别的立场，要求改革现有政治体系；另一方面，作为传统的老牌政治领袖，他受到了伊斯兰教社群中年轻一代和新兴政治领袖的冲击，其政治诉求更倾向于改革、重组现有政治格局，而不是完全破坏黎巴嫩的政治体系。而在逊尼派宗教领袖中，穆夫提谢赫哈桑·哈立德持中间立场。他不支持暴力

---

[1] Itamar Rabinovich, *The War for Lebanon, 1970-1985*, pp. 85-88.

[2] Theodor Hanf, *Coexistence in Wartime Lebanon: Decline of a State and Rise of a Nation*, p. 129.

行为，但支持黎巴嫩民族运动的改革立场。1976年叙利亚军事介入导致保守务实的传统政治领袖与修正派穆斯林领袖之间的分歧进一步拉大。随着逊尼派穆斯林民兵被叙利亚军队击溃，逊尼派建制派领袖恢复了部分政治影响力。①

世俗（逊尼派为主）阿拉伯民族主义派别

真正参与内战的左翼政治力量的民兵组织多为20世纪70年代初新成立的组织，他们大多自称为纳赛尔主义组织，主张阿拉伯统一、社会改革，提升阿拉伯世界的国际地位。其中包括由易卜拉欣·古力拉领导的"独立纳赛尔主义者运动"（Independent Nasserites Movement），支持巴勒斯坦事业，反对黎巴嫩分裂，下辖的武装民兵名为"穆拉比吞"（Al-Murabitoun），在与长枪党的战斗中发挥重要作用；唯一在议会中占据议席的纳赛尔主义政党"劳苦大众力量联盟"（Union of the Toiling People's Force），与叙利亚关系较亲近，下辖民兵武装为"纳赛尔纵队"（Firqat Nasir）。此外，还有两支比较重要的地方纳赛尔主义力量：赛达的由穆斯塔法·萨阿德领导的"人民纳赛尔组织"（The Popular Nasserite Organization），的黎波里的由法鲁格·穆卡达姆领导的"10.24运动"（Movement of the 24th October），持反叙立场。

什叶派伊斯兰主义运动

什叶派建制派面临的局面与逊尼派建制派类似，受到新兴什叶派组织的冲击，社会影响力呈下降态势。伊玛目穆萨·萨德尔的出现是什叶派社群政治觉醒的代表，其目的在于推动什叶派开始发挥独立的政治和社会作用，获得更为平等的社会地位，而不是彻底颠覆黎巴嫩的政治体系。②1973年至1974年，穆萨·萨德尔成立"被剥夺者运动"（Movement of the Deprived），1975年宣布成立附属的军事部门"阿迈勒运动"（Amal Movement）③。萨德尔并非要彻底颠覆黎巴嫩的政治体系，他更担心的是共产主义和阿拉伯民族主义对什叶派青年的影响。萨德尔得到了谢哈卜当局的支持，政府认为类似的社会

---

① Itamar Rabinovich, *The War for Lebanon, 1970-1985*, pp. 83-85.

② عبد الرؤوف سنّو، حرب لبنان 1975-1990. تفكك الدولة وتصدع المجتمع، دائرة منشورات الجامعة اللبنانية، بيروت، 2015، ص 47.

③ 阿迈勒运动作为被剥夺者运动的附属武装组织在内战之前就已经存在，随着时间的推移取代了被剥夺者运动的称谓，这反映了其政治取向的变化。参见：吴冰冰著：《什叶派现代伊斯兰主义的兴起》，第275—283页。

运动对边远地区的发展能够起到促进作用。① 内战爆发初期，阿迈勒运动也是黎巴嫩民族运动的成员，但在1976年年中采取亲叙立场后分别被巴解组织—黎巴嫩民族运动阵营和马龙派民兵击溃，在1979年才逐渐重回战场，交战的主要对象是巴解武装。②

萨德尔理解马龙派对把持总统职位的关切，但无法接受其对待穆斯林的傲慢态度。一开始，阿迈勒运动接受法塔赫的军事训练，并与黎巴嫩民族运动结盟，共同挑战马龙派的特权地位。然而，穆萨·萨德尔本人对巴解组织的态度十分复杂。一方面，他对巴勒斯坦人的境遇表示同情；另一方面，他不希望黎巴嫩人民，特别是南部地区遭受更多苦难。因此，他在不同场合多次警告巴解组织，建立国中国不符合黎什叶派社群利益。但巴解组织对伊玛目穆萨·萨德尔的表态置若罔闻，最终导致什叶派这一巴解组织天然盟友与之决裂，进而选择支持叙利亚，避免巴解组织和黎巴嫩民族运动对马龙派形成压倒性胜利，从而影响阿迈勒运动在黎南地区的群众基础。③ 什叶派民兵武装最初从巴勒斯坦人那里接收武器装备、进行军事训练，但在黎巴嫩内战初始阶段发挥的作用有限。内战爆发后，穆萨·萨德尔在政治上非常活跃，积极参与调停，但在1978年8月访问利比亚期间失踪。

1978年，以色列入侵黎巴嫩使黎南部地区彻底暴露在战火之下，成千上万人流离失所，巴解组织和以色列军队一样，被当地人视为占领者。随着阿迈勒运动和巴解组织关系的进一步恶化，阿迈勒运动在一定程度上乐见以色列对黎南地区的入侵，因其打击了巴解武装，这正是阿迈勒运动想做而做不到的。但也正是因为阿迈勒运动对以色列的暧昧态度触怒了叙利亚，使得叙利亚在后来的一个阶段内转而大力扶持真主党势力。④ 到了内战尾声的20世纪80年代末，阿迈勒运动遭到了极大削弱，从一个具有广泛群众基础的进步的充满活力的新兴社会力量沦为彻头彻尾的腐败的、低效的庇护集团。其领导人纳比赫·贝里从教派政治体制的死对头，摇身一变成为坐拥权力和财富的

---

① Theodor Hanf, *Coexistence in Wartime Lebanon: Decline of a State and Rise of a Nation*, p. 189, note. 19.
② 吴冰冰著：《什叶派现代伊斯兰主义的兴起》，第288页。
③ Augustus Norton, *Hezbollah: A Short History*, p. 19.
④ 本文对真主党的兴起和发展在第五章第一节中进行了集中论述。

既得利益体系中的一分子。而从阿迈勒运动中分离出来的真主党在伊朗支持下发展为黎巴嫩最有组织、具有广泛群众基础的政治力量，拥有黎最强大的武装。[①] 真主党武装主要依靠志愿预备役，预备役军人可以在军人和平民两个身份间进行自由切换。以色列第162装甲师陆军准将盖·祖尔形容真主党战士是"世界上最为伟大的游击队员"[②]。

黎巴嫩民族运动

1969年，琼布拉特组织成立了"爱国进步政党和力量阵线"(the Front of National and Progressive Parties and Forces, FNPPF)，以推翻教派主义政治体制、无条件支持巴勒斯坦抵抗运动为政治目标，强调黎巴嫩的阿拉伯属性。该组织作为反建制派联盟参与了1972年议会选举，此后经改组成为黎巴嫩民族运动（Lebanese National Movement）。[③] 其成员包括社会进步党、叙利亚社会民族党、黎巴嫩共产党、阿拉伯复兴社会党黎巴嫩分支和一些纳赛尔主义组织，以及巴解组织的部分派别主要为拒绝阵线的组织，如"人阵"和"民阵"都是当中的活跃组织。黎巴嫩民族运动的领导机构为中央政治委员会，卡迈勒·琼布拉特任委员会主席，黎巴嫩共产主义行动组织领导人穆赫辛·易卜拉欣任委员会秘书长。[④]

三、内战的军事动员和主要武装力量

（1）军事动员

内战爆发后，以教派社群为单位进行军事动员是各方最常用的手段。伊斯兰教社群大规模的以教派为单位的军事动员是在"身份证仇杀"和随机炮击发生后才全面展开的。尽管阿迈勒运动在1975年便宣告成立，但什叶派大规模的军事动员和参与内战发生在与巴解武装爆发冲突后的20世纪70年代末期。此后，什叶派武装逐渐发展成黎巴嫩内战中的重要力量。逊尼派的军事动员开展得相对较早，其中穆拉比吞在1958年黎巴嫩危机期间就参加过战

---

① Augustus Norton, *Hezbollah: A Short History*, pp. 22-23.
② Ibid., pp. 140, 202.
③ 李海鹏《黎巴嫩德鲁兹派研究》，北京大学博士研究生学位论文，2016年6月，第155页。
④ Theodor Hanf, *Coexistence in Wartime Lebanon: Decline of a State and Rise of a Nation*, p. 189-190.

斗，但逊尼派军事力量整体式微。当时供职于巴解组织情报机构的哈桑·杜丁在1980年与《战时黎巴嫩的共存——国家的衰落和民族的兴起》一书作者西奥多·汉夫的访谈中就表达了对其黎巴嫩盟友的不屑："谁在这个国家中真正有分量？长枪党算一个，我们算一个，琼布拉特也算，可他是因为有一个部落在背后予以支持。其他的则不值一提，要么指着叙利亚人，要么靠我们。就拿这些所谓的'纳赛尔主义者'来说，他们现在有6个组织，不到1000人，这还要算上穆拉比吞。他们通过电话进行指挥，前提是电话能够正常工作。我们让他们负责城市区域，这样他们能不那么惹人厌烦。"[1] 至于的黎波里逊尼派的军事动员则要到1981年才展开，主要目的是对抗叙利亚军队及其黎巴嫩阿拉维派盟友的占领。德鲁兹派开展全面军事动员的时间最晚，是为了应对1982年黎巴嫩力量进入舒夫山区。到了1985年，什叶派阿迈勒运动和德鲁兹派社会进步党都已经发展成了强大的军政机构。值得一提的是，一些左翼派别一开始并不赞同以教派为单位进行动员，因为这些派别的领导人不少来自基督教社群，而成员不乏穆斯林。事实很快教育了他们：通过阶级动员，他们确实能吸纳一部分基督教社群加入，但数量微乎其微；而打着教派的旗号，他们能够成功动员大量的伊斯兰教社群，大批什叶派穆斯林就加入了左翼派别的民兵阵营。

基督教社群的军事动员早于伊斯兰教社群，但大规模的动员也是始于内战开始之后。1975年在黎巴嫩的基督徒眼中意味着生死存亡，在内战爆发后的前两年他们开启了全民皆兵模式：工程师将卡车改装成简易坦克，就地取材制作简易迫击炮；妇女们照顾民兵战士和伤兵；海外留学人员成批回国参战，甚至一些修道院的年轻修士也拿起了武器；公务员、白领和商人白天上班，晚上则在各条战线上执勤。1976年秋天，战事告一段落，人们开始返回自己的日常生活和工作岗位。到了1977年战火重燃，不少年轻人已经开始将军事生涯当成自己的职业了。这些年轻人在内战爆发时大约在12岁至17岁，两年的经历让他们发现自己已经很难适应学校的课堂生活。他们当中不少人出身中下层家庭，局势的发展使他们已经很难在正常的平民生活中有所斩获。与此同时，一些农村地区的年轻人背井离乡，不少人从北部传统基督教社群

---

[1] Theodor Hanf, *Coexistence in Wartime Lebanon: Decline of a State and Rise of a Nation*, p. 331.

聚居区、贝卡地区、舒夫山区或达穆尔被迫出走。这些人的前途更为黯淡，而参战的动机却更为强烈：为夺回自己的家乡而战。背井离乡的基督教年轻人经过系统训练构成了黎巴嫩的中坚力量，脑子里想的全是如何向那些把他们赶出家园的人复仇。前黎巴嫩政府军军官和士兵也是马龙派民兵的重要组成部分，他们不少人于1976年离开部队加入民兵武装。黎巴嫩力量曾在其控制区内施行了长达5年的义务兵役制。[1]

法塔赫和黎巴嫩政府军军官从1973年起开始参与同各自关系密切的民兵武装的训练工作。受武器装备水平和合格指挥官数量的局限，经过训练的民兵武装具备对某一目标进行袭击的能力，但未能达到进行成建制行动的水平，阵地战的能力也较为有限。[2] 以色列自1978年起开始训练黎巴嫩马龙派民兵武装。同时，巴希尔·杰马耶勒通过无情的手段实现了黎巴嫩力量的统一，该武装逐渐具备了正规部队的性质。除了人员动员外，民兵武装还需要经费来源。有不同的研究显示，内战中有战斗发生的单日花销在15万至50万美元之间；整个内战的费用支出在每年1.5亿至15亿美元之间。[3]

黎巴嫩各民兵武装的收入来源五花八门。第一是税费收入。各民兵武装及其背后的政党相信自己有正当的道德上的理由通过增收税费来保卫他们的社区，因此，民兵武装控制区域内的所有企业主和房屋业主都需要缴纳一笔直接税；而域内餐厅和加油站等营业性场所则需缴纳营业税；同时，设立检查站是其中颇为常用的一种收取税费的方法。尽管这些税费在社区居民看来在原则上是合理的，但是很多民兵组织的成员把这些税费名目当作是进行敲诈时的借口，许多民兵的指挥官开始将通过犯罪活动敛财作为主要任务。因此，也有许多人并不认同民兵组织有征税的权利，并且把民兵组织所有的敛财方式都看作是黑手党式的敲诈和盗窃行为。第二是走私和关税，这也是最来钱的途径，因为内战期间黎巴嫩并没有放弃之前作为欧洲与阿拉伯之间商业和贸易中介地位。以黎巴嫩力量为例，其取代黎巴嫩政府长期运营着贝鲁特港的一部分和其他一批港口，获得的利润交由专业的银行机构打理进行保

---

[1] Theodor Hanf, *Coexistence in Wartime Lebanon: Decline of a State and Rise of a Nation*, p. 332.
[2] Ibid., p. 331.
[3] Samir Makdisi, *The Lessons of Lebanon, the Economic War and Development*, p. 41.

值增值。① 实际上，内战中的很多战斗都是为了争夺黎巴嫩的港口，以夺取通过海路进行走私的通道。第三，外界支援也是主要的经费来源，叙利亚、以色列、利比亚、伊朗、伊拉克等国都提供了可观的资金，各国还经常切换支援的对象。巴解组织是当中主要的经费接收者。有统计显示，在1982年以色列入侵黎巴嫩之前，巴解组织的预算和黎巴嫩政府的年度预算大致相当，达到了15亿美元，外部援助在这当中占了绝大部分比例。② 其中，利比亚在1975年至1982年向巴解组织提供了48亿美元的经费支持。《白天报》认为内战中黎巴嫩各派别获得的资助约为100亿美元。另有消息来源认为，1982年前每年流入黎巴嫩的用于政治军事用途的经费为3亿美元。③ 什叶派和马龙派的社会政治和军事动员受益于本社群海外务工人员向国内的侨汇。

此外，抢劫银行和商行也是不错的收入来源，也正因此，在商圈和银行附近的战斗通常更为激烈。同时，绑架人质后进行勒索和毒品贸易也是内战期间的重要生财之道。黎巴嫩在当时还成为全球最大的毒品来源国之一，许多毒品种植集中在贝卡地区。随着战争的延续，武装人员也逐渐意识到了民兵武装的存在正是自己权力、威望以及收入的来源。战争催生了民兵武装，而民兵武装为了自身利益则希望战争拖延下去。而具有讽刺意味的是，内战的延续让民兵武装逐步向正规军队的组织框架、武器配备和规范纪律靠拢；反观驻扎在黎巴嫩的外国正规军，则逐渐呈现出了民兵化的倾向。④

（2）主要武装力量

长枪党下属武装为"长枪党正规部队"（Kataeb Regulatory Forces, KRF or RF）由皮埃尔·杰马耶勒和威廉·哈维于1937年创建，初始命名为"武装人员组织"（Militants' Organization）。1961年，长枪党对下属武装进行改组，成立"战争委员会"，威廉·哈维任主席，负责领导两个连建制的特种部队——"第1突击队"和"第2突击队"。1973年，皮埃尔·杰马耶勒卫队（PG Squad）、要人保卫队（VIP Protection Squad）、一个突击排和位于基斯拉旺的一所军事学校也成为长枪党武装的一部分。1974年，巴希尔·杰马耶勒特

---

① Theodor Hanf, *Coexistence in Wartime Lebanon: Decline of a State and Rise of a Nation*, p. 42.
② كمال حمدان، الأزمة اللبنانية، دار الفارابي للنشر والتوزيع، 1998، ص 157 و172.
③ Samir Makdisi, *The Lessons of Lebanon, the Economic War and Development*, p. 42.
④ Theodor Hanf, *Coexistence in Wartime Lebanon: Decline of a State and Rise of a Nation*, p. 335.

种旅（Bashir Gemayel Brigade）成立，取代了原有的皮埃尔·杰马耶勒卫队。1976年7月13日，威廉·哈维在指挥特拉扎塔尔进攻作战中遭巴勒斯坦狙击手狙击阵亡。哈维是长枪党武装的奠基人，一手创建、训练了其武装力量。巴希尔·杰马耶勒随后接替指挥。1975年7月黎巴嫩军情局的一份报告显示，长枪党战斗人员数量约为8000人，均配有个人武器装备，着统一制服。① 此外，一个规模在1000人的警察部队也在1976年成立。1980年8月，巴希尔·杰马耶勒完成了对右翼马龙派阵营武装力量的整合，将其统一在黎巴嫩力量旗下，有资料显示当时作战人员的数量为6000人，另有3000名至10000名快速响应的预备役人员。② 在巴希尔·杰马耶勒死后，黎巴嫩力量仍然在发展壮大，是一支实力雄厚、装备精良的作战部队，下辖工兵部队、山地作战部队、特种作战部队、小规模海军、炮兵部队、机械化作战部队以及反间谍和安全部门。黎巴嫩力量拥有复杂的组织架构、多元化的资金来源，在其控制区域发挥多重功能，基本上可视为其控制区的准政府。③

自由国民党武装"猛虎部队"（Tigers of the Liberals），命名源自夏蒙的父亲（Nimr），其具体数量难以估计，军情局报告显示其战斗人员数量在4000人左右，均配有个人武器装备，但核心战士人数较少，由其子达尼·夏蒙任总指挥。④ 1969年弗朗吉亚组建了"马拉达旅"（Marada Brigade），又称"兹加尔塔解放军"（Zugharta Liberation Army, ZLA），据称由弗朗吉亚总统调拨军用物资进行装备。⑤ 托尼·弗朗吉亚作为苏莱曼·弗朗吉亚的政治继承人，一开始主要负责家族的经济事务，后当选议员并在20世纪70年代初担任内阁部长。内战期间，托尼·弗朗吉亚负责领导民兵武装，主要敌人是的黎波里的穆斯林民兵武装。弗朗吉亚旗下的民兵武装更多为私人卫队性质，主要招募自己家族的成员和本地人士。⑥

---

① Tony Badran, "Lebanon in Militia Wars", in Barry Rubin, ed., *Lebanon Liberation, Conflict and Crisis*, p. 38.

② Theodor Hanf, *Coexistence in Wartime Lebanon: Decline of a State and Rise of a Nation*, p. 248.

③ Tony Badran, 'Lebanon in Militia Wars', in Barry Rubin, ed., *Lebanon Liberation, Conflict and Crisis*, p. 41.

④ Ibid., p. 39.

⑤ Ibid., pp. 39-40.

⑥ Theodor Hanf, *Coexistence in Wartime Lebanon: Decline of a State and Rise of a Nation*, p. 235.

1975年黎巴嫩内战开始时，黎巴嫩民族运动不同派别的民兵武装被整编为"联合部队"（Common Forces），约18700人（不含巴解武装），其中社会进步党民兵武装和黎巴嫩共产党民兵武装各5000人，叙利亚社会民族党民兵武装4000人，亲伊拉克的复兴党黎巴嫩分支、亲叙利亚的复兴党黎巴嫩分支和穆拉比吞民兵各3000人。随着战事升级，在接下来的几个月中，黎巴嫩民族运动与巴解组织结盟，巴解武装23900名战士、由艾哈迈德·哈提布中尉领导的黎巴嫩阿拉伯军（Lebanese Arab Army, LAA）4400名黎巴嫩正规军加入了这一阵营，联合部队在1976年3月达到了46900人，到1976年初控制了黎巴嫩80%的国土。但随着与大马士革的关系恶化，亲叙利亚的复兴党黎巴嫩分支和叙利亚社会民族党等派别离开了该阵营后与阿迈勒运动一起组成了"爱国民族党派阵线"（Front of Patriotic and National Parties, FPNP）。1978年，以色列在利塔尼行动中的部分战斗是针对黎巴嫩民族运动民兵武装进行的，后者在与叙利亚关系改善之后与巴解武装并肩战斗。1982年6月，黎巴嫩民族运动在以色列入侵后实际上已经解散，由黎巴嫩民族抵抗阵线（The Lebanese National Resistance Front）在同年9月取而代之，开始了抵抗以色列入侵的行动。

坦齐姆（Al-Tanzim）的战斗人员具体人数不详，但据估计应是数以百计。尽管人数不多，却在贝鲁特的战斗中发挥了显著作用，在黎巴嫩阵线中占有一席之地。[1] 在1976年夏天的特拉扎塔尔战斗中，约有200名坦齐姆战士参与战斗，据称其中不乏政府军士兵隐瞒身份参战。雪松卫士（Guardians of the Cedar）的战斗人员人数在750人至1000人之间。特拉扎塔尔战斗中，他们有100名战士参战。和坦齐姆一样而不同于长枪党武装和猛虎部队，雪松卫士没有固定的作战基地，哪里需要他们，他们就奔赴哪里作战。

穆拉比吞（Al-Murabitoun）由巴解组织训练、利比亚资助，一些逊尼派民兵组织估计其战士人数在100人至150人之间，与军情局报告显示的200人大抵相符。其作战行动很多时候都是由巴勒斯坦人完成，以某种黎巴嫩元素作为掩饰。以赛达为基地、由穆斯塔法·萨阿德领导的"人民纳赛尔主义组织"同样由巴解组织训练、利比亚资助。赛达的港口和萨阿德的渔船在内战

---

[1] Itamar Rabinovich, *The War for Lebanon, 1970-1985*, pp. 69-70.

期间，特别是20世纪80年代中期阿迈勒运动同德鲁兹武装、黎巴嫩共产党的战斗中，是打破阿迈勒运动封锁，向贝鲁特提供补给的重要渠道。①

在内战初期缺乏政治动员的情况下，什叶派年轻人加入了各类左翼和巴勒斯坦组织，接受巴解组织培训，如真主党指挥官伊马德·穆赫尼亚一开始就是参加的巴解民兵组织。1975年，人们发现了在贝卡地区训练营进行训练的什叶派民兵阿迈勒运动。阿迈勒运动民兵一开始力量较弱，在1976年支持叙利亚军事干预，穆萨·萨德尔与叙利亚关系的巩固、与巴解组织关系的恶化可被视为其在利比亚失踪的主要原因。阿迈勒运动在内战期间是叙利亚重要的代理人和盟友。政府军中什叶派占多数的第6旅是阿迈勒运动的盟友。一部分从阿迈勒运动分离出来的力量在贝卡地区受伊朗伊斯兰革命卫队支持，占据了一个政府军的兵营，开辟了一片根据地，这就是真主党的开端。一份1997年的报告显示，当时的真主党战士人数在5000人上下，核心作战人员为500到600人，同时拥有一个1000人的预备役部队。②

虽然内战的军事动员是以教派社群为单位进行的，但战争并不以教派社群划分阵营展开。实际上，社群内部不同派别的战斗往往比社群间武装的战斗更为激烈：长枪党与马拉达旅（又称"兹加尔塔解放军"）、长枪党与猛虎部队斗争极为血腥；阿迈勒运动和真主党武装的战斗对贝鲁特西区的破坏性不逊于以色列入侵的效果。③ 同时，各类文献对战争爆发时各阵营战斗人员数量的描述有一定出入，准确的人数无法确认。实际上，很多战士并不是全职士兵，有时战士会离开或转换阵营，或者干脆直接出国躲避战祸。

国家武装力量层面，黎巴嫩内部治安军（Internal Security Forces, ISF）和黎巴嫩武装部队（Lebanese Armed Forces, LAF）是该国主要武装力量。黎巴嫩内部治安军的前身是奥斯曼土耳其时期的司法警察。在奥斯曼土耳其帝国治下的黎巴嫩山自治省，黎巴嫩第一个现代安全部门在总督达伍德帕夏的倡导下于1861年建立，称为司法警察，亦称宪兵部队，主要任务是维护

---

① Tony Badran, "Lebanon in Militia Wars", in Barry Rubin, ed., *Lebanon Liberation, Conflict and Crisis*, pp. 43-44.
② Ibid., pp. 46-47.
③ Theodor Hanf, *Coexistence in Wartime Lebanon: Decline of a State and Rise of a Nation*, pp. 328-329.

自治省的安全秩序。这是整个黎凡特地区的第一支安全部队。1945年，在法国委任统治末期，黎巴嫩武装部队成立。具体而言，武装部队隶属国防部；内部治安军隶属内政部。国防部还同时管辖军事情报局（Intelligence Directorate）和共和国卫队旅（The Republican Guard Brigade），共和国卫队旅与武装部队相互独立，武装部队总司令不对总统的安全保卫和共和国卫队旅的部署负责；内政部则同时辖制信息大队（Information Branch）、总理卫队旅（Prime Ministerial Guards Brigade）、议长卫队旅（Parliamentary Speaker Guards Brigade）、公安总局（General Directorate of General Security）和机场公安局（Airport Public Security Agency）。上述部门主官由内政部长在获得各相关方政治共识后直接任命。战前，黎巴嫩武装部队有15000人，100辆坦克，150门火炮和防空武器，24架战斗机和5艘巡逻艇。60%～65%的军官是基督徒，37名高级军官中，有18名是穆斯林。[1] 尽管入伍的穆斯林士兵逐年增多，但士兵中穆斯林的比例仍然不高，主要以什叶派为主。军队的主要兵源仍然是马龙派，相当一部分招募自阿卡和南部地区。内战中，黎巴嫩政府军一分为三：艾哈迈德·哈提布领导的黎巴嫩阿拉伯军加入了左翼反叙利亚阵营；亲叙利亚的部队主要驻扎在贝卡地区；大部分军队驻守贝鲁特和黎巴嫩中部地区。此外，受市政委员会主席直接辖制的市政警察履行市政委员会委派的相关职责，并不参与社会治安事务，也不具备参与的能力。

黎巴嫩内战爆发后，黎巴嫩社会充斥着教派仇视和狂热情绪，基督教和伊斯兰教社群彼此孤立分割，少数派的希腊天主教和希腊东正教承认马龙派及其民兵武装在基督教社群的支配地位，以求获得庇护；逊尼派则聚拢到了琼布拉特周围寻求生存。"身份证仇杀"的发生证明理性已经彻底丧失。巴勒斯坦因素在这一过程中持续发酵并发挥影响，成为这次冲突的主角。[2] 无论是基督教社群还是伊斯兰教社群，都呈现了权力从传统建制派政治领袖向民兵领导人转移的情况。对于黎巴嫩的国内的迁徙人口而言，新兴政党让他们在新的居住地找到了自己的安全庇护所和政治上升通道，大批马龙派迁徙人口加入了长枪党，数量更多的什叶派迁徙人口加入了共产党等左翼和泛阿拉伯

---

[1] Amine Saliba, *The Security Sector in Lebanon: Jurisdiction and Organization*, 2012, https://carnegieendowment.org/files/Security_Sector_in_Lebanon2.pdf.

[2] Theodor Hanf, *Coexistence in Wartime Lebanon: Decline of a State and Rise of a Nation*, p. 140.

主义党派。① 在战斗持续的情况下，原定于1976年进行的议会选举被迫延期，议员任期自动延长，而1972年的议会人员构成早已无法体现黎巴嫩1976年的社会政治力量对比，其政治代表性危机进一步加剧，以暴力手段替代政治途径实现目标的趋势愈演愈烈。

黎巴嫩内战第一阶段的主要战事在1976年10月告一段落，但导致内战的一系列内外部问题并未得到解决，特别是两大阵营围绕国家属性与权力分配的矛盾和冲突仍然存在，黎巴嫩迫切需要的结构性改革仍无法实施，政治体制与社会现实的鸿沟进一步拉大。尽管萨利姆·胡斯和沙菲格·瓦赞组建了两届技术官僚内阁并获得了议会的批准，但正常的政治生活受到外部势力的干预仍无法完全恢复，特别是总统和军队无法在获得共识的情况下开展有效工作，民兵武装拥兵自重。叙利亚和黎巴嫩阵线围绕黎巴嫩军队的问题大做文章，使军队无法走出军营发挥作用，来实现中央政府权威。萨尔基斯总统则由于在执政初始阶段被认为太过亲叙而无力面对党争和教派割据；而当他调整与叙利亚的关系，与其拉开一定距离时，又遭到叙利亚及其黎巴嫩政治盟友的质疑。②

叙利亚作为最主要外部势力获得了黎巴嫩事务的主导权。美国和以色列都无意站在黎基督教社群的立场上对黎巴嫩进行军事干预。1976年10月举行的阿盟峰会是对叙利亚对黎政策的纵容，甚至还对其提供财政支持。同时，叙利亚也不得不接受巴解组织的政治作用和在黎自治地位。以色列对于叙利亚军事介入黎巴嫩的默许是以叙利亚承认以色列在黎战略安全利益为等价条件的。以色列逐渐开始向马龙派民兵提供军事援助。1976年激烈冲突的缓和实际上是下一阶段围绕黎巴嫩未来格局展开新一轮争夺的序幕。以色列的主要关切是限制叙利亚和巴解组织在黎影响力，这使其不得不增加对黎巴嫩事务的介入，又使黎巴嫩的局势进一步复杂化。③

---

① Theodor Hanf, *Coexistence in Wartime Lebanon: Decline of a State and Rise of a Nation*, p. 85.
② Itamar Rabinovich, *The War for Lebanon, 1970-1985*, p. 96.
③ Ibid., pp. 57-59.

第四章 以色列与叙利亚在黎巴嫩的较量

在冲突各方无法达成政治共识的情况下，黎巴嫩国内的政治局势继续发酵，两大阵营处在不断地变化调整中。黎巴嫩的内部冲突进入到了一个旷日持久的持续阶段，叙利亚、巴勒斯坦和以色列等因素的纠缠和相互作用在这一过程中进一步凸显。叙利亚在黎军事存在的延续和业已存在的巴解武装促使以色列更多地卷入黎巴嫩危机，这是这一阶段黎巴嫩内战最为显著的发展趋势，最终导致1978年以色列对黎巴嫩南部地区的入侵和1982年第五次中东战争。叙利亚在黎巴嫩军事存在的借口是避免黎巴嫩武装冲突战火重燃。然而实际上，叙利亚的军事存在确实能够保证全面冲突不会再度上演，但也引发了新的矛盾：叙利亚在黎巴嫩有一系列政策目标和配套手段，而这些目标和手段往往会威胁或损害一部分群体的利益，制造敌对情绪。黎巴嫩的局势逐渐进入各方势力博弈的新阶段，叙利亚、以色列和巴勒斯坦元素间存在相互制约的平衡关系，没有单一力量能够主导黎巴嫩局势和走向。[1] 本章探讨黎巴嫩内战的第二个阶段，即1976年年底至1985年，其结束的节点为真主党于1985年2月发表《公开信》正式成立和6月以色列撤军。

第一节 以叙矛盾与利塔尼行动

一、以色列与叙利亚在黎巴嫩的较量

1977年，埃及不惜冒阿拉伯世界之大不韪，与以色列实现和平，收复了全部领土，但在阿拉伯世界的地位一落千丈，叙利亚和阿拉伯产油国的地位

---

[1] Itamar Rabinovich, *The War for Lebanon, 1970-1985*, pp. 89-90.

相应上升。然而，叙利亚受国内危机影响，沙特受伊朗伊斯兰革命牵扯，伊拉克则遭受到国内问题和伊朗挑战的双重压力，阿拉伯世界的内部权力结构较为脆弱和混乱。同时，阿拉伯统治者最主要的关切集中在以下几个议题：自身政权的稳定、埃以和平进程、伊朗伊斯兰革命和苏联入侵阿富汗，这导致黎巴嫩内战在1977年至1982年阿拉伯政治议程上被边缘化。尽管很多阿拉伯国家都对黎巴嫩内战的持续表示了忧虑，也对叙利亚政策表示不满，还有对黎巴嫩阵线发展同以色列关系的意见，但他们都缺乏解决危机的动力和能力。

埃及撤出阿以冲突使得叙利亚与以色列之间的战略平衡被打破，叙利亚又没能打造出新的东部阵线，唯一能够展示的是其为持久和平制造麻烦的能力。[①] 在黎巴嫩战场上，地区形势的变化首先带来的是叙利亚与巴解组织关系的变化。此时双方之间的分歧和紧张关系仍然存在，但形势迫使他们走向合作，以抗衡共同的敌人以色列。对于以色列而言，在西线与埃及言和，但在东线，其与巴解组织在约旦河西岸和黎巴嫩进行着激烈战斗。尤其是在黎巴嫩，巴解组织武装将全部力量投入到了黎巴嫩与以色列的海陆边界，对以色列国土发动突袭。[②]

埃利亚斯·萨尔基斯于1976年9月开启总统任期，他的密友、经济顾问萨利姆·胡斯在12月成功组建技术内阁。这一时期，叙利亚在黎巴嫩进行了大幅投入以稳固局面，与马龙派领袖的关系不再亲密但总体上良好。卡迈勒·琼布拉特遇刺身亡削弱了黎巴嫩反叙左翼力量，使其屈从于叙利亚的权威之下。在叙利亚压力下，黎巴嫩开始实施媒体审查制度，不少出版界从业人员和记者为了寻求更为自由的氛围迁往欧洲，供职于当地出版和新闻机构，服务在那里逐渐形成的阿拉伯社群。叙利亚与胡斯内阁在恢复黎公共秩序和经济重建方面的努力成绩一般，在民族和解和解除黎巴嫩阵线、巴解组织及其盟友的民兵武装方面努力的结果则更为令人失望。黎巴嫩阵线拒绝在巴解武装仍然存在的情况下解除武装。在黎巴嫩南部地区，巴解武装与以色列、黎巴嫩各派别之间频繁冲突。以色列向黎南地区提供人道主义援助，同时继

---

① Theodor Hanf, *Coexistence in Wartime Lebanon: Decline of a State and Rise of a Nation*, p. 229.
② Itamar Rabinovich, *The War for Lebanon, 1970-1985*, pp. 94-95.

续对哈达德少校领导的民兵武装提供支持。叙利亚基本上遵守与以色列的协议，不逾越利塔尼河，但对以色列在黎南地区影响力的发展十分警惕，选择通过支持巴解武装和黎巴嫩盟友以应对局面。①

黎巴嫩内战内部的两大阵营中，长枪党在黎巴嫩阵线中的主导地位越发稳固。该党创始人皮埃尔·杰马耶勒仍担任党主席，他的大儿子阿明·杰马耶勒似乎有意继承这一职位，但此时极具野心和决断力的巴希尔·杰马耶勒已成为该党实际上的核心领导。他主张与以色列发展关系，对叙利亚和巴解组织持敌对态度，与传统的长枪党思想家们相比，他的政治思维更接近于卡米勒·夏蒙。他利用与以色列的关系以及马龙派与叙利亚日益扩大的嫌隙逐渐巩固自己在党内的领导地位。可以想见的是巴希尔和哥哥阿明之间是存在一种紧张关系的，但长枪党仍努力对外维持了团结的形象。② 巴希尔·杰马耶勒最重要的身份是在1976年8月威廉·哈维在特拉扎塔尔阵亡之后接替黎巴嫩力量的总司令。这样的安排一来可以缓和杰马耶勒家族内部的关系，二来可以获得那些没有明确自己长枪党员身份或是认为直接隶属于该党可能会带来尴尬处境的基督徒的支持者。巴希尔·杰马耶勒担任这一军事职务也反映出长枪党对军事实力的看重，长枪党认为军事实力是政治力量的基础，马龙派军事力量的统一势在必行，而长枪党应当是这一统一军事力量的领导权威。③

在这一逻辑驱使下，长枪党与另外两大马龙派政治力量爆发了冲突。首先是1978年春天，围绕马龙派社群与叙利亚关系的分歧，长枪党与弗朗吉亚家族首先翻脸。这一时间，长枪党开始向黎巴嫩北部地区发展势力，部署政治和工会组织，煽动反对弗朗吉亚家族，动摇了其经济基础。弗朗吉亚方面的回应是杀害了长枪党在这一地区的负责人朱德·贝亚。贝亚出身社会底层，正好与弗朗吉亚集团代表的北方传统家族集团针锋相对，而中下层阶级是长

---

① Itamar Rabinovich, *The War for Lebanon, 1970-1985*, p. 109.
② Ibid., p. 97.
③ Ibid., p. 97.

枪党构成的基本盘。① 长枪党作出的回应是在这年6月袭击了托尼·弗朗吉亚在艾哈登的住所，造成托尼·弗朗吉亚本人、其妻子和他们不满3岁的女儿遇害身亡。② 这是对黎巴嫩亲叙势力的重大打击。苏莱曼·弗朗吉亚最后在叙利亚的扶持下勉强守住了在北部的势力范围，与长枪党、杰马耶勒家族结下了不共戴天之仇。之后在1980年7月，巴希尔·杰马耶勒的部队摧毁了自由国民党的武装猛虎部队，迫使卡米勒·夏蒙接受现实。对于夏蒙而言，他认为黎巴嫩阵线的存在是不可或缺的。同时，他或多或少地认为巴希尔·杰马耶勒在某种程度上是自己政治立场的继承者，夏蒙的儿子则流亡巴黎继续反对长枪党。同时，长枪党还试图超越马龙派社群，成为整个黎巴嫩基督教社群的代表。为此，长枪党于1980年12月在希腊天主教徒的主要聚居城市扎赫拉建立了自己的军事和政治存在，试图打通连接扎赫拉和黎巴嫩山地区与朱尼的道路交通。③ 黎巴嫩阵线强调解决巴勒斯坦问题需要依靠整个阿拉伯世界的力量，不能只让黎巴嫩付出代价，巴勒斯坦人在黎巴嫩是以外国人身份存在的。

与黎巴嫩阵线蒸蒸日上形成鲜明对比的是其对手黎巴嫩民族运动。黎巴嫩民族运动因为在1976年与叙利亚发生冲突，继而在1977年失去了核心领导人卡迈勒·琼布拉特，实力大为削弱。瓦利德·琼布拉特子承父业，但缺乏父亲的经验和魅力，无法形成对一个政治阵营的有效领导。叙利亚通过向黎巴嫩传统政治领袖，如苏莱曼·弗朗吉亚、拉希德·卡拉米，以及巴勒斯坦组织和黎巴嫩左翼民兵武装投放更多资源，进一步削弱了黎巴嫩民族运动的地位。黎巴嫩政治和解的道路越发曲折。④

在1977年9月至1978年10月期间，黎巴嫩马龙派与叙利亚的关系出现了

---

① 长枪党作为一个现代政党，并不顾及北部地区本是弗朗吉亚家族势力范围这一状况，企图打破传统封建家族的垄断，将其纳入本党势力范围。拓展势力范围意味着经济收入的增加，对商业和制造业企业征收的税费是弗朗吉亚集团和长枪党的重要财政收入来源。参见：Theodor Hanf, *Coexistence in Wartime Lebanon: Decline of a State and Rise of a Nation*, p. 235。

② 长枪党武装总指挥巴希尔·杰马耶勒不承认发布了杀害托尼一家的指令，长枪党方面辩称这一事件是该党黎巴嫩北部总指挥萨米尔·贾加受伤、被送往贝鲁特后，其武装人员在惊恐中的行为。参见：Theodor Hanf, *Coexistence in Wartime Lebanon: Decline of a State and Rise of a Nation*, p. 237。

③ Itamar Rabinovich, *The War for Lebanon, 1970-1985*, pp. 97-98。

④ Ibid.., p. 99。

戏剧性变化。1976年叙利亚对黎巴嫩的军事介入使马龙派免遭灭顶之灾。出兵之前，大多数马龙派领导人都公开呼吁哈菲兹·阿萨德介入内战，此后还对他的介入表示了感谢，阿萨德也将这些请求说成是他派遣军队去黎巴嫩的重要参考之一。长枪党领导人皮埃尔·杰马耶勒其后解释了他对阿萨德介入的态度："基督徒们感到他们的存在受到了威胁，他们试图再次求助于西方。阿萨德的行动使基督徒们抛弃了（西方的）外国人，转而向叙利亚靠拢。"① 自由国民党领导人卡米勒·夏蒙在1976年中期担任黎巴嫩外交部部长一职，他在致阿拉伯国家联盟、阿拉伯各国领导人和联合国的信中坚决支持阿萨德的黎巴嫩政策。

马龙派的三位主要领导人弗朗吉亚、杰马耶勒和夏蒙不仅接受了阿萨德的《宪法文件》，甚至还同意了阿萨德中意的总统候选人埃利亚斯·萨尔基斯。但马龙派对叙利亚在黎巴嫩的"特殊地位"的承认只是暂时的。随着内战的逐步缓和，在摆脱了军事政治溃败风险之后，长枪党和自由国民党对叙利亚的态度从视其为拯救自己于水火的救世主变为外国占领者。巴希尔·杰马耶勒和卡米勒·夏蒙等马龙派领袖怀疑阿萨德无意从黎巴嫩撤军，也不打算放弃对黎巴嫩的控制，而他们也不愿承认叙利亚在黎巴嫩的支配地位。② 与此同时，叙利亚也从实际需要出发进行了政策调整，开始疏远与黎巴嫩阵线等马龙派民兵的距离，重新与巴解组织走近。当时，黎巴嫩的马龙派政治领袖对叙利亚持三种立场：一是弗朗吉亚，他与叙利亚政权特别是阿萨德总统保持了密切联系，主张维护黎叙紧密关系；二是萨尔基斯，他接受叙利亚在黎巴嫩的主导地位，但是希望借用美国和其他阿拉伯国家的影响对其予以制衡；三是最为主流的立场，即通过与以色列战略结盟恢复马龙派在黎巴嫩政治和军事上的实力和地位，这将不可避免地对叙黎关系产生影响。

同期，梅纳赫姆·贝京在以色列上台，哈菲兹·阿萨德面临的国内问题也日益增多，再加上叙利亚在地区的孤立处境，让黎巴嫩基督教社群的领导人受到了鼓舞，遂决定在1978年年初通过武装斗争将黎巴嫩从叙利亚的占领下解放出来，发动了一系列针对阿拉伯威慑部队的武装斗争。在1978年2月，

---

① ［以］摩西·马奥茨著，殷罡等译：《阿萨德传》，第145—146页。
② Theodor Hanf, *Coexistence in Wartime Lebanon: Decline of a State and Rise of a Nation*, p. 237.

自由国民党民兵武装与叙利亚部队发生冲突。接下来的4月、6月、7月和10月在贝鲁特和黎巴嫩山地区都发生了类似的武装冲突。经过多方外交努力,双方在10月上旬实现了停火,这时马龙派民兵武装已被削弱,黎巴嫩阵线的地盘遭到侵蚀。① 此外,据称黎巴嫩阵线还通过支持叙利亚的穆兄会来达到制衡的目的,这在20世纪70年代末和80年代初对阿萨德政权造成了极大困扰。黎巴嫩政府军中的军官大多支持黎巴嫩阵线,② 埃利亚斯·萨尔基斯总统也受到了来自黎巴嫩阵线的压力,同时对阿萨德以武力征服马龙派的计划感到失望,刻意疏远叙利亚,向黎巴嫩阵线靠近,不惜于1978年7月6日以辞职相威胁。③

然而,为了使将黎巴嫩变成事实保护国的计划合法化,阿萨德仍然需要基督教社群的支持。叙利亚希望通过改善与黎巴嫩阵线的关系,终止后者对黎巴嫩、叙利亚穆兄会的支持,同时希望切断黎巴嫩阵线新近与伊拉克建立的关系。④ 他在努力取悦马龙派主要领导人的同时,还采取步骤避免侵犯基督教社群的自治。阿萨德与弗朗吉亚继续保持着密切联系;他称赞皮埃尔·杰马耶勒是爱国者和真诚的人;当萨尔基斯访问大马士革时,阿萨德给予这位黎巴嫩新总统热烈和盛大的欢迎。通过萨尔基斯的授权,阿萨德可以在多支装备精良的民兵武装帮助下,在黎巴嫩的大部分地区维持主导地位,这些由他支持起来的民兵武装有什叶派阿迈勒运动民兵、叙利亚社会民族党、隶属弗朗吉亚的民兵等。但是和以往一样,黎巴嫩南部的大部分地区仍为巴解武装所控制。

黎巴嫩南部问题在1977年进一步凸显,各方认为可以通过将黎巴嫩政府

---

① Itamar Rabinovich, *The War for Lebanon, 1970-1985*, p. 110.

② 实际上,早在1978年2月8日就发生了法亚蒂耶事件,黎巴嫩军事学院的学员袭击了叙利亚的一个炮兵阵地,造成叙方220人死亡,30人受伤。事件最终由萨尔基斯和阿萨德出面摆平。此后在6月至9月,叙利亚和马龙派民兵在贝鲁特东区展开激战,叙利亚炮兵部队对贝鲁特平民区进行了无差别炮轰。参见: Theodor Hanf, *Coexistence in Wartime Lebanon: Decline of a State and Rise of a Nation*, p. 233, pp. 239-240。

③ 萨尔基斯此时心里清楚,现阶段自己是无法替代、不可或缺的。阿萨德果然对其进行了挽留。Itamar Rabinovich, *The War for Lebanon, 1970-1985*, p. 111.

④ 夏蒙认为伊拉克能在黎巴嫩发挥更积极的作用。参见: Taku Osoegawa, *Syria and Lebanon International Relations and Diplomacy in the Middle East*, pp. 39-40。

军部署到黎南地区的方式化解问题,这也确实是重建中央政府权威和内部秩序的重要步骤。叙利亚及其在黎巴嫩政府中的盟友和美国都积极支持这一计划;以色列和哈达德则持反对态度,他们的借口是目前黎巴嫩军队实力太弱,无法履行职责,且任何派往黎南地区的政府军都有可能是叙利亚的从属;巴解组织和黎巴嫩左翼也因为担心中央政府和叙利亚的影响力渗透,以政府军是"教派部队"为由反对该计划,称政府军的人员构成应当更为平衡且应先部署在哈达德控制的区域。[1]

二、利塔尼行动

以色列对黎巴嫩觊觎已久。早在1948年5月24日,本-古里安就提出过黎巴嫩计划:"阿拉伯联盟薄弱的一环是黎巴嫩。穆斯林统治是不自然的,容易破坏的。必须建立一个以利塔尼河为南部边界的基督教国家。我们将与之签订条约。在加利利主要的敌人是黎巴嫩和叙利亚,我们的目标是打击贝鲁特和促使基督徒造反。"[2] 当然,地缘政治考虑并不是以色列入侵黎巴嫩的唯一动机,随着加利利湖的干枯,淡水供应接近枯竭,引利塔尼河水源入以成为当务之急。[3]

然而,1956年苏伊士运河危机将本-古里安的黎巴嫩计划搅乱了。此后,随着1970年巴勒斯坦解放组织与约旦关系恶化被逐出约旦,其总部迁往贝鲁特,黎南地区逐渐成为巴解组织的实际控制区,成为其开展反以武装斗争的主要基地。1973年第四次中东战争后,埃及和叙利亚先后与以色列达成《脱离军事接触协议》,黎巴嫩成为阿以冲突的主战场。以色列的黎巴嫩计划再次被提上议程。以色列认为打一场黎巴嫩战争能够起到一石二鸟的作用,既能达到地缘战略目标,又能摧毁巴解组织的领导机构和军事力量。[4] 正如以色列

---

[1] Itamar Rabinovich, *The War for Lebanon, 1970-1985*, p. 112.

[2] Benny Morris, "Diligent Diarist," *The Jerusalem Post*. International Edition, April 22-28, 1984, p. 19, quoted in George W. Ball and Douglas B. Ball, *The Passionate Attachment. American's Involvement with Israel, 1947 to the Present* (New York: W. W. Norton & Co., 1992), p. 120.

[3] Hussein A. Amermy, "Israel's Designs on Lebanese Water," *Middle East International*, September 10, 1993, pp. 18-19.

[4] Thomas Friedman, *From Beirut to Jerusalem. One Man's Middle Eastern Odyssey* (Glasgow: Fontana/Collins, 1990), pp. 152-153.

著名记者约尔·马库斯所说:"在官方借口'我们无法忍受炮击和恐怖主义行动'的背后是认为巴解组织必须被消灭的战略观点,即不仅巴解组织在西岸的手脚必须被切除(正如眼下用铁拳所做的那样),而且巴解组织在贝鲁特的头脑和心脏也必须被切除。"[1]

以色列对黎政策出现重大调整的条件随着1977年梅纳赫姆·贝京和利库德集团在大选中胜出而更为成熟。与伊扎克·拉宾相比,贝京的外交政策更为大胆和活跃。他降低了与卡特政府的协调水平,对黎巴嫩的基督教社群更为同情,贝京认为他们的境遇与历史上犹太人的境遇相似,而以色列比西方国家更有热情去保护他们。尽管如此,贝京执政前两年外交政策的核心是促成以埃和谈,以埃和平协定最终于1979年达成。在此期间,叙利亚与巴解组织关系由严重恶化转暖,巴解组织在黎南地区向以色列发动袭击更为便利。以色列针对这一情况在以黎边界精心打造了防御体系,对萨阿德·哈达德少校领导的民兵武装占领的飞地进行支持,并不时对巴解武装目标进行打击。[2]

以色列的上述安排基本上是一个行之有效的策略,但巴解武装不时突破防线的情况造成的后果极为严重。1978年3月11日,发生了"海滨公路屠杀事件"。11名巴解武装突击队员从黎巴嫩南部基地出发,乘橡皮艇躲过海上巡逻在以色列北部海法以南的海滩浴场登陆。突击队在袭击了一个基布兹后于连接海法和特拉维夫的海滨公路劫持了一辆载有乘客的公共汽车,命令司机驶向特拉维夫,并在车上向过往车辆射击。在路上,他们又劫持了另一辆公共汽车并将乘客作为人质。突击队数次冲破以色列警察的拦截,但最终还是被堵截了下来。双方展开激烈交火,结果34人死亡,以色列举国震惊。[3]据幸存的两名突击队成员交代,他们来自黎巴嫩南部的苏尔市,任务就是制造流血事件。

3月14日,以色列以约25000人的兵力发动了"利塔尼行动",入侵黎巴嫩南部地区,旨在解决黎巴嫩南部的巴解武装问题,至少要肃清利塔尼河以南地区的巴解武装力量。据估计,有2000名巴解武装人员藏匿在这一地区的

---

[1] Yoel Marcus, The War is Inevitable. Ha'aretz, May 23, 1982, quoted in George W. Ball and Douglas B. Ball, *The Passionate Attachment. American's Involvement with Israel, 1947 to the Present*, pp. 119-120.

[2] Theodor Hanf, *Coexistence in Wartime Lebanon: Decline of a State and Rise of a Nation*, p. 227.

[3] Ibid., p. 229.

村庄、树林和山丘里。以色列的进攻在整个96公里的边界展开，第一天就进入黎领土约10公里，占领了巴解武装的5个营地。之后两天内，以色列即控制了除苏尔城以外的利塔尼河以南约占黎巴嫩领土面积1/10的区域。[①] 巴解武装被迫在奈拜提耶和萨拉方德之间筑起一条新的防线。以色列的入侵遭到了国际舆论的谴责。联合国安理会3月19日通过决议，要以色列尊重黎领土完整和主权，停火并撤军，并决定成立"联合国驻黎巴嫩临时部队"进驻黎南部监督停火。[②] 以色列于1978年4月11日开始部分撤军，6月13日全部撤出，但撤出前把靠近以色列边界12公里宽的狭长地带交给了哈达德少校指挥的民兵武装，建造了很多公路与以色列相连接，不少当地的什叶派加入了哈达德的武装。然而此次行动没有达到预期目的，大多数巴勒斯坦人已经转移到黎巴嫩北部或叙利亚。巴解武装方面只有300人战死，数百人受伤，但却有成千上万的黎巴嫩平民逃离自己的家园北上。尽管发动如此大规模的行动，以色列仍谨慎地避免卷入当时在贝鲁特发生的叙利亚部队和黎巴嫩阵线间的冲突。以色列向后者提供武器装备和军事训练，空军飞往贝鲁特执行声援黎巴嫩阵线的警告性任务。但总而言之，贝京政府决定避免同叙利亚因黎巴嫩的未来安排发生战争。[③]

在下达开始"利塔尼行动"命令之前，贝京向卡特总统通报了此事。他采用了以色列惯用的外交手法，即只说一半甚至四分之一的真话，而且说得很圆滑，以后根据需要再把没说出的另一半补上。贝京对卡特说，以色列军队将进入黎巴嫩，目的是消灭巴解武装分子的军事基地。实际上，这场大规模军事行动使得整个黎巴嫩南部地区处在了以色列的军事控制之下。与此同时，贝京还以大致相同的方式通过以色列在开罗的军事代表团向萨达特总统做了通报，用以凸显埃以之间的新关系。因为与巴解组织的矛盾，萨达特没有表示反对，选择了沉默。这一消息很快就通过苏联外交部和克格勃的渠道传到了莫斯科。巴勒斯坦人和其他一些阿拉伯国家领导人也先后得知此事，

---

① Walid Khalidi, *Conflict and Violence in Lebanon: Confrontation in the Middle East* (Cambridge: Cambridge University Press, 1979), p. 123.

② 联合国驻黎巴嫩临时部队，简称联黎部队，编制规模13000人，驻扎期开始定为6个月，后一再延期至今。参见：https://peacekeeping.un.org/zh/mission/unifil。

③ Itamar Rabinovich, *The War for Lebanon, 1970-1985*, pp. 105-107.

他们都认为萨达特的做法是又一次背叛行为。几天后,巴解武装人员袭击了开罗。他们劫持了一架载有埃及人的飞机并将机上人员作为人质,还杀死了埃及总统的亲密朋友、《金字塔报》总编辑优素福·苏拜伊。① 1978年夏,黎政府军的一个营被派往南部试图接管这一地带。以色列和哈达德加以反对,该营又无战斗力,在抵达库卡巴村后旋即溃散。1979年4月,黎政府又派出一个营前往南部地区,这次哈达德少校在以色列支持下在他所控制的狭长地带宣布成立"独立自由的黎巴嫩国",公开进行分裂活动。以色列通过培植哈达德分裂势力部分实现了在黎南部建立缓冲区的目标。②

第二节　扎赫拉战役和导弹危机

叙利亚总统哈菲兹·阿萨德与黎巴嫩马龙派—以色列联盟的对抗在20世纪70年代末给他带来了极大麻烦,最终导致1982年叙利亚军队被赶出了黎巴嫩的大部分地区。这场对抗与《戴维营协议》密不可分。1978年,埃及和以色列在美国的主持下达成协议,给阿萨德的战略布局和地区优势以及他对与美国关系的认知以沉重一击,而这恰恰是他在1977年取得的主要外交成就。与萨达特关系的破裂、与卡特关系的迅速恶化以及在国内的困难处境使他陷于整个政治生涯中最糟糕的时期。③ 情况似乎在1978年10月出现了一丝转机,伊拉克出人意料地建议与叙利亚合作,挫败《戴维营协议》。阿萨德一直希望伊拉克为叙利亚提供战略纵深,帮助他说服约旦加入新的反以东部战线,劝说沙特对叙利亚提供更多经济援助,以抵销埃及背叛的后果。然而,阿萨德不得不提防伊拉克颠覆叙利亚及其统一复兴党领导权的野心。随着1980年伊拉克政府宣称在巴格达发现了一起叙利亚阴谋,双方驱逐了对方大使。不久之后两伊战争爆发,叙利亚选择支持伊朗,与伊拉克的关系重返低谷。伊朗伊斯兰革命对地区造成的影响是巨大的,特别是伊朗革命政权输出伊斯兰革命的政策和随后发生的两伊战争对黎巴嫩局势的发展产生了深远影响。传统上,伊朗作为最具影响力的什叶派大国对黎巴嫩什叶派一直保有影响,并在

---

① ［俄］奥列格·格里涅夫斯基著,李京洲等译:《苏联外交秘闻》,第54—55页。
② 季国兴、陈和丰著:《第二次世界大战后中东战争史》,第451—452页。
③ ［以］摩西·马奥茨著,殷罡等译:《阿萨德传》,第162页。

1979年革命后与叙利亚建立了同盟关系，而两伊战争的爆发使黎巴嫩什叶派社群分裂成了支持伊朗的阵营和支持伊拉克的阵营，也刺激了什叶派社群力量的增长和政治立场的清晰化。[1]

此后，约旦国王侯赛因决定不再与阿萨德结盟，选择与伊拉克发展更为密切的关系。阿萨德失去了他最后一个可能的反以军事盟友，也失去了一条与美国进行间接联系的渠道，遂于1980年年底将几个师调遣到叙约边境一带向侯赛因国王施压。然而，这一企图没能成功。除了与巴解组织的关系外，阿萨德雄心勃勃的大叙利亚战略布局全面崩溃。他在黎巴嫩难以自拔，受到来自以色列的威胁越来越大，与美国分道扬镳。在此局面下，他在1980年10月终于与苏联签订了一项友好合作条约，以维持自己在叙利亚摇摇欲坠的统治地位。[2]

1980年夏季对于长枪党而言是一个重要的时间节点，他们完成了一项历时两年的工作：实现对黎巴嫩阵线的完全掌控。这年7月7日，长枪党摧毁了自由民主党的民兵武装，约有100名猛虎部队武装人员丧生，[3]但此时大部分夏蒙主义者选择接受现实，已经认可巴希尔·杰马耶勒的权威，准备与长枪党合作。就此，马龙派实现了对黎巴嫩基督教社群的统一，为后续的争夺奠定了战略基础。如果黎巴嫩的统一得以维系，那么已经实现整合的黎巴嫩阵线可以在其中竞逐；如果黎巴嫩无法维持统一，"小黎巴嫩"的选项将会成为最现实的选择。无论如何，一个整合强化了的黎巴嫩阵线将在任何一种安排中占得先机。在此期间，一个基督教国家的雏形已经在贝鲁特北部的沿海和山区呈现，包括一支小规模的军队、政府和管理机构、位于卡斯利克的知识中心、繁荣的经济、高效的治理。[4]

1980年年底，以色列对黎巴嫩危机的态度开始出现变化，首先体现在与黎巴嫩阵线领导人巴希尔·杰马耶勒建立了更为紧密的同盟关系。这一变化出现的最主要原因是巴希尔·杰马耶勒的个人魅力和领导力的强化：他实现了马龙派民兵武装的整合，使其在以色列人眼中成为黎巴嫩成熟的、政治

---

[1] Itamar Rabinovich, *The War for Lebanon, 1970-1985*, pp. 94-96.
[2] [以]摩西·马奥茨著，殷罡等译：《阿萨德传》，第164—165页。
[3] Theodor Hanf, *Coexistence in Wartime Lebanon: Decline of a State and Rise of a Nation*, p. 248.
[4] Itamar Rabinovich, *The War for Lebanon, 1970-1985*, pp. 114-115.

军事上最强有力的领导人,是自己真正的盟友,是有能力改变黎巴嫩危机和黎巴嫩政治体制的政治领袖。同时,以色列国内政治的发展对其黎巴嫩政策的变化也具有一定影响:持温和立场的外长摩西·达扬和国防部长埃泽尔·魏茨曼从贝京内阁辞职。梅纳赫姆·贝京兼任国防部长,同总参谋长拉斐尔·埃坦一道,在制定以色列国家安全政策时特别是在黎巴嫩问题上采取更为强硬的立场。此外,以色列察觉出逐渐弱势的叙利亚阿萨德政权国内出现危机,在维持在黎存在上愈发困难,而里根政府的态度也呈现出不利于叙利亚的变化。上述状况让以色列认为从黎巴嫩驱除叙利亚的时机正在逐渐成熟。[1]

通过1978年与叙军交锋的经验看,黎巴嫩阵线领导人认为叙利亚确实拥有军事优势,但也意识到叙利亚在通过付出人员和物质代价兑现这一优势地位上是有保留的。[2] 自身实力和自信的持续增长,叙利亚复兴党政权的持续走弱,以色列不断加大的支持,三方面因素使黎巴嫩阵线的领导层在1980年年底有胆量向扎赫拉进一步拓展其政治影响力和军事存在。扎赫拉市在战前有18万居民,主要为希腊天主教徒,该市是贝卡地区最重要的商业中心和控制贝鲁特—大马士革的公路的战略要冲,企图将扎赫拉纳入马龙派势力范围的举动对叙利亚形成了严峻挑战。[3] 后者将其视为对现状的改变,将极大弱化叙利亚在黎巴嫩的存在,特别是威胁到叙黎战略通道的安全保障。叙利亚认为这是马龙派与以色列的合谋,真正的意图是进一步对贝卡地区进军或施加压迫。从1980年年底开始,叙利亚和黎巴嫩阵线在扎赫拉地区、联通扎赫拉和黎巴嫩山地区的公路附近展开了激烈战斗,黎巴嫩阵线据称出动了5000名战士。双方都企图占领黎巴嫩山地区东部的萨宁山——连接扎赫拉和西部朱尼等地的战略要地。1981年春,长枪党民兵控制了贝卡地区的战略要地、俯瞰贝鲁特—大马士革公路的扎赫拉的一座重要桥梁,设伏袭击了一支叙利亚部队后占据了市区,从而切断了叙利亚部队与国内联系的主要通道。叙利亚认为这是对叙在黎地位的严重挑战,于是作出了激烈反应。叙军从4月1日起与长枪党民兵展开激战,先是夺占了扎赫拉市郊萨宁山上的制高点,随之围攻

---

[1] Itamar Rabinovich, *The War for Lebanon, 1970-1985*, pp. 107-108.

[2] Theodor Hanf, *Coexistence in Wartime Lebanon: Decline of a State and Rise of a Nation*, p. 246.

[3] Ibid., p. 249.

市区，对市区进行无差别炮击。叙军在夺占萨宁山时还使用了直升机进行机降，这一行为实际上越过了以色列设置的红线。①

叙利亚采取强硬的态度有以下几方面原因：一是叙国内危机已过去，复兴党统治地位得到巩固；二是1981年4月初美国新任国务卿亚历山大·黑格出访中东，却未将叙利亚列在访问日程之内，阿萨德要向里根政府表明美国不能怠慢叙利亚；三是长枪党控制扎赫拉市威胁叙军在黎巴嫩的存在，使叙利亚的侧翼完全暴露在以色列的军事威胁之下，关系到叙利亚战略安全；四是1982年黎巴嫩总统大选在即，长枪党势力范围的扩大可能对局势的发展产生深远影响。②然而，阿萨德的大胆行动违反了1976年叙以之间关于黎巴嫩的默契，成为1982年以色列入侵的起因之一，而这场战争在一段时期内中止了叙利亚在黎大部分地区的存在。③

扎赫拉战役期间，梅纳赫姆·贝京先是在向巴希尔·杰马耶勒传递的口信中表示：坚持住，第一，以色列将通过直接提供武器装备补给和间接的外交努力对黎巴嫩阵线进行支持。第二，以色列再次承诺，如果基督徒受到叙利亚空军袭击，以色列将动用空军提供支持。第三，以色列将继续打击巴解武装。上述信息表明，以色列尚无理由改变不卷入同叙利亚交战的决定，但这并不与保护黎巴嫩基督教社群的安全和生存的目标相抵触，一个不持敌意的黎巴嫩对以色列的安全至关重要。贝京对黎巴嫩密使说过，以色列在战争中失去过领土，但它知道如何重新夺回领土，这需要耐心和正确的视角。④

叙利亚直升机搭载士兵在萨宁山空降的举动对黎巴嫩阵线的核心地区产生了直接威胁，触碰了"红线"，但如果以色列因为其盟友挑起的争端而选择军事介入黎巴嫩，其国内舆论能否接受是个问题。以色列大选将于1981年6月举行，国内对与黎巴嫩阵线合作的意见并不统一。前外长摩西·达扬就对以色列的黎巴嫩政策进行了批评。总理贝京则一方面向黎巴嫩盟友表示不会允许叙利亚对其动用空军，另一方面又表示以色列不会站在盟友一边参与对

---

① Theodor Hanf, *Coexistence in Wartime Lebanon: Decline of a State and Rise of a Nation*, pp. 249-250.
② 季国兴、陈和丰著：《第二次世界大战后中东战争史》，第453—454页。
③ [以]摩西·马奥茨著，殷罡等译：《阿萨德传》，第161—162页。
④ Itamar Rabinovich, *The War for Lebanon, 1970-1985*, p. 165.

叙作战。到了1981年4月28日，以色列采取的行动是出动空军轰炸了扎赫拉市附近的叙军阵地，随后在扎赫拉附近击落了两架向萨宁山据点运送补给的叙军直升机。这表明以色列不会容忍叙利亚动用空军的行动，不能接受叙军向黎巴嫩山地区推进，同时暗含以色列接受叙利亚在扎赫拉占主导地位的信息，希望恢复原有局面。①

作为回应，叙利亚在4月29日增派7000名士兵，同时把几个连的苏制萨姆–6防空导弹部署在贝卡地区，又在叙黎边境部署了远程萨姆–2导弹。这一举动被以色列视为叙利亚准备在未来介入以色列和巴勒斯坦在黎冲突的前奏。如果说在萨宁山区使用直升机尚能解释得过去的话，那么部署地空导弹则彻底破坏了1976年叙以协议。对以色列而言，到了必须要对叙利亚的举动进行回应的时候了。但此时以色列大选将近，其危机管理和国内政治已经混为一谈，美国也不希望叙以之间爆发战争，而是否值得为此暴露以军在军事装备和技术方面取得的发展也是个问题。以色列当局认为，叙利亚在黎巴嫩部署导弹给以色列战略安全造成威胁，要求叙利亚限期撤出，并威胁以武力摧毁叙利亚导弹。叙利亚则表示这是其合法防御权利，决不撤出，双方一时剑拔弩张。据贝京事后透露，以色列曾计划于4月30日采取军事行动，后因气候原因推迟。② 埃及批评了以色列的黎巴嫩政策，反对孤立黎巴嫩阵线，同时要求叙利亚军队撤离黎巴嫩。但在叙以危机最严重的时刻，萨达特在大选前夜到访以色列，以示对贝京的支持，显示出埃及对以色列撤出西奈压倒一切的期待。一旦埃及完成收复整个西奈半岛，新的地区格局将建立起来，黎巴嫩危机的发展也将受此影响呈现出不同的态势。

事件后来的发展证明，叙利亚对以色列的反应是有技术准备的，哈菲兹·阿萨德的每一个举动都是经过仔细盘算的，他一定知道叙利亚对扎赫拉的激烈还击将会招致以色列的回应，他似乎已经做好了同以色列进行对抗的准备，甚至对此颇为兴奋：一方面因为复兴党政权自认为已经熬过了国内危机；另一方面，与苏联签署合作条约后，叙利亚军队获得了大批新式武器装备。阿萨德希望通过展示叙利亚的实力让里根政府明白，冷落叙利亚的代价

---

① Itamar Rabinovich, *The War for Lebanon, 1970-1985*, pp. 115-117.
② Theodor Hanf, *Coexistence in Wartime Lebanon: Decline of a State and Rise of a Nation*, p. 251.

是高昂的。一系列事件也让以色列和黎巴嫩阵线各自进行了重新评估。出于对以色列方面的失望，巴希尔·杰马耶勒领导的黎巴嫩阵线进入了"阿拉伯时段"，宣布断绝与以色列的关系，希望在沙特的帮助下，通过传统的黎巴嫩和阿拉伯政治寻求黎巴嫩危机的解决办法。但随着当年11月沙特折戟菲斯阿盟峰会，巴希尔·杰马耶勒不得已又重新转投以色列一方。而以色列方面对巴希尔·杰马耶勒的认识也因此受到了影响。[1]

导弹危机对新近签署的苏叙协约是一个检验。苏联显然希望能够通过可控的危机干扰里根政府的中东政策，但危机升级有可能带来的尴尬局面是苏联不愿看到的。苏联外交部第一副部长乔治·科尔尼延科5月6日赶到大马士革，向叙利亚保证莫斯科支持叙利亚在黎巴嫩的立场，包括在贝卡地区部署导弹的权利。苏军总参谋长也率代表团到大马士革同叙利亚举行"军事战略会谈"。苏当局向叙利亚保证，如果叙在贝卡地区的导弹被以色列摧毁，苏将立即予以补充。但苏联也要求叙利亚保持一定克制，不致苏美迎头相撞。[2] 实际上，苏联采取了模糊的手段，在将"莫斯科号"直升机航母靠近黎巴嫩海域的同时，又通过苏联驻黎大使表示苏叙条约未必适用于黎巴嫩。随着叙以爆发更大规模冲突的可能降低，苏联的调门不断升高。[3]

另一边，罗纳德·里根1981年上台后，美国对黎政策出现了细微变化。里根和国务卿亚历山大·黑格主要从美苏争霸的角度看待中东地区。在他们眼中，叙利亚和巴勒斯坦明显是不受待见的，而对保守亲西方的黎巴嫩阵线及其民兵武装颇具好感，在1981年初接受了巴希尔·杰马耶勒的访美请求。到了1981年春天，美国认为是时候结束叙利亚在黎巴嫩的军事存在和政治影响力了，因此通过黑格首访中东期间的讲话对叙利亚进行了批评。在4月6日与以色列总理贝京共同出席的记者会上，黑格对于叙利亚军队和长枪党民兵在扎赫拉的战事评论道："我们认为叙利亚对黎巴嫩基督徒采取的残暴行动是

---

[1] 后来的卡汉委员会报告显示，一直以来以色列方面经营与巴希尔和长枪党关系的机构是摩萨德，但是越来越多的来自军情部门的反馈显示其并不看好长枪党的政治和军事可靠性。双方之间的关系更多的是建立在巴希尔和沙龙私人关系基础之上的。参见：Thomas Mayer, Lebanese Politics and the Missile Crisis, in Colin Legum, et al., *Middle East Contemporary Survey*, Vol. V 1980-81 (New York & London, 1982), pp. 675-676。

[2] George W. Breslauer, *Soviet Strategy in the Middle East* (London: Unwin Hyman Ltd., 1990), p. 107.

[3] Itamar Rabinovich, *The War for Lebanon, 1970-1985*, pp. 118-119.

一个重要转折，这从任何国际准则角度讲都是不可接受的，如果无法恢复停火状态事态将非常严重。"① 美国在导弹危机发生后从保住自己在中东的地位和影响出发，防止苏联插手，力图稳住局势，平息冲突。美国担心事态扩大后会导致更大规模的战争，造成两个超级大国之间的直接对抗，同时导致美国同阿拉伯国家关系急剧恶化，打乱美国在中东与苏联争夺的战略布局。因此，美国派出资深外交官菲利普·哈比卜作为特使从5月7日起在叙、以、黎之间开展穿梭外交进行调解。里根的黎巴嫩政策回到了与前两任总统一致的轨道上，而美国作为唯一一个能够对以色列施加有效影响的国家，在此时成为黎巴嫩内战的主要外部影响因素。

随着埃以和平协定的落地，以色列获得了对叙利亚的军事优势，同时随着其1973年战争之后军事实力的逐渐恢复和增强，以色列越来越倾向通过军事手段彻底解决黎巴嫩问题，特别希望将巴解组织从黎巴嫩彻底清除。② 而此后巴以之间爆发的战事又进一步坚定了以色列的决心。1981年7月，出于对巴解武装日益增长的军事力量的担忧，尤其是担心其在叙利亚防空系统的掩护下沿黎以边境展开消耗战，以色列内阁授权以色列国防军通过炮击和空袭的形式摧毁巴解在黎南的军事基础设施。这一行动最终发展成了巴以之间的炮战，巴解武装对加利利地区的炮击造成大量破坏，该地居民在掩体中躲藏数日，而以方炮火和空袭竟无法对其形成遏制。③ 以色列内阁遂授权以军对巴解组织在贝鲁特的总部进行空袭，造成附近地区重大人员伤亡和财产损失。7月17日，以色列战机轰炸了贝鲁特的一座多层建筑物，据信这座建筑物内住有巴解组织相关机构的官员，造成300人死亡和800人受伤；④ 巴勒斯坦解放组织则用大炮猛轰以色列北部地区。炮战显示出了巴解武装以黎南地区为基地发动攻击，随时使以色列北部地区陷入瘫痪的能力。

7月24日，美国在沙特等一些阿拉伯国家配合支持下，促成以色列和巴

---

① Itamar Rabinovich, *The War for Lebanon, 1970-1985*, p. 91.
② Ibid., p. 92.
③ 巴解武装炮兵部队对哈达德控制区和上加利利地区进行了持续14天的炮轰，因此也被称为"十四日战争"。巴以双方最终在美国特使菲利普·哈比卜的斡旋下实现停火。参见：Theodor Hanf, *Coexistence in Wartime Lebanon: Decline of a State and Rise of a Nation*, p. 252。
④ Journal Article, "The Bombing of Beirut," *Journal of Palestine Studies*, Vol. 11, No.1, Autumn (1981), pp. 218-225.

勒斯坦解放组织签订了停火协议，并使叙以之间的导弹危机暂时得到解决。解决的方式是：长枪党撤离扎赫拉市，改由黎巴嫩政府军进驻；叙利亚部队解除对扎赫拉市的包围，但暂不撤出在黎巴嫩的导弹；以色列保证不对叙利亚导弹基地采取军事行动。停火协议虽使导弹危机得到控制，但远未能解决问题。协议达成后，以色列总理贝京多次扬言要摧毁叙利亚在黎巴嫩的防空导弹。鉴于巴解组织在7月炮战中所显示的实力，以色列政府已下定决心给巴解组织以毁灭性打击，开始酝酿一场新的入侵行动。[1] 停火协议只是暂时将问题冻结，以色列国内要求摧毁巴勒斯坦解放组织的呼声渐高，其代表人物是时任国防部长阿里埃勒·沙龙。1981年10月，沙龙为以色列划定了底线，表示只要出现下列情况之一，以色列就可以向阿拉伯方面开战：阿拉伯国家拥有或发展核武器，阿拉伯军队沿以色列边界集结，违反阿以之间的停火协议或者阻断海上和空中交通。同年12月，沙龙向议会提交了一份《80年代以色列战略问题》的文件，文件中提到以色列要发动一场大规模的军事行动，占领黎巴嫩的大部分地区。1982年1月，沙龙访问了贝鲁特，当面与巴希尔·杰马耶勒讨论了入侵黎巴嫩的计划。[2] 至此，1982年6月爆发的以色列全面入侵黎巴嫩的战争剧本已基本写定。[3]

随着叙利亚军队在黎巴嫩的持续存在，叙利亚与黎巴嫩内战两大阵营的关系也在不断发生变化。此后，叙利亚国内出现了政权危机，黎巴嫩国内各派别借机蠢蠢欲动。埃利亚斯·萨尔基斯总统在出席突尼斯阿拉伯峰会时打算提出黎南问题和巴解组织在黎活动问题，流露出了企图摆脱叙利亚控制的态度。到了1980年1月，叙利亚宣布从黎巴嫩撤出部分军队并重新部署剩余兵力，将贝鲁特和沿海的部分区域交由巴解武装控制，叙军则继续维持对贝鲁特及大马士革公路区域的控制，严守贝卡地区。撤军行动在一定程度上有利于改善叙利亚在黎巴嫩问题上的处境，但无法掩盖其势力的衰落。[4] 1978年以色列入侵黎南地区实现了建立安全区的目的，但并未彻底消除巴解武装对以色列北部地区的安全威胁，1981年7月发生的炮战则成为黎巴嫩内战进入

---

[1] 季国兴、陈和丰著：《第二次世界大战后中东战争史》，第454—455页。

[2] 赵伟明著：《中东问题与美国中东政策》（北京：时事出版社，2006年），第235页。

[3] Itamar Rabinovich, *The War for Lebanon, 1970-1985*, p. 120.

[4] Theodor Hanf, *Coexistence in Wartime Lebanon: Decline of a State and Rise of a Nation*, p. 252.

新阶段的序幕。

第三节　第五次中东战争

1981年发生的扎赫拉战役、导弹危机和巴以炮战为新的更大冲突的爆发进行了充分酝酿，最终导致1982年6月第五次中东战争在黎巴嫩爆发，以色列、巴解组织和叙利亚围绕争夺黎巴嫩展开了战争。这场战争是在埃及与以色列缔结和平条约的情况下发生的，又深受过去5年埃以和平进程的影响。主要战事持续了三个月，但其在政治方面的影响，特别是对黎巴嫩政治体系、巴勒斯坦问题以及以色列和阿拉伯政治的影响颇为深远。[①]

一、战争背景

1981年发生的3场冲突使黎巴嫩内战进入了一个新的阶段，维持黎巴嫩现状的阶段性脆弱平衡被彻底打破。对于以色列而言，在贝卡地区部署的地空导弹系统不仅是对1976年协议的违背，打破了以色列的红线，更是切实威胁，显示出叙利亚在黎巴嫩不断膨胀的进攻态势。同时，巴解武装在7月炮战中展示出的军事实力甚至令以军难以招架。虽然双方在美国资深外交官菲利普·哈比卜斡旋下达成了停火协议，但这并没有从根本上解决问题。以色列坚持认为，所有以黎巴嫩为基地的反以活动都应当停止，无论是在哈达德的辖区还是在约以边界抑或是西欧国家。但巴解组织则强调该协议仅适用于黎以边界地区。对于以色列而言，解除这一威胁的唯一选择只剩下发动大规模地面军事行动。以色列领导人认为，巴解武装借停火之机继续扩展其在黎南地区的军事据点，停火协议迟早会被撕毁。当然，叙利亚部署在贝卡的导弹也需要一个解决方案。[②]

1982年春，以色列国内围绕一场对黎巴嫩大规模地面行动能否彻底解决问题展开了公开辩论。工党的两位前总参谋长伊扎克·拉宾和莫迪凯·古尔认为这一选项并不能解决问题，应当维持停火协议，尽管他们对这一状况也

[①] Itamar Rabinovich, *The War for Lebanon, 1970-1985*, p. 121.

[②] Theodor Hanf, *Coexistence in Wartime Lebanon: Decline of a State and Rise of a Nation*, p. 256.

感到不满。实际上他们并不反对军事选项，只是不支持大规模行动，对有限规模的、以开辟安全区为目的的行动并不反对。总参谋长拉斐尔·埃坦将军则认为巴解武装在黎南的问题可以通过军事手段予以解决。政府方面认为，一个类似于利塔尼行动的有限规模战争没有意义，只要巴解组织仍盘踞在贝鲁特，任何在黎南地区的小规模行动都只是权宜之计。① 同时，在以色列的内部讨论中，以色列领导人认为，彻底解决黎巴嫩的巴解组织有助于以色列实现其在约旦河西岸的最终安排。②

此时在黎巴嫩，埃利亚斯·萨尔基斯的总统任期将于1982年9月结束。5月至9月，黎巴嫩国内政治的主题是选举继任总统，三个阵营的候选人有望继承总统职位：黎巴嫩阵线领导人巴希尔·杰马耶勒、叙利亚支持的苏莱曼·弗朗吉亚和独立候选人雷蒙德·埃代。此外还存在另外两种可能：萨尔基斯任期延长或选择德高望重的马龙派中立政治家让·阿齐兹。③ 此时黎巴嫩出现乱战，巴解武装与什叶派民兵在贝鲁特和黎南地区、与纳赛尔主义者在赛达展开激烈竞争并爆发战斗，亲叙和反叙势力在的黎波里大打出手。④ 德鲁兹派领袖瓦利德·琼布拉特呼吁出台解决黎巴嫩问题的"黎巴嫩方案"。而与黎巴嫩阵线的关系成为影响以色列决策的重要依据。应当说，黎巴嫩阵线与以色列的关系是复杂和矛盾的。1981年导弹危机期间，巴希尔·杰马耶勒由于对以色列政策的失望断绝了与其关系，试图与沙特达成一致未果后，与叙利亚重启对话的努力也无功而返，只得重投以色列怀抱。毫无疑问，巴希尔·杰马耶勒希望借以色列之手消灭巴勒斯坦和叙利亚在黎军事存在。但他同时认识到，如果是在以色列对黎巴嫩发动军事行动的情况下当选总统，新总统的合法性必将遭到质疑，更重要的是他对以色列是否会发动军事行动以及如果发动军事行动又能否取得成功持怀疑态度。然而，与巴希尔·杰马耶勒关系的

---

① Theodor Hanf, *Coexistence in Wartime Lebanon: Decline of a State and Rise of a Nation*, p. 257. Itamar Rabinovich, *The War for Lebanon, 1970-1985*, pp. 122-123.

② نبيل خليفه، الاستراتيجيات السورية والإسرائيلية والأوروبية حيال لبنان، ص 105.

③ 让·阿齐兹（1917—1986），黎巴嫩政治家、著名诗人，毕业于黎巴嫩圣约瑟夫大学，曾任律师、法官、议员。参见：يوسف راشد، (24 آذار 2010) "جان عزيز... كيف تترجم الأخلاق إلى أفعال" - جريدة النهار。

④ 参见：Theodor Hanf, *Coexistence in Wartime Lebanon: Decline of a State and Rise of a Nation*, pp. 241–256.

摇摆让以色列的危机感陡升，军事介入的紧迫性亦随之提升。①

美国因素也不容忽视，这是因为美国对待黎巴嫩危机的态度发生了变化。菲利普·哈比卜调停导弹危机的经历让里根政府明白，黎巴嫩局势的恶化是其不得不应对的地区挑战，特别是美国在1981年11月已经意识到以色列在酝酿彻底改变黎巴嫩现有局面的大动作。1982年2月，以色列军事情报局局长约书亚·萨吉奉命访美又再次传递了这一信息。此时美国竭力反对以色列对黎发动军事行动，担心在黎巴嫩发生的战争将影响西奈半岛撤军的实施，进而影响埃及穆巴拉克政权的稳定，使美国的中东政策陷入被动。5月，里根政府已经意识到，巴以停火协议迟早将崩溃，以色列届时将发动大规模军事行动，既然形势已经注定，不如趁机尝试有望全面解决黎巴嫩危机的方案，也许这还能实现阿以和平进程的突破。当月，国务卿亚历山大·黑格在华盛顿会见以色列国防部长沙龙时表达了对以色列计划的支持。他的立场实际上对以色列最终发动战争的决定起到了推波助澜的作用。但事实上，美国政府内部的意见并不统一，黑格并不能代表美方的全部意见。国防部长卡斯珀·温伯格和总统国家安全事务助理威廉·克拉克等人就认为，以色列如果对黎巴嫩发动大规模入侵将引发阿拉伯世界的反美情绪，影响支持美国的海湾保守阿拉伯国家政权稳定，给苏联在此地区重建影响力以可乘之机。同时，若在黎巴嫩开辟新战线，阿以和平进程势必将受到影响。但是以色列在评估美方立场时显然过高估计了黑格表态的分量，认为美以之间达成了模糊的共识，进而造成里根政府和贝京政府之间的误解。②

以色列方面，梅纳赫姆·贝京政府的领导集体与其第一任期相比更具自信和决断力，对自己的信条更为坚守。新任国防部长阿里埃勒·沙龙是策划和推动这场战争的核心人物。他是传统国防系建制派人物，也是利库德集团的重要成员。从前线指挥官起家，沙龙在军中威信极高，对国防军、国防官僚体系和国防工业的掌控力极强，对以色列的安全问题和诉求有全面见解，同时思索出了解决问题的一整套政策方案，并具备落实这些政策的能力。在接掌国防部6个月后，沙龙几乎垄断了以色列的一切国防政策，并将这种影响

---

① Itamar Rabinovich, *The War for Lebanon, 1970-1985*, pp. 124-125.
② Ibid., pp. 125-126.

力扩大到了外交政策范畴：对国防工业进行重组，在加沙和约旦河西岸问题上实施新的政策，打理与埃及关系——疏散西奈北部的犹太人定居点，在非洲实现外交突破，等等。与以色列新政府在选举中获胜带来的自信相比，阿以冲突中的另一方显然不在状态。安瓦尔·萨达特的全部关切都在1982年4月25日全面收复西奈半岛上，埃及遭到阿拉伯国家集体排斥；伊拉克陷入两伊战争泥淖；叙利亚与约旦处于敌对状态。也就是说，以色列的东西战线均处于安全状态，占有绝对军事优势。虽然以色列要为其西岸政策和对伊拉克实施"歌剧院行动"付出政治代价，但只要美国的支持得到确保，国际社会的谴责和他们对巴解组织日益增长的支持都无足轻重。[1]

此时，贝京政府采取了另一个引发极大非议的举动，即在1981年12月将戈兰高地纳入以色列法律管辖范畴，其动机除了国内政治的考虑外，还意在向外界展示以色列有采取任何措施的可能和底气，任何挑战《戴维营协议》和以色列在加沙、西岸政策的举动都将受到反制。此时的阿以军事平衡的天平已经彻底倒向以色列一边，在政治上遭遇孤立的叙利亚很难对这一挑战予以回击。然而叙利亚军事力量并非不堪一击：叙军拥有3个装甲师、2个机械化师、6个独立装甲或机械化旅、超过400架战机、2个导弹团、多个独立特种兵和伞兵团。如果叙利亚的军备建设继续发展下去，叙军很可能在两三年后具备挑战以色列军队的能力。而这种状况一旦发生，很可能诱使以埃关系恶化，届时埃军也可能已经熟悉和适应了新到手的美制装备，局面将对以军极为不利。此外，两伊战争和叙利亚—约旦的敌对关系也随时可能出现不利于以色列的发展变化。阿拉伯国家在1981年、1982年无法与以色列抗衡，但很有可能到了1983年、1984年的时候就足以对以色列造成威胁。[2]

以色列国防部对本国遇到的安全挑战进行了全面评估。沙龙在1981年年底两次公开谈论以色列在20世纪80年代面临的安全格局，并提出了相关解决对策，他在《80年代以色列战略问题》中提出了新的"红线"政策：阿拉伯人掌握核武器或者阿拉伯军队在以阿边境陈兵、违反去军事化协议，甚至像干扰海上和空中通信这样的办法都会被视为交战行为。他寻求与美国建立战

---

[1] Itamar Rabinovich, *The War for Lebanon, 1970-1985*, pp. 127-128.
[2] Theodor Hanf, *Coexistence in Wartime Lebanon: Decline of a State and Rise of a Nation*, p. 257.

略共识，强调以色列强大的军事实力和军事潜力是维持牢固的美以关系的基础。苏联对地区带来的挑战将威胁以色列的安全利益，应当予以消除。沙龙认为，由于不具备财政和人口优势，以色列不应当再与阿方展开武器数量的竞赛，而是应当寻求建立质量优势。在沙龙心中正酝酿着一盘大棋，将一举多得地解决黎南地区对以色列的安全挑战和其他多个困扰。①

  沙龙的计划建立在众多认知和前提之上：一场在黎南地区的大规模行动不可避免；以色列只有进行一次大规模行动的能力；如果不能一揽子地解决黎巴嫩危机，黎南问题无法彻底解决；一个解决黎巴嫩危机的方案是存在的；黎巴嫩危机的解决将对整个地区的政治安排产生根本影响；仅仅为了使巴解火炮无法触及以色列北部边境而开辟40公里安全区的行动是得不偿失的，而如果以色列军队继续向北推进至贝鲁特周边和贝鲁特—大马士革公路一线，以色列将开辟出新的战略局面。在此过程中，巴解武装在黎巴嫩的基地将被捣毁；叙军则要么撤退要么承受溃败；以色列的盟友黎巴嫩阵线将控制整个贝鲁特，成为具有支配地位的政治力量，巴希尔·杰马耶勒有望当选总统，黎巴嫩政治体系将被重塑并处于亲以势力的管辖之下。同时，通过重建黎巴嫩的国家机构，能够解决因为国家分裂造成的一些问题，新政府的权威和新型黎以关系将使黎南的安全安排持续而有效。在黎巴嫩丧失自治领地的巴解组织将从根本上失去其影响力，其对加沙和西岸地区的威胁将极大削弱，使以色列版的自治方案和其落实《戴维营协议》的设想得到实现。在黎巴嫩失去地位的叙利亚至少在未来十年内不会在以叙战争中对以色列造成实质性挑战。最终，如果黎巴嫩新政府能够与以色列签署和平协议或者至少实现黎以关系正常化，埃以关系也将得到有力巩固，以色列与阿拉伯世界的和平关系将不再孤单。② 后续披露的信息显示，以色列内阁一开始授权的是一个规模较为有限的军事行动，而随着行动的展开，以色列政府的决策更多地受到沙龙的绑架。但沙龙坚称，他的每一步行动都获得了内阁的授权。

---

① Itamar Rabinovich, *The War for Lebanon, 1970-1985*, pp. 131-132.
② Ibid., pp. 132-133.

二、战争过程

随着1982年6月3日艾布·尼达尔组织①刺杀以色列驻英国大使施洛摩·阿尔戈夫未遂②，以色列终于找到了开战的理由。有消息显示，艾布·尼达尔组织的刺杀活动系伊拉克情报部门指使，因为各方早已认定以色列入侵黎巴嫩迟早会发生，而以色列入侵黎巴嫩，无论叙利亚选择介入还是回避，都将会失败，进而削弱叙利亚复兴党的威信，使伊拉克在两国的竞争性对抗中占据优势地位。③后来的事实证明，战争形势的发展和结果与以色列的盘算——无论是内阁批准的有限战争版本还是国防部长鼓吹的大规模战争——都大相径庭，出现了大量计划外的因素。

1982年6月4日至5日举行的以色列内阁会议正式批准了入侵行动。④6月6日，以色列内阁发布了一项声明，阐明以色列国防军发动军事行动的意图：命令以色列国防军确保加利利地区处于巴解武装袭击范畴之外，这些武装人员以黎巴嫩为基地，并在那里设立了总部；行动代号"加利利和平行动"；行动中除非叙军主动攻击以军，否则叙军将不会成为进攻目标；以色列仍希望与独立的黎巴嫩签署和平协定，其领土完整应得到保护。在接下来几天中，政府发言人反复强调，以色列的唯一目标是摧毁巴解武装在黎巴嫩南部地区的军事基础设施。但正如内阁声明所示，"加利利和平行动"具有野心更大的目的。1982年夏天，国防部长沙龙开始越来越清晰地阐释这些目的，总结起来分为4个方面：摧毁巴解组织在黎南地区的基础设施，开辟40公里安全区，使以色列北部地区置于巴解炮火射程之外；摧毁巴解组织在黎巴嫩其他地区特别是贝鲁特的据点，消除其对黎巴嫩政治的影响力，削弱其在阿以冲突中

---

① 艾布·尼达尔，本名萨布里·班纳（1937—2002），法塔赫创始人之一，1974年10月从法塔赫中分离出来组建了艾布尼达尔组织（Abu Nidal Organization, ANO），为巴勒斯坦抵抗运动中最为激进的派别。

② 阿尔戈夫在遇袭后伤重住院，3个月后才苏醒并恢复了知觉，后被送回耶路撒冷进行康复治疗，饱受伤病困扰，于2003年去世，享年73岁。

③ Schiff, Ze'ev, Ya'ari, Ehud, *Israel's Lebanon War* (New York: Simon and Schuster, 1984), pp. 99-100.

④ Gerald Cromer, *A War of Words: Political Violence and Public Debate in Israel* (London & New York: Frank Cass, 2004), p. 116.

的作用；击败叙利亚军队，迫使其全部或部分撤出黎巴嫩，在可能发生的叙以战争中占得先机；重建黎巴嫩的国家机构和政治体系，使以色列盟友巴希尔·杰马耶勒及其领导的黎巴嫩阵线在这一体系中占据支配地位。这一政策目标的制订者相信，1981年下半年和1982年年初在黎巴嫩内战、阿以冲突和以色列政治中出现的发展变化使其有能力实现这些目标。

（1）初始阶段战事

自1982年6月6日11时开始，在经过5个小时炮火准备和空袭后，以色列先头部队4个旅约2万人在飞机、大炮和200多辆坦克的掩护下，越过联合国临时部队的控制区入侵黎巴嫩。接着，后续部队8万人，坦克1400多辆，火炮600多门也陆续投入战斗。以军兵分三路：西路为主攻方向，以1个装甲旅为先导，有2个师沿地中海沿岸公路向北推进，攻打苏尔、赛达、达穆尔等地区的巴解组织基地，从正南方向威胁黎巴嫩首都贝鲁特的安全。为配合这一进攻，以军在上述地区实施伞兵机降和两栖登陆。这些机降部队的突然出现对于切断巴解武装的退路、对其进行分割包围起到了重要作用。以军在中路以1个装甲旅为先导，2个机械化师从以色列北部突出地区加利利北上，强渡利塔尼河，攻打巴解组织南部战区指挥部所在地奈拜提耶和重要据点波弗特堡。在奈拜提耶，以军也实施了伞兵营机降作战。东路以军1个师从戈兰高地谢赫山西侧出发直取哈斯巴亚和"法塔赫之乡"阿尔库卜地区。这一路的目标是对黎巴嫩东南地区的巴解武装分割包围，摧毁巴解组织在该地区建立的一系列军事基地。后来中路和西路又共同指向杰津，汇合后向北面的贝鲁特—大马士革公路推进，以图切断这一横贯黎巴嫩的交通干线，从而切断驻贝鲁特的巴勒斯坦和叙利亚部队同黎东部地区以及叙利亚之间的联系，并从东部和东南部方向威胁贝鲁特。在贝鲁特—大马士革公路南侧的阿因达拉，以军也进行伞兵营机降作战。据报道，以军这次参加入侵的机降伞兵共有2个旅，两栖登陆的陆军近3个旅。①

为了加快推进的速度，以军司令部命令所属部队不要与巴解小股部队纠缠，全速奔向预定目标。以色列的主要精力放在黎巴嫩南部的西侧和中间区域。在登陆部队的配合下，西路以军迅速推进至贝鲁特南部的基督教小镇达

---

① 季国兴、陈和丰著：《第二次世界大战后中东战争史》，第464—465页。

穆尔，这里在1976年就被巴解武装占领。① 在快速推进、减少伤亡方针的指导下，大城市苏尔和赛达被大部队跳过后经围城后被攻克。在武装直升机掩护下，以装甲纵队加快了前进速度。西路军平均每天前进30公里，中路军为20公里。在向北的推进过程中，三路大部队又各以部分兵力实施穿插迂回，将巴解分割包围，然后由步兵反复清剿。至9日，西路以军已进抵贝鲁特以南4公里处的国际机场；中路和东路以军会合后进抵贝鲁特—大马士革公路的中段，并沿贝卡地区西侧部署。以军一方面加紧围困贝鲁特西区，一方面调整部署，对贝卡地区的叙军施加压力。以军行动远远超过其刚开始宣布的在黎南地区建立40公里"安全区"的范围。②

最开始的这3天时间里，巴解武装的抵抗较为有限，大部队向北后撤，大量聚集在贝鲁特西区和南部地区，这让以军在短时间内就兵临贝鲁特外围。但巴解武装也取得了一定战果：在以军入侵的当天，巴解武装在奈拜提耶用萨姆导弹击落了3架以色列"天鹰"式攻击机和1架直升机，活捉1名以色列飞行员。在波弗特堡，50名巴解武装战士依托坑道和野战工事同以军进行了长时间的周旋，击毙1名以色列少校。以色列国防军副参谋长兼侵黎部队总指挥耶库蒂尔·亚当少将前往达穆尔视察，在一辆坦克前准备拍照时，被巴解武装人员的手榴弹炸死。以国防部长沙龙不得不承认，以色列这次入侵付出了惊人的代价。在中路，以军需要穿越山地，同时遭遇巴解武装和叙利亚部队。在东路，以色列仅以一小股部队推进，且在未遭到叙利亚军队攻击的情况下，不主动攻击叙军。这3天中，人们普遍认为以军的目标是在黎南地区建立安全区，行动因此在国内并未招致太多非议，国际上的批评也较为温和。尽管对以色列入侵持保留态度，但里根政府仍决心帮助以色列完成这一计划，在联合国安理会提出的停火协议表决时投了否决票。同时，苏联和阿拉伯国家的抗议也不激烈。③

以色列和叙利亚军队于9日爆发了小规模冲突。叙利亚非常不愿意在黎巴嫩与以色列开战，尽量不对巴解武装进行支持，以免以军作出反应。但叙利亚的良苦用心并未收到期盼的结果，以色列很快便指责叙利亚在菲利普·哈

---

① Theodor Hanf, *Coexistence in Wartime Lebanon: Decline of a State and Rise of a Nation*, p. 259.

② Ibid., p. 260.

③ Itamar Rabinovich, *The War for Lebanon, 1970-1985*, p. 136.

比卜斡旋期间未遵守信用。因为在沙龙的计划中，赢得一次对叙利亚的军事胜利有助于实现以色列的军事目的，而彻底摧毁叙利亚在贝卡地区部署的萨姆-6导弹基地又是此次入侵的主要目标之一。更重要的是，对于以色列来说，在黎南地区的西路向北推进中可以避免与叙军发生冲突，但在中路和东路向北推进则势必遭遇叙军。特别是只要靠近黎以边境的巴解武装和叙利亚军队仍然处在叙利亚防空保护伞的保护范围内，同时巴解武装仍然盘踞在贝卡地区或仍处于叙利亚的操控之下，加利利和平行动的目的是无法实现的。在中路以军完成对叙利亚贝卡地区驻军侧翼进行包抄的情况下，东路以军开始压迫黎巴嫩东部贝卡地区南缘的叙利亚军队。6月9日14时许，以色列借口叙利亚增派导弹部队和空袭以地面部队，对叙导弹基地实施了大规模空袭。以空军在6分钟内将叙利亚19个萨姆-6导弹连悉数摧毁。到了6月10日，叙军已彻底被以军钳制。以军在陈兵戈兰高地牵制叙利亚主力部队的同时，对失去空中保护的贝卡地区的叙军展开围攻，并向靠近大马士革的方向运动，而苏联和阿拉伯国家并未对叙利亚施以援手。叙利亚只能对莫斯科施压，通过莫斯科向华盛顿施压，再通过华盛顿对以色列施压，最终达成停火协议并于6月11日生效。[①] 此时在西路，赛达和苏尔已被以军占领。以色列国内舆论此时意识到，以色列国防军的意图远远超出它之前宣称的内容。同时，由于以军遭受的伤亡和战争对赛达、苏尔等地造成的破坏，以色列国内外对总理和国防部长的批评声调愈高。[②]

以军通过突然袭击，在6天内深入黎巴嫩境内90公里，占领了黎巴嫩1/4的领土（约2800平方公里），攻陷了巴解组织30多个军事设施，缴获了70个巴解武装军火库，俘获6000多名巴解武装战士。以色列的入侵给黎巴嫩和巴勒斯坦人民的生命财产造成重大损失，有近1万人死亡，1.5万多人伤残，50万居民失去家园，许多城市遭到严重破坏，一些村庄化为焦土。[③] 6月11日的停火协议标志着战事告一段落。以色列国防军成功击败了叙军，同时控制了战争规模：没有将战事扩大到戈兰高地，苏联也没有站在叙利亚一边介入战事。但叙军仍牢牢控制着贝卡地区的北部和黎北部地区、贝鲁特—大马士革

---

① Theodor Hanf, *Coexistence in Wartime Lebanon: Decline of a State and Rise of a Nation*, p. 260.
② Itamar Rabinovich, *The War for Lebanon, 1970-1985*, pp. 137-138.
③ 季国兴、陈和丰著：《第二次世界大战后中东战争史》，第465—466页。

公路大部分区域和黎巴嫩山地区的中心地带。①

（2）贝鲁特围城战

随着以叙停火协议的达成，以军可以心无旁骛地对付聚集在贝鲁特的敌人。在沙龙的战略构想中，以军不进抵贝鲁特是无法实现从黎巴嫩南部地区驱逐巴解武装的目的的。② 于是在接下来的几天，以军继续向贝鲁特南部和东部集结，并与黎巴嫩阵线控制的区域形成了连接。从6月14日开始，以色列集中了3.5万人的部队、300多辆坦克和100多门大炮对巴解组织总部所在地贝鲁特西区实施包围，逼迫巴解组织总部及其有生力量撤离贝鲁特西区。以军先是进入黎巴嫩长枪党武装控制的贝鲁特东区，从东面构成威胁，接着从南面逼近贝鲁特，突破巴解武装在哈勒迪地区的防线，占领贝鲁特南郊舒亚法特黎巴嫩大学理工学院。6月21日又出动地面部队和坦克向位于贝鲁特东南部贝鲁特—大马士革国际公路上的重镇卜哈姆敦的叙利亚阵地发起进攻。双方在此进行了激烈的坦克战，叙利亚在两次坦克战中共损失300多辆坦克。以色列于24日下午占领该镇，从而切断了叙利亚与贝鲁特之间的重要联系渠道。这样，加上以色列从北面和西面在海上的封锁，以色列就完成了对贝鲁特西区的包围。以色列逐步缩小包围圈，巴解组织到后来只控制着贝鲁特西区8至10平方公里的地区。以色列企图通过围困的办法迫使巴解组织撤离。③

从7月上旬开始，以色列连续不断地对贝鲁特西区进行轰炸，猛烈袭击西区和南郊的居民区、医院、机场和巴勒斯坦难民营，并大量投掷燃烧弹，大量区域损毁严重。沙龙7月25日公然宣称，整个贝鲁特西区属于"固定火力区"。8月初，以色列对贝鲁特进行了长达13个小时的海、陆、空立体攻击。这是以色列入侵后对贝鲁特进行的规模最大的一次攻击，以军连续发射了18000发炮弹，许多地方燃起大火。路透社根据黎巴嫩救济委员会的统计数字报道说，截至8月12日，贝鲁特西区有5000人被炸死，15000人被炸伤。④

---

① Theodor Hanf, *Coexistence in Wartime Lebanon: Decline of a State and Rise of a Nation*, p. 262.

② 同时，只有巴希尔·杰马耶勒当选黎巴嫩总统，以色列与黎巴嫩签署和平协议，才能杜绝巴解武装回流。نبيل خليفه، الاستراتيجيات السورية والإسرائيلية والأوربية حيال لبنان، ص 101.

③ Theodor Hanf, *Coexistence in Wartime Lebanon: Decline of a State and Rise of a Nation*, p. 262.

④ Michael Jansen, *The Battle of Beirut: Why Israel Invaded Lebanon* (London: Zed Press, 1982), p. 62.

在7月和8月间，以色列还曾多次对贝鲁特西区60万居民断水断电，并禁止向西区居民运送食品、药品、医疗器械和燃料，企图用封锁的手段迫使巴解武装投降。以军不断向贝鲁特西区进逼，8月1日完全控制贝鲁特国际机场后，又于8月4日从三面向贝鲁特西区推进。在北面，以军通过贝鲁特港口向南推进，炮击了贝鲁特西区的商业中心哈姆拉大街；在东面，以色列坦克部队闯过博物馆路，推进到距巴解组织总部所在地大约3公里的地段；在南面，以军沿海岸线推进，同占领机场的以军相呼应。8月12日，以军又采取了类似的军事行动。①

尽管没有确切证据，但以军似乎确实希望由黎巴嫩阵线占领贝鲁特西区，使巴解武装彻底溃散，然而巴希尔·杰马耶勒的武装却按兵不动。数千名巴解武装人员处在贝鲁特西区，任何企图通过武力占领这一地区的尝试都很难取得成效，且将付出巨大代价。巴希尔·杰马耶勒深知，在以色列的掩护下通过大规模的破坏和血腥杀戮占领贝鲁特西区将使其彻底丧失成为黎巴嫩总统的合法性。他认为，如果以色列想成为地区大国，通过战争实现政治变革，那么以军应当付出武力占领贝鲁特西区所需的代价。他更清楚，以色列不能接受巴解组织在贝鲁特西区继续存在下去，以色列来到黎巴嫩是为了实现自己的战略目标，它应当自己动手然后尽快离开。以色列则认为，黎巴嫩阵线应当通过自己的努力解放自己的国家获得权力。以色列方面和巴希尔·杰马耶勒都认为对方应当对贝鲁特西区下手。②

以色列因此陷入两难境地。此时以色列入侵的意图已经远远超出其一开始声明的那样，已经在黎巴嫩造成了一个全新的局面。以军在战争第一周取得的战果已经使一些人憧憬"黎巴嫩新秩序"。而如果无法将巴解武装从贝鲁特西区驱逐出去，此前的战争胜利则意味着未来的政治失败，还成就了巴勒斯坦方面的胜利。以色列内阁的大部分成员和国防军高层都不同意以军向贝鲁特这样一个阿拉伯首都发动进攻，认为这将造成重大人员伤亡，还将付出难以承受的政治代价。然而事已至此，经过几天的犹豫不决后，以色列开始加大围困贝鲁特的力度，通过施加无限军事和政治压力迫使巴解武装撤出此

---

① Theodor Hanf, *Coexistence in Wartime Lebanon: Decline of a State and Rise of a Nation*, p. 263.
② Ibid., p. 266.

地。这样一来，以军又与驻守贝鲁特东部山地和贝鲁特—大马士革公路的叙利亚军队发生战斗。①

此时各方对以色列内阁和里根政府的态度仍不明晰。华盛顿在何种条件下能够和巴解组织达成撤离协议也不得而知。国务卿亚历山大·黑格和以色列方面认为，尽管美以两国都不能接受以军强攻贝鲁特西区，但如果想实现巴解组织尽快撤离贝鲁特，那么必须显示出以军准备攻入这一地区的威胁态势。但黑格抱怨，美国政府内部此时释放了混乱的信号，白宫新闻秘书拉里·斯比柯斯就对外宣称贝京总理已经向里根总统承诺不进入贝鲁特，而副总统乔治·布什、国防部长卡斯珀·温伯格（在出席沙特国王哈立德葬礼时）和总统国家安全事务助理威廉·克拉克（在会见沙特驻美大使时）在不同场合均传递出了以色列将从贝鲁特部分撤军的信息。美国向巴解组织传递了善意的信号，亚西尔·阿拉法特敏锐地捕捉到了这些信号，坚定了他长时间固守贝鲁特的信念。在这一局面下，黑格辞去国务卿一职，里根政府对以色列政策的不满被进一步放大。黑格曾被视为是美国支持以色列行动的象征，随着他的离去和乔治·舒尔茨的取而代之，显示里根政府将在政策上作出调整。尽管美以之间出现矛盾，然而随着时间的流逝，被围困中的巴解武装如热锅上的蚂蚁般坐立不安。6月的第3周，巴解领导层推断以军将破城而入，开始向从黎巴嫩政府部长到联合国发言人等一切人士寻求撤出贝鲁特的方式，避免被尽数消灭的噩梦。到了6月底，巴解领导层又认为以色列入城不会发生，有机会改善甚至大幅提升谈判地位。对贝鲁特的长期围困继续上演。②

可以确定的是，当以色列国防军在一开始发动军事行动时没有料到这一场战事会演变成长达10周之久的贝鲁特围城战，更没有人会料到由菲利普·哈比卜主持的斡旋和谈判会以巴解武装和平撤出贝鲁特告终。这一结果的达成主要是由以色列、巴解组织和美国三个方面决定的。以色列在不做任何政治让步的前提下要求巴解组织离开贝鲁特，最好是彻底离开黎巴嫩，以便开启黎巴嫩国家的重建。为此，以色列一直保持着随时可能攻入贝鲁特西区的态势，不断对贝鲁特进行炮击和空袭，针对巴解目标进行小规模地面军

---

① Itamar Rabinovich, *The War for Lebanon, 1970-1985*, pp. 138-139.

② Ibid., p. 140.

事打击，挑动当地平民对巴解武装及其黎巴嫩盟友的抵触和反对情绪。此举在国际社会、以色列国内和美国引发了大规模的批判风潮。随着围城时间的延长，以色列付出的政治代价与日俱增，政治解决的前景愈发黯淡。① 巴解组织则力图维持其在贝鲁特的地位，从而占据尽可能大的政治让步的回旋空间。巴解组织希望留下的愿望不难理解：在贝鲁特和黎巴嫩的自治领地是独一无二、不可替代的，更重要的是，只要能够保有这些地盘，巴解组织就能夸耀和凸显其在对抗以色列中取得的非凡成就。鉴于以色列政府受到的舆论压力陡增，巴解组织领导估量围城的时间越长，获得局部胜利或者改善最终解决方案的可能性就越大。因为有美国的意志凌驾之上，以色列自主行动和谈判的空间实际上是有限的，而巴解组织长期以来希望获得美国承认的可能性却越来越大。巴解组织在仔细盘算，随着美国对以色列耐心的逐渐丧失和取得外交成果的期待，能否在最终用撤出黎巴嫩换取美国的承认，如果不能获得直接的承认，能否通过参与谈判进程获得实际上的承认。②

里根政府对贝鲁特围城的僵局愈发失去耐心。里根确信，如果想要实现黎巴嫩的国家重建，巴解组织必须撤离贝鲁特。美国当局还计划将黎巴嫩危机的解决同下一阶段阿以和平进程相关联。但是这一进程的重要角色实际上不是巴解组织，而是约旦。就算巴解组织被纳入到谈判和解决进程当中，美国手中最重要的筹码——对巴解组织的承认——也不应当在这么早的阶段就被使用掉，承认巴解组织意味着阿拉法特的立场更为强硬、地位更为稳固，解决巴以问题的空间和灵活度将被进一步压缩。对局势发展愈发不利的担忧促使以军在8月加大了空袭和地面打击的力度，其中8月4日和12日的袭击引发了广泛争议，进一步扩大了贝京政府和里根当局的分歧，但也达到了让巴解组织相信以色列全面进攻即将打响的目的，使后来哈比卜斡旋成功成为可能。③

在此次战争中，以色列军队阵亡340人，伤2200人，其中重伤100人。以军摧毁了450辆叙利亚苏制坦克，其中包括9辆T72型坦克，这些坦克被北约人士认为是不可摧毁的；以军击落102架叙利亚苏制米格飞机，其中包括一架

---

① Theodor Hanf, *Coexistence in Wartime Lebanon: Decline of a State and Rise of a Nation*, p. 264.
② Itamar Rabinovich, *The War for Lebanon, 1970-1985*, pp. 141-142.
③ Ibid., p. 142.

米格–25战机；击毁21组萨姆–6、萨姆–8、萨姆–9等防空系统。① 以色列国防军证明自己有能力应对苏制防空导弹系统和T–72坦克。在黎巴嫩战场上，以色列军队主要使用美国武器装备和军事技术，叙利亚军队和巴解武装则主要装备苏联武器。一些专家认为，这场武器大较量，对美苏两大武器系统产生了深远影响。美国国防部专家们对美制武器战胜苏制武器感到满意。美国国防部长温伯格说，美国可以从以色列这次入侵黎巴嫩行动所运用的军事技术中获得益处。相反，苏联对此感到十分震惊。6月12日，苏联派出了以防空军副司令叶夫根尼·尤拉索夫上将率领的一个庞大的军事代表团前往叙利亚，调查这次军事行动失利的原因。②

第四节　巴解组织撤离与以色列撤军

一、巴解组织撤离贝鲁特

战争爆发后，美国总统特使菲利普·哈比卜于6月7日抵达以色列开始调解斡旋，力促巴解组织及武装部队撤出黎巴嫩，首先是撤出贝鲁特西区，并排除苏联插手，使形势朝着对美国有利的方向发展。哈比卜的斡旋从6月中旬开始，到8月19日有关各方达成巴解组织撤出贝鲁特西区协议。这期间主要讨论的有两大问题：一是巴解组织撤出贝鲁特后在黎巴嫩的存在形式，能否继续其政治存在和象征性的军事存在；二是巴解组织撤离贝鲁特的具体细节问题，包括多国部队的进驻与巴解武装人员撤离的先后顺序、撤离时能否携带武器、撤往地点和撤离途径等。

关于今后在黎巴嫩的存在形式，巴解组织在6月底表示同意撤离时就提出要保持其在黎巴嫩的政治和军事存在；在其7月11日向沙特阿拉伯、法国和联合国提出的一项"十一点方案"中，巴解组织明确提出要保持其在黎巴嫩

---

① ［美］罗纳德·里根著，何力译：《里根回忆录——一个美国人的生平》（北京：新华出版社，1991年），第232—233页。

② 这次美苏武器的较量并不完全代表美苏同类武器的真实水平。据美中央情报局透露，苏联向叙利亚提供的T–72型坦克不具有苏军同类坦克装备的尖端瞄准装置；叙军的萨姆–6导弹也未能获得先进的电子抗干扰设备，是一些不具备先进技术的先进导弹，叙武库中的米格–21和米格–23型飞机，也不具备华约军队装备的同类飞机的先进电子设备。参见：Efraim Karsh, *Soviet Policy towards Syria since 1970*, pp. 139-145。

的政治和军事代表机构；7月12日又提出，由巴解组织和黎巴嫩政府讨论巴解组织在黎政治存在和象征性军事存在问题。美国一开始是同意这一要求的，在哈比卜7月3日向巴解组织转交的美国9点建议中就包括给予巴解组织在黎巴嫩的政治存在和象征性军事存在的内容。以色列断然拒绝了巴解组织的要求，坚持不允许在黎巴嫩有巴解组织的任何政治组织和象征性的军事存在。美国看到双方分歧太大，就将此问题暂时搁置，留待后议。[1]

在巴解组织撤离贝鲁特的细节上，因牵涉问题较多，哈比卜花费的时间也较长。在多国部队的进驻与巴解武装人员撤离的先后顺序上，以色列坚持巴解武装必须先撤，然后多国部队进驻。巴解组织则主张只有多国部队先行进驻，才能保证敌对双方脱离接触和巴解武装安全撤离。8月3日，巴解组织做了最大让步，放弃了先进驻多国部队后撤离的条件。哈比卜提出在大部分巴解武装人员撤走以后进驻多国部队的折中方案，以色列基本表示同意。后经哈比卜进一步调解，双方同意多国部队进驻与巴解武装撤离同时进行。在撤离时能否携带武器问题上，以色列政府提出要巴解组织解除武装，把武器交给黎巴嫩军队和在国际红十字会保护下离开，这等于要巴解武装战士投降。巴解组织坚持保留手中的部分武器。哈比卜的态度是巴解组织领导人和武装部队成员可携带武器撤离。最后，双方按哈比卜的意见达成协议。在撤离后未来前往的目的地问题上，巴解组织曾提出可先让巴解武装离开贝鲁特前往黎巴嫩北部和东部贝卡地区，等到确认有愿意接纳他们的国家再离境。哈比卜愿意接受这一建议，但以色列予以拒绝。到7月下旬，叙利亚、约旦、伊拉克、突尼斯、苏丹和南、北也门7国先后同意接纳巴解武装人员，巴解组织就放弃了先撤往黎巴嫩北部和东部贝卡地区的条件。在撤离途径上，以色列要求巴解武装人员从海上撤离，巴解组织则强调拒绝乘坐美国船只从海上撤离。经过一番争执后，双方同意从海路和陆路同时撤出。[2]

哈比卜于8月10日提出了关于巴解组织撤出贝鲁特西区的最后实施方案。黎巴嫩内阁于18日通过了此方案，以色列内阁于19日也予以批准，解决贝鲁特围城危机的协议至此最终达成。该方案规定，巴解武装部队和叙利亚军队

---

[1] Ze'ev Schiff & Ehud Ya'ari, *Israel's Lebanon War* (New York: Simon and Schuster, 1984), pp. 195-202.

[2] Michael Jansen, *The Battle of Beirut: Why Israel Invaded Lebanon*, pp. 83-87.

从8月21日起在两周内全部撤出贝鲁特西区，分别经海路和陆路撤出；由800名美军、800名法军和500名意军组成多国部队，监护巴解武装部队和叙利亚军队安全撤出，多国部队在黎驻扎时间不超过30天。多国部队将在黎巴嫩政府军4000人的协同下分期进驻贝鲁特西区，其先头部队为350名法军。

巴解武装人员于8月21日至9月1日分15批撤离贝鲁特，前往叙利亚、约旦、伊拉克、突尼斯、民主也门、阿拉伯也门、阿尔及利亚和苏丹等8个阿拉伯国家。[①] 巴解组织执委会主席亚西尔·阿拉法特撤往突尼斯，在突尼斯建立巴解组织新总部。8月30日和31日，在贝鲁特的叙利亚第85旅撤往黎巴嫩东部贝卡地区。9月10日至13日，参加多国部队的美国、意大利和法国部队在执行了保证巴解武装人员安全撤离贝鲁特的任务后，相继撤离黎巴嫩，他们的阵地由黎巴嫩政府军接管。

1982年8月至9月，黎巴嫩局势经历了迅速演变。巴解武装撤离协议达成，多国部队进抵贝鲁特，巴希尔·杰马耶勒当选总统后未及上任便遇刺身亡，巴解组织撤离黎巴嫩，里根总统的中东和平计划出炉，以军进入贝鲁特西区，萨布拉和夏蒂拉难民营大屠杀，以军撤出贝鲁特和阿明·杰马耶勒当选总统，等等，令人目不暇接。其中，巴解武装撤离黎巴嫩和巴希尔·杰马耶勒当选黎巴嫩总统标志着以色列战争目的的全面实现，黎巴嫩的政治中心从巴解组织和叙利亚的控制中被解放出来，中央政府的权威有望在以色列的支持下逐步恢复。从逻辑上讲，黎巴嫩新政府的下一步安排将是要求叙利亚军队从黎东部和北部地区撤出。但此时里根发布了中东和平计划，其旨在解决约旦河西岸问题的政策与以色列的政策大相径庭。里根政府认为既然黎巴嫩的战争已经削弱了叙利亚和巴解组织的立场，那么应当利用有利局面将约旦重新拉回有关约旦河西岸未来安排的谈判中来。同时，美国也不愿看到一个依靠马龙派军事力量和以色列支持的威权式中央政府在黎巴嫩掌权，认为巴希尔·杰马耶勒应当谨慎处理与以色列的关系，扩大自己在黎巴嫩的群众基础。然而以色列则坚持与黎巴嫩新政府建立全面、公开的关系，并最终达

---

① 在为期12天的撤离过程中，共有14398名巴勒斯坦和叙利亚武装人员从贝鲁特撤离，其中包括664名妇女和儿童。他们当中有8144人从海路离开，叙利亚士兵和巴勒斯坦解放军共计6254人从贝鲁特—大马士革公路撤出。参见：Ze'ev Schiff & Ehud Ya'ari, *Israel's Lebanon War*, p. 228。

成以黎和平协议。[①]

二、阿明·杰马耶勒当选总统与以色列撤军

巴希尔·杰马耶勒对于黎巴嫩国家性质和未来与国内各社群、与周边国家关系有一套自己的设想，而作为基督教社群的领导性力量，长枪党此前缺乏对黎巴嫩未来的前瞻性设计，更多的是不惜以自我极端化的手段来维持现状。巴希尔·杰马耶勒认为基督教社群的支配地位不是由人数而是由历史传统决定的，其基础是马龙派社群及其盟友的军事和政治力量，现阶段则是通过与以色列建立同盟关系加以保障。他认为，黎巴嫩应当建立强有力的中央政府和军队，政府应当与民众建立更为直接的契约关系，议会应当发挥正常的作用。在外交政策上，如果以色列牌打得得当，黎巴嫩也能与阿拉伯国家维持正常关系，这不仅对维持与国内伊斯兰教社群的关系很重要，对黎巴嫩特别是马龙派商业集团的切实经济利益也是不可或缺的。[②] 巴希尔·杰马耶勒在1982年6月18日通过黎巴嫩之声电台发表的演讲中指出，新的黎巴嫩不再苟活于1943年以来的霸权、谩骂、冷漠和不负责任，不能再回到过去，要忘记老的建制派，从现在起议会除了有大商人还要有中产阶级代表，不能再有一个取悦于所有人的弱势总统。黎巴嫩不是基督教社群、马龙派的专属，是每个黎巴嫩公民的黎巴嫩，而不应该是有宗教教派差异的国家，基督教社群要同命中注定的伙伴穆斯林一起建设一个新的黎巴嫩，特别是穆斯林中的很多人已经开始理解基督徒。显而易见的是，巴希尔·杰马耶勒的讲话有明显的安抚伊斯兰教社群的成分，但他确实希望马龙派与黎巴嫩其他社群发展关系，同时还要积极适应周边阿拉伯世界的大环境。8月23日，巴希尔·杰马耶勒作为唯一候选人当选黎巴嫩总统。

新任总统认为与以色列保持非正式的务实盟友关系对其更为有利。同时，巴希尔认为强有力的中央政府的权威应当覆盖黎南地区，这样一来以色列在当地可靠的盟友萨阿德·哈达德将受到极大影响。哈达德已经在维持黎以隔离地带上显示出了自己的可靠性和有效性，以色列并不打算抛弃这一盟友。

[①] Itamar Rabinovich, *The War for Lebanon, 1970-1985*, p. 144.

[②] Ibid., pp. 157-160.

然而，更令以色列人头疼的事情随后发生：9月14日，巴希尔·杰马耶勒在长枪党位于贝鲁特东区阿什拉菲大街的总部遭爆炸袭击身亡。[①] 这使以色列陷入了空前尴尬的境地：在以色列眼中，巴希尔·杰马耶勒以外的马龙派领袖除了亲以没别的本事；叙利亚和巴解组织仍控制着大片黎巴嫩领土；以色列认为仍有2000名巴解武装战士违背撤离协议留在了贝鲁特，他们如果与黎巴嫩民族运动民兵武装联合，将有可能反转目前的政治局面。

为了维持贝鲁特西区的秩序和安全，以军奉命开进这一区域，随后又发生了震惊世界的萨布拉和夏蒂拉难民营屠杀事件。负责对难民营屠杀事件进行调查的卡汉委员会的报告针对以色列在屠杀事件上应负的责任进行了挖掘。按照原计划，黎巴嫩政府军将负责清除贝鲁特残余的巴解武装战士。巴希尔·杰马耶勒死后，总理沙菲格·瓦赞命令军队停止这一行动。以色列和长枪党武装都认为完成这一任务是至关重要的，但以色列不希望动用自己的军队干脏活儿，担心可能造成的人员伤亡，便鼓动长枪党民兵"解放自己的家园"，以军为长枪党民兵进入难民营提供了便利。事件发生后，以军迫于压力撤出了贝鲁特，改由多国部队进驻。持有不同政治倾向、享有更广泛支持的阿明·杰马耶勒当选总统。[②]

阿明·杰马耶勒以议会高票当选黎巴嫩总统，他的当选得到了黎巴嫩基督教社群领袖、美国、叙利亚和巴解组织的一致支持。但对于黎巴嫩而言，面临的困难局面丝毫没有减轻。对于失去实际领导人和精神领袖的黎巴嫩阵线和黎巴嫩力量，原本将他们整合入黎巴嫩政治体系和国家强力部门的计划暂时搁浅，大批武装人员的未来没有了着落。同时，虽然大部分巴解武装已经撤离黎巴嫩，但叙利亚和以色列军队仍然留在黎巴嫩国土上，中央政府权威覆盖全国的希望仍无法实现。[③] 尽管身处同一政治家族，阿明同弟弟巴希尔的政治观点是有显著差异的。20世纪70年代末到80年代初，如果说巴希尔的政治意图是重塑一个基督教大黎巴嫩的话，那么阿明则希望恢复1943年至

---

① 当日下午4时许，一枚安放在长枪党阿什拉菲大街总部大厅的炸弹爆炸，造成包括当时正在发表演讲的巴希尔·杰马耶勒在内的26人身亡，彻底改变了黎巴嫩的政治进程。参见：Theodor Hanf, *Coexistence in Wartime Lebanon: Decline of a State and Rise of a Nation*, p. 268。

② Michael Jansen, *The Battle of Beirut: Why Israel Invaded Lebanon*, pp. 97-106.

③ Itamar Rabinovich, *The War for Lebanon, 1970-1985*, p. 153.

1975年那个多元的黎巴嫩。随着巴希尔·杰马耶勒的离去，马龙派社群和黎巴嫩阵线失去了强有力的领导人，黎巴嫩的国家机构仍然孱弱，黎巴嫩政治还是盟友与对手交叉重叠的网络关系。①

阿明·杰马耶勒与据称同美国中情局和以色列摩萨德关系密切的弟弟巴希尔·杰马耶勒不同，与黎巴嫩基督教社群和穆斯林政治领袖都维持了良好关系。他上台后继续任用瓦赞为总理，后者组成了由9名无官方政治背景的技术官僚组成了新内阁。阿明·杰马耶勒任命易卜拉欣·坦努斯为黎巴嫩军队总司令，此人在过去9年中一直担任长枪党的军事教官，借此清洗军队中不被黎巴嫩力量青睐的军官，任用和擢升了一批亲信。通过与里根政府的密切关系，黎军还获得了大量美式装备补给和美军军官对部队的训练。在此阶段，黎巴嫩政府军作为民族和解象征的地位被大幅削弱，其基督教属性大幅增强。②

1982年12月，以黎开始进行撤军谈判。以色列迫切希望通过同黎巴嫩签署一份协议确保其战争成果，包括对于黎巴嫩南部地区的安全安排、两国关系正常化和以军撤离黎巴嫩。问题在于，以色列要求以军撤离的同时，叙利亚军队和剩余巴解武装也应撤出，而叙利亚希望维持在黎巴嫩的影响力，巴解组织也希望尽可能保住一些领地，局面再次陷入僵持。此外，里根中东和平计划的下一个目标是约以关系正常化并将进一步孤立叙利亚，削弱其作为巴勒斯坦问题监护人的地位，有可能使其成为唯一一个没能收复因1967年战争丢失领土的阿拉伯国家。因此，叙利亚势必反对一切美国提出或支持的黎巴嫩问题解决方案。特别是在1982年获得苏联地空导弹系统和人员支持后，其底气不可谓不足。③

一系列事实证明，在同黎巴嫩马龙派的关系上，以色列寄予对方的期望是不切实际的。黎巴嫩力量参战对于以色列落实其黎巴嫩计划是至关重要的，

---

① Itamar Rabinovich, *The War for Lebanon, 1970-1985*, p. 161.

② Taku Osoegawa, *Syria and Lebanon International Relations and Diplomacy in the Middle East*, pp. 77-80.

③ 当年11月，哈菲兹·阿萨德总统在赴莫斯科出席勃列日涅夫葬礼时会见了安德罗波夫，紧接着他任命了新任叙利亚驻苏联大使，而这一职位此前空置了2年多。Pedro Ramet, *The Soviet-Syria Relationship Since 1955, A Troubled Alliance* (Boulder, San Francisco & Oxford: Westview Press, 1990), p. 162.

但从自己的利益出发，黎巴嫩力量选择最大限度地减少参与，甚至还给以色列的计划制造过一些小麻烦。以色列在对黎巴嫩阵线极为不满的同时，又不得不顾及其在自己黎巴嫩计划的不可替代性，以色列内阁、国防部和军方领导人因此在对其态度呈现出了混乱的状态，这又使黎巴嫩阵线产生了疑虑。而当巴希尔·杰马耶勒成为候任总统后，他的身份从一个初级合伙人一跃成为主权国家领导人，拥有更多的选项，承担更大的责任和义务，其对以色列关系的态度随之发生了进一步变化。但巴希尔·杰马耶勒当选后发生的立场转变很快便随着其遇刺身亡而无关紧要了，取而代之的阿明·杰马耶勒从来就没想过要和以色列发展盟友关系。[1] 以色列这时才意识到，巴希尔·杰马耶勒并不完全代表长枪党，马龙派社群也不能代表全体黎巴嫩基督教社群，黎巴嫩基督教社群也不再认可马龙派的支配地位。同时，以色列没能清楚地认识到黎巴嫩基督教社群的短期利益虽与自己相关，但从长期利益考虑，阿拉伯世界仍是其利益的关键所在，决定黎巴嫩未来的除了安全安排外，经贸方面的因素也同等重要。[2]

1983年5月17日，以黎双方终于在美国主持下达成协议，承认了以色列在黎巴嫩南部地区的安全利益，更重要的是，《5.17协议》规定以此取代以前的以黎停战协议，结束了两国之间自1949年以来的战争状态。[3] 但以方为协议的执行设置了一系列前提条件，其中就包括以军撤离黎巴嫩应当与叙利亚军队和巴解武装撤军同步。这实际上等同于将形势的主导权交给了叙利亚。[4] 协议旋即遭到了叙利亚的反对，叙利亚认为一个在美国支持下极力削弱自己和巴解组织影响力、寻求与以色列签署和平协定的黎巴嫩政府是不可接受的。一位叙利亚军事领导人此前曾威胁，如果黎巴嫩同以色列签署和平协议，那

---

[1] 实际上，阿明·杰马耶勒不但认为自己不那么需要以色列的支持，他也没打算将当时黎巴嫩最主要的两支民兵武装——阿迈勒运动和社会进步党武装的领导人纳入新政府。同时，阿明·杰马耶勒对叙利亚在黎巴嫩的影响力也未给予足够重视。参见：Theodor Hanf, *Coexistence in Wartime Lebanon: Decline of a State and Rise of a Nation*, p. 270。

[2] Itamar Rabinovich, *The War for Lebanon, 1970-1985*, pp. 165-170.

[3] نبيل خليفه، الاستراتيجيات السورية والإسرائيلية والأوربية حيال لبنان، ص 89.

[4] Theodor Hanf, *Coexistence in Wartime Lebanon: Decline of a State and Rise of a Nation*, pp. 273-274.

么叙利亚将认为黎巴嫩与叙利亚进入战争状态。① 叙利亚遂于7月在黎巴嫩推动组建民族救亡阵线（National Salvation Front, NSF）② 与纳比赫·贝里领导的阿迈勒运动联手对协议进行回击，发表声明抵制《5.17协议》，指责它违背1943年《民族宪章》精神，破坏黎巴嫩主权和民主进程，剥夺黎巴嫩人参与黎巴嫩事务决策的权力，并将其拱手让给以色列。

这一期间，德鲁兹派和马龙派民兵武装在舒夫山区发生激烈冲突，弗朗吉亚家族和杰马耶勒家族仇深似海，拉希德·卡拉米则对自己在逊尼派中的竞争对手通过与阿明·杰马耶勒合作获得的优势愤恨不已。他们对总统寻求扩大自身社群特权、扩大家族利益、阻挠变革极为不满。阿明·杰马耶勒总统和反对派围绕《5.17协议》的存废展开了激烈斗争。新总统的烦恼在于，美国对于他的支持是有限的，不会派遣美军介入阿明·杰马耶勒与反对派的争斗。同时，仍在以色列支持下的黎巴嫩力量现任领导人、他的侄女婿法迪·弗雷姆的立场也摇摆不定。事实上，阿明·杰马耶勒作为总统本就需要与黎巴嫩阵线这样的教派民兵武装和政府军中的马龙派集团保持一定距离。这样一来，新总统的支持面出现了垮塌。③

在主要战事结束后的一段时间里，以色列试图调整同黎巴嫩各派力量的关系。由黎巴嫩力量及其支持者为代表的马龙派仍然是以色列的最重要伙伴，但不再是以色列唯一的关系渠道。以色列开始寻求同德鲁兹派、什叶派等社群建立联系。在以色列国内，德鲁兹派是忠诚的少数派，但在黎巴嫩，德鲁兹社群的绝对领袖瓦利德·琼布拉特是坚定的反以派。此时黎巴嫩德鲁兹社群的人口大约占总人口的6%，但是由于其所处的地缘位置、社会动员能力和军事实力使他们在黎巴嫩政治中的权重远超其人口数量。巴希尔·杰马耶勒主导时期，以色列在黎巴嫩的伙伴非常明确，但由于阿明·杰马耶勒决定疏远同以色列的关系，以色列没有必要为了一个不确定的盟友关系对抗黎巴嫩德鲁兹社群，这将使以色列面临开罪本国德鲁兹社群的风险。在这一考虑的驱使下，以色列在处理同黎巴嫩马龙派和德鲁兹派的关系上发生了摇摆，具

---

① نبيل خليفه، الاستراتيجيات السورية والإسرائيلية والأوربية حيال لبنان، ص 64.
② 该组织主要领导人为苏莱曼·弗朗吉亚、拉希德·卡拉米和瓦利德·琼布拉特，此外还包括黎巴嫩共产党、叙利亚社会民族党的部分成员。
③ Itamar Rabinovich, *The War for Lebanon, 1970-1985*, pp. 177-178.

体的体现是在黎巴嫩山战斗中以色列选择了观望态度，结果招致了当事双方的愤恨。①

然而从短期收益看，以色列从与德鲁兹派的关系中收益不错。通过与德鲁兹民兵的协调，以色列从舒夫山区撤出后其空白没有留给剩余的巴解武装，而是被德鲁兹派民兵占据。此前，在1983年，亚西尔·阿拉法特已经潜回了黎巴嫩北部城市的黎波里。②但这一举动的负面作用是被马龙派视为以色列对自己的背叛。值得一提的是，当以色列进一步向南撤离，哈菲兹·阿萨德意识到以色列已经没有任何政治意愿、能力和道德借口对其发动军事打击，于是开始大刀阔斧地破坏以色列在黎巴嫩历尽艰辛建立起来的影响力。瓦利德·琼布拉特此时非常务实地选择放弃与以色列的协调关系，转而投向对黎巴嫩未来政治安排具有更大发言权的叙利亚。以色列最终在1983年8月选择从舒夫山区单方面撤军，将全部的安全重心放到黎巴嫩南部的秩序安排上，减少投入，降低人员损失。③哈达德于1984年1月死于癌症，人数扩充至3000人的南黎巴嫩军由安东尼·拉哈德继续领导，负责维持黎巴嫩南部的安全秩序，面临来自当地什叶派民兵武装日益激烈的反抗，以色列与黎巴嫩什叶派的关系恶化。

对黎巴嫩的军事入侵没能为以色列带来预期收益，特别是伴随着里根中东计划的出炉，其在中东和平进程中的收益远低于预期。以色列在赢得军事胜利的同时，却不知不觉地陷入了经济和政治困境，国内反战情绪高涨。④1983年9月15日，梅纳赫姆·贝京被迫下台，由伊扎克·沙米尔接任总理。在1984年7月举行的大选中，利库德集团和工党都没有取得议会的多数席位，两党只得建立轮流执政的联合政府。新政府上台后，迫于国内外的压力于1985年1月4日通过了无条件从黎巴嫩撤军的计划，以色列决定分三阶段将军队撤至黎以国际分界线。该政策的出台一方面是由于以色列的内部政治分歧；另一方面，随着以军在黎巴嫩停留时间的增加，其身份从被欢迎的解

---

① Itamar Rabinovich, *The War for Lebanon, 1970-1985*, pp. 154-157.

② Said Aburish, *Arafat: From Defender to Dictator* (New York: St. Martin's Press, 1998), pp. 150-175.

③ Theodor Hanf, *Coexistence in Wartime Lebanon: Decline of a State and Rise of a Nation*, p. 275.

④ [美]罗纳德·里根著，何力译：《里根回忆录———一个美国人的生平》，第220页。

放者转变成了不受待见的占领者，黎巴嫩南部地区的武装抵抗活动对以军造成的伤亡日益显著，人员损失已超过500人。[①] 1月9日，以军开始撤退。根据事先商定的安排，黎巴嫩政府军中以穆斯林士兵为主的部队填补了以军留下的空白。2月16日，以军从赛达撤出的同时，什叶派民兵与其爆发激战至4月底。6月10日，以色列军队完全撤出了黎巴嫩，亲以色列的南黎巴嫩军仍然控制着黎巴嫩南部45公里宽的安全区。战争前，以色列北部边界的安全问题主要来自巴解武装，现在这一问题的主角换成了黎巴嫩什叶派的阿迈勒运动组织和真主党，而他们是更为难缠的对手。通过这场战争，以色列意识到军事实力和政治安排之间的不一致性。以色列、黎巴嫩马龙派和逊尼派在战争后的损失转化为了叙利亚、黎巴嫩什叶派和德鲁兹派的收益。[②]

三、美、苏及阿拉伯世界的反应

以色列入侵黎巴嫩的计划里根政府是事先知晓的。早在1981年10月，美国国务卿亚历山大·黑格前往开罗参加安瓦尔·萨达特葬礼时就从梅纳赫姆·贝京那里得悉了以色列入侵黎巴嫩的计划。虽然黑格警告贝京他将得不到美国的支持，但在黑格1982年年初访问以色列时，贝京再次暗示要打击黎巴嫩的巴解组织。2月3日，贝京派军事情报局局长访问美国，向美国国务卿黑格通报以色列准备从以色列边界到贝鲁特郊区，以便摧毁"巴勒斯坦解放组织基础设施"[③]。5月下旬，沙龙访问美国，向美国国务院说明了以色列准备对黎巴嫩采取的军事行动。

里根政府在对待以色列入侵黎巴嫩问题上意见不统一。国防部长卡斯珀·温伯格和国家安全事务助理威廉·克拉克反对以色列入侵黎巴嫩，认为美国支持以色列入侵黎巴嫩会引发阿拉伯世界激烈的反美情绪，影响美国同阿拉伯国家的关系。国务卿亚历山大·黑格则认为美国应该与以色列建立更加紧密的关系，将以色列入侵黎巴嫩、摧毁巴解组织视作结束黎巴嫩内战甚

---

① نبيل خليفه، الاستراتيجيات السورية والإسرائيلية والأوربية حيال لبنان، ص 102.
② Itamar Rabinovich, *The War for Lebanon, 1970-1985*, pp. 192-199.
③ Alexander M. Haig Jr, *Caveat: Realism, Reagan and Foreign Policy* (London: Weidenfeld and Nicolson, 1984), p. 332.

至解决阿以冲突的一个机会。① 里根采纳了黑格的意见,默许了以色列对黎巴嫩的入侵。1982年5月26日,黑格在芝加哥发表重要讲话,呼吁国际社会采取行动来制止黎巴嫩内战。一些分析家认为黑格的讲话为以色列入侵黎巴嫩开了绿灯。

其实,美国对以色列行动的心理是矛盾的。一方面,这有可能将彻底断送美国的中东政策;但同时,这也有可能为和平进程和地区局势打开新的局面。尽管美国并不情愿,但还是给予了以色列所需要的政治支持,使战事能够长时间拖延。鉴于以军在战争伊始取得的迅速进展,3天便兵临贝鲁特南郊;以色列占据对叙利亚绝对的军事优势,阿拉伯世界反应缺乏烈度;苏联态度消极,其代理人和苏制武器装备势弱,苏联声望大为受损,美国开始期待实现黎巴嫩危机的全面解决。因此在萨布拉和夏蒂拉难民营屠杀事件后,尽管美国向以色列施加了巨大压力迫使其从贝鲁特西区撤军,但仍允许其在贝鲁特南部和东部继续存在。叙利亚和其他阿拉伯国家已经意识到,美国是唯一能够对以色列在黎巴嫩行动进行节制的超级大国。尽管黑格中途去职,被人们理解为美国疏远同以色列关系的信号,但实际上这并未改变美国对以色列和黎巴嫩内战的立场。在以色列对黎巴嫩未来的安排上,里根政府持不同意见,巴希尔·杰马耶勒敏锐地洞察到了二者之间的分歧,以此为筹码拒绝同以色列签署和平条约。而阿明·杰马耶勒当选总统后的改革政策路线实际上更符合美国传统观点。② 美国希望黎巴嫩未来继续作为阿拉伯世界的一部分存在,希望未来的黎巴嫩政府能够囊括尽可能多的教派和派别。③ 里根认为,黎巴嫩战争为"我们提供了争取中东和平的新机会。巴解组织的军事损失并没有减弱巴勒斯坦人民对公正解决他们要求的向往,而以色列在黎巴嫩的军事胜利表明其武装力量在中东无可匹敌,但他们自身无法给以色列和其邻国带来公正和持久的和平,问题是如何将以色列合法的安全考虑与巴勒斯坦人的合法权利协调起来"④。

---

① Alexander M. Haig Jr, *Caveat: Realism, Reagan and Foreign Policy* (London: Weidenfeld and Nicolson, 1984), pp. 333-335.

② Itamar Rabinovich, *The War for Lebanon, 1970-1985*, pp. 146-147.

③ نبيل خليفه، الاستراتيجيات السورية والإسرائيلية والأوربية حيال لبنان، ص 162.

④ Ronald Reagan, *An American Life* (New York: Simon & Schuster, 1990), pp. 432-433.

在美军向贝鲁特部署的同时，1982年10月，以色列和黎巴嫩的官员仍在试图达成一个双边的撤军和可能的和平协定，并有一定达成协议的可能。根据黎巴嫩外交部门的反馈，美国反对黎以双边协议，担心贝鲁特会因此遭受阿拉伯的经济制裁。有消息称，当时美特使菲利普·哈比卜发现黎以即将签署协议时极为愤怒，要求阿明·杰马耶勒总统不得签署协议。事后有美国官员承认达成全面和平协议的野心太大，过于关注以色列撤军可能带来的叙利亚撤军，而实际上达成了"将黎巴嫩从以色列人怀抱中拉出来推向叙利亚人的怜悯"的效果[1]。

随着阿明·杰马耶勒政权的逐渐稳固和1982年9月里根中东和平计划的宣布，美国政府认为黎巴嫩危机正朝着一个有效解决的方向迈进。但在接下来的18个月里，美国的政策预期与现实局面之间出现了较大嫌隙。在历时7个月的黎以谈判中，以色列试图同时满足其安全诉求并获得外交收益，以缓解国内公众对这场战争的批评。黎巴嫩政府出于自身考量，也同时考虑到叙利亚对黎以协议的接受度，对此一直持抵触态度。[2] 1983年4月18日，一辆装满炸药的卡车在贝鲁特美国大使馆门外爆炸，摧毁了大使馆的大部分建筑，炸死63人，其中有17名美国人。美国大使馆爆炸案使黎巴嫩冲突发生了重大的转折。该事件使里根政府内部在黎巴嫩问题上的政策分歧凸显出来。一方面，国防部长卡斯珀·温伯格在参谋长联席会议主席的支持下，反对动用美国军队，特别是反对美军参加多国维和行动。五角大楼认为，这种维和行动置美军于巨大风险之下，特别是美国要在叙利亚和以色列之间进行调解的情况下。另一方面，美国国务院主张在黎巴嫩保持军事存在，认为美国不能允许被一群恐怖主义者赶出黎巴嫩，国家安全委员会还要求增加在黎巴嫩的美军人数。里根选择支持国务院的意见。

为了打破黎以谈判的僵局，美国国务卿乔治·舒尔茨于1983年4月25日至5月8日访问中东6国，促使黎以达成协议。舒尔茨预言他的访问会取得成功，因为以色列撤出黎巴嫩对两国都有好处。经过舒尔茨的穿梭外交，黎以于1983年5月17日签署了协议，以色列同意从黎巴嫩撤军，而黎巴嫩则同意

---

[1] Lally Weymouth, "Who Lost Lebanon? Why U.S. Policy Failed?" *Los Angeles Times*, March 11, 1984.

[2] 赵伟明著：《中东问题与美国中东政策》，第243页。

结束与以色列的战争状态。虽然黎巴嫩还不准备与以色列建立正式的外交关系，但黎巴嫩同意以色列在贝鲁特设立联络处。另外，黎巴嫩同意不允许本国领土被用来攻击以色列，并同意在黎巴嫩南部地区的安全安排，包括在南黎巴嫩建立宽45公里的"安全区"，限制黎巴嫩军队在南黎巴嫩的存在，允许以色列军队在南黎巴嫩巡逻，默认以色列在南黎巴嫩的代理人萨阿德·哈达德少校在南黎巴嫩的权力，建立一个由黎以美三方组成的联络小组负责监督协议的执行等。同日，美国和以色列还签署了一项秘密备忘录，美国同意叙利亚和巴解武装撤离黎巴嫩为执行黎以协议的先决条件。[1] 黎以撤军协议一个最关键的问题在于，以色列坚持叙利亚从黎巴嫩撤军是执行黎以协议的先决条件，而叙利亚又无意从黎巴嫩撤军。叙利亚已经用一些最先进的苏联武器重新装备了军队，包括地对空导弹。[2]

1983年7月和8月，贝鲁特机场附近的美国海军陆战队驻地受到越来越多的枪炮袭击，2个月中有十几个美国士兵被打死。里根遂下令向黎巴嫩增派2000名海军陆战队员，并允许美军采取进攻性防御的炮击战术。尽管来自五角大楼的压力越来越大，但是里根和舒尔茨仍然决心在黎巴嫩驻军。9月11日，里根批准美国海军用舰炮和轰炸机袭击德鲁兹派民兵阵地，但却使贝鲁特机场遭到了舒夫山区巴解武装支持下的德鲁兹派民兵更加猛烈的炮击。随着炮击的继续，美军的伤亡增加，美国公众和国会对里根的批评越来越激烈。9月底，里根在看到国内民意调查后承认，"人民完全不知道我们为什么待在那里"[3]。1983年10月23日，一辆满载着炸药的奔驰牌卡车冲进了美国海军陆战队第2陆战师第8陆战团第1营驻地后爆炸，241名美国海军陆战队员遇袭身亡。几乎在同一时间，3公里外的多国维和部队法军司令部被炸，58名法国伞兵被炸死。在国务院的支持下，里根再次表示恐怖主义不能迫使美国撤出黎巴嫩或中东，美国需要"比以前更加坚决地不让恐怖主义接管世界那个至

---

[1] 赵伟明著：《中东问题与美国中东政策》，第243—244页。

[2] 1982年11月勃列日涅夫去世，安德罗波夫接任苏共总书记后，苏联向叙利亚提供武器的数量和质量都有很大的提高。Pedro Ramet, *The Soviet-Syria Relationship Since 1955, A Troubled Alliance* (Boulder, San Francisco & Oxford: Westview Press, 1990), pp. 133-135.

[3] Ronald Reagan, *An American Life*, p. 447.

关重要的战略部分"①。然而令美军尴尬的是其无法判断袭击的来源，美军只能选择通过空袭打击潜在的袭击力量，结果在1983年12月4日的一次轰炸行动中，两架美军战斗机被击落，1名美国飞行员死亡，1人被俘获。②

与此同时，五角大楼与国会反对美国在黎巴嫩驻军的声浪越来越高，中央情报局局长威廉·凯西也不赞同美军继续留在黎巴嫩。1983年美国参议院通过了一项法案，要求美军在黎巴嫩的留驻时间不得超过18个月，而且美军的行动必须受《战争权力法》的限制。《纽约时报》的调查表明，35%的美国人要求美军撤出黎巴嫩，只有21%的美国人支持美军继续留在黎巴嫩。在此期间，由于里根政府向以色列施加强大压力，甚至一度造成贝鲁特的美国海军陆战队与以军的紧张关系，使两国在1983年冬天的矛盾颇为尖锐。

随着1984年11月美国总统大选的临近，在黎巴嫩长期而无果的介入对于里根总统的竞选极为不利。1984年2月，什叶派阿迈勒运动民兵在贝鲁特西区胜出，打破了里根政府对黎巴嫩危机的所有幻想，直接促使其作出从黎巴嫩撤出美军的决定。在下达命令时，里根表示他只是重新部署美国军队，让他们脱离危险，并表示美国会帮助重建黎巴嫩政府。美军全部撤离黎巴嫩后，其他国家的维和部队也相继撤离。这是第一次出现美国主导的和平进程受地区国家阻挠而失败的局面，同时证明像沙特这样的盟友在这样的进程中无法代表华盛顿在地区施加有效影响。③ 在这种情况下，黎巴嫩政府不得不改变依赖美国的立场，转而寻求叙利亚的支持。美国撤军后的第二天，阿明·杰马耶勒总统就访问了叙利亚，与叙利亚商讨解决黎巴嫩危机的方法。3月2日，黎巴嫩反对派领导人也访问了叙利亚，与叙利亚协调立场。3月5日，黎巴嫩政府宣布废除《5.17协议》。协议的废除强化了叙利亚在黎巴嫩的地位，扩大了苏联在中东的影响，但对美以而言则是一大挫折。

很多分析人士认为美国对黎巴嫩政策的失误是由于国务卿乔治·舒尔茨在谋求结束黎巴嫩内战或谋求解决中东危机时犯了一个错误，即忽视了叙利亚的作用。对此，舒尔茨辩解说，他试图通过其他阿拉伯国家来制约哈菲

---

① Lou Cannon, *President Reagan: The Role of a Life Time* (New York: Simon & Schuster, 1991), pp. 443-444.
② 让里根窘迫的是，其民主党竞争者杰西·杰克逊主导了飞行员的释放安排。
③ Itamar Rabinovich, *The War for Lebanon, 1970-1985*, pp. 183-191.

兹·阿萨德。他指出，美国在黎巴嫩的失败并不是忽视了叙利亚，而是未能用军事实力来有效支持外交。以色列应该更加规范地撤离黎巴嫩，而作为多国部队的美国军队应该继续留在黎巴嫩，但是国防部长卡斯珀·温伯格"却不愿意考虑派遣有限的军事力量来支持我们的外交，成功所需要的力量与外交的结合付之阙如"[1]。

1982年以色列对黎巴嫩的入侵引起了苏联领导人勃列日涅夫的愤怒。在与里根总统的通话中，他指责美国是这次进攻的共谋者，至少也是事先知道的。美国则认为以色列有权保卫它的北部边界，但不支持对黎巴嫩的入侵。里根表示，所谓美国事先知道这种入侵的说法是毫无根据的。他同时指责苏联未能对叙利亚和巴解组织施加影响，以保持黎巴嫩局势的稳定。[2]

一段时间以来，苏联对叙以之间可能爆发的战争一直高度紧张和担忧，但对待以色列入侵黎巴嫩的态度是消极、审慎的，对待贝鲁特围城战同样如此，尽管其间苏联驻贝鲁特使馆曾遭以军袭击破坏。首先是因为苏联在中东的两大代理人——叙利亚和巴解组织——和苏制武器被以色列彻底击溃。同时，苏联对自己被叙利亚和巴解组织当成与美国进行对话、获得承认的工具极为愤慨。此外，阿拉伯世界对以色列入侵黎巴嫩并无激烈表态；再者，苏联已经被自己的问题——勃列日涅夫行将就木、波兰问题和阿富汗战争——搞得焦头烂额而无暇他顾。然而随着形势发展，苏联愈发担忧自己可能会失去叙利亚这个地区最重要的代理人，遂于早些时候作出政策调整，在勃列日涅夫去世前就着手向叙利亚运送新一代地空导弹防御系统并派遣相关军事技术人员。[3]

尽管1983年1月至2月，萨姆–5防空导弹正式在叙部署，苏联承担起了叙利亚的空防任务，但此时苏联方面对这一举措的底气仍算不上充足。此时以色列国内局势的变化又给了苏联底气，以色列国内舆论对政府在1982年采取的政策颇为不满，随着卡汉委员会报告的出炉，沙龙辞去国防部长一职，苏联备受鼓舞。以色列的国内形势影响了苏联对黎巴嫩问题有关议程的态度。

---

[1] George P. Shultz, *Turmoil and Triumph, My Years as Secretary of State* (New York: Charles Scribner's Sons, 1993), p. 233.

[2] ［美］罗纳德·里根著，何力译：《里根回忆录——一个美国人的生平》，第219页。

[3] Itamar Rabinovich, *The War for Lebanon, 1970-1985*, pp. 147-148.

苏联方面的分析认为，进一步同叙利亚发生战争对以色列方面而言无益，以色列也没有兴趣进一步扩大军事优势。苏联方面的判断是以叙双方已无爆发更大规模冲突的可能，因此便进一步提升了对黎巴嫩问题的调门，利用舆论对以色列展开了进一步的批评。当时，苏联领导人对一个到访的以色列议会代表团指出，如果以色列对叙利亚发动军事进攻，52000名苏军士兵将在24小时内出现在以色列边境线上。此后，苏军还声称其雷达锁定了进入黎巴嫩领空的以色列战机，并迫使其远离。与此同时，形势还进一步向着不利于美国的方向发展，特别是在约旦国王侯赛因明确拒绝了里根的和平计划后，苏联摆出了更高的姿态，意在表明叙苏关系紧密，叙利亚并不孤单；由于以色列的攻击性，战争的风险严峻。事实上，苏联方面上述一切态度都是建立在一个基本判断和一个基本诉求的基础之上：叙以之间不会爆发更大冲突，特别是以色列不会与叙利亚开战，以及苏联急需改善自己在中东地区的形象。因此，在确定安全得到保障的情况下，苏联的政策可以表现得强硬而进取。通过这种表现，苏联一方面可以展现由于自身对叙利亚的支持，叙得以与以色列甚至美国抗衡；另一方面，通过渲染战争的风险，又凸显出了苏联对叙利亚支持的价值。而从领导人风格的角度而言，安德罗波夫确实比勃列日涅夫更为积极进取，但从客观上讲，苏联的地区政策实际上确实具有较强的连续性。[①]

接下来一段时期，由于担心戈兰高地受到攻击，以色列军队针对叙利亚军队进行的军事演习和动员进行了大规模的军事动员，促使苏联对战争爆发的担忧陡然上升，进而降低对以色列批评的调门，特别是对以黎《5.17协议》。1983年8月，随着以军撤出舒夫山区，长枪党民兵武装与德鲁兹民兵武装爆发了激烈的冲突，随后受叙利亚支持的巴解武装也加入了进来。黎巴嫩政府军位于苏格加里布的营地很快遭到了包围。9月初，阿明·杰马耶勒总统向美国求援，称苏格加里布营地的安危同美国海军陆战队营地的安全密切相关，希望美军利用海军炮火支援解围。在为期3周的炮火打击过后，美国总统特使罗伯特·麦克法兰同沙特方面制定了一份停火协议。一开始，叙利亚坚称自己不是冲突一方，没有接受停火协议的道理，但随着美国海军新泽西号

---

① George W. Breslauer, *Soviet Strategy in the Middle East*, pp.108-111.

战列舰抵达战区，阿萨德总统迅速接受了停火协议。10月，美国海军陆战队营地遇袭，苏联方面高度警觉，并迅速开始同叙利亚拉开了距离。有几个迹象表明了苏方的这一态度。先是11月，叙利亚外长阿卜杜·哈利姆·哈达姆访苏同安德烈·葛罗米柯会晤，哈达姆在致辞中再次强调了叙苏的亲密关系，特别是苏联对叙利亚的防务承诺。而在会后苏方的报道中，所有的有关表述都被略去了，这很难说是巧合。《塔斯社》甚至还破天荒地提到了对的黎波里局势的关注，这涉及叙利亚同亚西尔·阿拉法特之间的冲突，苏方此前对此一直选择了无视。此次提出这一问题，显示出苏联同叙利亚已经出现了分歧。而通过提出这一议题，苏联方面同叙利亚拉开距离又显得自然而不失体面。更有甚者，10天后葛罗米柯同伊拉克外长塔里克·阿齐兹会晤后的一份公报指出，双方支持巴解组织，应当立刻停止内部冲突，恢复巴勒斯坦抵抗运动的内部团结。此时伊拉克是叙利亚的死对头，苏伊两国共同发表声明支持巴解组织，呼吁停止的黎波里战事，进一步证明了苏联对叙态度的大转弯。[①]

随着1984年2月美国海军陆战队撤出黎巴嫩，苏联又调高了在黎巴嫩问题上的姿态。这一时期，苏联特使频繁访问地区国家，而阿拉伯国家的部长也到访莫斯科。苏联同科威特达成了新的军火贸易，同埃及的外交关系得以恢复，向伊拉克提供经济支持和武器装备。随着美国此时在地区的失势，中东地区成为苏联外交发力的重点区域。在中东地区事务上，苏联在零和思维的驱动下，采取的是低风险的机会主义策略，尽管领导人风格有所区别，但苏联这一时期的政策基本维持了这一思路。[②]

叙利亚对于以色列入侵黎巴嫩后自己将要面对的局面较为明晰，但其态度又是左右两难的。1982年2月13日，蒙特卡洛电台记者在大马士革援引一名高级外交官的表态：如果以色列仅是对黎巴嫩的巴解据点和巴勒斯坦难民营进行打击，叙利亚的反制措施将是有限的；如若以军企图长期占领黎巴嫩，那么叙利亚将向巴勒斯坦和黎巴嫩爱国力量提供一切必要支持，让占领者如入十八层地狱，如有必要叙利亚也将参战。众所周知，以色列的军事实力强于叙利亚，叙利亚对以色列发动全面战争的可能性应被排除在外，叙利亚支

[①] George W. Breslauer, *Soviet Strategy in the Middle East*, pp. 111-114.

[②] Ibid., pp. 117-119.

持的是对占领者的抵抗运动，旨在消磨占领者，也不排除发展成为全面战争的可能。然而实际情况是，在战争爆发的前3天里，叙利亚方面也许认为以色列真的在乎自己发出的警示信号；而到了第4天，叙利亚在黎部队已经被以军击溃，只得寻求达成停火协议，以避免更大的军事失败。如此局面为接下来以色列针对贝鲁特的军事行动奠定了基础。

面对国内和阿拉伯世界的压力，叙利亚无法接受以色列—长枪党联盟在贝鲁特获得完胜，因此不能放任局势发展。在贝鲁特附近的叙军与以军展开了激烈战斗，对6月中旬最终出现僵持局面起到了很大作用。随着巴解组织撤离协议达成，叙利亚开始围绕在更大范畴内介入黎巴嫩危机做文章。叙利亚一开始反对巴解组织撤出贝鲁特，但当协议达成时却提出接收相当一部分的撤离人员。叙利亚一面盘算着美国会对自己的支持抱有感激之情，另一面也希望能够通过此举对巴解组织施加更直接的影响。8月23日巴希尔·杰马耶勒当选总统是叙利亚在黎巴嫩的至暗时刻，预示着一个同以色列结盟、对叙利亚采取敌对政策的强有力的黎巴嫩中央政府即将到来。而9月14日候任总统遇袭身亡、贝鲁特难民营屠杀事件、阿明·杰马耶勒当选总统和苏联政策的调整极大地改善了叙利亚的境遇。[1]

一直以来，叙利亚对黎政策的核心目标是在黎建立主导地位。叙利亚在1982年战争后的策略主要延续其1976年至1982年政策，同时旨在消除战争造成的不利影响和后果。在一段时间内，这一策略起到了有效作用，使叙利亚恢复了部分地区大国的影响力和在国际舞台上的重要性。这一阶段，叙利亚通过与黎中央政府合作、对黎政府军和内部治安军渗透、对传统社群领袖和政客施加影响并通过安排安全协议使驻军合法化，同时使驻军规模最小化。叙利亚的政策在战争中受到挫败，但在苏军部署防空导弹系统和巴希尔遇刺后得到了大幅改善。此后，阿萨德开始对巴解组织下手，特别是打击亚西尔·阿拉法特，策动艾布·穆萨的叛乱，最终迫使阿拉法特及其支持者在1983年12月彻底撤出黎巴嫩。但鉴于叙利亚在阿拉伯政治中地位的有限性和国内政治掣肘，阿萨德能够击败阿拉法特并削弱和羞辱他，但不能让叙利亚的代理人取而代之。

---

[1] Itamar Rabinovich, *The War for Lebanon, 1970-1985*, pp. 149-150.

1983年4月,叙利亚通过搅局约旦—巴解组织会谈向美国展示了大马士革在美国任何中东地区政策落地时都不可被忽视。《5.17协议》于6月14日得到了黎巴嫩议会的通过[①],叙利亚对此反应激烈。7月23日,旨在反对该协议的民族救亡阵线在叙利亚支持下建立起来。1983年11月,阿萨德总统突发心脏病,用了一年时间才逐渐恢复。从现实情况和自身实力考虑,叙利亚在总结了20世纪70年代末期黎巴嫩政策经验教训的基础上,不再寻求掌控黎巴嫩政治的细枝末节,转而通过选择、操控代理人进行间接掌控,其中就包括与总统阿明·杰马耶勒的合作。此后黎巴嫩局势发生了显著变化,第一个变化是黎巴嫩问题作为地区议题的受关注度显著下降：美国撤离,以色列转为低调姿态,1984年亚西尔·阿拉法特在安曼成功召开巴勒斯坦全国委员会大会,约旦与埃及恢复外交关系,新的埃及—约旦—伊拉克轴心逐渐形成,叙利亚感到新的阿以和平进程可能因该轴心和巴解组织脱离自己掌控而成型。第二个变化是以军分阶段从黎巴嫩撤出,这是在叙利亚没有付出任何实际代价的情况下实现的。[②]

　　叙利亚非但不从黎巴嫩撤军,反而联合黎巴嫩的什叶派、德鲁兹派和巴勒斯坦人,迫使以色列撤出黎巴嫩并试图推翻阿明·杰马耶勒。阿萨德的策略是使以色列为其在黎存在付出很高伤亡代价,迫使其撤出黎巴嫩。而一旦以色列撤军,阿明·杰马耶勒就容易对付了。最终,以色列军队由于遭到狙击、伏击、汽车炸弹爆炸等恐怖袭击,伤亡的人数上升,加上以色列经济遇到了困难,以色列国内反战情绪高涨。在这种情况下,为了减少伤亡和节约开支,以色列政府于1983年7月20日宣布收缩战线,重新部署在黎巴嫩的以色列军队。1983年9月3日,以色列军队撤出舒夫山区,退守贝鲁特以南阿瓦利河一线,德鲁兹派在叙利亚的支持下立即控制了舒夫山区,并与前来接管的黎巴嫩政府军和长枪党武装展开了激烈的武装冲突。[③]

　　1984年2月,叙利亚迫使阿明·杰马耶勒总统废除了《5.17协议》,代之

---

　　① 有70名议员参与了议会投票,包括50名基督教议员中的40人,41名伊斯兰教派中的24人。协议以64票赞成,2票反对,4票弃权得到了通过。参见：Theodor Hanf, *Coexistence in Wartime Lebanon: Decline of a State and Rise of a Nation*, pp. 283-284。
　　② Itamar Rabinovich, *The War for Lebanon, 1970-1985*, pp. 186-191。
　　③ 赵伟明著：《中东问题与美国中东政策》,第244—245页。

以叙利亚倡导的改革和安全计划,[1] 又在1985年促成了阿以冲突史上首次以色列军队单方面撤退。接着，在将黎巴嫩事务事实上变为叙利亚保护国的过程中，阿萨德在巴解组织内部制造了严重分裂，把阿拉法特赶出了黎巴嫩，并将巴解组织中的好战派变成了为叙利亚地区政策效劳的工具。[2] 阿萨德在黎巴嫩强行推行战略布局方面取得了进展：利用它的领土建立反以军事防御设施；将不少什叶派、德鲁兹派和基督教的地方民兵武装纳入自身影响力范畴并加以利用；使黎巴嫩实施叙利亚主导的改革计划，在行政、军队建设和情报机构方面遵循阿萨德的指导原则。然而，黎巴嫩的复杂局面远非阿萨德可以全面掌控：贝鲁特和赛达附近的巴勒斯坦难民营、亲阿拉法特的巴解武装、的黎波里的逊尼派武装、黎巴嫩山地区的黎巴嫩力量武装、以色列支持的南黎巴嫩军以及伊朗支持的什叶派真主党都各自为政。此时的阿萨德因为叙利亚国内困难的经济状况已无力通过动用大量部队来显著改善局面了，只能维持其黎巴嫩战略保护人的角色。但黎巴嫩仍是阿萨德地区战略的最重要载体。与此同时，阿萨德同伊朗建立了密切关系，从而收到了意想不到的积极成效。在对沙特关系上，除了大量免费和价格低廉的石油外，他还获得了沙特在黎巴嫩议题以及对待埃以协议、侯赛因—阿拉法特协议上对叙利亚立场的政治支持，以及大量经济援助。沙特开始担心被伊朗—叙利亚形成的包围圈所钳制。[3]

对于阿拉伯人来说，1982年第五次中东战争标志着1973年战争以来地区格局变化的阶段性定型。1973年第四次中东战争初期获得的军事成功和石油武器的有效运用，使部分依靠石油收入迅速积累财富的阿拉伯国家产生了一种新的权力感，但黎巴嫩内战的持续使阿拉伯人意识到国家内部反对的力量在不断增加，发生革命的风险在不断聚积。20世纪70年代末伊朗伊斯兰革命爆发，伊斯兰教复兴的理念开始蓬勃发展。阿拉伯世界虽然获取了新的财富和影响，但仍然无力抗衡苏联、伊朗和以色列的力量。处于分裂和弱势的阿拉伯世界对黎巴嫩内战没有有效回应，原因在于受两伊战争拖累，国际原油市场波动，埃及被排除在阿盟之外，同时沙特、伊拉克和约旦愿意看到叙利

---

[1] [以] 摩西·马奥茨著，殷罡等译：《阿萨德传》，第208—209页。
[2] 同上，第2页。
[3] 同上，第210—213页。

亚和巴解组织受黎巴嫩内战影响实力受削弱，结果是阿拉伯人坐视一个阿拉伯国家的首都被以色列包围长达10周之久。阿拉伯世界与以色列的关系呈现出了打不赢、和不了的状态。①

1982年上半年，巴解领导层已经预感到以色列将对黎巴嫩发动大规模入侵，理应对此采取相应的部署和策略。巴解领导层知晓沙龙与巴希尔·杰马耶勒的会面，也对长枪党武装参与战斗、以军可能采取分割消灭战术、在海岸公路实施登陆作战、在杰津实施直升机空降等可能性作出了预判。然而黎南地区的自治领地对于巴解组织来说太过重要，其领导层认为自己应当做的是尽量避免给予以色列以入侵口实，竭力保住与以色列直接连接的领土。而如果真的出现大规模入侵，那么巴解组织在遭受打击与损失的同时应当争取实现政治上的胜利。巴解组织领导层认为，一支游击武装在同正规军作战时不受政治局限，过去6年对以色列的游击战已经证明了自己是占有优势的一方。事实证明，巴解领导层的观点显然过于乐观，这影响了巴解组织对以色列入侵作出的军事准备。战争爆发后，巴解组织的策略是向北撤退的同时力求对以色列军事人员造成伤亡，而不是以守卫领地为主。有生力量在贝鲁特的聚集使巴解组织在贝鲁特的防御力量得以保证。无奈此时的巴解组织缺乏国际社会和阿拉伯国家的支持，黎巴嫩的政治派别大多希望其离开自己的国家。②巴解武装在为数不多的抵抗战斗中展现出了不错的面貌，在困难情况下还实现了内部的高度团结。③巴解组织丧失了在黎南地区靠近以色列的自治领地，在的黎波里和贝卡地区的基地则处在叙利亚控制之下。迁往突尼斯的巴解组织只能通过屈服于叙利亚和与约旦修好弥补在核心地带的缺位。

对一场发生在本国的战争，黎巴嫩的国家和政治体系的态度却是消极的。尽管巴解组织的黎巴嫩盟友黎巴嫩民族运动组织参与了战斗，但当中大部分

---

① Itamar Rabinovich, *The War for Lebanon, 1970-1985*, pp. 170-172.

② 此时巴勒斯坦人在黎巴嫩的孤立地位已经到了无以复加的地步。黎巴嫩南部地区的居民，无论是基督教徒还是什叶派都将巴解武装视为占领军，并一直遭受因巴解武装突袭造成的以色列报复性打击的影响，而巴解组织却对黎巴嫩平民的伤亡和损失无动于衷，这在黎巴嫩人当中引发了极大的愤怒。参见：Chibli Mallat Aspects of Shi'i Thought from The South of Lebanon: Al-'Irfan, Muhammad Jawad Mughniyya, Muhammad Mahdi Shamseddin, Muhammad Husain Fadlallah, *Papers on Lebanon Centre for Lebanese Studies, Number 7*, 1988, p. 21.

③ Itamar Rabinovich, *The War for Lebanon, 1970-1985*, pp. 150-151.

派别已经厌倦了其在自己国家的支配地位，或多或少都希望巴解组织离开黎巴嫩。里根在1982年6月16日的日记中写道："我们正在走钢丝。黎巴嫩总统埃利亚斯·萨尔基斯不便公开说，但心里显然希望以色列打近点儿，直到可以解除巴解武装为止。然后，他希望恢复黎巴嫩中央政府，让巴勒斯坦人成为公民，使所有外国军队撤出黎巴嫩。"[①] 黎巴嫩政府向联合国安理会递交了抗议信。什叶派阿迈勒运动民兵同巴解武装并肩对以色列军队进行了英勇抵抗，遭受了巨大伤亡。贝鲁特西区的穆斯林领袖公开要求巴勒斯坦人撤离。[②]

以色列大规模的军事入侵未能给黎巴嫩内战带来明朗的前景。以色列的黎巴嫩盟友则更希望借他人之手达到驱逐巴解组织的目的。具有讽刺意味的是，在一场由以色列发动的战争完结后，地位得到提升的竟然是在战场上失利的叙利亚人。在这种情况下，阿明·杰马耶勒总统必须与以色列保持适度距离，通过恢复传统的马龙派总统和逊尼派总理的合作关系维持掌控。在新政府中占据要职的是与阿明·杰马耶勒关系紧密的传统政治领袖和心腹技术官僚，与长枪党内和黎巴嫩阵线中忠于巴希尔·杰马耶勒并主张与以色列结盟的利益集团形成了矛盾关系。与此同时，中央政府的权威和职能仍仅限于贝鲁特及周边地区，对于在的黎波里和舒夫山区爆发的战事无能为力。的黎波里的暴力冲突是叙利亚与伊拉克角逐、逊尼派和阿拉维派矛盾、地方民兵和巴解武装冲突的体现。在舒夫山区，德鲁兹派和黎巴嫩政府军—黎巴嫩力量大打出手，而二者之间围绕地区控制权的争斗可追溯到18世纪。黎巴嫩政府试图扩展政府权威的企图被德鲁兹派视为自己被驱逐的危险，为了避免18世纪历史的重演，德鲁兹派众志成城，政府军—黎巴嫩力量一方被击败。

---

① ［美］罗纳德·里根著，何力译：《里根回忆录——一个美国人的生平》，第221页。
② Theodor Hanf, *Coexistence in Wartime Lebanon: Decline of a State and Rise of a Nation*, pp. 265-266.

第五章　黎巴嫩什叶派崛起与《塔伊夫协议》

黎巴嫩内战和1982年第五次中东战争带来的一个最突出影响是推动了黎巴嫩伊斯兰教什叶派社群的崛起，阿迈勒运动和真主党在叙利亚和伊朗的分别支持下展开了激烈的竞争和对抗，这是20世纪80年代伊斯兰主义在中东地区崛起之于黎巴嫩的具体反映，其影响延续至今。《塔伊夫协议》的签订体现了叙利亚、沙特和伊朗取代此前的叙利亚、以色列和巴解组织，成为影响黎巴嫩政治的主要外部力量。1982年至1990年，黎巴嫩内战和国内政治由冷战时期的左翼和右翼的争夺的背景，逐渐向什叶派伊斯兰主义的崛起和地区大国权力角逐的格局演变。本章论述黎巴嫩内战的第三个阶段：1982年至1990年，集中探讨1979年伊朗伊斯兰革命和1982年第五次中东战争推动的黎巴嫩什叶派的崛起，同时涉及巴解组织和以色列撤出黎巴嫩后各方为填补空白、塑造未来黎巴嫩政治格局而进行的战斗，以及米歇尔·奥恩反对叙利亚控制失败、《塔伊夫协议》的达成和黎巴嫩内战的后果和影响。其中，1982年至1985年作为第二、三阶段的过渡期，同时涉及内战的进程和什叶派崛起两个维度的内容，本章论述的侧重点是什叶派崛起的内容。

第一节　黎巴嫩什叶派的崛起

一、新兴什叶派政治力量的发展

黎巴嫩什叶派社群的人口实现了从20世纪20年代占总人口比例的18%到20世纪末超过30%的显著增长。1958年至1970年，从福阿德·谢哈卜到夏尔·赫卢的政策都是缩小黎巴嫩区域间和社群间的经济差距，改善落后地区面貌，特别是什叶派聚居的阿米勒山地区，强化中央政府权威对黎巴嫩全境的覆盖。这一时期，有40%的什叶派人口从原先定居的黎巴嫩南部和贝卡地区向贝鲁特等沿海大城市迁移，63%的什叶派成为城市居民，其中又有45%居住在贝鲁特，他们当中包括新兴的什叶派中产阶级，而更多的是居住在市郊的贫民区。这些国内迁徙人口开始寻求新的心理和社会身份认同，其政治诉求也需要得到满足。针对这一局面，谢哈卜和赫卢都选择通过支持穆萨·萨德尔，这使什叶派传统领袖的影响进一步遭到了削弱。① 这些变化极大地改变了什叶派社群的政治框架和感知，使来到贝鲁特南郊的什叶派民众彻底摆脱了什叶派传统社群领袖的束缚。但大幅度人口变化是否能够导致某一社群在政治生活中的权重发生与之匹配的改变并无定论。②

这一时期黎巴嫩什叶派社群最重要的政治人物当属穆萨·萨德尔。穆萨·萨德尔的父系家族来自黎巴嫩苏尔，他本人于1928年生于伊朗，1954年至1958年在伊拉克求学，接受的是现代世俗和传统宗教相结合的教育。在宗教学校学习期间，他的老师包括鲁霍拉·霍梅尼，同学中有阿里·哈梅内伊。③ 萨德尔主张政治行动主义，让什叶派进入黎巴嫩权力中心，使什叶派宗教领袖成为一种政治力量。1959年来到黎巴嫩后，萨德尔凭借其睿智、个人魅力和灵活的手腕迅速成为引人注目的什叶派宗教和政治领袖，迅速确立了自己在什叶派社群中的政治地位。④ 1967年，什叶派建立了自己的伊斯兰最高委员会，管理本教派事务，萨德尔于1969年出任委员会主席。1959年至1969年是穆萨·萨德尔在黎巴嫩活动的第一个阶段。⑤ 70年代初期和中期，穆萨·萨德尔在与什叶派传统政治力量的较量中获得了胜利，开始集中面对左翼力量的挑战。1973年至1974年，萨德尔一手创建了"被剥夺者运动"（即阿迈勒运动的前身），要求政府保护以什叶派为主要居民的黎巴嫩南部地区的安全，并向什叶派聚居区拨款实施社会经济发展项目。⑥ 为此，他认为必须向

---

① Omri Nir, "The Lebanese Shi'a as a Political Community", in Barry Rubin, ed., *Lebanon Liberation, Conflict and Crisis*, p. 181.
② Theodor Hanf, *Coexistence in Wartime Lebanon: Decline of a State and Rise of a Nation*, p. 89.
③ 吴冰冰著：《什叶派现代伊斯兰主义的兴起》，第298页。
④ Kamal S. Salibi, *Cross Roads to Civil War Lebanon 1958-1976*, pp. 61-63.
⑤ 吴冰冰著：《什叶派现代伊斯兰主义的兴起》，第266页。
⑥ Itamar Rabinovich, *The War for Lebanon, 1970-1985*, p. 38.

政府施压，即便是使用暴力。① 他在1974年4月4日的集会中说："男人的服饰就是武器。我们支持这种服饰，我们支持拿起武器。"②

黎巴嫩内战的初始阶段，主要的对抗双方是马龙派社群和巴解组织。当时，什叶派人口主要分布在以色列控制下的黎巴嫩南部地区、叙利亚控制下的贝卡地区和贝鲁特西区的南郊。大部分什叶派社群加入了支持巴勒斯坦人的阵营，一小部分加入马龙派阵营，他们加入战斗的很大原因是迫于生计，因为民兵武装给参战人员提供了不错的待遇。内战爆发后，穆萨·萨德尔反对战争，以绝食抗议。但1975年7月5日在贝卡地区发生的爆炸事件暴露了被剥夺者运动的军事部门阿迈勒运动组织。萨德尔不得不于7月6日发表公开声明，宣布阿迈勒运动组织成立。形势的发展迫使萨德尔将阿迈勒运动定位为什叶派的民兵组织。③ 此后，被剥夺者运动的称呼逐渐被阿迈勒运动所取代。

1975年至1976年，穆萨·萨德尔领导的阿迈勒运动同黎巴嫩民族运动—巴解组织站在一起，试图重新分配国家权力，改变什叶派的现状。④ 叙利亚军事介入后，萨德尔站在叙利亚军队一边，反对黎巴嫩民族运动和巴勒斯坦人。他认为卡迈勒·琼布拉特是个不负责任的领导人，导致什叶派青壮年不成比例地大量参战和死亡，还阻止内战结束并从中受益。同时，由于巴解组织吸引了不少什叶派青年加入，这阻碍了阿迈勒运动组织在什叶派社群中的发展。但不幸的是，1976年7月，萨德尔在改为亲叙立场之后在战场上遭到了黎巴嫩民族运动—巴解武装和马龙派民兵武装的夹击，所遭受的损失和打击远超萨德尔的预期。⑤

1978年3月，以色列对黎巴嫩发动利塔尼行动，大规模军事入侵使得黎巴嫩南部的什叶派民众开始转变对巴解武装的看法，认为是他们的存在招致以色列入侵，他们开始支持什叶派武装，阿迈勒运动组织作为什叶派政治力量，影响力迅速增加。⑥ 与后来的以色列入侵相比，之前人们更担心的是巴

---

① 吴冰冰著：《什叶派现代伊斯兰主义的兴起》，第275页。
② 同上，第277—278页。
③ 萨德尔承认爆炸事件是什叶派青年在向巴勒斯坦抵抗运动的专家学习制作爆炸物时不慎导致的。"阿迈勒"这个词是"黎巴嫩抵抗部队"阿文首字母的缩写，即أفواج المقاومة اللبنانية。
④ 吴冰冰著：《什叶派现代伊斯兰主义的兴起》，第286页。
⑤ 同上，第288页。
⑥ 同上，第333页。

解组织和阿迈勒运动之间有可能爆发战争。[①] 1978年9月，穆萨·萨德尔在访问利比亚期间失踪改变了阿迈勒运动组织的发展路径，阿迈勒运动逐渐发展成为一个政治改革运动。[②] 1980年4月，阿迈勒运动组织召开特别大会，纳比赫·贝里当选阿迈勒运动主席。为了谨防亚西尔·阿拉法特抛弃自己单独实现巴以和平，叙利亚把阿迈勒运动组织视为抑制巴解组织在黎巴嫩发展壮大的工具。阿迈勒运动组织在内战期间一直是叙利亚的亲密盟友，与巴解组织的关系则持续紧张。[③]

1979年伊朗伊斯兰革命和1982年以色列入侵为黎巴嫩什叶派现代伊斯兰主义的发展壮大提供了时代背景、注入了强大动力。[④] 1979年1月，伊朗伊斯兰教革命爆发。穆萨·萨德尔的一个亲密同事、曾在黎南地区一所由萨德尔开设的职业学校任校长的穆斯塔法·查姆兰在伊斯兰革命后变成了伊朗伊斯兰共和国的首任国防部长。这一戏剧性变化使黎巴嫩什叶派社群迎来了全新的局面，他们第一次拥有了一个有力的外国保护者和盟友。[⑤] 1982年6月6日，以色列入侵黎巴嫩，旨在消灭巴解组织，在黎巴嫩扶植傀儡政府，使黎巴嫩成为第二个与其签订和平协议的阿拉伯国家。然而，以色列入侵对黎巴嫩产生的附带影响令所有人始料未及。面对以色列的入侵，阿迈勒运动组织并无作为，伊斯兰什叶派最高委员会在群众运动中正在日益边缘化。这两个组织逐渐官方化的色彩和政治主张使它们与什叶派群众日益疏远。黎巴嫩的什叶派社群，特别是那些想要成为革命者的年轻人受此影响开始向伊朗伊斯兰革命的路径靠拢，真主党开始兴起。[⑥] 以色列前总理巴拉克在2006年曾谈到，当以色列进入黎巴嫩的时候还没有真主党，在黎巴嫩南部迎接以色列的是什叶派民众提供的喷香的大米和鲜花。正是以色列的存在催生了真主党。正如巴拉克所言，由于以色列没能适时地从黎巴嫩撤军，其在黎巴嫩受到的欢迎很

---

① Augustus Norton, *Hezbollah: A Short History*, p. 29.
② Omri Nir, "The Lebanese Shi'a as a political Community", in Barry Rubin, ed., *Lebanon Liberation, Conflict and Crisis*, p. 182.
③ 吴冰冰著:《什叶派现代伊斯兰主义的兴起》，第334页。
④ Eyal Zisser, "Hizballah in Lebanon: Between Tehran and Beirut, Between the Struggle with Israel, and the Struggle for Lebanon", in Barry Rubin, ed., *Lebanon Liberation, Conflict and Crisis*, pp. 157-158.
⑤ Theodor Hanf, *Coexistence in Wartime Lebanon: Decline of a State and Rise of a Nation*, p. 245.
⑥ 吴冰冰著:《什叶派现代伊斯兰主义的兴起》，第334—335页。

快冷却。此前在1987年,拉宾也有类似的表述,他当时谈到了以色列"是如何把恶魔放出瓶子的"①。1982年夏,阿迈勒运动主席纳比赫·贝里力主该组织加入叙利亚主导的民族救亡阵线,导致运动内部发生分裂,阿迈勒运动政治局委员、官方发言人侯赛因·穆萨维脱离了运动,创建"伊斯兰阿迈勒运动组织"(Islamic Amal)并得到了伊朗的支持,一批阿迈勒运动成员离开阿迈勒运动组织加入伊斯兰阿迈勒运动组织。此后,伊斯兰阿迈勒运动联合一批黎巴嫩其他伊斯兰组织进行抗击以色列的斗争。1984年,该组织开始使用"黎巴嫩伊斯兰革命真主党"的称呼。②

随着黎巴嫩内战的进一步发展,特别是进入20世纪80年代,什叶派社群以阿迈勒运动组织和真主党为代表,开始有组织地加入内战,并呈现出了竞争和对抗的关系,例如在对待巴勒斯坦抵抗运动组织这一问题上,阿迈勒运动组织反对巴解武装在黎存在,而真主党则给予他们支持。③这一阶段还经历了真主党和阿迈勒运动组织的政治理念之争,即世俗政治道路和伊斯兰政府理念。前者的主要代表是纳比赫·贝里,他承认黎巴嫩国家的合法性,寻求让什叶派社群在黎巴嫩获得应有地位和权利。后者的代表是穆罕默德·法德勒拉,他试图在黎巴嫩建立一个伊斯兰共和国。此外,还没有明确选边站队的代表性人物,有侯赛因·穆萨维、马赫迪·沙姆斯丁等,时任议长侯赛因·侯赛尼也是一位世俗的什叶派政治人物,与叙利亚关系密切。以色列显然意识到了黎巴嫩什叶派影响力的持续上升,曾试图与阿迈勒运动组织展开对话被后者拒绝。为了提升组织的声望,阿迈勒运动组织民兵开始攻击以军及其当地协作者。什叶派社群内部还出现了争夺黎巴嫩反以斗争事业领导权的争夺。④一开始,阿迈勒运动组织聚焦的是在城市化进程推动下进入大城市扎根的什叶派中产阶级。随着叙利亚在20世纪80年代末基本上掌控了黎巴嫩局势,阿迈勒运动组织的地位得到了进一步巩固。⑤

---

① Augustus Norton, *Hezbollah: A Short History*, p. 33.
② 吴冰冰著:《什叶派现代伊斯兰主义的兴起》,第337—339页。
③ Augustus Norton, *Hezbollah: A Short History*, p. 120.
④ Itamar Rabinovich, *The War for Lebanon, 1970-1985*, pp. 178-182.
⑤ Omri Nir, "The Lebanese Shi'a as a political Community", in Barry Rubin, ed., *Lebanon Liberation, Conflict and Crisis*, p. 181.

二、叙利亚、伊朗同阿迈勒运动组织、真主党的关系

黎巴嫩什叶派社群的两大政治集团：纳比赫·贝里领导的倡导温和改革的阿迈勒运动组织和受谢赫穆罕默德·法德勒拉引导的持现代伊斯兰主义的真主党。两个集团都与叙利亚有关系，但阿迈勒运动组织与叙利亚的关系更为密切，真主党更靠近伊朗。黎巴嫩内战爆发后，阿迈勒运动组织从其与叙利亚的关系中获益匪浅。在创始人穆萨·萨德尔失踪后，其继任者侯赛因·侯赛尼和后来的纳比赫·贝里都与哈菲兹·阿萨德保持了良好关系。后来，阿迈勒运动与黎巴嫩民族运动—巴解组织阵营决裂，原因在于该阵营通过各种手段侵蚀了原属阿迈勒运动组织势力范围的黎巴嫩南部地区。在1976年6月叙利亚与马龙派结盟后，阿迈勒运动组织是黎巴嫩少有的仍然支持叙利亚的派别，这在当时实属不易，因为大部分伊斯兰教社群都将叙利亚与马龙派结盟的举动视为背叛。阿迈勒运动组织是叙利亚在黎巴嫩最为可靠的盟友，叙利亚需要其在黎巴嫩的军事能力和政治影响力。同时，阿迈勒运动组织还是叙利亚用来抗衡伊拉克的工具，该组织反对伊拉克对伊朗发动的战争。

进入20世纪80年代，在众多地区势力中，叙利亚和伊朗是黎巴嫩政治舞台中央的核心玩家，他们在黎巴嫩发挥的作用对什叶派的崛起起到了重要影响。阿迈勒运动组织和真主党激烈争夺对黎巴嫩什叶派的领导权。一方面，叙利亚和伊朗在削弱美国对黎巴嫩影响力和抵御以色列的问题上拥有共同利益；另一方面，叙利亚一直对伊朗抱有戒心，特别是对其支持的真主党势力。叙利亚与真主党的关系较为复杂。真主党是叙利亚一个很重要的平衡其与伊朗关系、协调在黎利益的工具。当伊朗和叙利亚在黎利益一致时，叙利亚会与真主党展开合作，如20世纪80年代初真主党对叙利亚同以色列和多国部队斗争的支持，以及迫使阿明·杰马耶勒废除同以色列的《5.17协议》，对叙利亚在以色列入侵后重新树立在黎影响力发挥了重要作用。当然，除了伊朗伊斯兰革命的影响和以色列入侵黎巴嫩外，叙利亚的政策其实也是真主党诞生和发展壮大的重要推手。1982年夏天，伊朗与叙利亚达成协议，在以色列入侵黎巴嫩期间向黎派遣革命卫队顾问，在贝卡地区训练在未来成为真主党武装的人员。伊叙结盟是后来真主党成立的重要条件之一。对于叙利亚而言，支持真主党可以起到三个重要作用：巩固与伊朗的同盟关系；持有间接打击

以色列和美国的工具；制衡自己在黎巴嫩的盟友，如阿迈勒运动组织。[①] 然而从意识形态上，真主党不赞同阿萨德政权倡导的世俗阿拉伯民族主义；同时，真主党的暴力行为，如扣押西方人质、自杀式爆炸袭击也损害了叙利亚在国际社会的形象。

1982年6月以色列入侵后，黎巴嫩各派民兵武装开始进行对以色列占领军的有组织袭击，这些民兵组织包括复兴党黎巴嫩分支、共产党、纳赛尔主义组织和世俗爱国组织武装。1982年11月，真主党发动了对以军苏尔指挥部和情报中心的自杀式爆炸袭击，造成75名以军士兵阵亡，另有15名阿拉伯囚犯遇难。这是以军入侵后遭遇的第一次也是损失最大的一次袭击。而1983年的奈拜提耶事件是真主党抵抗运动的转折点。阿舒拉日是黎巴嫩什叶派两大势力真主党和阿迈勒运动组织展开政治角逐的工具和舞台。每年在奈拜提耶举行的阿舒拉日纪念活动是黎巴嫩同类活动中声势最为浩大的。在纪念活动中，通常会上演描述伊玛目——侯赛因遇害身亡的戏剧。1983年在奈拜提耶的一个小镇上，尽管已经被告知应远离参与纪念活动的人群，但因一名以军中尉误读地图带错了路，一小股以军巡逻部队的卡车闯入了在伊玛目侯赛因纪念堂前进行表演的人群。当地人向他们投掷石块儿，他们随即用步枪和手榴弹予以还击，造成多名当地民众死亡。这一事件促使大批什叶派中间派力量加入了抵抗运动，成为黎巴嫩抵抗以色列占领的转折点，在什叶派社群中作为以色列不尊重伊斯兰教、非法占领的典型叙事广为流传。[②]

到了1984年，黎巴嫩南部地区抵抗运动的活动显著增加。1985年，以色列划定了占黎巴嫩国土面积10%的区域为安全区，坚称只有黎巴嫩的安全局势缓和，以军才会撤出黎巴嫩。实际上，安全区的存在成为悖论：局势平静时，以色列强调正是安全区发挥了作用；有袭击发生时，则强调安全区的设立是完全有必要的。安全区的存在已经成为暴力活动的原动力。真主党强调，正是什叶派社群持续不断的抵抗活动促使以色列最终从黎南地区撤军。日后，真主党把自己的武装称为抵抗组织，其存在是为了抵御以色列入侵，使真主

---

① Augustus Norton, *Hezbollah: A Short History*, p. 35.

② 与此同时，得益于伊朗的支持，真主党可以向其武装人员支付高于其他民兵组织的工资。参见：Theodor Hanf, *Coexistence in Wartime Lebanon: Decline of a State and Rise of a Nation*, p. 317. Augustus Norton, *Hezbollah: A Short History*, pp. 52-53。

党在黎巴嫩获得了广泛支持。

然而，以色列和真主党是遵照一定的游戏规则行事的。以军不袭击黎巴嫩平民，抵抗运动则主要在安全区内实施行动，不触及以色列本土。双方通过联合国驻黎巴嫩临时部队建立了有效的谈判机制，德国方面在其中发挥了有效作用。真主党总书记哈桑·纳斯鲁拉的儿子哈迪的尸体就是通过这一机制交换回真主党手中的。战争期间，真主党的自杀性爆炸袭击瞄准的目标全部是占领军的军事目标。1982年至2000年，在黎南地区共有超过500名黎巴嫩和巴勒斯坦平民丧生，是同期以色列方面的30倍。[1]领导人的智慧、武装力量的硬实力和反以抵抗主张是真主党保持优势地位的最重要因素。[2]

值得一提的是，在此期间黎巴嫩发生的暴力袭击事件不少与伊朗有牵连。但以色列为了打击真主党，大肆渲染真主党是幕后黑手，旨在让美国人认为真主党是邪恶轴心，达到借刀杀人的目的。在黎巴嫩长期工作的中情局特工罗伯特·拜尔就曾谈道："黎巴嫩的恐怖主义事件不应归罪于真主党。1983年袭击海军陆战队军营的不是真主党，而是伊朗。这实际上是一个政治问题，因为以色列想让美国人对付真主党。"[3]然而讽刺的是，以色列占领黎巴嫩南部的时期正是真主党发展壮大的重要阶段。

1985年后，阿迈勒运动组织和叙利亚在避免巴解组织重新在黎南部署上有共同利益。因为巴解组织在黎南的出现会招致以色列的打击，对黎南基础设施造成巨大破坏，危害阿迈勒运动代表的什叶派社群利益。为了支持阿迈勒运动抵御巴解组织武装的努力，叙利亚向其提供了大量军火援助。在1984年至1988年的难民营战争中，叙利亚利用阿迈勒运动组织攻击巴解武装，但这又损害了阿迈勒运动组织在黎巴嫩穆斯林中的公信力。而且随着领导层的腐败，阿迈勒运动组织的影响力也受到了削弱，但仍在黎南乡村地区保持了一定的群众基础，而其在贝鲁特南郊的势力范围已经拱手让给真主党了。叙利亚与阿迈勒运动组织的密切合作一直保持到了叙利亚—巴解组织冲突

---

[1] Augustus Norton, *Hezbollah: A Short History*, pp. 80-87.
[2] Ibid., p. 205.
[3] Ibid., p. 73.

结束。①

到了80年代末，伊朗试图打造什叶派—巴解组织同盟对抗以色列，要求阿迈勒运动组织停止肃清贝鲁特周围巴勒斯坦难民营中的巴解武装人员的行动；与此同时，真主党反对阿迈勒运动组织管控黎以边境冲突的安排，继续支持巴解组织对以色列发动袭击，还通过什叶派宗教权威阿亚图拉穆罕默德·法德勒拉为谴责阿迈勒运动组织提供舆论和道义支持，最终导致真主党与叙利亚支持的阿迈勒运动组织发生激烈战斗，也使伊朗和叙利亚的同盟关系面临重大挑战。1987年2月，叙利亚军队为援助在贝鲁特西区节节败退的阿迈勒运动组织，对真主党武装进行打击，23名真主党成员遇害。1988年2月，真主党劫持了美国海军陆战队上校威廉·辛吉斯，伊朗方面拒绝了叙利亚要求释放人质的要求，叙利亚遂命令阿迈勒运动组织进攻真主党武装，矛盾愈发尖锐。此时伊朗国内面临内部政治斗争，真主党与阿迈勒运动组织的冲突也是这一博弈的体现。随着阿克巴尔·拉夫桑贾尼和阿里·哈梅内伊在伊朗国内政治中占据稳定地位，黎巴嫩两大什叶派政治集团的和解成为可能。1989年1月，伊朗与叙利亚合作促成了黎巴嫩什叶派两大政治集团签署大马士革协议实现和解。叙利亚承认真主党在黎南地区的地位，真主党则承诺限制针对以色列的军事行动，避免招致以军报复性打击。这样一来，叙利亚与两大什叶派集团都实现关系正常化，使其成为黎巴嫩内战后叙利亚在黎巴嫩的重要政治资产。②

三、阿迈勒运动组织和真主党的政治理念

1975年3月，在伊斯兰什叶派最高委员会会议上，穆萨·萨德尔宣布了"被剥夺者运动"宪章，强调反对专制和不公，反对经济剥削和压迫，坚持国家主权和领土完整，反对外来侵略；巴勒斯坦问题是运动的核心问题，解放巴勒斯坦是运动的第一义务；运动不以宗教信仰划分公民，不是一个教派运动，而是所有被剥夺者的运动。③

---

① Taku Osoegawa, *Syria and Lebanon International Relations and Diplomacy in the Middle East*, pp. 44-46.
② Ibid., pp. 46-48.
③ 吴冰冰著:《什叶派现代伊斯兰主义的兴起》，第280页。

1985年2月，真主党发表了纲领性文件《我们是谁，我们的属性是什么——告被压迫者的公开信》，黎巴嫩真主党正式宣告成立。文件指出伊斯兰教是解决一切问题的答案所在，主张建立伊斯兰共和国，支持教法学家统治理论，支持泛伊斯兰主义，抨击了美国和苏联在地区的作为。真主党曾在1984年至1985年血腥镇压和暗杀了一批共产党人。在信中，法国也是其攻击对象，被指责向马龙派提供长期支持，向伊拉克出售武器装备。真主党电台于1989年8月播出的节目中指出，应该给法国上一课，法国人缺乏对黎巴嫩穆斯林的尊重。在当时真主党人的世界观中妥协是不存在的，他们认为与以色列谈判等同于将以色列对巴勒斯坦的占领合法化。抵抗运动斗争的最终目标应该是摧毁以色列，解放巴勒斯坦。因此，《公开信》的一个重要作用是为其暴力活动提供合理解释，真主党反对巴解组织中与以色列议和的主流观点。然而，《公开信》指出真主党的最终目标是摧毁以色列和解放巴勒斯坦，表达了对现有政治制度的蔑视，称一旦黎巴嫩摆脱内外控制，黎巴嫩人民应当自主选择自己的命运。[①] 1985年2月真主党正式成立和同年6月以色列从黎巴嫩撤军是这一阶段黎巴嫩内战的标志性事件。

一方面，真主党从绑架在黎西方人士着手践行其纲领，由此引发了一系列复杂的人质释放和互换行动。此时，真主党与阿迈勒运动组织的关系日益紧张，特别是真主党绑架在黎执行联合国任务的美军上校威廉·辛吉斯事件，打破了阿迈勒运动希望与联合国驻黎巴嫩临时部队建立合作关系的算盘。[②] 随着时间推移，特别是伴随着冷战结束的国际大背景，伊朗最高领袖变更和叙利亚占据对黎绝对主导地位的地区背景，以及争取黎巴嫩国内什叶派中产阶级建立最大限度统一战线的国内背景，真主党遂着手巩固自身的合法性，政治主张日趋务实，逐步参与到教派政治体制的博弈当中。此后，真主党领导也多次暗示，1985年《公开信》已经不具备指导意义，仅是特定历史时期的

[①] Augustus Norton, *Hezbollah: A Short History*, pp. 33-39.

[②] 真主党内部对于绑架人质意见并不统一，伊斯兰圣战组织领导人穆萨维认为间谍和军事人员可以成为合法的绑架目标；阿亚图拉法德勒拉认为这是不人道、反宗教的、非伊斯兰的行为，更引发了真主党内部对这一问题的争论。参见：Martin Kramer, "The Moral Logic of Hizballah", in *Origins of Terrorism: Psychologies, Ideologies, Theologies, States of Mind*, ed. Walter Reich (Cambridge: Cambridge University Press, 1990), pp. 131-157。

产物。①

另一方面，由于黎巴嫩政府历来在提供社会服务方面乏善可陈，仅有的公共产品集中在贝鲁特。因此在内战期间，阿亚图拉·法德勒拉提出，应该在黎巴嫩建立以人为本的国家。在这一提议倡导下，大批社会公益组织涌现，这当中就包括什叶派社群中的社会组织。真主党提供的社会服务涵盖众多领域，包括工程建设公司、学校、医院、药房和小微信贷等不同内容。其中，小微信贷项目从1984年起月均提供750笔小额贷款，对象主要是什叶派聚居区的底层民众，而其他社群需要获得帮助的人通常也能获得支持。真主党大部分的资金来自国内和海外侨汇，同时还会获得来自伊朗的资金补贴，据估计其金额在每年1亿美元。当然，这也要取决于伊朗的国内情况。而且，来自伊朗的经费支持更多地流向真主党的军事组织。②到了20世纪90年代，真主党凭借其在贝鲁特南郊的经济适用房和平价商店项目取得了巨大成功，其中经适房项目获得了联合国的认可。总的来说，真主党在此期间获得的社会认可除了有武装力量作为保障外，也是其多年基层耕耘的结果。

第二节 巴解组织和以色列撤离后的战斗与政治安排

黎巴嫩内战前，生活在舒夫和阿雷地区的德鲁兹派和基督徒人数大致相当，德鲁兹派略占多数，同时也有一些逊尼派居民在当地生活，各教派社群处于杂居状态。内战爆发后，由于卡迈勒·琼布拉特不愿将战事引入自己的德鲁兹派大本营，巴勒斯坦人没有进入该区域，德鲁兹派民兵完全掌控该地区局势。③1977年卡迈勒·琼布拉特遇刺身亡后，当地的一些基督教居民遭到德鲁兹派武装的无端报复性仇杀，一些黎巴嫩阵线成员因害怕遭受牵连从该地迁出。到了20世纪70年代末，只有少量基督教家庭的留守妇女、儿童和老人在此居住。1982年以军占领舒夫和阿雷地区后，黎巴嫩阵线认为重返此地的时机已到，长枪党等重开地区党办。舒夫地区位于黎巴嫩山地区的南部，

---

① Augustus Norton, *Hezbollah: A Short History*, pp. 45-46.
② Ibid., p. 118.
③ 这一地区德鲁兹派的人口约为25万，其中3万人持有武器。参见：Theodor Hanf, *Coexistence in Wartime Lebanon: Decline of a State and Rise of a Nation*, p. 275-276。

位于基督教聚居区和以色列控制的南部安全区之间，马龙派民兵武装认为，应当夺取对这一地区的控制权联通上述两个区域，从而获得更为有利的安全局面。马龙派民兵武装的这一考虑让德鲁兹派社群极为警惕，作为黎巴嫩的少数派社群，这一根据地的丧失将对本社群带来灾难性的后果。以军在此驻扎期间基本上维持了这一地区的和平，德鲁兹派凭借自身优势获得了以色列和叙利亚双方的支持。①

在上台后一年半的时间里，阿明·杰马耶勒利用美国的支持逐步稳固了自己羸弱的统治。在此过程中，马龙派社群对他给予了支持，因为他们清醒地认识到如果阿明·杰马耶勒下台，很难再推出一个合适的人选出任总统，特别是阿明一开始就和黎巴嫩逊尼建制派建立了盟友关系。在里根政府的支持下，黎巴嫩政府军得到了新的装备和训练，阿明·杰马耶勒得以在一定程度上抗衡叙利亚和以色列的影响，希望在不对任何一方作出让步的情况下实现全面撤军，进一步稳固中央政权。②

1983年春季，得益于自身军事动员和叙利亚的支持，德鲁兹派武装在舒夫地区拥有了绝对军事优势，而进攻这一地区的马龙派民兵黎巴嫩力量则需要跨越德鲁兹派控制区才能获得来自基督教聚居区的补给，武器装备也稍逊一筹。但黎巴嫩力量认为，他们可以通过获得黎巴嫩政府军和以军的支持击败德鲁兹派民兵，占领这一地区。1983年9月以军撤出舒夫山区后，德鲁兹派民兵随即在此击败了来犯的黎巴嫩力量武装和前来接收这一地区的政府军，政府军力拼在苏格加里布稳住了防线。尽管政府军仍然扼守贝鲁特西区，但瓦利德·琼布拉特武装在贝鲁特东区、南部及舒夫山区获得了支配地位。1982年至1983年的黎巴嫩山战争使瓦利德·琼布拉特成为社群毋庸置疑的领导人。此前的1977年至1982年，他没能真正继承父亲的衣钵领导黎巴嫩民族运动和德鲁兹社群。舒夫山区一役树立起了其个人和政治支配地位，其长期竞争对手阿尔斯兰家族、宗教建制派等势力竞争力大减。德鲁兹派对叙利亚

---

① 得益于同以色列的德鲁兹派社群的关系，黎巴嫩德鲁兹派是唯一在以色列拥有政治游说能力的派别，在以色列人心中拥有一个颇为理想的社群形象：人口少，骄傲且善战。与此同时，叙利亚出于反《5.17协议》的需要也希望获得黎巴嫩盟友的有力支持，向黎巴嫩政府施压。参见：Theodor Hanf, *Coexistence in Wartime Lebanon: Decline of a State and Rise of a Nation*, p. 277.

② Itamar Rabinovich, *The War for Lebanon, 1970-1985*, p. 176.

的态度极为复杂，叙利亚既是对抗马龙派社群和黎巴嫩力量的盟友，又是杀害卡迈勒·琼布拉特的罪魁祸首，更是潜在的压迫者。以色列军队在舒夫地区驻扎对于抗衡叙利亚在黎势力具有重要意义。以色列从舒夫地区撤出后，德鲁兹派还面对一个棘手的问题——出海口问题，瓦利德·琼布拉特必须通过与马龙派或什叶派对抗争夺的方式来获取。而德鲁兹派与什叶派之间也有矛盾，主要体现在宪政改革的议程上：什叶派主张按照人口数量重新分配权力，而德鲁兹派获得权力的保障从来不是社群人口数量，而是其所处的地理位置、内部凝聚力和军事实力[1]，对什叶派的主张持反对意见。

黎巴嫩山战争的结果极大地撼动了阿明·杰马耶勒总统的地位。而随后发生的什叶派针对美军、法军兵营和以军黎南指挥部的袭击事件，进一步消磨了这些外国武装在黎驻扎的意愿。同时，政府军在贝鲁特西区败于什叶派阿迈勒运动组织民兵，进一步加剧了总统的不利处境。在美军撤出黎巴嫩和失去以色列支持后，阿明·杰马耶勒不得不选择倒向叙利亚，在重压下同意召开民族和解会议。1983年10月至11月，第一次会议在日内瓦召开，各方未能就权力让渡达成妥协。[2] 1984年1月中旬，什叶派民兵伏击了黎巴嫩政府军和法军。1月18日，贝鲁特美国大学校长马尔科姆·科尔被身份不明的袭击者刺杀。1月末，瓦利德·琼布拉特和纳比赫·贝里一致要求总统辞职。[3]

1月29日，德鲁兹民兵向苏格加里布发动了新一波攻势。2月1日，政府军企图突入贝鲁特南郊，切断贝鲁特西区和舒夫地区德鲁兹派武装的通讯联系。5日，政府军对贝鲁特南郊进行炮击。瓦赞总理辞职，纳比赫·贝里号召黎巴嫩政府军中的士兵不要同本社群的兄弟兵戎相向。6日，黎巴嫩政府军主要由什叶派战士组成的第6旅响应贝里的号召投奔了阿迈勒运动组织。7日，贝鲁特西区落入什叶派民兵的控制之下。贝鲁特再次沿绿线分为两个部分，而这是内战爆发以来第一次由黎巴嫩人将自己的首都一分为二。此时的战事已经由此前反对《5.17协议》的斗争向黎巴嫩各教派之间混战的方向发展。在此情况下，美军、英军、意军和法军分别于1984年2月7日、8日、20日和3月31日重新部署或撤离黎巴嫩。至2月15日，黎巴嫩政府军已经被德

---

[1] Itamar Rabinovich, *The War for Lebanon, 1970-1985*, p. 190.
[2] Ibid., p. 179.
[3] Theodor Hanf, *Coexistence in Wartime Lebanon: Decline of a State and Rise of a Nation*, p. 289.

鲁兹派武装和什叶派武装击溃，阿明·杰马耶勒总统已经丧失了同两大社群进行军事较量的能力，不得不于2月29日再赴大马士革俯首称臣。3月5日，黎巴嫩政府正式废除了《5.17协议》。3月12日至20日，第二次民族和解会议在洛桑召开，但此后并未落实会议有关《宪法》和政治改革的方案。4月30日，拉希德·卡拉米组成了新一届内阁，卡米勒·夏蒙、皮埃尔·杰马耶勒、瓦利德·琼布拉特和纳比赫·贝里等人悉数入阁。①

洛桑会议后，政府军进行了重建，约有11000名政府军士兵部署在贝鲁特东区，其中包括主要来自阿卡的逊尼派士兵约3500人，主要由什叶派士兵组成的第6旅部署在贝鲁特西区。由马龙派、希腊东正教、希腊天主教、逊尼派、什叶派和德鲁兹派各1名代表组成的军事委员会成立，他们一致同意米由歇尔·奥恩担任总队总司令。奥恩在政治上倾向于谢哈卜主义的威权主义传统，对民兵武装的存在持坚定反对立场。7月3日，新的安全计划实施，贝鲁特港口和机场在关闭数月后重开。10月中旬，阿迈勒运动组织前总书记侯赛因·侯赛尼当选议长。各派武装在军事上陷入了僵持阶段，他们对叙利亚的依赖都更强了。

然而，暂时的平静下面是各方对洛桑和会结果的不满。因此，各派武装于1984年下半年再次陷入了战乱。6月至7月，阿迈勒运动组织和巴解武装在贝鲁特难民营发生冲突，标志着漫长的难民营战争开始。与此同时，逊尼派内部冲突在的黎波里上演，于1985年达到了一个高潮。德鲁兹武装在1984年7月至8月、阿迈勒运动组织在1985年1月对穆拉比吞武装进行了轮番打击将其彻底击溃，什叶派民兵趁机占领了一些贝鲁特原属逊尼派的街区。1985年2月，什叶派内部爆发了阿迈勒运动组织和真主党的战斗，这一对抗一直持续到了1988年。在此期间，在卡斯利克发生了黎巴嫩力量内部表面上是支持和反对《5.17协议》、实际上是权力争夺的冲突：1984年8月，皮埃尔·杰马耶勒逝世，阿明·杰马耶勒在10月将黎巴嫩力量领导人法迪·弗雷姆赶下台，由阿明·杰马耶勒的侄子福阿德·艾比·纳迪尔接任黎巴嫩力量领导人一职。2个月后，黎巴嫩力量的两名主要领导人萨米尔·贾加和埃利·胡拜卡叛变。

---

① Theodor Hanf, *Coexistence in Wartime Lebanon: Decline of a State and Rise of a Nation*, pp. 289-293.

1985年2月，支持以色列的贾加再次发动了叛变，反对总统阿明·杰马耶勒改善与叙利亚关系的政策，宣布黎巴嫩力量脱离长枪党，实现安全、政治、财政和信息等方面事务的独立。[①] 以埃利·胡拜卡和萨米尔·贾加为代表的年轻一代军事领导人的崛起开始对卡米勒·夏蒙、阿明·杰马耶勒这些传统马龙派社群领导人的地位构成挑战。贾加领导的黎巴嫩力量至今仍是黎巴嫩政坛的重要党派，在议会中占有一定权重。

1984年年初，叙利亚支持的和亲亚西尔·阿拉法特的巴解武装趁着舒夫地区和贝鲁特西南郊黎巴嫩力量陷落之机，同时潜回了贝鲁特的巴勒斯坦难民营。纳比赫·贝里声称绝不能接受黎巴嫩回到1982年以前的情况，绝不接受巴解武装在黎巴嫩的"国中之国"，这也是难民营战争持续背后黎巴嫩什叶派社群的最大担忧。1985年5月20日，阿迈勒运动组织武装在黎巴嫩政府军第6旅的支持下对萨布拉、夏蒂拉和布尔吉·巴拉吉纳难民营发动进攻，难民营内的巴解武装团结一致予以反击。尽管人数上占优，但是阿迈勒运动组织武装在久经战阵的巴解武装老兵面前颇为无力，前者只能对布尔吉·巴拉吉纳难民营实施封锁，对所有进出难民营的人进行射杀。到了6月，萨布拉和夏蒂拉难民营陷落并再次发生了屠杀事件。在1988年难民营战争结束前，布尔吉·巴拉吉纳附近的什叶派和巴勒斯坦阵地出现了第2条绿线。[②]

此时，阿迈勒运动组织武装同德鲁兹武装发生了新的矛盾。德鲁兹派是巴解武装人员返回黎巴嫩的帮手[③]，阿迈勒运动组织方面对此极为不满且失去了对其的信任，而德鲁兹派担心阿迈勒运动组织在贝鲁特西区独大，遂联合

---

① Tabitha Petran, *The Struggle of Lebanon* (New York: Monthly Review Press, 1987), p. 37. 此后，1985年3月11日，贾加拒绝执行长枪党发布的命令而被其除名，而贾加长期以来以巴希尔·杰马耶勒的继承人自居。此后，贾加成功击败了胡拜卡，完全掌控了黎巴嫩力量。参见：Theodor Hanf, *Coexistence in Wartime Lebanon: Decline of a State and Rise of a Nation*, p. 300。

② Theodor Hanf, *Coexistence in Wartime Lebanon: Decline of a State and Rise of a Nation*, pp. 303-304.

③ 以军撤离后，巴解武装可以利用德鲁兹派控制的哈勒德港和后来解放的赛达港进入黎巴嫩。最让以色列感到气愤的是，据贝鲁特的报纸报道，1986年冬季长枪党开始向巴解组织出售黎巴嫩的护照和入境签证。这样一来，一些阿拉法特的战士就能回到黎巴嫩，与当地的巴勒斯坦人一起同阿迈勒运动组织作战。这体现的逻辑是，长枪党人已经把黎巴嫩的什叶派看成是对他们未来统治黎巴嫩的最大威胁。[美]托马斯·弗里德曼著，付曾仁等译：《从贝鲁特到耶路撒冷——美国记者中东见闻录》，第183页。

当地的黎巴嫩共产党和逊尼派库尔德人形成了反什叶派阵线。[1] 1985年6月，双方在贝鲁特西区爆发战斗，此后政府军第6旅也加入了同德鲁兹派民兵的战斗。叙利亚政府于8月开始进行调停，派遣军事观察员进驻该区域。[2] 1985年下半年，阿迈勒运动武装同时对巴勒斯坦人和德鲁兹派发起作战。贝鲁特西区的战斗在这年11月达到了高潮，逊尼派领导人由于无法忍受什叶派和德鲁兹派无休止的战斗，向叙利亚政府要求叙军重新进驻贝鲁特。与此同时，在扎赫拉爆发了黎巴嫩力量和什叶派武装的战斗，叙利亚军队于8月底进入扎赫拉恢复了局势。在的黎波里同样发生了多个派别之间的混战，直至1985年10月2万名叙利亚士兵进驻该城才恢复了局势。有证据显示，两座城市中的亲叙武装率先挑起了战事，而叙利亚政府欣然答应了有关方面的求助。[3]

经过一段时间的激烈混战，黎巴嫩参战各方的实力都遭到了极大削弱。1985年9月，叙利亚伺机邀请三大武装派别的领导人：纳比赫·贝里、瓦利德·琼布拉特和艾力·胡拜卡分别代表当时最主要的民兵武装阿迈勒运动组织、社会进步党和黎巴嫩力量赴大马士革商讨黎巴嫩全面和平计划。12月，他们签署了《三方协议》，也称《大马士革协议》，拒绝所有的分裂、封建主义、联邦主义、去中央化的安全安排。协议规定，黎巴嫩将设立一个参议院；总统向总理让渡部分职权；总理主持内阁会议，行政权归属内阁。经过一段过渡期后在黎巴嫩废除比例代表制，过渡期内基督教和伊斯兰教在议会中享有相同数量议席。协议将黎叙关系定位为战略互惠关系，规定两国在阿拉伯、地区和国际事务中进行完全、严格的协调。

协议引发了黎巴嫩国内的极大愤慨。卡米勒·夏蒙和苏莱曼·弗朗吉亚明确表示反对，其他基督教政治家和神职人员批评该协议是为了赋予叙利亚对黎巴嫩的特权并削弱黎巴嫩基督教社群，就连逊尼派政治领袖也向基督教社群领导人表达了他们对协议的怒火。艾力·胡拜卡以黎巴嫩力量主席的身

---

[1] 利比亚和巴勒斯坦对大部分反什叶派组织进行了资助。参见：Theodor Hanf, *Coexistence in Wartime Lebanon: Decline of a State and Rise of a Nation*, p. 304。

[2] 叙利亚是带着明显的倾向性进行调停的。期间，叙方向阿迈勒运动武装提供了50辆坦克，向黎巴嫩政府军第6旅提供了30辆，而没有向德鲁兹派武装提供。参见：Theodor Hanf, *Coexistence in Wartime Lebanon: Decline of a State and Rise of a Nation*, p. 305。

[3] Theodor Hanf, *Coexistence in Wartime Lebanon: Decline of a State and Rise of a Nation*, p. 306.

份签署了协议，但该组织战争委员会在他是否有资格代表本组织以及是否应当接受协议上存在严重分歧，黎巴嫩力量总参谋长萨米尔·贾加就强烈反对该协议。该问题随后演变成了黎巴嫩力量内部的权力争夺，而胡拜卡最终败下阵来。总统阿明·杰马耶勒在协议签署后获悉了协议内容，也对此予以断然拒绝。到了1986年，萨米尔·贾加和卡里姆·帕克罗拉杜尼夺取了黎巴嫩力量的控制权，彻底推翻了该协议。① 《三方协议》是继1976年《宪法文件》后叙利亚对推动解决黎巴嫩内战提出的第2个政策文本，前者遭到了黎巴嫩左翼和巴解组织的反对，后者则遭到了黎巴嫩基督教社群的反对，特别是有关黎叙关系的内容，不仅触怒了基督教领导人，就连一些伊斯兰教社群的领导也无法接受。《三方协议》签署后，贝鲁特还爆发了阿迈勒运动组织和黎巴嫩左翼—德鲁兹民兵的战斗，叙利亚军队果断出手继1976年后再次击败了琼布拉特家族的势力，挽救了阿迈勒运动组织。1988年1月，阿迈勒运动组织再次包围贝鲁特难民营，在1月18日约旦河西岸爆发巴勒斯坦大起义后迫于舆论压力才解除对难民营的封锁。

以色列的入侵和撤离以及巴解组织的撤出打破了黎巴嫩国内的力量平衡。② 亚西尔·阿拉法特及其武装战士于1982年8月和1983年6月两次从贝鲁特和的黎波里撤离，宣告了巴解组织在黎巴嫩内战的主要参与者中被除名。到了1983年后，在一场由以色列发动的战争结束后，叙利亚却实现了对黎巴嫩国土上巴勒斯坦人的全面控制，③ 各主要派别对叙利亚的依赖也更强了。阿迈勒运动组织民兵武装参与了1983年至1988年这一时间段的大部分黎巴嫩内战，德国学者西奥多·汉夫就将这一阶段的战事称为"阿迈勒战争"，代表了这一阶段什叶派民兵武装的活跃程度，④ 这与什叶派社群在这一阶段的强势崛起不无关系。与此同时，基督教社群内部、什叶派内部、残留在黎巴嫩的巴勒斯坦人之间都爆发了激烈冲突，这些战争的激烈残酷程度远胜以往在这一个国度发生的战事，反映出了各政治派别迫切希望在后巴解武装时代在黎巴

---

① Theodor Hanf, *Coexistence in Wartime Lebanon: Decline of a State and Rise of a Nation*, pp. 309-310.

② Itamar Rabinovich, *The War for Lebanon, 1970-1985*, p. 157.

③ Theodor Hanf, *Coexistence in Wartime Lebanon: Decline of a State and Rise of a Nation*, p. 295.

④ Ibid., pp. 279-317.

嫩未来政治安排中占得先机的动机，德鲁兹派和逊尼派主要政治人物都流露出了希望染指总统职位的野心。

第三节　米歇尔·奥恩反对叙利亚控制失败和《塔伊夫协议》的签订

一、《塔伊夫协议》的政治军事背景

20世纪80年代末，随着中东地区形势的变化，主导黎巴嫩国内形势的叙利亚受到了空前的孤立，而黎巴嫩也像往常一样受到了这一变化的影响。一方面，1987年12月，约旦河西岸和加沙地带的巴勒斯坦人发动了第一次巴勒斯坦大起义。1988年7月，约旦宣布放弃对约旦河西岸的领土主张。巴解组织随后宣布建国，准备承认以色列并开启和谈。大部分阿拉伯国家也再次希望尽快解决巴勒斯坦问题，只有叙利亚一家仍然坚持对抗政策。与此同时，旷日持久的两伊战争在1988年7月底结束，伊拉克得以从东部边境脱身。由于战争期间叙利亚采取支持伊朗的态度，伊拉克此刻对叙利亚复仇心切，遂转而对付西部边境上的邻居，开始利用自己规模庞大的军火库对叙利亚在黎巴嫩的敌对力量进行支持，主要支持的对象是黎巴嫩力量和驻扎在基督教社群聚居区的黎巴嫩政府军。[1] 黎巴嫩近90%的领土处于外国武装的控制之下。[2]

在黎巴嫩，阿明·杰马耶勒的总统任期即将结束，新总统应于1988年9月22日前选出。在此之前出任黎巴嫩总统的福阿德·谢哈卜在1958年获得了美国和埃及的首肯，埃利亚斯·萨尔基斯在1976年获得了叙利亚的青睐，1982年的杰马耶勒兄弟则分别获得了以色列和美国的支持。从这一逻辑出发，1988年的候选人应得到叙利亚认可，而叙利亚最为关注的是1985年的《三方协议》能否通过这一人选落地。不过，大部分潜在候选人都不愿意顺从叙利亚的意志。[3]

1988年8月18日，黎巴嫩议长侯赛因·侯赛尼召集议员们前往曼苏尔宫

---

[1] Taku Osoegawa, *Syria and Lebanon International Relations and Diplomacy in the Middle East*, p. 93.
[2] Theodor Hanf, *Coexistence in Wartime Lebanon: Decline of a State and Rise of a Nation*, p. 320.
[3] Ibid., pp. 567-568.

进行总统选举。因为各种原因，1972年选举产生的99名议员仍然健在的76名议员中，只有35名穆斯林议员中的28人、21名马龙派议员中的2人，以及41名其他基督教议员中的10人与会。议会因为未能达到法定人数而无法进行选举，黎巴嫩在历史上第一次出现了可能在《宪法》规定的时间内无法选出总统的局面。根据《宪法》第62条的规定，在总统职位空缺的情况下，内阁将代为行使其行政权力。而问题在于，时任政府总理卡拉米已于1987年5月4日辞职，后于6月1日遇刺身亡。阿明·杰马耶勒总统已任命时任教育部长萨利姆·胡斯为代总理直至新内阁组建，而这一看守内阁已经存在了长达一年多。此时，胡斯发表声明撤回卡拉米内阁的辞呈，其用意明显是希望在议会未能选出总统的情况下代行总统职权。阿明·杰马耶勒在一封写给胡斯的信中表示，根据《宪法》，卡拉米内阁的辞职是最终状态。如果在自己任期结束前新总统未能选出，他将在卸任前任命一名新的内阁总理[①]。

9月15日，美国总统特使理查德·墨菲到访大马士革，与叙方进行了为期3天的会谈。为了换取在黎巴嫩美国人质获得早日释放，美国认可了叙利亚心仪的候选人——来自北方阿卡的律师、议员米哈尔·达赫尔。达赫尔对叙利亚的态度与弗朗吉亚无二，同时缺乏政治根基，又不像萨尔基斯那样有着自己的算盘而同叙利亚貌合神离，是一个顺从的完美人选。墨菲随后到访黎巴嫩并告诉马龙派主教，抉择就在达赫尔和混乱之间。叙利亚的安排遭到了黎巴嫩基督教社群的一致抵制，他们要求举行自由选举。最强烈的反对声音来自政府军总司令米歇尔·奥恩，军队在他的领导下誓言捍卫黎巴嫩的议会民主，不接受美国和叙利亚提名黎巴嫩总统人选。奥恩于1936年生于贝鲁特南部边缘地带的马龙派小村哈拉特·胡雷克。奥恩不是一个典型的职业军人，他一开始在著名的圣约瑟夫大学攻读法律专业，期间曾中断学业赚取学费。大学毕业后，奥恩进入军校，是所在年级的最优生。在他对军旅生涯心灰意冷之际，雷蒙德·埃代鼓励他继续坚持下去。埃利亚斯·萨尔基斯总统则赋予了他重组黎巴嫩政府军的使命。奥恩在1983年至1984年指挥了在苏格加里布的战斗。此后，在广泛政治共识下，奥恩于1984年被任命为军队总司令。他与麾下穆斯林士兵的相处经历强化了他的爱国主义情怀，让他对基督

---

① Theodor Hanf, *Coexistence in Wartime Lebanon: Decline of a State and Rise of a Nation*, p. 569.

教分裂主义并不感冒，还获得了"人民的儿子"的称号。他为事业成功进行斗争，拥有经受过战火考验的意志品质，具有超凡人格魅力，被众多黎巴嫩人拥戴。[1]

在任期的倒数第二天，阿明·杰马耶勒前往大马士革试图进行最后的努力。同一天，米歇尔·奥恩同黎巴嫩力量领导人萨米尔·贾加会面。两人走到一起并非因志同道合，奥恩一直坚持认为黎巴嫩只能存在一支合法武装，即黎巴嫩政府军，各民兵武装应一律被取缔。但二人有着同样的担心，就是阿明·杰马耶勒将会向叙利亚屈服。事实证明也确实如此：在返回大马士革后，阿明·杰马耶勒向议员们表示，除选择米哈尔·达赫尔外别无他法，议员们再次表示了拒绝。最后一天，阿明·杰马耶勒再次尝试组建新政府未果。当晚，奥恩和贾加面见阿明·杰马耶勒，要求其解散看守内阁，他们对总统说："总统阁下，是否成立一个新政府是你的《宪法》权力。但如果你选择不成立的话，我们将从午夜起视你为叛国者。"[2] 23点45分，阿明·杰马耶勒签署了两份总统令，第一份内容为解散看守内阁，第二份内容是任命一个临时政府直至选出新总统，临时政府由6名官员组成，马龙派、希腊东正教派、希腊天主教派、逊尼派、什叶派和德鲁兹派各1人，米歇尔·奥恩任总理。

不少人认为阿明·杰马耶勒的总统令有违《宪法》和《民族宪章》精神，但实则不然。黎巴嫩《宪法》第53条规定由总统任命部长，并任命部长中的一人为总理。即使总理不辞职，总统有权免除总理任命新人选。同时，根据《民族宪章》的指导原则，在总统空缺的情况下，内阁是唯一的行政机构，内阁由各教派的代表人士组成。而这也是有先例可循的：1952年，比沙拉·扈里就任命马龙派的军队总司令福阿德·谢哈卜为临时政府总理。这样一来，胡斯和奥恩都宣称自己为合法政府。胡斯的势力范围由穆斯林民兵和叙利亚军队控制，奥恩的地盘则是基督教社群聚居区。两个政府都没能取得完整的教派代表性，奥恩内阁的3名穆斯林部长从未履职；而胡斯内阁3名基督教部长中的2人认为政府已经解散，遂亦不再履职。到了1988年10月18日，议长侯赛因·侯赛尼任期结束，黎巴嫩出现了没有总统和议长，同时有两个相互

---

[1] من هو العماد ميشال عون؟ https://www.elnashra.com/news/show/%D%A%D%%%D%B%D%%%D%A%D%AF-%D%%%D%A%D%B%D%A%D%-%D%B%D%%%D%%D%F?amp=.

[2] Theodor Hanf, *Coexistence in Wartime Lebanon: Decline of a State and Rise of a Nation*, p. 570.

否认对方合法性和权威的政府存在的奇特景象。中央银行要向两个政府同时支出经费。

在此情况下，胡斯内阁的部长、复兴党、叙利亚社会民族党、共产党、胡拜卡民兵武装、纳比赫·贝里和瓦利德·琼布拉特在穆赫塔尔召开会议，宣布《民族宪章》已经名存实亡，要求实行"简单多数民主"。瓦利德·琼布拉特进一步鼓吹将"国家领土"并入叙利亚，而不是寻求统一"西方和以色列的朋友控制下的领土"[1]。奥恩则与之针锋相对地宣布自己的内阁为"独立政府"，他说："我们是一个独立的国家还是叙利亚的一个省？叙利亚人统治着我们的国家。他们插手一切大事小事。"[2] 他认为叙利亚最终的目的是吞并黎巴嫩。

1989年1月12日，阿盟部长会议任命了一个专门委员会处理黎巴嫩危机，其背后推手是伊拉克。叙利亚一直极力避免黎巴嫩问题的"阿拉伯化"或"国际化"，但鉴于自己在阿拉伯世界的孤立地位也不得不接受委员会的调解，委员会主席由科威特外交大臣担任。委员会邀请奥恩、胡斯和侯赛尼赴突尼斯进行对话。奥恩承认黎巴嫩内部存在分歧，但强调只要叙利亚军队撤出黎巴嫩，他本人就能够妥善处理问题。奥恩面对的压力除了叙利亚，还有黎巴嫩力量的紧逼。这支民兵武装拒绝向他的政府移交港口，侵吞关税，使得本已捉襟见肘的政府财政愈发困难。黎巴嫩力量还提供更高的报酬与政府军争夺兵源，同时成立了"发展委员会"作为准政府机构处理治下地区的社会、教育和经济事务，公然对抗奥恩政府的权威。

在一系列事件的发酵下，奥恩的政府军和黎巴嫩力量在1989年2月10日爆发了激烈战斗。奥恩指责黎巴嫩力量叛变，行为如黑手党，他是在履行自己的职责捍卫合法政府的权力。奥恩控制的政府军为其总兵力10个旅中的5个，人数在12000至15000人，黎巴嫩力量民兵武装6000至10000人，双方都在伊拉克的支持下进行了充分武装，在战斗中都动用了坦克和大炮等重武器。这场战斗造成77人死亡、200余人受伤。[3] 通过这场战斗，奥恩收复了民兵武装控制的港口，确保了大部分关税收入。同时，奥恩显示了自己恢复国家权

---

① Theodor Hanf, *Coexistence in Wartime Lebanon: Decline of a State and Rise of a Nation*, p. 571.

② Ibid., p. 572.

③ Ibid., pp. 572-573.

威的严肃态度。多年来，黎巴嫩人一直期待着国家能够摆脱地方民兵和外国武装的专制控制，奥恩此举在基督教和伊斯兰教社群中都得到了高度评价。

1989年3月3日，奥恩命令军队接管社会进步党和阿迈勒运动组织控制的3个港口，海军和直升机部队封锁了这些港口的入口。在此之前，叙利亚曾公开警告奥恩，他可以在自己的领地行使职权，但叙利亚不会容忍他在其他地区对任何民兵武装的行动。叙利亚在马龙和社会进步党在舒夫山区的炮兵对贝鲁特港和朱尼进行了炮击，奥恩通过炮轰机场予以还击。3月14日，奥恩宣布发动针对叙利亚的"黎巴嫩解放战争"。对此，叙利亚自3月21日起联合其黎巴嫩盟友采取了封锁奥恩政府控制区域的措施，关闭了贝鲁特、黎巴嫩山区和北部地区分界线上所有的关卡。叙利亚还用上了当年对付巴解武装和黎巴嫩抵抗运动的招数：对居民区进行远距离无差别炮轰。几天之内，奥恩控制区的发电站和80%的汽油、柴油及天然气储备被破坏。[①]奥恩的部队奋起反击。实际上，除了以色列国防军外，奥恩的部队比叙军此前遇到的任何一个对手的武器装备都要好。奥恩的部队利用远程火炮打击了叙利亚在贝卡地区的据点，破坏了社会进步党据点附近的德鲁兹派村庄。贝鲁特西区叙利亚据点遭受的黎军炮击和贝鲁特东区平民住宅区遭受的叙军炮击水平相当。贝鲁特西区的大批居民，特别是机场附近的什叶派民众逃往南部地区。叙利亚将此视为黎巴嫩内战的继续，决定对其黎巴嫩盟友给予支持。德鲁兹派民兵武装在3月6日加入战斗。阿迈勒运动组织和真主党此前已经在1月25日暂停了什叶派的内斗，但并未介入这一战事。值得一提的是忠于胡斯政府的黎军的态度，他们当中的穆斯林军官向奥恩军中的基督徒同僚传递有关叙军位置的信息。这实际上反映出了黎巴嫩民众对叙利亚的态度，而这与教派属性无关。1989年4月13日，在内战爆发纪念日上，超过1万发炮弹落在了基督教聚居区，这是自1982年以色列入侵贝鲁特西区以来的最大规模炮击。奥恩的部队则对贝鲁特和巴尔贝克之间的叙军目标进行了全力还击。[②]

叙利亚打击的烈度让人们对奥恩的行动产生了怀疑：一是奥恩选择发起斗争的时机是否合适；二是奥恩是否具备实现其斗争目标的手段。奥恩对质

[①] Theodor Hanf, *Coexistence in Wartime Lebanon: Decline of a State and Rise of a Nation*, p. 574.
[②] Ibid., p. 575.

疑的回答是：解放战争就是需要付出巨大牺牲的，黎巴嫩不具备实现自我解放的能力，他明显指望外部援助帮助其实现目的。然而遗憾的是，奥恩期盼的外部援助从未到来。在地区层面，阿拉伯国家对叙利亚的表态极为谨慎：科威特外长呼吁以色列和所有非以色列部队撤离黎巴嫩；沙特避免作出任何可能惹恼叙利亚、使伊拉克影响力上升的表态；伊拉克最希望叙利亚从黎巴嫩撤军，并继续向反叙力量提供武器，但又不向他们提供可以打到叙利亚本土的地对地导弹。在国际层面，美国明确表明无意再次介入黎巴嫩事务，老布什总统称其并未考虑实现黎巴嫩和平的计划。法国向黎巴嫩海岸派遣了医疗救护船，并将黎巴嫩问题提交安理会，苏联对法国的举动给予了支持，但安理会的决议仅要求联合国秘书长同各派建立联系，呼吁停火和支持阿盟调解。这对于已经做好全面准备、打定主意使用军事力量在黎巴嫩强行推行其政策目标的叙利亚而言无关痛痒，叙利亚甚至打算在黎巴嫩实施焦土政策。① 奥恩曾认为在黎巴嫩发生的杀戮能够引起国际社会关注并带来期待中的支持，但他实际上输掉了这场生死赌局。

到了4月中下旬，奥恩阵营出现了第一道裂缝。一些基督教议员迫于形势发展开始讨论是否应当接受叙利亚的安排，甚至有人指责奥恩牺牲黎巴嫩的基督教社群来解放伊斯兰教社群，23名基督教议员呼吁实施停火。议员们的倡议招致了奥恩支持者的激烈反对，数千名年轻人发动了针对议员和马龙派主教的示威活动。事实上，年轻人一直是奥恩最主要的支持者。奥恩对年轻人的呼吁颇具煽动性："你们是解放的一代，你们就是国家和国家意志，告诉议员们你们不会选他们，他们没资格代表你们发声，告诉教会，你们到这儿来是为了说出真相，国家不代表人民，人民才是国家。"② 通过一系列努力，奥恩赢得了一部分非基督教社群的同情，但没能赢得他们的支持：共和国逊尼派大穆夫提哈桑·哈立德遇刺身亡就是叙利亚对同奥恩合作的人的下场警告。黎巴嫩政府军中的穆斯林部队装备简陋，既没有参与支持叙利亚，也没有参与支持奥恩的阵营。4月底，奥恩显示出了一定的和解态度，愿意通过外交方式解决问题。但叙利亚仍然倾向不使用外交的手段：5月2日，叙利亚再

---

① Theodor Hanf, *Coexistence in Wartime Lebanon: Decline of a State and Rise of a Nation*, p. 577.
② Ibid., p. 577.

次加大了对基督教聚居区的炮击力度。

此时，法国和苏联要求阿盟有所作为，后者遂加强了调解力度。1989年5月23日，阿盟在卡萨布兰卡召开的峰会上由沙特国王、摩洛哥王国国王和阿尔及利亚总统三国元首组成"三方委员会"介入黎巴嫩危机，制定明确目标。三方委员会计划在于6个月内重开黎巴嫩议会、选举总统、组成民族团结政府，以及在黎全境树立政府权威。然而卡萨布兰卡峰会并未对叙利亚点名，也没有对其进行谴责。三方委员会寻求黎巴嫩问题全面解决的方案实际上是将黎巴嫩问题"阿拉伯化"。奥恩的孤注一掷看似迎来了曙光。新的机制迅速展开工作，在吉达设立了由阿盟副秘书长、来自阿尔及利亚的拉赫达尔·卜拉希米领导的秘书处。卜拉希米在同黎巴嫩各派别的谈判中就黎巴嫩国内改革问题取得了快速进展，但叙利亚方面却极不配合。5月底，三方委员会邀请黎巴嫩议会在境外召开会议起草一份民族和解文件。叙利亚对此的回应是加大对基督教聚居区的炮击和封锁，并第一次将装备了新式雷达和导弹的战舰派往黎巴嫩沿海巡逻，还击沉了一艘马耳他油轮。此后的一段时间，每逢密使到访大马士革或贝鲁特，或是三方委员会外长召开会议，叙利亚都会提升对敌对方的打击力度。7月31日，三方委员会宣布调解努力失败，在阿盟的外交文件中罕见地指责了叙利亚政府。委员会提交的报告描述了其与叙利亚在黎巴嫩主权和未来叙黎关系上的严重分歧。哈菲兹·阿萨德拒绝三方委员会在任何涉及叙黎关系的条约中发挥作用，并通过对贝鲁特进行36小时炮击对报告予以回应。8月13日，德鲁兹派民兵和巴解武装人员在叙利亚支持下进攻苏格加里布，意在拿下巴卜达总统府。经过5小时战斗，奥恩的部队击退了进攻。此役之后，德鲁兹民兵及叙军回到了堑壕战战术。8月底，已有超过1000人在此轮冲突中丧生，400家工厂遭破坏。9月7日，形势发生了惊人的变化，三方委员会再次开始运作。9月13日，委员会提交了停火、结束封锁、于9月30日在沙特召开黎巴嫩议会的提案，并获得了成功。[①]

究其原因，在这一阶段，黎巴嫩陷入了宪政危机和安全局势崩溃的泥淖，已经超出了黎巴嫩一国乃至所在地区国家可以接受的限度。在这一背景下，

---

① Theodor Hanf, *Coexistence in Wartime Lebanon: Decline of a State and Rise of a Nation*, pp. 578-581.

美国出于自身利益考虑开始认真希望黎巴嫩危机能够得到妥善解决，而美国与苏联在冷战大幕落下之际也在这一问题上达成了一致。1989年5月6日，美苏在莫斯科发表了关于解决黎巴嫩危机的《莫斯科宣言》。① 同时，国际社会对叙利亚的孤立产生了影响，苏联驻大马士革大使发表声明称计划减少对叙利亚的军事援助。同样重要的是，三方委员会对叙利亚作出了全面的大幅妥协，包括搜查一切迫近黎巴嫩的有可能向奥恩方面输送武器的船只，与此同时，陆路向叙军运送补给的运输不会被盘查。对于叙军从黎巴嫩撤出的时间，新的文件从6个月延长到了2年，在此之前，还需要满足一系列条件，包括选举新总统、组成民族团结政府和通过《宪法》改革条款。奥恩对新提案表示反对，并向议员们施压要求设定叙利亚撤军的时间表。此外，什叶派阿迈勒运动组织和真主党也表示不会满足于妥协条款，要求实行一人一票的选举。德鲁兹派则表示，经历了多年的牺牲，重回旧政体是远远不够的。对于上述意见，叙利亚再次通过猛烈炮击予以回应。

到1989年9月底，奥恩发动的黎巴嫩解放战争实际上已经失败。原因在于奥恩错误地估计了当时的地区和国际形势。首先，叙利亚在黎军事实力过于强大，再加上支持叙利亚的什叶派民兵阿迈勒运动组织（约10000人）和瓦利德·琼布拉特领导的社会进步党民兵（约5000人），远非奥恩旗下的政府军所能匹敌。同时，他又过高估计了伊拉克的影响力和支持力度。其次，奥恩无法实现对马龙派阵营的掌控，无论是萨米尔·贾加领导的黎巴嫩力量，还是弗朗吉亚集团都是其难以应付的对手。最后，奥恩没能博得西方国家和阿拉伯世界的支持，相反，在冷战行将落幕的背景下，他受到了来自法国、苏联和美国的外交压力，要求其接受阿拉伯三方委员会的倡议。9月22日，奥恩在内外交困下宣布接受三方委员会调解，停止战斗。②

二、《塔伊夫协议》的达成及内容评价

实现解决黎巴嫩内战的《塔伊夫协议》的达成是在沙特方面的倾力支持

---

① عبد الرؤوف سنوّ، السعودية ولبنان السياسة والاقتصاد، المجلد الأول، الطبعة الأولى، الفرات للنشر والتوزيع، 2016، ص 305-306.
② 赵国忠，《塔伊夫协议签订后的黎巴嫩局势》，刊于《西亚非洲》（1990年第2期），第25页。奥恩此时选择接受调解意味着他不得不接受未来无缘总统职位的残酷现实，但这为其在未来黎巴嫩政治安排中留出了回旋余地；而不接受调解则意味着军事上的完败和彻底出局。

和强力介入下实现的。有黎巴嫩媒体这样形容沙特的作用：这是少有的一国领导人全力介入一个议题，寻求平衡解决问题的举措。在一个月的时间里，黎巴嫩整个国家进入了一家医院，这家医院的专业工作团队提供了最一流的医护帮助，倾力救助病人。还有记者表示，如果这一会议不是由沙特主办而是在另一国召开，战争也许还未停止，还会有人丧生，黎巴嫩仅存的景观也将荡然无存。[1] 实际上在一开始，阿拉伯三方委员会希望将会议地点安排在贝鲁特，他们希望叙军能撤出黎巴嫩首都，给议员们留出一些空间，在无压力的状态下来探讨黎巴嫩的政治改革，选举新的总统。但叙方拒绝了这一要求。[2] 在此情况下，沙特决定选择塔伊夫作为黎巴嫩议会会议的举办地。人们认为，对于黎巴嫩议员们而言，在沙特召开会议可以使他们在一定程度上摆脱来自叙利亚和奥恩两方面的巨大压力。

不可否认的是，《塔伊夫协议》草案囊括了自黎巴嫩内战以来各方为解决危机而发出的各种政治倡议和协调的内容，是包括什叶派领导人侯赛因·侯赛尼、逊尼派领导人萨利姆·胡斯、德鲁兹派政治人物陶菲克·阿萨夫、叙利亚副总统阿卜杜·哈利姆·哈达姆和摩洛哥王国、阿尔及利亚外长等在内的各方人士努力的结果，内容还包括1987年至1988年美国驻叙利亚大使阿普里尔·格拉斯皮和特使理查德·墨菲同叙利亚领导人的谈话涉及的内容。拉菲克·哈里里及其团队加入到了这一行列中，负责起草协议草案文本，这也是黎巴嫩议员们抵达塔伊夫时拿到并将进行讨论的最初草案文本。[3] 协议的基本框架和核心内容主要来自：1987年6月13日哈里里关于法鲁克·沙雷和萨利姆·胡斯谈话纪要、哈里里本人于1987年年底开始着手起草的一份文件、1987年至1988年阿明·杰马耶勒同叙利亚领导人的会谈纪要和1989年初侯赛因·侯赛尼与萨利姆·胡斯的会谈内容。[4] 当议员们拿到协议草案开始讨论时，他们先被告知这份协议已经获得了叙利亚、阿拉伯国家和美国的首肯。拉赫达尔·卜拉希米向与会的议员们表示，他们有在不受外界干扰的条件下讨论草案的自由，可以就有关改革的问题进行商讨，但商讨范围不得超出草

---

[1] عبد الرؤوف سنوّ، السعودية ولبنان السياسة والاقتصاد، المجلد الأول، الطبعة الأولى، الفرات للنشر والتوزيع، 2016، ص 306.
[2] عبد الله بو حبيب، الضوء الأصفر والسياسة الأمريكية تجاه لبنان، شركة المطبوعات للتوزيع والنشر، 1999، ص 188.
[3] سليم الحص، عهد القرار والهوى، تجارب الحكم في حقبة الانقسام، 1987-1990، ط2، بيروت، 1991، ص 102-98.
[4] عارف العبد، لبنان والطائف، تقاطع تاريخي ومسار غير مكتمل، ط1، مركز دراسات الوحدة العربية، 2001، ص 192.

案文本范畴。[1]

1989年10月1日，沙特外交大臣沙特·本·费萨尔亲王邀请黎巴嫩议员们前往沙特塔伊夫进行为期3天的会议[2]。于是，1972年议会仍健在的73名议员中的62人从黎巴嫩、法国、瑞士和伊拉克等地前往沙特塔伊夫与会，其中基督徒和穆斯林的人数各占一半。[3] 前议长侯赛因·侯赛尼担任会议主席，三方委员会国家外长全程与会。在塔伊夫，议员们受到了沙特方面的高级礼遇，但他们在一到达目的地后便与记者、助手和顾问隔离开来，与外界唯一的沟通渠道是电话。会议的主题是和解与和平，费萨尔亲王在开幕式上代表法赫德国王发言，他开宗明义地向与会代表们表示，三方委员会的工作已经获得了黎巴嫩、阿拉伯和国际共识，要求他们研究《全国和解文件》(《塔伊夫协议》的官方名称），并将根据他们的意见进行修改和替换，作出他们的决定，会议唯一的目标是实现黎巴嫩的和平。费萨尔亲王的讲话体现了沙方对黎巴嫩实现和平的重视程度，表达了沙特愿意在战后向黎巴嫩提供帮助的态度。会议主席侯赛因·侯赛尼表示，我们来到这里不是为了在媒体上作秀，这是黎巴嫩人一个难得的可以彰显其共存意愿的机遇。我们是为了实现黎巴嫩人之间的和解，而不是以交战方的身份来到这里。我们代表的不是一小部分人，而是全体黎巴嫩人[4]。会议中，费萨尔亲王表示沙特将担当担保人，只要黎巴嫩各派别达成和解，沙特将确保叙利亚开始撤军，如果叙利亚意欲制造任何障碍，沙特将向黎巴嫩提供全力支持。[5] 但同时，沙特清醒地意识到叙利亚在黎巴嫩拥有绝对影响力，于是他向与会议员表示他们必须作出决定，要么同意协议，要么继续混乱和战争，因为叙利亚从黎撤军取决于三方面因素：一是大马士革的愿望，二是黎巴嫩政府未来展现出的能力，三是阿拉伯国家跟踪和执行协议条款的能力。

这批黎巴嫩的老牌政客们意识到了这一千载难逢的机会并决定加以利用。

---

[1] ألبير منصور، الانقلاب على الطائف، دار الجديد، 1993، ص 39.

[2] 本次会议实际上持续了23天。

[3] Neal, Mark W., Richard Tansey (2010), The dynamics of effective corrupt leadership: Lessons from Rafik Hariri's political career in Lebanon. *The Leadership Quarterly*. 21: 33-49.

[4] ظافر الحسن، الدبلوماسية اللبنانية معايشة شخصية، دار النهار للنشر، 2011، ص 482-478.

[5] Theodor Hanf, *Coexistence in Wartime Lebanon: Decline of a State and Rise of a Nation*, p. 583.

基督教议员们要求将政治改革同叙利亚撤军相关联；穆斯林议员们则坚持在未就《宪法》改革、军队改组问题达成协议和以色列未从黎南地区撤军的情况下，拒绝探讨哪怕是部分撤军的可能；黎巴嫩阵线的议员们要求维持现有行政机构的强力地位；与瓦利德·琼布拉特关系密切的议员们则要求真正的权力应当赋予政府机构；一部分议员希望以一人一票的选举制度替换教派比例代表制。① 然而到了最后，占上风的仍然是教派的分野及其利益诉求：逊尼派希望总理能够获得更多权力；什叶派希望议长的权力更大；唯一健在的德鲁兹派议员则希望建立一个由德鲁兹派任议长的参议院。随着争论的推进，在众多不可能妥协的条件面前，议员们的诉求逐渐清晰，只有一小部分议员主张推行激烈的政治变革，大部分议员愿意接受有限改革。之后，一个由17人组成的起草委员会开始着手勾勒《宪法》改革的框架，最后的文件在汇集了各派意见的同时体现的是各方的妥协。用一位起草委员会委员的话说："每个人都不满意，但每个人都觉得可以接受。"② 在此过程中，叙利亚一度考虑不再让基督徒出任总统，但在最后从务实角度出发，决定保留马龙派出任总统的惯例，但总统的权力已所剩无几。③ 协议文本曾希望将议员人数提升到128人，但由于议员非常担心各路军阀趁机进入议会，各方最终在108个席位上达成妥协。④

《塔伊夫协议》的官方名称为《全国和解文件》，文件分为四个部分：总则和改革，在全国行使国家主权，从以色列占领下解放黎巴嫩和改善黎巴嫩—叙利亚关系。文件着重强调建立在政治平等和统一法律基础上的教派共存，不得以任何从属关系对人民进行区分，不得进行分裂、分割和遣送。文件在总则和改革部分指出，黎巴嫩是议会制民主共和国，是所有国民的最终家园，具有阿拉伯属性；共和国总统是国家统一的象征、国家元首兼武装部队（由内阁辖制）最高统帅，如有意愿可主持内阁会议，但无投票权；主持

---

① Theodor Hanf, *Coexistence in Wartime Lebanon: Decline of a State and Rise of a Nation*, p. 584.
② Ibid., p. 584.
③ عبد الله بو حبيب، الضوء الأصفر والسياسة الأمريكية تجاه لبنان، شركة المطبوعات للتوزيع والنشر، 1999، ص 326.
④ 这一人数是在不剥夺基督教社群现有席位的情况下，实现基督教和伊斯兰教两大教派议员人数等同的最低限。参见：Theodor Hanf, *Coexistence in Wartime Lebanon: Decline of a State and Rise of a Nation*, p. 586。

最高国防委员会会议；在议会磋商基础上，经与议长商议提名总理人选；在与总理达成一致后发布组阁法令；宣布特赦，委任驻外使节。在议会方面，议员人数由99人增加至108人，穆斯林和基督徒人数各半，新增和空缺席位由即将成立的全国和解政府一次性任命产生；议长和副议长任期由2年延长为完整的4年议会任期；内阁提交的法案草案须经议会正式议程商议并由议会同意后方可颁布；出台不以教派划分，而是以基督徒和穆斯林对等、两大教派比例代表制和地区比例代表制的选举法；成立包括全部传统教派领袖家族在内的参议院。在总理和内阁方面，总理负责制定内阁议程，在总统不出席的情况下主持内阁会议，签发除本人任命状外的一切政府令，落实政府公共政策等。①文件还指出，消除教派政治体制是国家的基本目标，为此将成立包括总统、议长和总理，以及政治、思想和社会各界人士在内的全国委员会研讨分阶段取消这一制度的措施。

在全国行使国家主权部分，文件写明：由全国和解政府制订为期1年的安全计划，在选出总统、组成内阁后的6个月内解散所有黎巴嫩和非黎巴嫩民兵武装，收缴武器，开设培训课程，对人员进行安置；强化武装部队的统一、装备和训练，改组情报机构；武装部队应协助内部治安军工作，但当后者能够承担国内治安任务时，武装部队要返回营地。解决黎巴嫩移民问题，1975年以来离开黎巴嫩的移民均可返回祖国，并对他们重建家园提供支持。叙利亚驻黎部队将协助黎合法武装拓展国家主权。2年之后，在叙政府与黎全国和解政府取得一致的情况下，将叙军在贝卡等地重新部署，并确定军队部署的规模和时间长度。阿拉伯三方委员会将对此提供帮助。关于从以色列占领下解放黎巴嫩，文件指出：黎巴嫩的国家权力应恢复至黎以边界，应按照联合国安理会425号及相关决议和1949年3月22日的停战协议，采取一切措施全面解除以色列对黎巴嫩的占领，黎巴嫩军队将驻扎黎以边境地区，强化联合国驻黎巴嫩临时部队在黎南地区的存在。在黎叙关系上，文件指出：黎巴嫩的阿拉伯属性将其与所有阿拉伯国家以兄弟般的关系联系在一起。黎巴嫩与叙利亚的特殊关系根植于血缘、历史和共同的兄弟情谊，这是两国协调与合作的基础。黎巴嫩不应成为威胁叙利亚安全的发源地，反之亦然。黎巴嫩不

---

① 《塔伊夫协议》文本，https://peacemaker.un.org/lebanon-taifaccords89。

应成为任何破坏叙利亚安全的武装、国家和组织的通道或基地。

《塔伊夫协议》与《民族宪章》最本质的区别在于,《民族宪章》的达成是基于马龙派和逊尼派之间的协议,而《塔伊夫协议》则代表了基督教和伊斯兰教两大社群的妥协。① 在此基础上,协议的核心变化是议长和总理及其内阁权力的提升,总统权力的削弱,将总统与总理、议长置于大体上平起平坐的地位,议会中基督教和伊斯兰教议员人数平分秋色,体现的是伊斯兰教社群政治地位的跃升和基督教社群特别是马龙派地位的大幅削弱。② 协议称不上是解决黎巴嫩内战的最佳方案,也未能解决导致内战爆发的诸多诱因,但协议重在务实、止战。③ 同时,协议得到了黎巴嫩阿盟和联合国的承认。协议签订后,哈菲兹·阿萨德总统联合其在黎政治盟友、新当选的总统埃利亚斯·赫拉维和总理萨利姆·胡斯着手落实协议内容。

另一方面,奥恩强烈反对该协议,他的反对招致其被免除军队总司令的职务,其治下的公务员工资被停发,所在地区的经济被实施封锁。奥恩之所以持这一态度,一方面是协议非但没有要求叙利亚撤军,反而使叙利亚在黎驻军合法化,承认了叙利亚在黎巴嫩的特殊地位;二是此时奥恩在基督教社群中享有很高威望,以至于萨米尔·贾加甚至于担心自己在基督教社群中被边缘化。贾加遂开始与奥恩拉开距离,并表示自己愿意加入胡斯政府,这一举动直接导致奥恩领导的政府军再次与黎巴嫩力量爆发公开战斗。④ 真主党也反对《塔伊夫协议》,认为该协议内容旨在重建基督教拥有特权的教派政治体制,同时真主党不愿解除武装。但真主党领导人此时能做到审时度势,在发现协议势在必行时予以认可,强调其军事组织并非民兵武装,而是抵御以色列入侵的抵抗运动,⑤ 并通过与叙利亚的博弈获得了保留武器的许诺。⑥

---

① Theodor Hanf, *Coexistence in Wartime Lebanon: Decline of a State and Rise of a Nation*, p. 587.

② عبد الرؤوف سنوّ، السعودية ولبنان السياسة والاقتصاد، المجلد الأول، الطبعة الأولى، الفرات للنشر والتوزيع، 2016، ص 347.

③ أوراق الرئيس حسين الحسيني حول اتفاق الطائف وفلسفته الميثاقية، جريدة النهار، ا نيسان 2015.

④ Taku Osoegawa, *Syria and Lebanon International Relations and Diplomacy in the Middle East*, pp. 93-95.

⑤ حسن فضل الله، حزب الله والدولة في لبنان الرؤية والمسار، شركة المطبوعات والتوزيع والنشر، ط1، 2014، ص 102.

⑥ Omri Nir, "The Lebanese Shi'a as a Political Community", in Barry Rubin, ed., *Lebanon Liberation, Conflict and Crisis*, p. 186.

三、《塔伊夫协议》后的政治军事进程

到了1989年下半年至1990年，海湾地区的局势逐步紧张，伊拉克和科威特之间的矛盾不断激化，战争阴影再次笼罩这一地区。与此同时，东欧地区正在经历一场巨变，给全世界带来了极大的震撼。阿拉伯国家，特别是沙特及其背后的美国迫切希望黎巴嫩内战早日结束，腾出精力应付即将到来的更大危机。至于《塔伊夫协议》能否落实实际上已经无暇顾及了。1989年10月24日，阿拉伯三方委员会发表声明，其内容基本等同于将黎巴嫩的安全完全交由叙利亚处置，叙军在黎巴嫩的驻扎时长则由两国协商决定。[1] 至此，叙利亚开始在黎巴嫩建立起长达15年的支配地位。在此期间，在缺少沙特、阿拉伯世界和国际支持的情况下，没有任何一届黎巴嫩政府敢于向叙利亚提出落实《塔伊夫协议》内容，特别是叙军撤出黎巴嫩的要求，尽管此前费萨尔亲王曾向黎巴嫩的议员们信誓旦旦地承诺将全力支持黎巴嫩的主张。[2] 1989年12月，三方委员会的外长发表声明，将黎巴嫩东部地区冲突升级的责任算在了奥恩头上，称其为黎巴嫩实现和解的障碍。[3] 与此同时，叙利亚确保获得了黎巴嫩各方对《塔伊夫协议》的广泛支持，当中包括真主党、黎巴嫩阵线和总统埃利亚斯·赫拉维，萨米尔·贾加也于1990年4月告知三方委员会承认赫拉维政府权威，支持《塔伊夫协议》并愿参与随后的政治进程。[4]

1990年1月，倚仗伊拉克提供的武器支持，奥恩的政府军与贾加的黎巴嫩力量在东部地区爆发战斗，双方都没能让战事向自己有利的方向发展。但这场战斗让埃利亚斯·赫拉维总统下定了从军事上终结奥恩的决心，他为此专门致信沙特国王寻求支持。但此时法赫德国王并未考虑通过军事手段解决这一问题，他在3月将自己的想法告知了来访的赫拉维总统，他认为军事上解决奥恩超出了沙特的能力，需要获得美国、叙利亚乃至以色列的同意。[5] 沙特的《中东报》对于这一场基督教社群的内部战斗给予了关注并在评论中写道，

---

[1] ألبير منصور، موت جمهورية، دار الجديد، 1994، ص 267-268.
[2] عبد الرؤوف سنّو، لبنان الطوائف في دولة ما بعد الطائف، ط1، بيروت، 2014.
[3] ظافر الحسن، الدبلوماسية اللبنانية معايشة شخصية، دار النهار للنشر، 2011، ص 638.
[4] كميل منسّى، إلياس الهراوي عودة الجمهورية من الدويلات إلى الدولة، دار النهار للطباعة والنشر والتوزيع، 1998، ص 139.
[5] ظافر الحسن، الدبلوماسية اللبنانية معايشة شخصية، دار النهار للنشر، 2011، ص 620.

同一教派中两方之间的战斗证明黎巴嫩危机的根源不是教派的多元化，而是源于目标和利益的矛盾。① 1990年7月，拉赫达尔·卜拉希米再次向奥恩提出邀请其加入政府的方案，遭到了后者的拒绝。此时的奥恩已经失去了对形势的理智认知，他坚信伊拉克能在海湾战争中击败联军，并由此导致叙利亚阿萨德政权的崩塌。奥恩在伊拉克占领科威特20天后发表了令人惊讶的讲话："不要问我能坚持多长时间，你们问问自己，叙利亚总统还能坚挺多久。"②

7月12日，胡斯政府制订了落实《塔伊夫协议》的相关计划，再次邀请奥恩加入和平和解进程。这份计划得到了国际社会的广泛欢迎，但仍然遭到了奥恩的拒绝。9月21日，埃利亚斯·赫拉维总统向黎巴嫩政府军士兵发表讲话，表明了通过军事手段解决叛乱已经迫在眉睫。至此，更多马龙派人士对协议的接受使赫拉维于1990年10月要求叙利亚介入符合情理。此时苏联的影响力已大不如前，而随着参与美国主导的打击伊拉克联军，叙利亚极大改善了同美国和多个欧洲国家的关系，在通过美国确保了同以色列的战术协调后，动用地面部队和空军对奥恩实施了最后一击。当10月13日奥恩发现天空中的叙利亚战机时，他明白美、叙、以三国之间已经达成了一致，大势已去。③ 奥恩在号召自己的士兵坚持抵抗之后便匆忙逃往法国驻黎使馆寻求庇护，后经法国斡旋前往法国流亡，内战至此正式结束。此后，奥恩的主要支持者、自由国民党领导人达尼·夏蒙遇刺身亡，显示了叙利亚主宰战后黎巴嫩局势的强势立场，叙利亚在黎巴嫩内战后的霸权建立。1991年5月27日，两国签署了《黎巴嫩—叙利亚兄弟关系合作与协调条约》。④

第四节　黎巴嫩内战的后果和影响

一、教派主义政治体制得以巩固

内战后黎巴嫩的教派主义政治性质较于战前更为凸显，有四方面因素可

---

① المصدر نفسه، 2011، ص 625-626.

② كافور داغر، جنرال ورهان، منشورات ملف العالم العربي، 1992، ص 282

③ كريم بقرادوني، صدمة وصمود. عهد إميل لحود، ط2، بيروت 2009، ص 384-385.

④ Taku Osoegawa, *Syria and Lebanon International Relations and Diplomacy in the Middle East*, pp. 95-96.

以对此予以解释。首先，内战爆发后各教派间相互的暴力行为使原本多元化的社区趋向单一，很多地区由原本各教派混居变为单一教派聚居。举一个简单的例子予以说明，位于贝鲁特西部的哈姆拉区在内战前是一个繁华的商区，基督徒和穆斯林在此混居，不少不同教派背景的居民在一栋公寓里。现在，这一地区的基督教社群已经大幅萎缩，逊尼派穆斯林成为主要社群，原本的社群多元性已不复存在。

其次，经济发展困难、收入不平等和严重腐败的拖累。一份联合国的调查显示，20世纪90年代，每年因为腐败给黎巴嫩造成的损失超过15亿美元。[①] 与此同时，2006年黎以冲突对黎巴嫩基础设施造成的破坏又进一步加重了黎政府的财政负担。2006年黎巴嫩债务总计达400亿美元。沉重的债务负担使政府无力为经济发展注入力量，使经济发展机会变得非常有限，大批中产阶级在风雨中飘摇。不少有海外关系的黎巴嫩人，主要是基督教人口移民国外。剩余的人口则不得不选择更多地依附于教派领袖寻求庇护和生存机会。

再次，各教派宗教机构和宗教领袖影响力上升，代表人物如马龙派主教马尔·纳斯鲁拉·斯菲尔、逊尼派大穆夫提穆罕默德·卡拜尼和伊斯兰什叶派最高委员会领袖谢赫阿卜杜·艾米尔·卡巴兰。造成这一变化的根本原因在于叙利亚的高压政策。由于叙利亚对黎巴嫩政治和社会施加了过大的压力，正常的政治环境和政治生活无从谈起，政治空间被极大压缩。不少希望参与黎巴嫩政治的人士缺乏上升通道，只能通过宗教社群的渠道进行表达和释放。在这样的情况下，宗教机构和宗教领袖影响力上升对于黎巴嫩这样一个具有浓厚宗教背景的国家来说是自然和必然的结果。

最后，地区形势的发展变化。首先是伊拉克入侵科威特和海湾战争，打破了原有伊拉克国内什叶派和逊尼派的脆弱平衡关系，同时诱使"基地"组织等恐怖主义势力大行其道，他们仇视什叶派，视其为异端，让不少什叶派穆斯林为了自保不得不凸显自己的什叶派身份以寻求庇护。年轻的什叶派穆斯林与他们的祖辈和父辈相比，已经很少投身世俗左翼或右翼政党了，他们更倾向于强调自己的什叶派属性。[②]

---

① Augustus Norton, *Hezbollah: A Short History*, p. 121.

② 上述内容数据参见：Augustus Norton, *Hezbollah: A Short History*, pp. 122-123。

二、人员伤亡情况

关于黎巴嫩内战造成的人员伤亡，由于官方统计的缺失，不同机构给出的统计数据有一定出入。英国著名军事报道记者埃德加·欧巴兰斯在其著作《黎巴嫩内战1975—1992》一书中援引路透社的统计，认为在1975年4月13日至1989年12月31日至少有13万人在黎巴嫩丧生，20万人受伤，2万至3万人遭到绑架。[1] 西奥多·汉夫在《战时黎巴嫩的共存——国家的衰落和民族的兴起》一书中认为有62000至83000人丧生，遭到绑架后基本可以确认已经死亡的人数在2000至17500人。1984年后，还有50名外国人被劫为人质。[2] 他指出，一些媒体的报道以及黎巴嫩、巴勒斯坦政治家认为死亡的人数要远高于上述统计。和任何一场战争一样，黎巴嫩内战造成的伤亡中最多的是平民，他们构成了总死亡人数的75%和总受伤人数的86%。军人占总死亡人数的15%。[3] 各国军人的死亡人数统计较为精准。[4]

表5.1 内战期间各国军人死亡人数

	死亡人数	受伤人数
黎巴嫩政府军和武装警察	2064	2428
叙利亚军队	2500	2500
以色列军队	673	3890
多国部队	306	/
联合国驻黎巴嫩临时部队和观察员	155	/
总计	5698	8818

而对于参战的各派民兵而言，由于不时发生的遣散、合并，以及难以对

---

[1] Edgar O'Ballance, *Civil War in Lebanon 1975-1992* (New York: Macmillan Press Ltd., 1998), p. 216.

[2] 当中包括20名美国人、9名法国人、4名英国人、4名苏联人、1—2名沙特人、埃及人、伊朗人、叙利亚人、德国人、意大利人、瑞士人和加拿大人。参见：Theodor Hanf, *Coexistence in Wartime Lebanon: Decline of a State and Rise of a Nation*, p. 342。

[3] Theodor Hanf, *Coexistence in Wartime Lebanon: Decline of a State and Rise of a Nation*, p. 339.

[4] Khalyl Abou Rjeily and Boutros Labaki, *Les paroisses déplacées des églises du Liban* (Paris and Beirut: L'Harmattan, 1993), p. 11.

民兵武装人员和偶尔拿起武器自保的平民进行区分,因此其统计数据有失精准。在这当中,黎巴嫩力量方面的数据较为可靠:阵亡3061人,伤855人,其中的一半发生在战争的头两年。据信有880名巴解武装战士在1978年和1982年以色列入侵期间阵亡,507人在1985年于的黎波里同叙军及其盟友的战斗中阵亡。黎巴嫩民兵武装和巴勒斯坦武装的总阵亡人数约1万人。①

战争的烈度在15年的时间里持续波动,总有一些地方在发生冲突。其中,内战最开始两年黎巴嫩阵线同巴解武装及其盟友,1982年以色列入侵黎巴嫩,1983年在舒夫山区和1985年在赛达、的黎波里和贝鲁特西区难民营的战争造成的人员伤亡最为严重:②

表5.2 内战期间死伤人数

年份	死亡人数	受伤人数
1975	3799	1995
1976	14714	13209
1977	676	623
1978	2093	2164
1979	1327	854
1980	1578	1054
1981	2162	3902
1982	17000	30000
1983	3632	3704
1984	2161	2614
1985	3693	4718
1986	2668	7237
1987	1292	2715
总计	56795	74789

谋杀占内战期间死亡人数的2%,从1978年起至少每年造成500人死亡。战争的最开始两年,"身份证仇杀"是罪魁祸首。1982年以色列入侵黎巴嫩后,第一个被绑架的外国人是一名伊朗外交官,他被马龙派民兵绑架后遇害身亡。

---

① Khalyl Abou Rjeily and Boutros Labaki, *Les paroisses déplacées des églises du Liban*, pp. 19-20.

② Ibid., p. 27.

1987年，美国国务院禁止持美国护照赴黎巴嫩，这一禁令直到1997年才被解除。[①] 谋杀导致61名记者和出版界人士、116名外交官丧生，当中包括死于一次炸弹袭击的70名伊拉克外交官、30名美国外交官和包括驻黎大使在内的4名法国外交官。汽车炸弹造成的死亡占总死亡人数的7%，有多达1/3的受害者死于不同形式的暴力而非同战争直接相关的原因。[②]

集体屠杀是内战期间耸人听闻的惨案，造成数千人丧生，其中约4/5针对生活在穆斯林主要聚居地区的基督教人口，制造集体屠杀的目的一般是通过制造恐慌迫使少数人口从非本社群集中聚居的地区迁离。[③]

表5.3　内战期间村庄迁徙情况

年份	基督教村庄	穆斯林村庄	合计
1975	123	15	138
1976	953	63	1016
1977	221	65	286
1978	51	/	51
1979	12	/	12
1980	11	/	11
1981	30	/	30
1982	91	/	91
1983	1155	160	1315
1984	154	/	154
1985	121	/	121
1986	50	526	576
总计	2972	829	3801

三、国内人口迁徙

在大量人口损失的同时，内战造成大批黎巴嫩人口在本国流离失所：约70万人不得不背井离乡，其中很多人被迫经历了多次迁移，通常在最后能够返回原来的家园，占黎巴嫩当时总人口的约1/3。而约79万出国人口中的大

[①] Augustus Norton, *Hezbollah: A Short History*, p. 73.

[②] Theodor Hanf, *Coexistence in Wartime Lebanon: Decline of a State and Rise of a Nation*, p. 341.

[③] Ibid., p. 342.

续表

部分则没能返回。人口的大规模迁徙使黎巴嫩多个地区的人口教派构成发生了根本性的变化。以黎巴嫩山南部为例，1975年，马龙、阿雷和舒夫地区的基督教人口占当地总人口的一半，战争爆发10年后，基督教人口只剩约1%。贝卡地区在战前有40%的居民是基督徒，85个基督教村镇散落在整个地区，内战导致约15万基督教居民离开了该地区。与此同时，贝卡地区成为从黎南地区逃避战火的什叶派社群的避难所，与他们同时到来的还有从贝鲁特逃离至此的库尔德人和巴勒斯坦人，贝卡地区的人口结构发生了根本变化。早在黎巴嫩内战爆发前的1969年至1975年间就已经有约25000名什叶派穆斯林从黎南的家园逃离，1978年以色列入侵使15万至20万难民北上寻找避难所，而1982年以色列对贝鲁特的围城战又迫使大批在贝鲁特南郊寄居的什叶派难民返回黎南地区避难。内战期间，黎南地区的什叶派居民在黎南地区和贝鲁特南郊进行了多次迁徙。值得一提的是在内战前，黎南赛达以东山区居住着占南部地区总人口1/3的基督教居民，受战争影响他们也离开了自己的家园。黎巴嫩北部地区也不可避免地发生了人口的迁徙，但更多的是限于北部地区内部穆斯林和基督教社群聚居区之间的相互迁徙。在首都贝鲁特，人口迁徙的规模也是庞大的，1975年4月就有约4万名居民从西南郊的基督教聚居区被迫迁出，"身份证仇杀"发生后又有35000名居民从贝鲁特西区的中心地带迁往东区，1983年9月，西南郊最后一批基督教定居者被阿迈勒运动组织驱逐。1984年2月，阿迈勒运动组织还发动了针对基督徒的攻击，旨在终结基督教社群在贝鲁特西区的存在，约有5万名基督徒居民在此期间离开西区，此前仍有部分基督徒生活在贝鲁特西区城中心历史悠久的基督教居民区。受形势影响，1984年后，约10万名穆斯林居民从西区逃往贝卡地区和南部地区。1975年12月"黑色星期六"事件发生后，大批穆斯林从东区迁往西区。战争期间，总计115000至120000穆斯林从东区迁往西区居住，到1976年末穆斯林几乎在东区绝迹。与此同时，出于猜忌，属于黎巴嫩左翼、黎巴嫩民族运动成员的约15000名基督徒也被马龙派民兵从东区驱离。内战前，基督徒居住在黎巴嫩全国各地，现在在舒夫山区、大部分贝卡地区、南部和贝鲁特西区都难觅其踪影了；而贝鲁特东区则全无穆斯林居民。什叶派穆斯林受战争影响迁移规模最大，约100万什叶派居民至少从黎南向贝鲁特南郊或从贝鲁特南郊向黎南、贝卡地区迁移过一次。基督教社群遭受了最为严重的驱逐,超过60万人被从全国各地的家园中赶走。①

四、移居海外与移民国外

实际上早在20世纪60年代,从黎巴嫩毕业的2/3的工程师和1/3的医生就移民去了北美。② 内战期间,黎巴嫩国内约1/4的人口在不同时间点生活在国外。其中,总人口的15%在内战的第一年离开了黎巴嫩,其中有约3/4的人于1976年回国,他们当时认为战争已经结束了。③

表5.4 内战期间移民海外人数

年份	净移民
1975	400000
1976	−297000
1977	38000
1978	76000
1979	49000
1980	132000
1981	
1982	
1983	
1984	61605
1985	70201
1986	73907
1987	33541
总计	637254

到1982年,大约60%的黎巴嫩移居者在阿拉伯国家工作,其中33.5%在沙特,8.3%在科威特。12%的人在欧洲工作和生活,7%在除美国外的美洲

---

① 以上数据参见:Theodor Hanf, *Coexistence in Wartime Lebanon: Decline of a State and Rise of a Nation*, pp. 343-347。

② S. Nasr, The Crisis of Lebanese Capitalism, *MERIP Reports* 73, p. 12.

③ Khalyl Abou Rjeily and Boutros Labaki, *Les paroisses déplacées des églises du Liban*, Chapter3.

大陆，另有不到6%的人在美国。大部分的移居人群是技术工人，其中有约1/3属于产业工人，1/3从事建筑行业，1/5从事酒店服务业。内战期间，工程师、建筑设计师、医生和金融服务从业人员严重过剩，不少公司把业务转移到了国外，一同前往的还有他们的雇员。从1975年起，16家黎巴嫩保险公司在阿拉伯世界、希腊和塞浦路斯开办了43家分支机构；23家黎巴嫩银行在阿拉伯国家、欧洲和美国等地开设了74个分行。银行的去向一般是与商贸公司的转移方向相匹配的。社会状况不同的移居者前往的国家也各不相同。年轻的未婚男性中，有2/5的人更愿意选择阿拉伯国家，这部分人主要是大学毕业生；移居美国的大部分是整个家庭，受教育程度低于前者，他们当中只有9%的人拥有大学文凭，30%是亚美尼亚人；澳大利亚和加拿大吸引了拥有一定资本的中小企业家；科学家和知识分子则倾向于去法国。除此以外，前往西非的移民规模迅速膨胀。1970年，西非地区的黎巴嫩人有约74000人，到了1985年增长到了147000人，单是在科特迪瓦一国就有6万黎巴嫩人，他们当中的不少人在内战前就在科特迪瓦从事建筑行业的工作。[①]

随着越来越多移居国外的黎巴嫩人定居国外成为正式的移民，这一现象对黎巴嫩的影响逐渐显露。尽管出生人口一直多于死亡人口，但1985年黎巴嫩的总人口基本上与1975年持平。战争导致的经济形势恶化造成大量技术工人流失，技术工人流失进一步降低生产效率又影响经济发展。当然，移居国外的黎巴嫩人向国内的亲人提供了大量侨汇以支撑他们的生活，改善了整体经济的收支平衡。而与此同时，侨汇对宏观经济也造成了不利影响，来自海外的资金扩大了消费需求，进而拉动了进口规模，造成了贸易赤字、通货膨胀和货币贬值。[②]

黎巴嫩圣母大学黎巴嫩移民研究中心的统计显示，在1975年至2001年，有超过90万黎巴嫩人移居海外，其中有45%是在内战结束后的叙利亚占领时期离开的。具体到各社群，逊尼派人口的22%，什叶派的21%，马龙派的21%，希腊东正教的23%，以及德鲁兹派人口的15%在此期间离开了黎巴嫩。一直以来，黎巴嫩的基督教政治家希望通过设置缺席选票的制度将海外侨民

[①] 以上数据参见：Theodor Hanf, *Coexistence in Wartime Lebanon: Decline of a State and Rise of a Nation*, p. 349。

[②] Theodor Hanf, *Coexistence in Wartime Lebanon: Decline of a State and Rise of a Nation*, p. 350.

纳入到议会选举当中，有议员直接提出了归化二代、三代侨民的设想。真主党鼓励海外什叶派移民将自己孩子的国籍注册为黎巴嫩，也是出于同样的现实考虑。①

五、经济损失

战前，服务业构成了黎巴嫩国民生产总值（GNP）的70%，其商业、银行业和旅游业的服务对象是整个中东地区。制造业在地区国家特别是海湾国家旺盛需求的刺激下也取得了蓬勃发展。哪怕是在战争时期，黎巴嫩经济仍体现出了惊人的韧性，只要条件允许，人们会在每一轮冲突结束后迅速修复破损的房屋。尽管黎巴嫩人在经济生活中显示出了极强的适应性，但战争对黎巴嫩经济的破坏是显而易见的。战争爆发后至1976年，战争造成的固定资本损失约合25亿美元。根据黎巴嫩工会联合会的统计，1982年以色列入侵造成的固定资本损失约50亿美元。以1974年为基准年，截至1986年，国民生产总值的累积损失约为116亿美元。而如果以战前的经济增长率估算，加入潜在的经济产出，损失可达750亿美元。内战除了对基础设施和工业基础的破坏，还造成了投资者的观望，严重破坏了生产力。根据联合国估算，内战对黎巴嫩基础设施的破坏损失高达250亿美元，是黎巴嫩1990年国内生产总值（GDP）的6到7倍。②

黎巴嫩国内生产总值首次大幅度下跌发生在1976年，之后恢复到了战前75%的水平并将这一水平维持到了1982年，之后在1986年下跌至1974年一半的水平。1982年之前的年份黎巴嫩经济体现出了较强的韧性，但受两伊战争和全球经济不景气的影响，黎巴嫩商品出口遭受了严重打击。雪上加霜的是，自1982年起，还有阿拉伯国家因为以色列占领黎巴嫩而抵制黎货。多国部队撤出则让人们更加不看好黎巴嫩的前景。③

---

① Mark Farha, "Demographic Dilemmas", in Barry Rubin, ed., *Lebanon Liberation, Conflict and Crisis*, pp. 86-87.

② Nimrod Raphaeli, "Lebanese Economy Between Violence and Political Stalemate", in Barry Rubin, ed., *Lebanon Liberation, Conflict and Crisis*, pp. 111-112.

③ Khalyl Abou Rjeily and Boutros Labaki, *Les paroisses déplacées des églises du Liban*, p. 34, table 19.

表5.5　内战期间国内生产总值

年份	国内生产总值（GDP，黎巴嫩里拉，以10亿为单位）
1974	8.1
1975	7.5
1976	4.3
1977	6.0
1978	6.1
1979	6.3
1980	6.7
1981	6.6
1982	6.0
1983	5.6
1984	5.6
1985	5.0
1986	3.8

　　经济形势恶化对出口的影响直接体现在了黎巴嫩国际贸易收支平衡上。实际上，黎巴嫩传统上在国际贸易上处于入超地位，1974年出口额占贸易额的41%，并在1982年前基本维持在这一水平。到了1983年，这一比例跌至17.4%，到1984年进一步跌至16.2%。在侨汇的支撑下，黎巴嫩收支平衡在1982年前基本保持了稳定。据估算，每月约有1.5亿美元流入黎巴嫩。当然，其中除了海外移居者的侨汇外还有资助交战各方的资金，单是巴解组织每年就能获得8000万美元的经费援助。1982年巴解组织被驱逐出黎巴嫩后，这笔入项也随其一同离开。同时，海湾产油国在此之后出现了一定程度的经济不景气，也对在那里工作的黎巴嫩侨民收入造成了直接影响，进而影响其侨汇。[1]

　　战前，黎巴嫩一直采取保守的财政政策，基本保持收支平衡，经常略有盈余。内战爆发后，最重要的财政收入如关税及水、电、电话费的收缴显著

---

[1] Khalyl Abou Rjeily and Boutros Labaki, *Les paroisses déplacées des églises du Liban*, p. 39, table 21.

减少，但公务员的工资需要继续给付，市政建设在战斗间隙仍在进行，政府还在1977年为黎军装备了现代化的武器装备，财政收支呈赤字状态。①

表5.6　内战期间财政预算赤字情况

年份	预算赤字（%）
1975	21.8
1976	76.3
1977	28.2
1978	27.6
1979	35.8
1980	38.1
1981	37.6
1982	63.5
1983	53.1
1984	78.5
1985	75.4
1986	81.1

1983年，政府曾经一度关停了一些民兵武装控制的港口，重新掌握了部分关税收入，改善了财政收支状况。但好景不长，财政赤字从1984年3月以后开始失控，同样失控的还有通货膨胀率和货币汇率。②

表5.7　内战期间通货膨胀率和里拉对美元汇率

年份	零售价格通货膨胀率（%）	黎巴嫩里拉兑美元
1980	23.7	3.43
1983	9.8	4.52
1984	25.8	6.51
1985	69.7	16.00
1986	162.0	35.00

---

① Khalyl Abou Rjeily and Boutros Labaki, *Les paroisses déplacées des églises du Liban*, p. 42, table 22.

② Theodor Hanf, *Coexistence in Wartime Lebanon: Decline of a State and Rise of a Nation*, p. 354.

续表

年份	零售价格通货膨胀率（%）	黎巴嫩里拉兑美元
1987	620.0	520.00

内战前，黎巴嫩属于中上收入国家。黎巴嫩经济在1982年以前遭到的破坏在一定程度上得到了最大限度的控制，人均收入在此之前仍处于增长趋势，但在此后的经济危机环境下，人均收入水平的下降在所难免，购买力也大幅下降。[①]

表5.8 内战期间人均收入情况

年份	人均收入（美元）
1974	1869
1982	2917
1983	1917
1984	1593
1985	979

此外，战争还使海湾产油国的石油美元远离了黎巴嫩的银行。由于灌溉系统遭到了普遍破坏，农业的恢复也非指日可待，20世纪80年代末甚至出现了饥荒现象；相反，大麻种植兴盛，贝卡地区成为知名的毒品产地。学校教育遭受极大干扰，停课频繁发生。国内人员流动受民兵检查站困扰极为不便，黎巴嫩人去塞浦路斯都要比去国内的其他地方容易。扎赫拉的年轻人也许去过巴黎，但一定没去过巴尔贝克；赛达的年轻人也去过开罗或阿比让，但绝不会去朱尼。[②]

与此同时，《塔伊夫协议》及其落实情况给黎巴嫩带来的负面影响也是显而易见的。先是因抗议叙利亚背后操控，基督教社群集体抵制了1992年议会选举。到了2004年，联合国安理会出台了1559号决议，要求全部外国军队撤

[①] Khalyl Abou Rjeily and Boutros Labaki, *Les paroisses déplacées des églises du Liban*, p. 51, table 25.

[②] Theodor Hanf, *Coexistence in Wartime Lebanon: Decline of a State and Rise of a Nation*, p. 358.

离黎巴嫩。紧接着在2005年2月，哈里里遇刺身亡，导致逊尼派和什叶派之间的矛盾凸显，在围绕黎巴嫩外交政策方向上，特别是同沙特和伊朗关系问题上爆发了激烈的分歧，其影响至今仍是黎巴嫩政治的核心议题之一。此后，基督教社群对2005年大选显示出了漠不关心和疏离的态度，体现的是其在国家政治生活中的失势及随之而来的极度失望情绪。①

内战尾声，主导黎巴嫩局势的叙利亚先是经历了一段极为孤立的时期，不得不向三方委员会推动的黎巴嫩内战的政治解决作出妥协。而随着伊拉克入侵科威特和海湾战争的爆发，伊拉克无暇插手黎巴嫩局势，叙利亚获得了对黎巴嫩未来政治、军事、安全、外交等全方面安排的绝对控制权，《塔伊夫协议》就是在这样的过程中达成的。协议规制了未来一段时间黎巴嫩的政治安排，沙特在这当中发挥了关键作用，也因此成为左右未来黎巴嫩事务的地区势力之一。伊朗则通过对黎巴嫩真主党的支持获得了在未来黎巴嫩事务中的影响力和话语权。在地区层面上，叙利亚、沙特和伊朗成为深度影响黎巴嫩事务的三大势力。冷战的结束则为黎巴嫩内战的落幕提供了大背景，黎巴嫩左翼和右翼阵营的区分也日益淡化，在2005年拉菲克·哈里里遇刺身亡引发的雪松革命后演化成了主要以支持和反对叙利亚的"3.8阵营"（March 8 Alliance）和"3.14阵营"（March 14 Alliance）的对垒②。内战对黎巴嫩人口、经济、社会产生的全方位负面影响至今犹存。

---

① عبد الرؤوف سنوّ، السعودية ولبنان السياسة والاقتصاد، المجلد الأول، الطبعة الأولى، الفرات للنشر والتوزيع، 2016، ص 354.
② 黎巴嫩前总理拉菲克·哈里里于2005年2月14日在贝鲁特遭遇炸弹袭击身亡，事件导致抗议叙利亚占领的民众在接下来的数日中举行持续大规模游行示威。3月8日，作为对上述游行示威的回应，支持叙利亚的黎巴嫩党派和民众举行了大规模民众集会，示威者对叙利亚结束黎巴嫩内战、稳定黎巴嫩局势和支持黎巴嫩抵抗以色列占领提供的帮助表示感谢。到了3月14日，反对叙利亚的党派和民众借哈里里遇害一个月纪念活动举行了针对3月8日集会的反示威活动，要求对哈里里遇害展开国际调查，将叙利亚支持的黎巴嫩情报机构主官解职和叙利亚全面从黎撤军。上述两个日期即成为黎巴嫩两大政治阵营的命名。"3.8阵营"的主要力量为真主党、阿迈勒运动组织、叙利亚社会民族党等派别，奥恩领导的自由爱国运动在与真主党达成妥协后成为该阵营的重要力量。"3.14阵营"包括未来运动、黎巴嫩力量、长枪党、民族阵线等派别。

结 论

1975年至1990年的黎巴嫩内战是多元社群国家内部冲突的典型案例。本文通过梳理和分析得出以下研究结论。

一、黎巴嫩教派政治体制的僵化实践及由此引发的社会经济危机是内战爆发的根本原因

黎巴嫩的成形和变形根植于教派政治体制的基础。体制是为了应对特定历史背景而建立的持久行为模式，但社会本身不会固步自封，尤其是那些经济快速增长的社会，它们创造出新兴的社会阶层，教育公民，引进令社会关系重新洗牌的新技术。国家政治体制的存废主要取决于能否适应经济增长造就的社会新景观。现有体制往往无法满足新的参与者，因而承受要求改革的压力。[1] 内战爆发前的一段时间，作为黎巴嫩立国之本的《民族宪章》已经呈现出了对国家社会经济发展的不适应性，成为众矢之的。黎巴嫩还缺乏统一的社会和文化基础，社会结构脆弱、割裂、杂乱、彼此脱节。[2]

在多元社群国家，对权力和财富分配的争夺的体现是对国家组成形式的维护和变更，原先极度贫困弱势的群体能够填补经济上的鸿沟，或原先处于优势地位的群体发生衰退往往会引发冲突。一个国家的经济体系的现代化程度越高，政府在财富再分配上的作用越重要。[3] 总的来看，随着政府推行大规模的社会经济改革政策，内战爆发前黎巴嫩经济形势整体向好，尤其是欠发

---

[1] ［美］弗朗西斯·福山著，毛俊杰译：《政治秩序与政治衰败：从工业革命到民主全球化》（广西：广西师范大学出版社，2015年），第4—5页。

[2] Nimrod Raphaeli, "Lebanese Economy Between Violence and Political Stalemate", in Barry Rubin, ed., *Lebanon Liberation, Conflict and Crisis*, pp. 109-110.

[3] Theodor Hanf, *Coexistence in Wartime Lebanon: Decline of a State and Rise of a Nation*, p. 35.

达地区基础设施建设取得了长足发展，但经济发展的区域性不平衡、商业金融寡头垄断使得黎巴嫩民众未能从经济发展的红利中充分获益。黎巴嫩教派社群之间的不平等现象虽然处于持续缓解的状态，尤其是伊斯兰教社群的受教育水平和经济地位有较大幅度提升，但与基督教社群仍存在一定差距。同时，无序的城市化进程以及随之带来的大规模人口流动，再加上受教育水平提高以及伴随而来的价值预期的提升，使普通民众的获得感和幸福感未能达到预期。又由于政府无法履行社会财富再分配的职能，经济在取得显著发展后面临逐步走高的通货膨胀和失业率，社会福利保障体系仍有待完善，黎巴嫩普通民众的获得感经历了一个较大的起伏，这导致黎巴嫩的社会矛盾在原有教派割裂局面的基础上因阶级对立而进一步尖锐化，各个教派和阶层都有一部分人群处于不满和焦虑中，跨教派的阶级矛盾逐渐赶超教派间的反感和割裂。内战前的黎巴嫩经济并非纯粹的市场经济，经济发展的最大受益人主要是当权的政客和与他们密切捆绑的商业金融寡头。

基于共同的利益，现代化进程在一定意义上强化了社群身份认同。社群领袖不断冒险尝试通过夸大委托人的被剥夺感来获得大众的支持，而他们当中的很多人往往会弄巧成拙。在黎巴嫩，以天主教马龙派为代表的基督教社群和伊斯兰教社群中被剥夺感最强的什叶派社群都是在这一背景下开始了教派政治动员。逊尼派传统领袖因为缺乏对形势的准确判断，其在本社群的领导地位被德鲁兹派领袖卡迈勒·琼布拉特取代。卡迈勒·琼布拉特审时度势，通过敏锐的意识形态转型，与巴解组织强化盟友关系，完成了对黎左翼力量和城市逊尼派的整合，以黎巴嫩穆斯林社群代言人自居。内战前夕，黎巴嫩政府在面对风起云涌的地区局势，特别是巴解武装的涌入和日益激烈的国内社会运动时出现了治理能力危机，巴勒斯坦因素已成为黎巴嫩不可承受之重，引发了黎巴嫩国内政治的极化。在此背景下，右翼马龙派阵营和左翼及其穆斯林盟友围绕国家属性、政治权力分配和是否及如何支持巴勒斯坦事业等议题展开了激烈争辩，国内局势进入持续下行通道，诱发革命的因素在年轻人中间不断聚积，黎巴嫩社会、政治极化趋势不断发展。

从历史维度看，教派政治体制是最符合黎巴嫩历史和政治传统的制度安排，但对这一安排的实践绝不能是一成不变的，不存在一劳永逸的协议，健康的政治体制必须在参考社会、经济和文化发展等因素的基础上不断进行改革和调适，与时俱进。教派社群和政治团体通过自身激进化的手段吸引支持者带来的后果是难以预测的，可能成为其不可承受之重。

二、黎巴嫩内战经历了全球由冷战向后冷战时期的演变和什叶派伊斯兰主义的崛起，这一格局的转变和外部因素的持续干预造成了内战的旷日持久

1975年爆发的内战使黎巴嫩成为内部分裂及其所处的地缘政治位置的牺牲品。多元社群国家如果无法有效解决其内部问题，则其被外部力量干预导致形势进一步恶化的危险性就越高。内部冲突招致外部干预，而外部干预又造成了内部冲突烈度的增强和时间的延长。在强有力的政府缺位的情况下，外部势力的干预和介入是黎巴嫩内战爆发的外部诱因，巴解武装在黎军事存在和由此造成的政治力量失衡是内战爆发的导火索。观察黎巴嫩内战首先要将其置于美苏冷战的国际背景之下，黎巴嫩内战在初始阶段集中体现的是左翼和右翼力量的争夺。苏联和美国因为支持叙利亚和以色列等地区盟友，忽视了黎巴嫩内战爆发的风险，对内战的最终爆发起了推波助澜的作用，进而导致内战的旷日持久。这一背景在地区层面对应的是叙利亚、以色列和巴解组织对黎巴嫩内战的影响。内战爆发前的黎巴嫩的社会经济矛盾仍存在调和空间，黎巴嫩体系的最终崩溃是迫于内部矛盾和外部压力叠加的不可承受之重。

巴勒斯坦因素是黎巴嫩内战的重要诱因，但20世纪80年代巴解组织及其武装部队的离开并没有使内战画上句号，而是进入了各派别和民兵武装之间和内部更为血腥的冲突。这涉及观察黎巴嫩内战的另外一个大格局——20世纪70年代伊斯兰主义在中东地区的崛起。由冷战为主要背景的黎巴嫩内战向以伊斯兰主义兴起为新背景的转换在黎巴嫩最突出的体现是什叶派的崛起，这与当时最重要的地区格局——伊朗伊斯兰革命相呼应，这一格局对黎巴嫩政治的影响一直延续到了现在。这一背景的转变就算没有把黎巴嫩内战推向一个新的高潮，至少也助力了内战的延续，黎巴嫩左翼力量的衰落和阿迈勒运动组织在内战后期的四处出击是背景转换的具体体现。进入20世纪80年代中后期，叙利亚和伊朗成为黎巴嫩政治舞台中央的核心玩家，阿迈勒运动组织和真主党在叙利亚和伊朗的分别支持下展开了激烈的竞争和对抗，企图塑造黎巴嫩未来政治的新格局。

三、通过《塔伊夫协议》达成一致结束内战是在黎巴嫩国内和地区力量两个层面实现妥协的结果

国与国之间的战争很少能产生明确的胜方，内战更是如此。在多元社群国家中，当所有参战社群意识到自己都不具备足够强的实力胜出，同时也不至于虚弱到向其他交战方俯首称臣的时候，达成共存协议便成为可能。而更重要的是，参战社群要意识到自己已经无法实现预期的物质和意识形态目标，必须放弃所有纯粹的意识形态，接受社群间的差异以达成妥协，通过教育和文化建设构建基于阶级利益的跨文化政治力量。[1] 黎巴嫩内战的爆发源自恐惧，解决的方式也是诉诸恐惧，内战的终结在于人们已经厌倦了恐惧。战争让黎巴嫩人重新明确了一个认知：没有哪个黎巴嫩社群或者其民兵武装能够主宰黎巴嫩。在《塔伊夫协议》签订的数年前，巴解组织及武装撤离黎巴嫩使这一导致内战爆发的外部因素被消除掉。《塔伊夫协议》本身则集中回应了导致黎巴嫩在1975年爆发内战时的主要内部矛盾——黎巴嫩教派政治体制未能与时俱进并由此引发了严重的社会经济危机，集中体现在基督教社群和伊斯兰教社群在政治权力分配上的分歧。黎巴嫩马龙派和逊尼派在内战中的损失转化为了叙利亚、黎巴嫩什叶派和德鲁兹派的收益。但协议并未对黎巴嫩未来的政治安排作出前瞻性安排，已经成为黎巴嫩主流政治一部分的什叶派社群代表——阿迈勒运动组织也并没有在新的体系安排内为本社群争取到与其地位相匹配的权利。

《塔伊夫协议》的签订之所以成为可能主要在于叙利亚在两伊战争结束后面临的孤立局面和强大外部压力。同时，沙特在海湾危机面前全力促成黎巴嫩内战终结从而凝聚力量对抗伊拉克的威胁，强力推进了协议的达成。而伊拉克这一黎巴嫩内战最后阶段的重要外部干预力量由于入侵科威特和之后的海湾战争已无力对自己在黎巴嫩的代理人提供支持，从而又使叙利亚成为黎巴嫩内战尾声最后阶段当仁不让的主宰力量。协议的签订代表着叙利亚、沙

---

[1] Theodor Hanf, *Coexistence in Wartime Lebanon: Decline of a State and Rise of a Nation*, p. 31.

特和伊朗取代此前的巴解组织、叙利亚和以色列,成为影响黎巴嫩政治的主要力量。其中,叙利亚和沙特在《塔伊夫协议》签订和落实过程中发挥了核心的作用,而由于伊朗支持的真主党没能参与制定协议的进程,伊朗对黎巴嫩事务的影响没有直接体现在《塔伊夫协议》及其之后的政治安排上。黎巴嫩国内政治局势由冷战时期的左翼和右翼的争夺演化为地区大国的力量角逐。

四、关于黎巴嫩的未来

从国内层面看,黎巴嫩的教派身份认同是因其历史环境造就的,黎巴嫩政治体制的核心要素是确保没有任何一个教派社群可以长期主导黎政局,《塔伊夫协议》就规定黎巴嫩的合法政府必须有全部主要教派的参与。约瑟夫·沙米在其1981年出版的专著《宗教和生育》一书中指出,1971年黎巴嫩什叶派的生育率是3.8%,逊尼派为2.8%,天主教为2%,德鲁兹派为1.8%,非天主教基督徒为1.7%。而马吉德·哈拉维在1992年出版的专著认为,1988年黎巴嫩什叶派人口已经占到了总人口的32%,马龙派跌至17%。更有西方媒体估算什叶派人口已经超过总人口的40%。与此同时,黎巴嫩中央统计局1996年发布的数据显示,在黎巴嫩逊尼派聚居的北部地区,逊尼派家庭人口平均数和生育率高于什叶派,而首都贝鲁特的逊尼派在这两方面数据上低于什叶派,两大教派社群在全国范围内的规模大致相当。1994年,在黎巴嫩长期居留的超过16万叙利亚和巴勒斯坦人加入黎巴嫩国籍,他们当中的大多数是逊尼派穆斯林。[1] 然而时至今日,黎巴嫩并没有要求根据目前人口比例进行权力分配的调整,而是将其留作政治交易的筹码。[2] 人口变化仍然无法反映到现实政治中。黎巴嫩《宪法》第9条赋予了各教派处理本社群民事问题的立法权,[3] 第10条赋予了他们在国家监督下安排各自教育体系的权力。这对民族国家建设而言是非常不利的政策,意味着以教派为单位分配权力的体系仍将得以维

---

① 以上数据参见:Mark Farha, "Demographic Dilemmas", in Barry Rubin, ed., *Lebanon Liberation, Conflict and Crisis*, p. 87。

② Mark Farha, "Demographic Dilemmas", in Barry Rubin, ed., *Lebanon Liberation, Conflict and Crisis*, p. 89。

③ Theodor Hanf, *Coexistence in Wartime Lebanon: Decline of a State and Rise of a Nation*, p. 69。

持。① 在一个要构建一个完全整合的社会，将各社群真正容纳到一个国家中，跨教派的婚姻是不应当存在法律上的障碍的，这是时至今日黎巴嫩仍未解决的问题。黎巴嫩处于并将长期处于政治社会转型期，构建真正民族国家的使命任重道远。

真正的政治发展是国家建构、法治与民主之间的平衡。与现代国家建构相对的是庇护，即以"私利"的逻辑取代"公益"的逻辑。当政治家和官僚机构不能从局部的、特殊的利益中挣脱，而是被其俘获，依附主义就产生了。依附主义是政治衰败的重要标志，而依附关系网络正是黎巴嫩政治的核心内容。现代化不是顺畅和必然的过程，经济发展、社会发展和政治发展各自有不同的轨道和时间表，没有理由一定会循序渐进。尤其是政治发展，独立于经济增长，只遵循自己的逻辑。成功的现代化还要依靠政治制度、经济增长、社会变化和思想的并行发展。绝对不能说，有了发展的某个方面，其他方面就一定会伴随而来。实际上，为了实现经济增长，强大而有效的政治体制是必需的；恰恰是它的缺席，将失败或脆弱的国家锁进了冲突、暴力和贫困的恶性循环。脆弱或失败国家所缺乏的制度中，首先而又最重要的是行政上的能干政府。国家在受到法律或民主的限制之前，必须先要存在。这意味着，首先就要建立中央集权的行政部门和官僚体系。而除了福阿德·谢哈卜时期，黎巴嫩与强有力的中央政府始终无缘，这将是黎巴嫩长期面临的困境。未来的一段时期，以国家体制为依托的国家治理能力的发展和竞争将是包括黎巴嫩在内的地区国家主要面临的挑战。

有黎巴嫩经济学家这样形容自己的国家，我们有宜人的气候、秀丽的风景、富有语言天赋的民众、自由经济体系，就是没有睿智的政治家。然而，黎巴嫩体制仍然具有其独特的优越性。首先，黎巴嫩是中东地区屈指可数的议会制民主国家。其次，黎巴嫩体系提供了一个有活力的多元公共空间，哪怕是在1990年至2005年间叙利亚直接管控期间，其公民社会和媒体独立性也未受太大影响，这在阿拉伯世界里首屈一指。随着时间的推移，形势还出现了积极的进展：一项2005年进行的调查显示，有34%的黎巴嫩人将国家身份

---

① Theodor Hanf, *Coexistence in Wartime Lebanon: Decline of a State and Rise of a Nation*, pp. 134-135.

认同置于教派身份认同之前,几乎高于所有阿拉伯和中东地区国家。[1] 黎巴嫩所代表的思想、文化包容性和多元性在日趋复杂混乱的地区格局下值得进一步关注。

---

[1] Eyal Zisser, "Hizballah in Lebanon: Between Tehran and Beirut, Between the Struggle with Israel, and the Struggle for Lebanon", in Barry Rubin, ed., *Lebanon Liberation, Conflict and Crisis*, p. 91.

参考文献

一、中文

1. ［黎巴嫩］艾尔萨·阿布·阿西著，胡锦山译. 集体记忆与对过去的管理：战后黎巴嫩内战记忆的倡导者［J］. 国际社会科学杂志（中文版）. 2012（1）.
2. ［俄］奥列格·格里涅夫斯基著，李京洲等译. 苏联外交秘闻［M］. 北京：东方出版社，2003.
3. 陈和丰. 黎巴嫩内战加剧的原因何在？［J］. 国际展望. 1989（17）.
4. 陈翔. 内战为何演化成代理人战争［J］. 世界经济与政治. 2018（1）.
5. ［美］大卫·阿米蒂奇著，邬娟、伍璇译. 内战——观念中的历史［M］. 北京：中信出版集团，2018.
6. ［美］菲利普·克·希蒂著，北京师范学院《黎巴嫩简史》翻译小组译. 黎巴嫩简史［M］. 北京：人民出版社，1974.
7. 封哲如. 黎巴嫩中央政府逐步巩固［J］. 瞭望周刊，1991（32）.
8. 甘黎. 黎巴嫩内战原因的多视角分析［J］. 重庆科技学院学报（社会科学版）. 2008（8）.
9. 管小天、赵海军. 6分钟决定胜负：以色列贝卡谷地闪击行动［J］. 轻兵器. 2017（15）.
10. ［黎巴嫩］哈桑·艾尼著，唐裕生、潘定宇、马瑞瑜译. 黎巴嫩地理研究［M］. 北京：北京出版社，1981.
11. 刘竞、张士智等著. 苏联中东关系史［M］. 北京：中国社会科学出版社，1987.
12. 廖振云. 黎巴嫩：最后两名西方人质——获释［J］. 瞭望. 1992（26）.
13. 黄忠东. 艾森豪威尔政府与1958年黎巴嫩内战［J］. 南京社会科学，2000（6）.
14. 季国兴、陈和丰著. 第二次世界大战后中东战争史［M］. 北京：中国社会科学出版社，1987.
15. ［英］卡伦·达维夏著，王薇生译. 苏联在中东的声望丧失了吗？［J］. 世界经济与政治论坛，1984（3）.

16. 兰多. 重建中东的金融中心［J］. 世界博览, 2008（9）.
17. 林木. 黎巴嫩走向民族和解［J］. 瞭望周刊, 1991（19）.
18. 刘靖华. 八十年代苏联中东政策的发展演变［J］. 西亚非洲, 1988（2）.
19. 连钢著. 禁毒风吹到贝卡谷地［J］. 国际展望, 1987（10）.
20. ［美］罗纳德·里根著, 何力译. 里根回忆录——一个美国人的生平［M］. 北京: 新华出版社, 1991.
21. ［以］摩西·马奥茨著, 殷罡等译. 阿萨德传［M］. 北京: 世界知识出版社, 1992.
22. ［以］摩西·达扬著, 上海国际问题研究所等译. 达扬自传［M］. 上海: 上海译文出版社, 1981.
23. 潘光. 浅析黎巴嫩内乱的历史根源［J］. 阿拉伯世界研究, 2007（3）.
24. 任芳. 试论黎巴嫩战争中的巴勒斯坦解放组织. 西北大学硕士研究生学位论文, 2017（12）.
25. 山河. "鬼怪": 中东上空的幽灵［J］. 环球军事, 2004（5）.
26. 万光. 论黎巴嫩战争［J］. 西亚非洲, 1986（4）.
27. 王斌、李丽著. 黎巴嫩——战乱春秋［M］. 北京: 军事译文出版社, 1992.
28. 王新刚著. 中东国家通史——叙利亚和黎巴嫩卷［M］. 北京: 商务印书馆, 2007.
29. 王国富. 黎巴嫩战乱析因［J］. 锦州师院学报, 1992（1）.
30. 王向东. 从入侵黎巴嫩战争看以色列卫勤保障的进展［J］. 人民军医, 1989（7）.
31. 王艳红. 黎巴嫩问题及其对中东的影响——历史视角的分析. 上海社科院硕士研究生学位论文, 2007（05）.
32. ［美］威廉·匡特著, 饶蜀莹等译. 中东和平进程: 1967年以来的美国外交和阿以冲突［M］. 上海: 华东师范大学出版社, 2009.
33. 吴冰冰著. 什叶派现代伊斯兰主义的兴起［M］. 北京: 中国社会科学出版社, 2004.
34. 王耀东. 1982年黎巴嫩战争的特点及其原因浅析［J］. 学术探索, 1990（4）.
35. 郗文. 内战以来的黎巴嫩经济［J］. 西亚非洲. 1983（2）.
36. 姚惠娜. 黎巴嫩教派结构及其内战［J］. 内蒙古大学学报（社会科学版）. 2003（1）.
37. ［美］约翰·J. 米尔斯海默、斯蒂芬·M. 沃尔特著, 王传兴译. 以色列游说集团与美国对外政策［M］. 上海: 上海人民出版社, 2009.

38. 杨辰博. 国内武装冲突的域外情境：策略互动视角［J］. 国际安全研究. 2019（1）.
39. ［俄］叶·普里马科夫著，李成滋译. 揭秘中东的台前与幕后（20世纪后半叶—21世纪初）［M］. 北京：中国对外翻译出版有限公司，2014.
40. 张莲妹编译. 回望贝卡谷地空战［J］. 国际博览. 2003（7）.
41. 张士智、赵慧杰等著. 美国中东关系史［M］. 北京：中国社会科学出版社，1993.
42. 张士智. 阿以冲突和中东和平问题的回顾［J］. 西亚非洲. 1986（4）.
43. 赵伟明著. 中东问题与美国中东政策［M］. 北京：时事出版社，2006.
44. 赵伟、周小宁. 贝卡谷地之战评述［J］. 军事历史. 2009（6）.
45. 军事科学院外军研究部编. 外国对以色列侵略黎巴嫩战争的评论［M］. 北京：解放军出版社，1984.

二、阿拉伯文

1. أحمد، أحمد يوسف. الحرب الإسرائيلي على لبنان التداعيات اللبنانية والإسرائيلية وتأثيراتها العربية والإقليمية والدولية، مركز دراسات الوحدة العربية، 2006.
2. حداد، جورج. في مقدمات الحرب اللبنانية، دار الكاتب- بيروت، 1979.
3. خليفة، نبيل. الاستراتيجيات السورية والإسرائيلية والأوروبية حيال لبنان، مركز بيبلوس للدراسات والأبحاث، 1993.
4. سنّو، عبد الرؤوف. حرب لبنان 1975-1990 تفكك الدولة وتصدع المجتمع، دائرة منشورات الجامعة اللبنانية، 2015.
5. _____. السعودية ولبنان السياسة والاقتصاد 1943-2011، الفرات، 2016.
6. شاهين، إميل. التكوين التاريخي لنظام لبنان السياسي الطائفي لبنان السلطة ولبنان الشعب، دار الفارابي، 2015.
7. صاغية، فخري. الصراع في لبنان، مكتبة صادر ناشرون، 2005.
8. طرابلسي، فواز. قضية لبنان الوطنية والديمقراطية، دار الطليعة- بيروت، 1978.
9. العبد، عارف. لبنان والطائف تقاطع تاريخي ومسار غير مكتمل، مركز دراسات الوحدة العربية، 2001.
10. مجموعة من الدارسين، تطوير المجتمع السياسي اللبناني: مقاربات قانونية- سياسية، المركز الاستشاري للدراسات والتوثيق 1997.
11. معتوق، فردريك. جذور الحرب الأهلية لبنان- قبرص- الصومال- البوسنة، دار الطليعة- بيروت، 1994.
12. المقدم، نبيل. وجوه وأسرار من الحرب اللبنانية، دار نلسن، 2016.
13. مينارغ، ألان. أسرار حرب لبنان من انقلاب بشير الجميل إلى حرب المخيمات الفلسطينية، المكتبة الدولية، 2012.
14. نجار، إسكندر. قاموس لبنان، دار الساقي، 2018.

15. اليازجي، يوسف. الحرب اللبنانية هل هي من مظاهر النزاع العربي الاسرائيلي؟ مكتبة أنطوان بيروت، 1991.

三、英文

1. AbuKhalil, Asad. 1998. *Historical Dictionary of Lebanon.* Lanham: Scarecrow Press, Inc..
2. Abul-Husn, Latif. 1998. *The Lebanese Conflict: Looking Inward.* London: Lynne Rienner Publishers.
3. Andary, Paul. 2012. *War of the Mountain: Israelis, Christians and Druze in the 1983 Mount Lebanon Conflict through the Eye of a Lebanese Forces Fighter.* CreateSpace/Amazon.com.
4. Baroudi, Sami E. Salamey, Imad. 2011. US-French Collaboration on Lebanon: How Syria's Role in Lebanon and the Middle East Contributed to a US-French Convergence. *The Middle East Journal*, Vol. 65, No. 3, pp.398-425.
5. Breslauer, George. 1990. *Soviet Strategy in the Middle East.* London: Unwin Hyman Ltd..
6. Cederman, Lars-Erik & Vogt, Manuel. 2017. Dynamics and Logics of Civil War. *Journal of Conflict Resolution.* Vol. 61 (9), 1992-2016.
7. H.E. Chehabi. 2006. *Distant Relations: Iran and Lebanon in the Last 500 Years.* The Center for Lebanese Studies, Oxford & I.B. Tauris & Co., Ltd..
8. Collier, Hoeffler and Söderbom. 2004. On the Duration of Civil War. *Journal of Peace Research*, Vol. 41, No.3, pp.253-273.
9. Curtis, Michael. 1981. *Religion and Politics in the Middle East.* Colorado: Westview Press, Inc..
10. Deeb, Marius. 1980. *The Lebanese Civil War.* New York: Praeger Publishers.
11. De Clerck, Dima. *Ex-militia fighters in Post-war Lebanon,* 2012. Https://www.c-r.org/accord-article/ex-militia-fighters-post-war-lebanon.
12. Frank, Benis. 1987. *U.S. Marines in Lebanon 1982-1984.* History and Museum Division, Headquarter, U.S. Marine Corps, Washington, D.C.
13. Gaddis, John. The Long Peace: Elements of Stability in the Postwar International System. *International Security,* Vol.10, No.4 (Spring, 1986), pp.99-142.
14. Gambill, Gary. Syria's Triumph in Lebanon: Au Revoir, Les Ententes. *Middle East Review of International Affairs,* Vol.14, No. 4 (December, 2010), pp. 26-46.
15. Gaspard, Toufic. 2004. *A Political Economy in Lebanon 1948-2002.* Leiden: Brill.
16. Gersovitz, Mark & Kriger, Norma. What is a Civil War? A Critical Review of Its

Definition and Econometric Consequences. *The World Bank Research Observer,* Vol. 28, No.2 (August 2013), pp. 159-190.
17. Golan, Galia. 1980. *The Soviet Union and the Palestine Liberation Organization: An Uneasy Alliance.* New York: Praeger Publishers.
18. Golan, Galia. The Soviet Union and the PLO since the War in Lebanon. *Middle East Journal,* Vol.40, No.2 (Spring, 1986), pp.285-305.
19. Hanf, Theodor, trans. John Richardson. 1993. *Coexistence in Wartime Lebanon: Decline of a State and Rise of a Nation.* London: Center for Lebanese Studies & I.B. Tauris.
20. Harik, Judith. The Public and Social Services of the Lebanese Militias. *Paper on Lebanon, Center for Lebanese Studies, St. Antony College, Oxford.* September 1994.
21. Harris, Williams. 2006. *The New Face of Lebanon: History's Revenge.* Princeton, N.J.: Markus Wiener Publishers.
22. Harris, Williams. 2012. *Lebanon: A History 600-2011.* New York: Oxford University Press.
23. Haugbolle, Sune. 2010. *War and Memory in Lebanon.* New York: Cambridge University Press.
24. Hiro, Dilip. 1996. *Dictionary of Middle East.* New York: St. Martin's Press.
25. Hirst, David. 2010. *Beware of Small States: Lebanon, Battleground of the Middle East.* New York: Nation Books.
26. Hudson, Michael C. 1997. Palestinians and Lebanon: The Common Story. *Journal of Refugee Studies,* Vol. 10, No.3, pp. 243-260.
27. I. Baaklini, Abdo. 1976. *Legislative and Political Development: Lebanon, 1842-1972.* USA: Duke University Press.
28. Istvan Pogany. 1987. *The Arab League and Peace Keeping in the Lebanon.* Hampshire: Avebury.
29. Jansen, Michael. 1982. *The Battle of Beirut: Why Israel Invaded Lebanon.* London: Zed Press.
30. Karsh, Efraim. 1991. *Soviet Policy towards Syria since 1970.* Hong Kong: Macmillan Academic and Professional Ltd..
31. Kass, Ilana. Moscow and the Lebanese Triangle. *Middle East Journal,* Vol.33, No.2 (Spring, 1979), pp. 164-187.
32. Katz, Samuel & Russell, Lee. 1985. *Armies in Lebanon.* Osprey Publishing Ltd..
33. Katz, Samuel & Russell, Lee.1990. *Battleground Lebanon.* Hongkong: Concord

Publication Co..

34. Kerr, Michael. 2006. *Imposing Power-sharing: Conflict and Coexistence in Northern Ireland and Lebanon.* Dublin; Portland, OR: Irish Academic Press.

35. Khalaf, Samir. 2002. *Civil and uncivil violence in Lebanon.* New York: Columbia University Press.

36. Laffin, John. 1985. *The War of Desperation Lebanon 1982-1985.* London: Osprey Publishing Ltd..

37. Licklider, Roy. The Consequences of Negotiated Settlements in Civil Wars, 1945-1993. *The American Political Science Review,* Washington Vol.89, Iss.3 (Sep 1995).

38. Lowther, Adam. 2007. Americans and Asymmetric Conflict Lebanon, Somalia and Afghanistan. Praeger Security International Reports.

39. Matter, Philip (Editor in Chief). 1996. *Encyclopedia of the Modern Middle East & North Africa.* New York: Thomson Gale.

40. Najem, Tom. *The Collapse and Reconstruction of Lebanon.* Durham Middle East Paper 59, July 1998.

41. Nasr, Salim. 1978. Backdrop to Civil War: The Crisis of Lebanese Capitalism. *MERIP Reports,* No. 73, pp.3-13.

42. Norton, Augustus Richard. 2014. *Hezbollah: A Short history.* Princeton, Oxford: Princeton University Press.

43. Osoegawa, Taku. 2013. Syria and Lebanon: International Relations and Diplomacy in the Middle East. London, New York: I.B Taruris.

44. Picard, Elizabeth. 1996. *Lebanon: A Shattered Country: Myths and Realities of the War in Lebanon.* New York: Holmes & Meier Publisher, Inc..

45. Pogany, Istvan. 1987. *The Arab League and Peacekeeping in the Lebanon.* London: Avebury.

46. Rabinovich, Itamar. 1986. *The War for Lebanon, 1970-1985.* New York: Cornell University Press.

47. Ramet, Pedro. 1990. *The Soviet-Syria Relationship since 1955: A troubled Alliance.* Oxford: Westview Press.

48. Saidi, Nasser. Economic Consequences of the War in Lebanon. *Paper on Lebanon, Center for Lebanese Studies, St. Antony College, Oxford.* September 1986.

49. Salibi, Kamal. 1976. *Cross Roads to Civil War: Lebanon, 1958-1976.* Delmar, N.Y.: Caravan Books.

50. Salibi, Kamal. 1988. *A House of Many Mansions: The History of Lebanon Reconsidered.* London: I.B Tauris & Co., Ltd..
51. Salibi, Kamal. Lebanon and the Middle East Question. *Paper on Lebanon, Center for Lebanese Studies, St. Antony College, Oxford.* May 1988.
52. Salame, Ghassane. Lebanon's Injured Identities: Who Represents Whom During a Civil War? *Paper on Lebanon, Center for Lebanese Studies, St. Antony College, Oxford.* August 1986.
53. Schiff, Ze'ev & Ya'ari, Ehud. 1984. *Israel's Lebanon War.* New York: Simon and Schuster.
54. Simon, Matter, and Bulliet. 1996. Encyclopedia of the Modern Middle East. New York: Macmillan Reference USA, Simon & Schuster Macmillan.
55. Skaperdas, Soares, Willman, and Miller. *The Costs of Violence.* The World Bank Social Development Department. March 2009.
56. Stocker, James R. 2016. *Spheres of Intervention: US Foreign Policy and the Collapse of Lebanon.* 1967-1976. Cornell University Press.
57. Tanter, Raymond. 1990. *Who's at the Helm? Lessons of Lebanon.* Oxford: Westview Press.
58. Traboulsi, Fawwaz. 2007. *A History of Modern Lebanon.* London; Ann Arbor, MI: Pluto.
59. Varady, Corrin. 2017. *US Foreign Policy and the Multinational Force in Lebanon.* Switzerland: Springer International Publishing AG.
60. Volk, Lucia. 2010. *Memorials and Martyrs in Modern Lebanon.* Bloomington: Indiana University Press.
61. Winslow, Charles. 1996. *Lebanon War and Politics in a Fragmented Society.* New York: Routledge.
62. Zakaria Mohti. *The Lebanese Civil War (1975-1990): Cause and Costs of Conflict.* Thesis for M.A., University of Kansas, 2010-06-02.
63. Zamir, Meir. 1980. The Lebanese Presidential Elections of 1970 and Their Impact on the Civil War of 1975-1976. *Middle East Studies,* Vol. 16, No. 1, pp. 49-70.
64. Ziadeh, Hanna. 2006. *Sectarianism and Intercommunal Nation-Building in Lebanon.* London: C. Hurst & Co. (Publisher) Ltd..

四、其他

1. *The Taif Agreement,* https://www.un.int/lebanon/sites/www.un.int/files/Lebanon/the_taif_agreement_arabic_version_.pdf
2. Arafa on the Lebanon War. *Journal of Palestine Studies*, Vol.12, No.4 (Summer, 1983), pp. 159-168.
3. Keesing's Record of World Events. *1931-2006 Keesing's Worldwide, LLC,* Vol.23, December, 1977 Lebanon, P.28734.
4. *U.S. standing in Lebanon after President Richard M. Nixon's visit to China, and before visit to the Soviet Union.* Office of Research, United States Information Agency. R-43-72, September 20, 1972. Declassified on April 30, 1976.